KB090675

신흥안보의 미래전략

비전통 안보론을 넘어서

신흥안보의 미래전략

비전통 안보론을 넘어서

2016년 11월 30일 초판 1쇄 펴냄
2017년 10월 25일 초판 2쇄 펴냄

지은이 김상배, 이태동, 신범식, 배영자, 조화순, 김민제, 신성호, 이신화, 정혜주, 김헌준,
이승주, 조홍식, 황지환, 구민교

편집 김지산
디자인 김진운
마케팅 강상희
펴낸이 윤철호 · 김천희
펴낸곳 ㈜사회평론아카데미
등록번호 2013-000247(2013년 8월 23일)
전화 02-2191-1133
팩스 02-326-1626
주소 03978 서울특별시 마포구 월드컵북로12길 17

이메일 academy@sapyoung.com
홈페이지 www.sapyoung.com
ISBN 979-11-85617-92-3 93340

신흥안보의 미래전략

비전통 안보론을 넘어서

김상배 엮음

사회평론

머리말

이 책의 작업에 참여한 필자들이 모여서 '한국의 중장기 미래전략'에 대한 고민을 시작한 것은 2014년 9월의 어느 날이었다. 그 후 1년여 동안 공부의 방향을 잡기 위한 난상토론을 벌였고 그러한 과정에서 제기되었던 논제들을 거칠게나마 모아서 『한국의 중장기 미래전략: 국가안보의 새로운 방향모색』(인간사랑, 2015)을 펴냈다. 향후 적어도 한 세대를 내다보는 한국의 중장기 미래전략을 모색함에 있어서 이 책의 필자들이 주목한 화두는 국가안보의 미래였다. 과거와는 달리 미래의 국가안보는 군사안보 이외의 다양한 분야에 걸쳐서 문제시되고 전통안보의 주체인 국가 이외의 다양한 행위자들이 관여할 뿐만 아니라 포괄적인 의미에서 새로운 안보 패러다임의 부상을 예견케 하는 양상으로 전개되리라는 것이 필자들의 공통된 견해였다. 이러한 문제의식은 2년차의 공부모임을 통해서 구체화되었으며 개념적·이론적 기반을 다지고 경험적 사례와 실천적 함의를 보완하여 이렇게 세상에 나오게 되었다.

이 책의 필자들이 본격적으로 탐구한 논제는 '신흥안보(新興安保, emerging security)'이다. 제1장에서 그 개념을 설명하고 있듯이, 이 책에서 제시하는 신흥안보라는 말은 단순히 '새로운 안보'라는 의미만은 아니다. '신흥(新興)'은 복잡계 이론에서 말하는 'emergence'의 번역어이다. 국내 자연과학계에서는 흔히 '창발(創發)'이라고 번역하는데 이 책에서는 안보라는 말과의 합성을 고려하여 신흥이라고 번역하였다. 개념어로서의 신흥 또는 창발이란 미시적 단계에서는 단순하고 무질서한 존재에 불과했던 현상들이 복잡한 상호작용을 벌이는 가운데 상호 연계성을 증대시킴으로써 거시적 단계에 이르러 일정한 패턴과 규칙성, 즉 질서를 드러내는 현상을 의미한다. 이를 안보의 개념과 연결시키면, 신흥안보란 미시적 차원에서는 단순히 소규모 단위의 안전(安全, safety)의 문제였는데 거시적 차원으로 가면서 좀 더 대규모 단위의 안보(安保, security) 문제가 되는 현상을 의미한다.

이러한 신흥안보의 개념은 '비전통 안보(non-traditional security)'로 대변되던, 기존의 소극적인 개념화를 넘어서 좀 더 적극적으로 오늘날의 안보현상을 이해하려는 문제의식을 반영한다. 이 책의 부제를 '비전통 안보론을 넘어서'라고 붙인 이유도 바로 이 때문이다. 비전통 안보라는 말은 새로운 안보현상의 성격을 전통안보와의 관계 속에서 상대화시켜서 보게 할 뿐만 아니라 전통안보에 비해서 부차적인 의미를 갖는다는 느낌을 준다. 다시 말해, 마치 군사안보를 위주로 한 전통안보가 상위에 있고 그 외의 나머지 안보 문제들이 그 하위에 있다는 인상을 줄 우려가 다분히 있다. 그러나 오늘날 우리가 당면한 새로운 안보현상의 성격은 이렇게 이분법적 구도에서 핵심 문제와 주변 문제로 나누어 보기에는 너무나도 복합적인 면모를 띠고 있다. 이러한 인식을 바탕으로 이 책의 필자들은 미래의 안보를 부르는 용어 자체를 고민하였고, 결국 신흥안보라는 개념을 제안하게 되었다.

이 책에서 본격적으로 제시한 신흥안보는 그 개념적 내포라는 점에서 전통안보를 포괄한다. 복합 시스템의 맥락에서 보는 신흥안보는 시스템 내 미시적 상호작용이 양적으로 늘어나고 질적으로 변화하여 이른바 '양질전화(量質轉化)'의 임계점을 넘어서게 되면, 거시적 차원에서 국가안보를 위협하는 심각한 문제로 전화되는 현상을 지칭한다. 게다가 신흥안보는 다양한 분야에서 발생하는 위험들의 '이슈연계성'이 높아지면, 어느 한 부문에서는 미시적 안전의 문제였던 것이 국가 전체의 거시적 안보 문제가 되는 현상을 지칭한다. 이렇게 양질전화와 이슈연계성의 사다리를 타고서 창발하는 종류의 위험에 대해서 '전통안보냐 비전통 안보냐?'라고 묻고 구별하는 것 자체가 무색할 수도 있다. 창발의 가능성을 지니고 있는 신흥안보의 이슈들은 언제 어떻게 국가적 중대 사안이 되어 국가 행위자들 간 갈등의 빌미가 되거나 그 해결을 위해서도 국가 행위자들 간의 협력이 필수적인 문제가 될지도 모른다.

오늘날 우리 주위에서 발생하는 수많은 위험들은 이렇게 중층적이고 복합적인 특성을 지닌 신흥안보의 문제들이다. 이 책에서 사례로 다루고 있는, 환경안보, 기후변화안보, 식량안보, 에너지안보, 원자력안보, 사이버 안보, 인구안보, 이주·난민안보, 보건안보, 인권안보, 사회경제안보, 정체성안보, 정치사회통합, 해양안보 등의 경우가 모두 그러하다. 이러한 신흥안보의 부상은 안보담론의 변화뿐만 아니라 안보게임에 관여하는 행위자의 성격과 이들이 벌이는 안보게임의 권력정치적 양상까지도 변화시키고 있다. 이러한 점에서 신흥안보의 부상은 단순히 안보 영역의 문제만이 아니라 21세기 세계정치 전반의 변환과 밀접하게 연관되어 있는 현상이다. 이 책에서 주장하는 바와 같이,

신흥안보의 부상은 단순히 전통안보를 대체하는 새로운 안보현상의 등장이라는 차원을 넘어서 전통안보와 비전통 안보를 모두 아우르는 의미에서 이해하는 새로운 안보 패러다임의 부상이라고 할 수 있다.

새로운 안보 패러다임으로서 신흥안보의 부상에 대응하는 미래 전략의 개발은 이 책에 참여한 필자들의 궁극적인 관심사 중의 하나이다. 시스템 차원의 복합성이 커지고 이를 배경으로 한 새로운 위험이 창발하는 상황에서 전통안보에 대한 대응을 전제로 한 기존 국가안보 전략의 기조는 바뀌어야 한다. 무엇보다도 국가 행위자를 중심으로 한 위계조직 일변도의 발상을 넘어서야 한다. 위험이 발생하는 영역이 양적으로 많아지고 질적으로 달라진 만큼 이에 대처하는 주체라는 점에서도 국가 이외의 다양한 민간 행위자들을 참여시키는 수평적 네트워크의 발상이 필요하다. 또한 신흥안보의 위험이 초국적이고 글로벌한 차원에서 발생하는 만큼 이에 대한 대응체계도 일국 단위를 넘어서 구축될 필요가 있다. 요컨대 신흥안보의 특성을 제대로 이해하고 이에 적합한 새로운 안보 거버넌스를 모색하려는 노력이 필요하다. 이러한 신흥안보 거버넌스의 내용을 탐구하는 문제는 이 책의 작업을 통해서 필자들이 제기한 향후의 연구과제이기도 하다.

제1장 '신흥안보와 미래전략: 개념적 · 이론적 이해(김상배)'는 이상에서 설명한 바와 같은, 복합 시스템을 배경으로 부상하는 새로운 안보 패러다임을 이해하기 위한 기초논의를 펼쳤다. 신흥과 안보, 신흥안보의 개념을 검토하는 동시에 신흥안보의 부상에 대응하는 거버넌스의 이론을 제시함으로써 이 책의 여타 장이 수행한 사례연구들의 개념적 · 이론적 기반을 마련하였다. 무엇보다도 제1장이 의도한 바는 새로운 안보현상을 이해하기 위한 새로운 안보이론의 모색이었다. 사실 1990년대부터 탈냉전을 배경으로 하여 새로운 안보 패러다임을 이

론화하려는 노력이 없었던 것은 아니지만, 2010년대 중후반에 이르러 탈근대적 변환을 겪고 있는 안보 문제를 다루기에는 미흡한 점이 많았다. 이러한 인식을 바탕으로 제1장은 복잡계 이론, 네트워크 이론, 조직이론, 진화생물학 등에서 제시한 이론적 논의들, 즉 창발, 자기조직화, 임계성, 구조적 공백, 양질전화, X-이벤트, 비인간(non-human) 행위자, 안보화, 네트워크 국가, 메타 거버넌스, 적합력, 복원력 등과 같은 개념들을 원용하여 신흥안보 패러다임을 이해하기 위한 이론적 논의를 펼쳤다.

이러한 개념적·이론적 시각을 적용해서 볼 때, 이 책에서 다룬 12개의 신흥안보 사례들은 크게 자연시스템, 기술시스템, 사회시스템에서 비롯되는 신흥안보와 이러한 와중에 변환을 겪고 있는 신흥안보로서 인간안보 등의 네 개 범주로 나누어진다. 첫 번째 범주에는 환경안보와 기후변화안보, 식량안보와 에너지 안보 등과 같이 자연시스템을 배경으로 한 신흥안보 사례들이 해당된다. 두 번째 범주에는 원자력안보와 사이버 안보와 같이 기술시스템에서 발생하는 신흥안보 사례들이 있다. 세 번째 범주에는 경제적 불평등, 종교와 정체성, 정치사회 통합, 해양안보와 같이 사회시스템, 좀 더 구체적으로 말하면 경제·문화·정치·사회 시스템에서 발생하는 신흥안보 사례들이 속한다. 마지막으로 네 번째 범주에 속하는 사례들은 인구안보, 이주 및 난민 문제, 보건안보, 인권 등과 같이 인간안보와 밀접히 연관된 신흥안보의 문제들이다(〈그림 1〉 참조).

제1부는 자연시스템과 기술시스템에서 비롯되는 신흥안보의 사례로서 환경안보, 식량·에너지 안보, 원자력안보, 사이버 안보 등을 다룬 네 편의 글을 실었다.

제2장 '환경안보와 기후변화안보(이태동)'는 글로벌 차원에서 벌

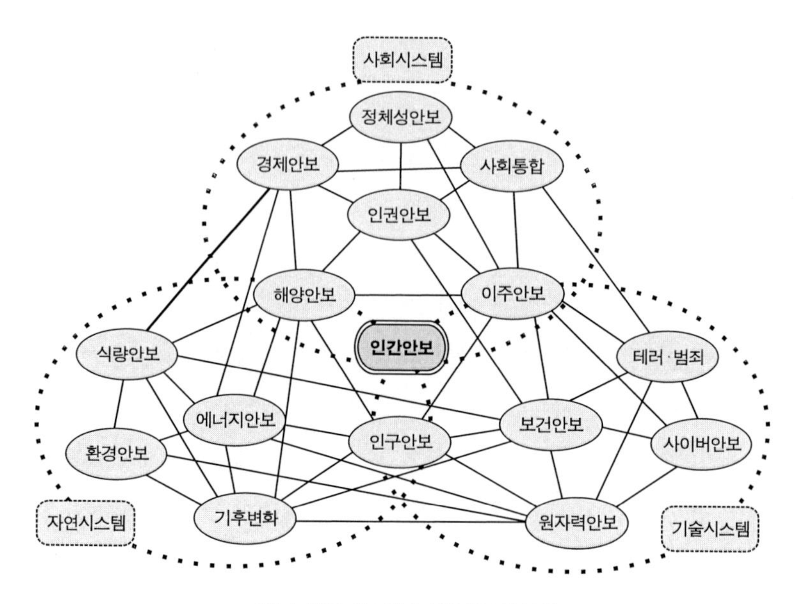

그림 1. 복합 시스템과 신흥안보의 부상

어지는 기후변화, 환경오염의 증가, 자원고갈이 국가안보를 위협하는 요소라고 주장한다. 기후변화안보와 환경안보는 그 원인을 기후변화와 자원고갈에서 찾는 차이는 있지만, 환경변화로 인해서 발생한 사회·경제·정치 시스템의 취약성이 국내외 무력분쟁의 가능성을 높였다는 점에서는 유사하다. 공급 측면에서 자원감소, 수요 측면에서 인구증가 등과 같은 환경자원의 결핍은 농업과 경제적 생산성의 약화와 이주, 국가 관리의 약화를 가져오고, 이는 내전이나 국가 간 전쟁 등의 폭력적 갈등을 불러올 수 있다. 기후변화의 경우도, 기온 상승, 해수면 상승, 폭우, 폭염, 가뭄, 홍수 등 자연재해의 강도가 커질 때 사회·경제 시스템을 유지하는 데 큰 부담을 준다. 기술발전과 무역이 기후·환경 안보의 해결방안으로 제시되지만, 경제·기술 발전이 더딘 지역은 오히려 기후·환경 안보에 더욱 취약할 수도 있다. 전통안보와 비교할 때 환경과 기후변화 위협은 더디고 만성적이며 비의도적인 과정을 포함하기 때문에, 기후·환경 안보의 영향을 인간안보, 즉 개개인 삶의 질의 보장과 향상이라는 포괄적인 시각에서 바라볼 필요가 있다.

제3장 '식량·에너지 복합안보와 미래전략(신범식)'은 에너지 가격변동과 식량위기가 지니는 복합성과 이에 대응하는 미래전략의 필요성을 검토하였다. 농업혁명 이후 식량생산이 자연환경 조건에만 의존하는 형태를 벗어나 고도의 에너지 다(多)소비형 및 탄소 다(多)배출형 산업으로 변모하면서, 에너지 가격의 급격한 변동에 식량 시장이 크게 영향을 받는 구조가 형성되었다. 2007-2008년 세계 식량위기는 석유에 대한 수요가 '지속적으로' 상승함에 따라 가격에 의한 수급 조절의 기능으로 제어되지 않는 상황에서 발생했다. 이렇게 지속되는 고유가 상황은 바이오연료에 대한 수요를 증대시킴으로써 곡물시장에서 식량용 곡물을 바이오연료용으로 전환하는 정책들을 시행함에 따라 식량위기를 촉발한 결정적인 요인이 되었다. 이는 기존에 존재하던 석유 시장과 곡물 시장의 메커니즘이 시장원리에 따라 조절되는 수준을 넘어서서 지속적이며 높은 수준의 압력 하에서 양자가 새로운 방식으로 연결되게 된 것을 의미한다. 이러한 맥락에서 제3장은 이러한 식량안보와 에너지안보가 복합적으로 상호 연계되는 메커니즘에 주목하면서 최대한 복합위기의 양태와 효과를 예측하고 이에 대한 적절한 대비책을 마련하는 국가적 차원의 식량·에너지 복합안보의 미래전략이 필요하다고 강조한다.

제4장 '원자력의 복합성과 신흥안보(배영자)'는 한국이 당면한 원자력발전 문제를 복합성과 신흥안보 관점에서 분석하였다. 원자력발전은 일상적이고 미시적인 안전 문제가 특정한 계기를 통해 거시적 안보나 지정학적 갈등으로 발전할 수 있는 가장 대표적인 신흥안보의 이

슈이다. 미시적 안전성 관점에서 볼 때 한국 원자력발전의 운영이 비교적 안전하게 이루어져 온 것은 사실이나 일상적인 운영과정에서 끊임없이 사고가 발생해 왔으며, 한국 원전 일부가 노후화되는 과정에서 안전사고나 원자력발전 안전성 문제에 관해 지속적으로 논란이 제기될 수 있음을 밝혔다. 원자력발전의 일상적 운영과정에서 발생하는 안전사고를 넘어 원자력발전이 사이버 테러나 지진 해일과 같은 대형 자연재해와 연계될 때 거시적 안보 이슈로 발전하게 된다. 2015년 한국수력원자력에 대한 사이버 공격, 한국 원전 위치지역 지진 취약성 및 원전 밀집도 등을 사례로 한국 원자력발전이 거시적 안보 이슈로 확대될 가능성이 높음을 지적하였다. 아울러 중국 원전사고로 누출된 방사능이 편서풍에 의해 한반도에 직접적으로 영향을 줄 수 있는 지역에 많은 원전이 운영되고 건설 중인 상황이 야기할 지정학적 갈등의 가능성도 지적하였다.

제5장 '사이버 안보와 안보화 경쟁(조화순·김민제)'은 사이버 공간을 매개로 한 사이버 범죄와 테러, 정보 탈취 등의 위협이 제기되면서 사이버 안보라는 새로운 과제가 국가적 차원에서 제기되고 있다고 주장한다. 사이버 위협과 공격은 정보기술을 기반으로 한 네트워크의 속성을 이용해서 발생하고 있으며, 매우 쉽고 간편하게, 저렴한 비용으로 적대적 대상에게 피해를 줄 수 있다. 제5장은 사이버 안보가 신흥안보의 측면에서 다루어져야 하는 이유를 살펴보고, 새로운 안보 이슈에 대한 안보전략 과정에서 발생하는 경쟁과 갈등의 양상을 국제정치학 분야에서 개발된 '안보화' 개념을 통해 분석하고 있다. 사이버 공간은 물리적인 공간이 아니고 초국경적 성격을 가지기 때문에 근대국가의 물리적 공격과 방어를 중심으로 안보를 확보해 왔던 전통안보로 해결하기에는 한계가 있다. 뿐만 아니라 사이버 공간의 위협에 대해

서는 이것이 안보 차원에서 다루어질 수 있는 문제인지, 사이버 공간의 안전을 위해 우선적으로 통제되고 제거되어야 할 위협이 무엇인지에 대해서 국가와 집단이 인식을 달리하며 이것을 통제하는 방식에 대해서도 입장을 달리하고 있다. 이런 점에서 국내외 차원에서 발생하는 사이버 안보에 대한 안보화 경쟁을 살펴보는 작업이 한국의 미래전략에 시사하는 바가 크다.

제2부는 신흥안보로서 창발하는 인간안보의 사례로 인구안보, 이주·난민 안보, 보건안보, 인권 등을 다룬 네 편의 글을 실었다.

제6장 '인구안보의 미래전략(신성호)'은 지난 수십 년간 새로운 트렌드로 자리 잡은 인구문제의 양극화가 어떻게 각국의 경제와 사회문제를 넘어서 21세기 새로운 안보 문제를 야기하고 있는지를 살펴보았다. 또한 이러한 인구문제가 한반도 주변의 동아시아와 동북아, 특히 한중일 3국에 어떻게 발현되고 있으며 한국의 미래와 안보정책에 어떠한 영향을 미치는지를 분석하였다. 한국이 속한 OECD 선진국이나 동북아 지역의 경우 지난 100여 년간 진행된 사회 변화 속에 초저출산·초고령화가 새로운 트렌드로 자리 잡으면서 정치·경제는 물론 사회·문화 전반에 걸쳐 새로운 현상과 문제점이 발생하기 시작하였다. 이는 경제적으로는 '인구절벽'이라 불리는 극단적인 노동력, 구매력, 소득부분의 감소로 이어지면서 장기적인 경제 불황을 야기한다. 동시에 급속한 고령화로 인한 사회보장 수요가 급속히 증가하면서 정부재정이 심한 압박을 받으며 이는 여타 부분, 특히 국방부분의 지출에 대한 새로운 압박을 가하고 있다. 이는 한국과 같이 국민개병제를 채택하고 있는 국가에는 군인력 자원 충원의 한계를 가져오면서 국가안보에 도전을 야기하고 있어 미래전략적인 접근이 필요하다는 것이다.

제7장 '국제이주 및 난민문제의 안보적 접근(이신화)'은 점점 심

각해지고 복잡해지는 국제이주 및 난민문제의 역사적 변천과 쟁점 및 특성을 고찰하였다. 특히 인도적 위기에 처한 '무기력한 피해자'로서의 난민뿐 아니라 이들이 어떻게 국가 간 관계나 한 지역 내에 사회불안 및 안보위협을 초래할 수 있는지를 논함으로써 이주 및 난민문제를 인도적 측면을 넘어서는 안보적 맥락에서 분석하고자 한다. 제7장은 인도주의적 관점에 기반을 둔 접수국의 온정주의에만 의존하는 접근법만으로는 점점 증가하는 난민 문제를 해결할 수 없다고 주장한다. 이주나 난민문제의 해법을 찾아가는 과정에서 나타나는 국가이기주의, 힘 있는 국가가 지향하는 규범과 국제규범간의 상충, 국제기구의 재정부족과 행정문제 등으로 인해 인도적 문제가 제대로 해결되지 않는다면, 결국 사회불안, 안보위협화 등이 부메랑이 되어 돌아올 것이라고 주장한다. 따라서 난민들을 방치하거나 외면함으로써 단기적으로 자국의 사회안정을 도모할 수는 있지만, 이들 문제를 인도적 피해자인 동시에 제대로 관리되지 못할 경우 안보위협의 주요 행위자가 될 수 있다는 현실정치적(realpolitik) 관점에서 고찰하는 것이 급증하는 이주 및 난민사태 해결을 위한 보다 현실성 있는 접근법일 것이다.

제8장 '보건안보와 글로벌 거버넌스(정혜주)'는 WHO의 국제위생규칙(International Sanitary Regulation)의 국제보건규칙(IHR: International Health Regulation)으로의 개정 사례에 초점을 맞추어서 최근 증대되고 있는 보건안보에 대한 관심의 의미를 다루었다. 2005년에 개정된 IHR은 보건안보의 개념과 대상질환, 관련국가의 범주를 크게 확대시킨 것으로 평가된다. 또한 IHR의 실행을 보조하기 위한 GHSA(Global Health Security Agenda)가 등장하며 보건안보 거버넌스의 다양성을 예고하고 있다. 이러한 양상은 건강과 인권을 중심으로 전염병을 사고하는 접근방식의 변화를 보여준다. 사회의 모든 조건들

은 인구집단의 건강결과를 가져오며, 이러한 건강결과는 개인의 사회적 성취와 인간안보의 근본적 기반이 되어, 인권안보를 포함하는 다른 안보에 영향을 미치기도 한다. 이러한 맥락에서 건강을 모든 정책의 기준으로 삼는 관점(Health in All Policies: HiAP)의 의미를 다시 상기할 필요가 있다. 보건안보를 전염병 관리라는 좁은 의미에서 이해한다 하더라도 국경관리와 같은 외교적 노력 뿐 아니라 보건의료 시스템의 정비, 의료기술에 대한 접근 등 다양한 차원에서의 활동이 다차원적으로 진행될 필요가 있다는 것이다.

제9장 '인권, 안보 그리고 인권안보의 가능성과 한계(김헌준)'는 인권과 안보라는 개념이 국내, 국제적으로 어떠한 과정을 거쳐서 변화, 발전했는지 살펴보았다. 특히 2001년 미국에서 발생한 9·11 테러 사건 전후로 큰 차이를 보이는 안보와 인권에 대한 논의들의 특징에 주목하였다. 첫째, 생명권이라는 가장 기본적인 인권뿐만 아니라, 자유권, 평등권 등 다양한 인권들에 대한 논의들이 이루어졌다. 둘째, 국가 테러리즘이 아닌 비국가 행위자에 의한 테러리즘이 점차 빈번하게 발생하면서 특히 안보 논의에 있어서 비국가 행위자에 관심을 갖게 되었다. 셋째, 인권과 안보 간 긴장관계와 그 상충성(trade-off)에 대한 논의가 심화되었다. 넷째, 이 긴장관계를 해소하기 위해 인권과 안보에 대한 새로운 정의와 개념화가 시도되었고 대표적인 것이 보호책임이나 안전권(right to security) 등의 개념이다. 마지막으로 안보 추구를 위한 국가의 행위에 대한 유엔과 NGO 등 다양한 국제 사회 내 비국가 행위자들의 영향력에 대한 강조가 확대되었다. 이러한 맥락에서 제9장은 최근 발생한 한국의 테러방지법 제정과 관련한 논쟁 사례를 살펴봄으로써 국내에서는 인권과 안보 간 관계가 어떻게 구현되는지 파악할 수 있다고 지적한다.

제3부는 사회시스템에서 비롯되는 신흥안보의 사례로서 경제적 불평등, 종교와 안보, 사회통합, 해양안보 등을 다룬 네 편의 글을 실었다.

제10장 '경제적 불평등의 증대와 신흥안보(이승주)'는 최근 특정 국가에 그치지 않고, 대다수 국가들에서 나타남으로써 세계질서의 근간을 위협하는 근본 원인이 될 우려를 낳고 있는 경제적 불평등의 문제를 신흥안보의 시각에서 살펴보았다. 국내적 차원에서 경제적 불평등은 특히 다른 사회적 또는 문화적 불평등과 결합될 때, 내전과 같은 분쟁을 초래할 가능성이 급격하게 높아진다. 반면, 국제적 차원에서 지난 20여 년간 빠르게 진행된 세계화와 경제 통합은 그 이념적 기초가 흔들리는 상황에 직면해 있다. 세계화와 경제 통합은 세계경제의 불안정성과 불확실성을 증대시키고 위기를 초래하는 경향이 있으며, 그 결과 경제적 불평등을 심화시키고 있기 때문이다. 이러한 현실에 대한 대안을 국내외적 차원에서 마련할 필요가 점증하고 있다. 무엇보다도 세계화에 따른 경제적 불평등을 조정할 수 있는 제도적 대안을 마련할 필요가 있으며, 새로운 글로벌 거버넌스의 노력도 이루어져야 할 것이다. 좀 더 근본적으로는 일부 변화를 통해 문제 해결을 모색하기보다는 불평등을 초래하는 제반 요인들의 동시적이고 전면적인 변화를 추구하는 접근이 필요하다. 제10장은 불평등을 완화시키기 위한 정책들이 보다 거시적 차원의 정치적, 사회적, 경제적 제도의 차원에서 추진되어야 한다고 주장한다.

제11장 '종교와 안보: 정체성의 정치(조홍식)'는 세 가지 차원에서 종교와 안보의 관계를 고찰하고 있다. 첫째는 전통안보와 종교의 관계이다. 종교는 국가의 정치 기능과 긴밀하게 융합하여 모든 안보 문제와 떼어 놓을 수 없는 중요한 핵심을 형성하였다. 종교와 정치, 그

리고 결국 안보와의 구분이 확실해지고 거리가 멀어진 것은 세속주의의 발전과 함께하고 말할 수 있으나 이것도 일부 서구에 한정된 현상이다. 둘째, 최근 학계에서 새롭게 등장한 관심은 인간안보라는 개념에 비추어 종교의 역할을 고려하는 것이다. 인간안보란 단순히 전쟁과 평화, 안보와 치안이라는 물리적 차원을 벗어나 더 넓게 인간의 삶을 지배하는 다양한 요소를 감안하여 안정과 복지를 사고하는 접근법이다. 셋째, 전통안보와 인간안보를 포괄하는 안정적 삶의 조건이라는 차원에서 종교에 대한 어떤 정책이 필요한지 파악하는 것이 중요한 학술적이고 정책적인 과제다. 이는 테러나 극단주의를 막기 위한 정책에서부터 '복지정책에 어떻게 종교적 집단과 네트워크를 활용하는가'까지 무척 다양한 안건을 포함한다. 이러한 분석을 바탕으로 제11장은 한국도 어떤 태도와 정책으로 종교 문제를 접근해야 하는지에 대한 고민이 필요하다고 지적한다.

제12장 '사회통합과 신흥안보(황지환)'는 신흥안보의 한 요소로서 사회안보 개념에 주목하고, 한반도의 현재와 미래에 사회통합과 사회안보 개념이 매우 중요한 변수가 될 것이라 주장한다. 한국 내에서 그 동안 안보 논의는 주로 북핵문제, 한반도 주변 강대국 관계, 통일환경 등 군사적, 외교적 이슈를 중심으로 이루어져 왔지만, 다양한 사회적 문제들이 야기하는 사회안보(societal security) 문제들을 다루는 데는 소홀했다고 지적한다. 사회안보 개념은 최근 유럽의 학계에서 코펜하겐 학파를 중심으로 발전해 왔다. 사회안보는 '변화하는 환경이나 실재하는 위협하에서도 본질적인 속성을 유지하는 사회의 능력'으로 정의된다. 국가와 더불어 시민사회가 안보주체로 중요하다는 점이나 주로 경제적, 사회환경 영역에 초점을 둔다는 점에서도 기존의 안보 개념과 차별화된다. 국내의 소수자들이 국가나 기타 다수계층에 의해

위협받는 경우나, 국가나 다른 정치적 행위자들이 대내외적 위협에 대항하기 위해 사회를 동원하는 경우가 발생할 수 있다. 이러한 사회안보 문제는 사회통합을 위협할 수 있는데, 사회의 새로운 집단 정체성 형성을 통해 사회의 응집력을 강화하는 것이 필요하다. 이러한 문제의식을 바탕으로 제12장은 정당의 사회통합과 갈등조정 역할의 중요성을 강조하고 있다.

제13장 '해양 분야의 신흥안보와 미래전략(구민교)'은 신흥안보 관점에서 동아시아 해양안보 이슈, 특히 미중 간의 신 해양패권 경쟁의 전개과정을 분석하고 정책적 시사점을 도출하였다. 신흥안보 관점에서 본 미중 간의 해양패권 경쟁은 냉전 당시 태평양과 인도양의 제해권을 두고 미소 양 진영이 치렀던 전통적 해양 군비경쟁과는 다른 양상으로 전개되고 있다. 2000년대 들어 급속히 전개되고 있는 신 해양패권 경쟁은 과거의 단속적 상태에서 벗어나 상시적이고 거시적인 안보 문제로 창발하고 있다. 미중 간 신 해양패권 경쟁을 정점으로 하는 동아시아 해양안보 이슈의 임계점은 2015년 여름부터 붉어진 중국의 남중국해 도서의 인공섬 및 군사기지화 정책이다. 이는 미중 양측이 군사적 충돌 가능성까지 불사하며 무력시위를 계속하는 데에서 잘 드러난다. 이러한 상황에서 한국은 유사시 상황에 대응 할 수 있는 외교적 및 군사적 역량을 강화해야 한다. 특히 아라비아해-인도양-말라카해협-남중국해-동중국해로 이어지는 해상교통로는 한국 경제의 생명선이므로 이들 해역에서의 분쟁 당사자가 아니라는 소극적 인식에서 탈피하여, 책임 있는 이해관계자로서 좀 더 적극적으로 신흥 해양안보 이슈를 관리하고 해결하기 위한 국제적 노력에 동참해야 한다.

이 책이 나오기까지 많은 분들의 도움을 얻었다. 무엇보다도 단기적 결과도출에 연연하지 않고 중장기적 안목개발을 지향하는 '한국의 중장기 미래전략' 공부모임에 기꺼이 동참하고 지원해 주신 여러 선생님들께 감사드린다. 이 공부모임은 지난 2년여 동안의 세미나 모임을 가지면서 '미래전략네트워크(일명 미전네)'라는 이름까지 얻게 되었다. 미전네를 통해서 이루어진 발표와 토론은 신흥안보의 담론을 제기하려는 이 책의 과감한 시도가 용기를 내서 세상에 나올 수 있게 한 지적 토양이었다. 미전네의 토론이 계속 이어가서 현재 필자들이 '한반도 신흥안보의 복합 지정학'이라는 잠정제목으로 진행하고 있는 세 번째 작업이 조만간 독자들과 만나게 되기를 기대해본다. 끝으로 성심껏 이 책의 출판을 맡아주신 사회평론아카데미의 관계자들께도 감사의 말씀을 전한다. 또한 이 책의 원고 교정 작업을 도와준 이은솔, 김지훈, 김유정, 문영란, 이요셉에게도 고마움을 전한다.

2016년 8월 10일

김 상 배

차례

제1부

자연 및 기술시스템과 신흥안보의 창발

제1장

신흥안보와 미래전략: 개념적·이론적 이해*

김상배

* 이 글은 원래 이 책의 이론적 분석틀을 담은 연구로서 기획·집필되었으며 연구결과를 국내 국제정치학계에서 평가받고 학술 대중에게 홍보하기 위해 2016년 『한국정치학회보』 50(1), pp.75-102에 "신흥안보와 메타 거버넌스: 새로운 안보 패러다임의 이론적 이해"라는 제목으로 게재하였다.

I. 머리말

최근 지구적 차원에서 초국적으로 발생하는 새로운 위험들이 국제정치학의 관심사로 떠오르고 있다. 탈냉전, 지구화, 정보화, 민주화 등의 현상을 배경으로 출현한 이러한 위험들은 예기치 않은 천재지변 외에도 인간이 개발한 기술 시스템의 오류나 사회 시스템의 위기 등으로 나타나고 있다. 지난 5년여 동안 동북아에서 발생한 사례만 보아도, 중국발 스모그와 미세먼지의 초국경적 피해, 일본에서 발생한 쓰나미와 후쿠시마 원전 사태, 북한의 사이버 공격과 미·중 사이버 갈등, 동남아와 한국에서 발병한 사스(SARS)와 메르스(MERS)의 확산, 북한의 인권과 탈북자 문제 등을 들 수 있다. 이러한 문제들은 여태까지 알려져 있지 않았던 종류의 재난을 야기할 가능성이 클 뿐만 아니라 시스템 내 여러 요소들이 서로 밀접하게 연계된 복잡계 현상을 배경으로 하고 있다는 점에서 해당 분야의 안전 문제를 넘어서 국가안보 전반에 피해를 주는 새로운 위험으로 인식되고 있다.

최근 지구적 차원에서 이러한 위험의 발생을 경계하고 대비해야 한다는 지적의 목소리가 높아지고 있음에 주목할 필요가 있다. 예를 들어, 세계경제포럼(WEF)은 900명의 전문가 의견조사를 바탕으로 작성한 '글로벌 리스크 2015'라는 보고서를 통해서 전 세계가 직면하고 있는 새로운 위험을 지적한 바 있다. 이 보고서는 경제적 위험, 환경적 위험, 지정학적 위험, 사회적 위험, 기술적 위험 등 5개 분야에 걸쳐 향후 10년 내에 다수 국가와 산업에 부정적 영향을 미칠 우려가 있는 28개 위험요인을 지적하고, 이러한 위험요인의 발생과 확산에 영향을 미치는 트렌드를 도출함으로써 전 세계적인 경종을 울리고자 하였다. 예를 들어, 기후변화, 자연재해, 대형인재, 생태계 손실, 물 위기, 정보인프라 파괴, 사이버 공격, 데이터 사기와 절도, 식량위기, 유행병, 만성질병, 항생제 내성 박테리아 등의 문제들이 새로운 위험의 요소들로 지적되었다(WEF 2015).

이러한 위험의 부상은 안보영역이 새로이 확대되는 현상뿐만 아니라 안보주체의 숫자와 범위의 확대 및 안보 세계정치의 양상을 변화시키고 있다. 이들 위험은 그 성격과 피해의 범위라는 점에서 지구적 차원에서 초국적으로 발생하는 안보 문제인 동시에 지역과 국가 차원의 국지적이고 개인적인 안보 문제에도 영향을 미치는 다층적인 성격을 지니고 있다. 국가 행위자 이외에도 국제기구, 다국적 기업, 글로벌 시민사회 등과 같은 비(非)국가 행위자들, 그리고 더 나아가 기술 및 사회 시스템 자체가 위험을 야기하는 원인이 되고 있다. 따라서 새로운 안보 문제를 해결하기 위해서는 개별국가 차원을 넘어서 지역 및 글로벌 차원에서 모색되는 중층적이고 복합적인 거버넌스의 메커니즘을 마련하는 것이 필요하다. 요컨대 이러한 변화는 기존의 인식틀에서는 간과되었던 새로운 안보 이슈의 발생이라는 단편적 차원을 넘어서, 좀 더 넓은 의미에서 파악된 새로운 안보 패러다임의 부상을 예견케 하고 있다.

사실 탈냉전 이후 전통안보의 발상을 넘어서 새로운 안보 패러다임을 개념화하려는 학계의 노력은 계속되어 왔다. 예를 들어 1980-1990년대에 부상한, 이른바 코펜하겐 학파의 안보이론은 탈냉전기의 안보 문제를 새로운 시각으로 다루었던 대표적인 시도였다. 이외에도 전통안보와 대비되는 의미에서 비전통 안보를 강조한 연구들이 활발히 진행되어 왔다. 이들 연구는 구성주의 시각에서 안보현실의 화행(話行, speech-act) 차원을 강조하거나 종전에는 지엽적으로 취급되었던 비군사 안보 문제들에 좀 더 적극적으로 눈을 돌리게 함으로써, 탈냉전 이후의 안보연구가 국가 중심의 군사안보 연구를 넘어서 새로운 지평을 개척하는 데 기여했던 것이 사실이다. 그러나 비판적 시각에서 보면, 이들 연구는 복잡계 환경을 배경으로 해서 새로이 부상하고 있는 탈근대 안보 이슈의 고유한 성격과 이로 인해서 발생하는 안보현실의 변화, 그리고 이에 대응하는 데 적합한 거버넌스의 내용에 대한 구체적 논의를 결여했던 것도 사실이다.

이 글은 새로운 안보 패러다임을 이론적으로 탐구해온 국내외 국제정치학계 논의의 연속선상에서 새로운 안보 패러다임을 이론화하는 작업을 펼쳤다. 이 글이 환경안보, 원자력안보, 사이버 안보, 보건안보, 인간안보, 사회안보 등과 같이 초국적으로 발생하는 새로운 위험을 이해하기 위해서 제시하는 개념은 '신흥안보(emerging security)'이다. 신흥안보의 개념은 기존의 비전통 안보(non-traditional security)와 같은 소극적인 개념화의 경향을 넘어서 좀 더 적극적으로 새로운 안보연구를 벌이려는 문제의식을 바탕으로 한다. 따라서 신흥안보라는 개념은 단순히 새롭다는 의미를 넘어서 고안되었다. 이 글에서 말하는 신흥안보의 개념은 복잡계 이론과 네트워크 이론에서 개발된 다양한 이론적 논의들, 즉 창발(emergence), 자기조직화(self-organization), 임계성(criticality), 구조적 공백(structural hole), 양질전화(量質轉化), X-이벤트(extreme event), 비인간 행위자(non-human actor), 안보화(securitization) 등과 같은 개념을 반영하여 고안되었다.

이러한 이론적 시각을 원용해서 볼 때, 신흥안보 이슈들은 일상생활의 미시적 차원에서 발생하는 안전의 문제들이 특정한 계기를 만나서 거시적 국가안보의 문제로 증폭되는 특징을 지닌다. 다양한 국가 및 비국가 행위자, 하물며 비인간 행위자까지도 관여하기 때문에 그 발생원인과 확산경로 및 파급효과를 예측하는 것이 쉽지 않다. 신흥안보 분야의 위험은 전례 없던 극단적 사건의 형태로 발생할 가능성이 높을 뿐만 아니라 그 위험의 발생 및 확산의 양상도 개별 신흥안보 분야들 간의 상호 연계성이 증폭되는 과정에서 발생하는 경향이 있다. 이러한 특징들은 개별 신흥안보 이슈에 따라서 다르게 나타나기까지 해서 보편적 해법의 마련을 더욱 어렵게 한다. 잘 알려지지 않은 위험이다 보니 당연히 그 위험의 정체를 놓고 다양한 담론과 억측이 난무하는 경우가 발생하기도 한다. 게다가 이들 신흥안보 분야의 갈등이 전통안보 이슈들과 연계되면서 국가 간 갈등으로 비화될 가능성이 크게 높아지고 있다.

국민국가 단위에서 주로 군사안보를 중시하는 전통안보의 발상과 개념만으로는 이렇게 신흥안보 분야에서 발생하는 새로운 위험에 제대로 대처할 수 없다. 위험의 규모와 성격이 단지 전통안보의 문턱을 넘지 않았다는 이유만으로, 다시 말해 국가 간 분쟁이 발생하여 전쟁이 나지 않았다는 이유만으로 국가 차원의 중요한 안보 문제가 아니라고 미뤄놓을 수만은 없다. 다양한 차원에서 상호의존이 심화되고 있는 오늘날, 대포가 날아오고 총에 맞아서 생명을 잃을 가능성만큼이나 환경오염이 악화되고 전염병에 걸려서 삶이 위태로워질 가능성이 커졌다. 게다가 신흥안보 분야의 사건들은 어느 순간에 돌발적으로 발생하여 급속히 확산될 가능성이 높으며, 그렇기 때문에 그 위험을 통제하는 것이 더욱 어려운 난제들이다. 이러한 상황에 직면하여 냉전기 안보관에 기원을 두는 전통안보를 대하는 거버넌스 양식으로 새로운 위험에 대처하겠다는 접근은 한계를 지닐 수밖에 없다.

이러한 맥락에서 이 글은 사회과학 분야의 조직이론과 자연과학 분야의 진화론을 원용하여 신흥안보 분야의 위험에 대처하는 새로운 거버넌스의 이론을 모색하였다. 특히 21세기 국가모델로서 거론되는

'네트워크 국가(network state)'가 펼치는 새로운 거버넌스의 양식을 개념화하였는데, 특히 밥 제솝(Bob Jessop)의 '메타 거버넌스(meta-governance)' 개념에 주목하였다(Jessop 2003). '거버넌스의 거버넌스(the governance of governance)'라는 뜻의 메타 거버넌스는 각 분야에서 이루어지는 개별 행위자들의 '거버넌스'를 망라하여 조정하는 네트워크 국가의 '거버넌스'를 의미한다. 이러한 메타 거버넌스는, 군사안보와 같은 어느 한 영역의 관리에 치중하는 전통안보 분야와는 달리, 여러 분야에 걸쳐서 다양한 유형의 위험들이 창궐하는 신흥안보 분야에 적합한 거버넌스 양식이라고 할 수 있다. 또한 국내적으로 다양한 행위자들을 조율하는 기능과 함께 개별국가 차원을 넘어서는 지역 및 글로벌 거버넌스의 구축이 요구되는 신흥안보 분야에 적합한 거버넌스 양식이다. 이러한 메타 거버넌스의 구체적인 작동방식을 이론화하기 위해서 이 글은 거버넌스 유형에 대한 이론적 논의뿐만 아니라 진화생물학에 기원을 두는 적합력(fitness)과 복원력(resilience) 등의 개념을 적극적으로 원용하였다.

이 글은 크게 세 부분으로 구성되었다. II절은 탈냉전 이후 국내외에서 이루어졌던 새로운 안보이론의 시도들을 검토함으로써, 이 글에서 제시하는 신흥안보에 대한 논의가 지닌 연구사적인 위상을 설정하였다. III절은 복잡계 및 네트워크 이론의 개념적 논의를 원용하여 신흥안보의 용어와 개념, 신흥안보가 창발하는 조건 및 신흥안보 분야가 지니는 고유한 특성 등을 살펴보았다. IV절은 신흥안보의 도전에 대응하는 새로운 안보 거버넌스의 필요성을 지적하고, 이러한 문제의식을 바탕으로 새로운 국가모델(즉 네트워크 국가)에 입각한 거버넌스의 양식으로서 적합력과 복원력의 메타 거버넌스에 대한 이론적 논의를 펼쳤다. 끝으로, 맺음말에서는 신흥안보의 부상과 메타 거버넌스에 대한 이 글의 논의를 종합·요약하고 신흥안보 거버넌스를 모색해야만 하는 한국의 과제를 간략히 지적하였다.

II. 새로운 안보이론에 대한 기존 논의

1980-1990년대 안보연구는 탈냉전 이후 새로운 양상의 위협들이 발생하는 환경에서 국가 행위자들 간의 군사안보에 치중해온 기존 전통안보의 개념만으로는 새로운 변화를 설명하기 어렵다는 문제의식에서 출발하였다. 이렇게 전통안보의 경계를 넘으려는 대표적인 시도는, 배리 부잔(Barry Buzan)으로 대표되는 코펜하겐 학파의 안보이론에서 찾을 수 있다. 코펜하겐 학파는 1985년 덴마크에 설립된 코펜하겐평화연구소(COPRI: Copenhagen Peace Research Institute)를 중심으로 냉전 담론을 넘어서는 새로운 안보이론의 지평을 개척한 일련의 학자들을 일컫는다. 코펜하겐 학파는 기존 안보이론의 연구경향에 대한 비판을 통해서 탈냉전기 안보의 복합성과 안보담론의 규범성을 지적한 것으로 유명하다.[1]

코펜하겐 학파가 제시한 안보이론의 골자는 안보주체의 다양화와 안보대상의 확대로 요약된다. 탈냉전 시대를 맞이하여 국가 행위자 이외에도 국가 하위의 행위자들이나 국가의 경계를 넘나들며 활동하는 행위자들을 모두 포괄하여 안보이론을 구성해야 한다고 주장하였다. 동시에 군사안보 영역 이외에도 정치, 경제, 사회, 환경 등의 비

1 코펜하겐 학파로 분류되는 안보이론가들의 저작으로는 Buzan *et al.* 1998; Buzan and Hensen 2009; McSweeney 2007; Huysmans 2007; Hough, Malik, Moran and Pilbeam 2015 등을 참조하기 바란다.

군사 영역도 안보이론의 연구대상이 되어야 한다는 것이었다. 이러한 문제제기는 코펜하겐 학파 학자들이 강조하고 있는 사회안보(societal security) 개념에서 잘 드러난다. 사회안보의 개념은 국가와 더불어 시민사회가 안보주체로 중요한 역할을 한다는 인식하는 데서 출발하여 사회 자체의 정체성을 강조하고, 이러한 새로운 안보영역으로 사회적 정체성의 변수가 전통안보 문제와 어떻게 연결되는가의 문제를 탐구하였다.

또한 코펜하겐 학파는 구성주의 시각을 원용하여 과거의 안보이론에서는 큰 비중을 두지 않았던 관념의 중요성을 강조한 것으로도 유명하다. 구체적으로 코펜하겐 학파가 제시한 안보화(securitization)는 안보담론이 사회적으로 형성되는 과정을 지칭하는 개념으로서 구성주의 시각에서 안보행위를 이해하는 데 기여했다. 안보화 이론에 의하면, 안보란 객관적(또는 주관적)으로 실재하는 어떤 조건이라기보다는 현존하는 위협이 무엇인가에 대한 사회적 합의를 간(間)주관적으로 구성하는 정치담론이다. 다시 말해, 안보는 객관적으로 존재하기보다는(또는 존재하더라도) 안보 행위자에 의해서 현존하는 위협의 대상, 즉 안전이 보장되어야 할 안보의 대상이 무엇인지를 정치적으로 쟁점화하는 과정에서 구성되는 것이라는 인식을 제시하였다.[2]

이러한 코펜하겐 학파의 안보이론은 지난 20여 년간 국제정치학계에 의미 있는 성과를 남겼음에도 이 글이 제시하는 신흥안보 이론의 시각에서 볼 때, 새롭게 변화한 시대적 상황과 새로이 원용할 이론적 시각에 비추어 비판적으로 검토하고 보완할 필요가 있다. 이러한 문제의식을 바탕으로 코펜하겐 학파와 신흥안보 이론을 대비해보면, 적어

2 코펜하겐 학파의 학자들이 개발한 안보화 이론에 대해서는 Wæver *et al.* 1993; Wæver 1995; Balzacq ed. 2011; Hansen and Nissenbaum 2009 등을 참조하기 바란다.

도 다음과 같은 다섯 가지의 차이점을 부각시켜볼 수 있다.

첫째, 코펜하겐 학파가 1980-1990년대의 안보 현실을 배경으로 잉태되었다면, 신흥안보 이론의 출현은 2010년대를 배경으로 한다. 둘째, 코펜하겐 학파가 탈냉전이라는 국제정치 패권구조의 변동이라는 와중에 부각된 안보 문제에 주목했다면, 신흥안보 이론의 문제의식은 근대 국제정치의 질적 변환이라는 맥락에서 본 탈근대 안보에서부터 시작한다. 셋째, 코펜하겐 학파가 화행의 관점에서 '위협의 사회적 구성'이라는 안보화의 문제에 천착했다면, 신흥안보 이론은 단순한 '안보담론'의 탐구에만 그치는 것이 아니라 '안보현실' 자체의 실제적 변환을 탐구한다. 넷째, 코펜하겐 학파가 군사안보를 넘어서 새로이 부상한 안보 위협들을 '복합안보'라는 이름으로 나열하는 데 그쳤다면, 신흥안보 이론은 미시적 '안전' 문제에서 거시적 '안보' 문제로 창발하는 새로운 안보 패러다임의 구조와 동학을 탐구한다. 끝으로, 코펜하겐 학파의 논의가 냉전과 근대를 넘어선 유럽의 현실에 기반을 두고 있다면, 신흥안보 이론은 근대의 숙제와 함께 탈냉전 및 탈근대의 도전을 동시에 해결해야 하는 동아시아의 현실을 염두에 둔다.

이러한 신흥안보 이론의 문제의식은, 지난 20여 년 동안 국내에서 발전해온 '복합세계정치론'과 '복합안보론'의 시도에 뿌리를 두고 있다. 1990년대 초반 냉전의 종식 직후 국내 학계에서 제기된 '복합안보'의 개념은 근대의 프로젝트가 완성되지 않은 상황에서 곧바로 탈근대의 물결을 맞이해야만 했던 한반도의 이중적 과제를 담아내려던 시도였다(하영선 편 1993). 당시 '복합안보' 개념은 초강대국의 쇠퇴와 지역 안보질서의 자율성 증가, 국제기구의 역할 증가 등과 같은 행위주체의 변화와 행위영역의 변화를 동시에 담아내려는 문제제기였다. 이러한 점에서 민병원은 평가하길, 한반도와 동아시아의 근대-탈근대의 복합성을 고려한 '복합안보'의 개념은 탈냉전이라는 맥락에서 안보주체와 안보대상의 다양성을 강조한 코펜하겐 학파의 문제의식을 앞서가는 것이었다고 평가한다(민병원 2012: 138). 근대와 탈근대의 병존 그리고 여기서 야기되는 복합 안보질서의 모습은 21세기에도 여전히 동아시아와 한반도의 안보담론을 자극하는 독특한 성격으로 작동하고 있다.

2000년대 중후반 코펜하겐 학파의 복합안보론을 수용하면서도 이를 보완하고 비판하려는 국내학계의 시도에도 주목할 필요가 있다(민병원 2006). 코펜하겐 학파의 안보개념을 동아시아의 맥락에 적용한 비전통 안보나 '지역안보복합체(regional security complex)'의 논의도 진행되었다(이신화 2006). 또한 코펜하겐 학파의 이론을 뛰어넘는 새로운 안보 패러다임으로서 네트워크 사고와 위험사회 개념의 도입 필요성을 강조한 시도에도 주목할 필요가 있다(민병원 2007). 새로운 안보 패러다임의 문제제기는 구조적 차원에서 세계정치가 네트워크화되어 가는 추세와 복합적인 세계위험사회(world risk society)의 부상이라는 인식을 바탕으로 한다. 울리히 벡(Ulrich Beck)이 제창한 세계위험사회의 개념은 초국가적 상호연계성이 심화되고 불확실성과 불안정성이 증대되는 현실 속에서 빠른 전파력과 예측 불가능한 폭발성을 지닌 21세기 안보 문제의 위험성을 지적하였다(Beck 2005). 이러한 2000년대의 논의들은 복잡계 환경에서 출현한 신흥안보 이슈를 탐구하는 이 글의 문제의식과 통하는 바가 크다.

오늘날 안보에 대한 위협이 네트워크의 속성을 지니고 있음을 지적하는 국내 학계의 연구는 2010년대에 이르러 '복합 세계정치'와 '네트워크 세계정치'에 대한 이론화의 작업을 바탕으로 지속되었다. 네트워크의 시각에서 본 안보론의 문제제기는 각각의 안보 이슈들이 네트워크라는 맥락에서 어떻게 복합되는지에 대한 공식과 새로운 환경에 적합한 작동 메커니즘을 밝히려는 '네트워크 안보(network security)'에 대한 논의와 통한다. 네트워크 안보는 기존의 복합안보 이론에서 취했던, 탈냉전 이후 새로이 부상한 안보 이슈들을 망라하는 방식을 넘어서는 문제의식이라고 할 수 있다. 이러한 네트워크 안보의 개념은 미시적 안전 문제에서 거시적 안보 문제가 창발하는 과정 및 이를 가능케 하는 현실의 구조를 탐구하려는 신흥안보 이론의 문제의식과도 통한다. 그러나 이러한 네트워크 안보의 개념이 상대적으로 결여했던 것은 새로운 안보이론에서 전통안보를 어떻게 자리매김할 것인가의 문제였다. 이러한 점에서 신흥안보 이론은 복합안보와 네트워크 안보의 개념이 제시한 문제의식을 모두 담아내는 해법을 고민할 과제를 안고 있다(하영선·김상배 편 2010; 2012; 김상배 2014).

III. 신흥안보, 그 창발의 개념화

1. 신흥과 안보, 그리고 신흥안보

이 글에서 제시하는 신흥안보라는 말은 단순히 '새로운 안보'라는 의미만은 아니다. '신흥(新興)'은 복잡계 이론에서 말하는 'emergence', 즉 창발(創發)의 번역어이다.[3] 개념어로서의 창발이란 복잡계에서 자

3 'emergence'는 국내 자연과학계에서 흔히 창발(創發)이라고 번역하는데 이 글에서는 안보라는 말과의 합성을 고려하여 '신흥'이라고 번역하였다. 그러나 'emergence'라는 용어를 안보와 합성하지 않고 따로 사용하는 경우에는 학계에 이미 통용되고 있는 '창발'이라는 용어를 사용하였다.

기조직화의 과정을 통해 새롭고 일관된 구조나 패턴, 속성 등이 나타나는 현상을 의미한다. 창발이란 미시적 단계에서는 볼 수 없던 존재들, 즉 자체적인 속성을 드러낼 수 없던 소규모의 단순한 존재들이 복잡한 상호작용을 통해 상호 연계성을 증대시킴으로써 거시적 단계에 이르러 일정한 패턴과 규칙성을 드러내는 것을 의미한다. 다시 말해 창발이란 미시적 단계에서는 무질서한 카오스(chaos)였지만 자기조직화의 과정을 통해서 거시적 단계에서는 질서(order)가 생성되는 현상이다. 생물현상에서 창발의 사례로서 가장 많이 거론되는 것은, 전체 디자인이 없이도 지능이 낮은 개별 개미들의 협업을 통해서 건설되는 거대한 개미탑이 있다. 물리현상에서 발견되는 창발의 사례로는 눈송이에서 발견되는 복합적인 대칭구조, 즉 프랙털(fractal) 패턴의 형성이 있다.

한편 신흥과 합성한 '안보'라는 말의 의미도 되새겨 볼 필요가 있다. 'security'의 번역어인 안보라는 말은 그 의미가 고정되어 있다기보다는 안보 문제가 제기되는 맥락에 따라서 그 말이 담고 있는 의미 중에 특정한 부분이 부각되기도 한다. 예를 들어, 'security'와 관련하여 사용하는 안전(安全), 보안(保安), 공안(公安), 안보(安保) 등의 용어 차이는 단순한 말뜻의 고유한 의미보다 사회적으로 구성된 의미의 차이가 중요함을 보여준다. '안보'라는 용어는 영어에서는 주로 'security' 즉 'secure(to make safe)'한 상태를 의미한다. 이를 번역하는 경우에는 그 용례에 따라서 안전(安全, safety)이나 보호(保護, protection) 등과 같은 중립적인 뉘앙스의 용어로 번역되기도 한다. 경우에 따라서는 국내정치나 치안의 뉘앙스를 갖는 보안(保安)이나 공안(公安)이라는 말로 번역되기도 한다. 대외적인 함의나 생존의 문제를 거론하는 경우 주로 안보(安保)라고 번역되는 경향이 있다.

이러한 창발과 안보의 개념에 입각해서 볼 때, 신흥안보란 미시적 차원에서는 단순히 소규모 단위의 안전(安全, safety)의 문제였는데 거시적 차원으로 가면서 좀 더 대규모 단위의 안보(安保, security) 문제가 되는 현상을 의미한다. 즉 신흥안보란 미시적 차원의 개별안전(individual safety)의 문제가 양적으로 늘어나서 집합안전(collective safety) 또는 집합안보(collective security)의 문제가 되고, 더 나아가 질적 연계성이 커지면서 거시적 차원에서 파악되는 일반안보(general security)의 문제가 되는 현상이다. 이러한 창발의 맥락에서 안보 문제를 보면 우리가 이전에 알고 있던 '안보'의 개념 자체를 다시 세워야 할 필요가 발생한다. 다시 말해 예전에는 거시적 안보만을 논했지만 이제는 창발의 가능성이 있는 미시적 안전에 대해서도 안보의 관점에서 이해해야 하는 필요성이 발생하기 때문이다.

이렇듯 신흥안보의 문제들은 미시적 행위자들이 대강의 규칙만 가지고 수많은 시행착오를 거쳐서 거시적 문제를 해결하는(또는 격변이 발생하는) 상향식 접근법을 통해서 발생하는 특징을 지닌다. 페르 박(Per Pak)의 자기조직화 임계성(SOC: self-organized criticality) 개념을 원용하면, 시스템의 거시적 격변 현상으로서 신흥안보 분야의 재난은 갑작스럽게 발생한 것으로 보여도 그 내부에서 끊임없이 이루어진 복잡한 상호작용의 결과이다.[4] 그렇다면 이러한 과정에서 관건이 되는 것은 창발이 이루어지는 규칙을 찾아내서 격변이나 재난이 언제 어떻게 발생하는지, 그리고 이러한 재난을 어떻게 예방할 수 있는지

4 이와 관련해서 페르 박은 모래탑의 사례를 들고 있는데, 모래탑을 쌓을 때마다 크고 작은 붕괴 현상이 발생하는데, 이것은 모래탑이라는 시스템 내부에서 일어나는 모래알 사이의 역학관계로부터 비롯된다는 것이다(페르 박 2012). 이밖에도 지진, 산불, 도시의 발달, 생태계 붕괴, 전쟁, 혁명 등의 사례를 들 수 있다.

를 밝히는 문제일 것이다. 그러나 이러한 설명과 예측을 하는 것은 쉽지 않다. 그 이유는 신흥안보의 현상이 비선형 메커니즘, 자기조직화, 분산형 상향식 네트워크 구조와 미시적 규칙 그리고 협력의 진화 등을 특징으로 하는 복잡계 현상을 배경으로 발생하기 때문이다.

2. 신흥안보, 그 창발의 조건

이상에서 살펴보았듯이, 복잡계의 맥락에서 보는 신흥안보는 시스템 내 미시적 상호작용이 양적 · 질적으로 변화하여 일정 수준을 넘어 거시적 차원에서 이르게 되면, 그 전에는 드러나지 않던 패턴이 드러나는 현상이다. 이렇게 미시적 안전이 거시적 안보로 창발하는 조건, 또는 양자를 가르는 임계점(critical point)은 어디인가? 복잡계 이론의 논의를 원용하면, 신흥안보의 위험은 〈그림 1〉에서 보는 바와 같이 3단계로 형성되는 '임계성(criticality)의 사다리'를 따라 창발한다. 이러한 3단계 창발론은 마치 곤충이 '유충'의 단계를 거쳐서 '번데기'가 되고 더 나아가 '성충'이 되는 3단계의 과정을 따라서 변태하는(transform) 것을 연상케 한다. 물론 이러한 3단계 창발과정에서 발견되는 임계점은 순차적으로 형성되는 것이 아니라 상호 중첩될 뿐만 아니라 경우에 따라서는 동시에 발생하기도 한다.

첫째, 가장 포괄적인 의미에서 신흥안보의 위험은 이슈영역 내의 안전사고가 양적으로 증가하여 일정한 수준을 넘는 경우에 창발한다. 이는 양적증대가 질적변화를 야기하는, 이른바 양질전화(量質轉化)의 현상을 의미한다. 평소에는 개별 단위 차원의 안전이 문제시될 정도의 미미한 사건들이었지만, 그 발생 숫자가 늘어나서 갑작스럽게 양질전화의 임계점을 넘게 되면 국가와 사회의 안보를 위협하는 심각한 문제

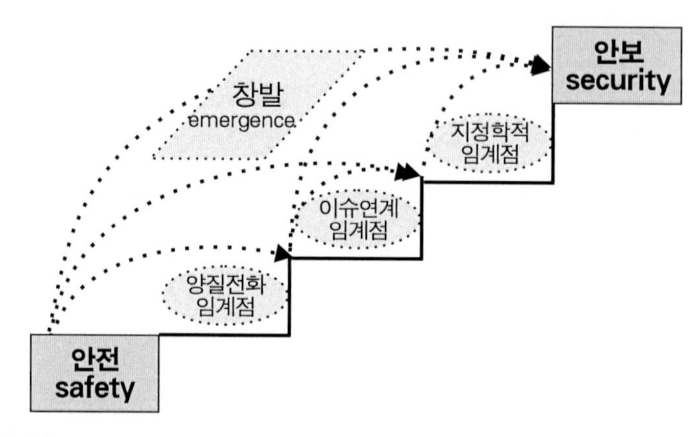

출처: 김상배 2015: 17.

그림 1. 신흥안보의 3단계 창발론

가 된다. 이러한 와중에 미시적 안전과 거시적 안보를 구분하던 종전의 경계는 무너지고, 사소한 일상생활 속의 안전문제라도 거시적 안보의 관점에서 다루어야 하는 일이 벌어진다.

이렇게 양질전화의 임계성이 문제시되는 사례는 신흥안보 분야에서 다양하게 나타난다. 예를 들어, 1인당 에너지 소비량의 증가는 어느 순간에 빙하를 녹이고 해수면을 상승시키는 지구온난화의 주범이 된다. 어느 가족 중의 한명이 감기에 걸리는 것은 큰 위험은 아니지만 거대 도시 전체에 감기, 그것도 치사율이 높은 신종플루가 유행하는 것은 국가안보의 문제가 된다. 컴퓨터 한 대에서 발견된 악성코드는 그냥 무시될 수도 있겠지만 국가 기반시설을 통제하는 컴퓨터 시스템에 대한 해킹은 국가적 차원에서 그냥 지나칠 수 없는 중대한 위험이다. 마찬가지로 국경을 넘는 난민의 증가는 어느 지점을 넘으면 사회안보의 문제가 된다.

둘째, 신흥안보 이슈들 간의 질적 연계성이 높아지게 되면, 어느

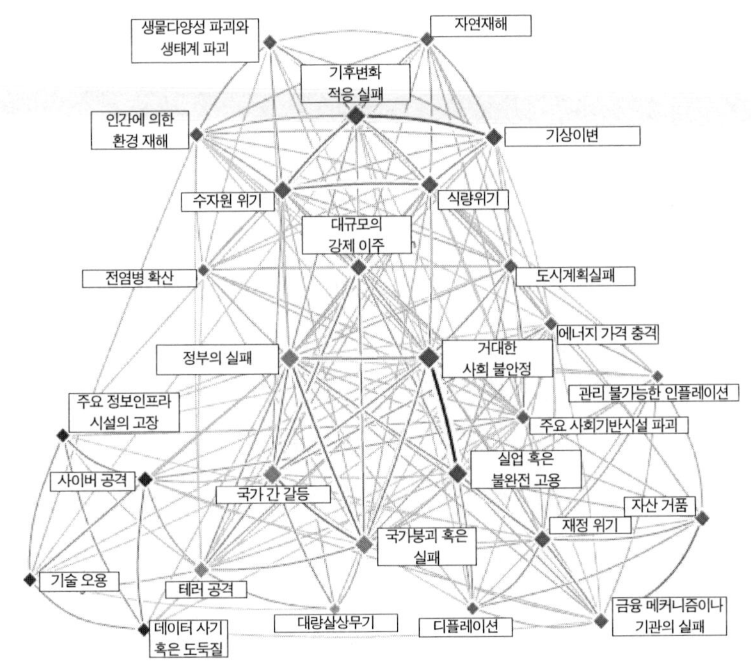

출처: World Economic Forum 2015.

그림 2. WEF의 글로벌 리스크의 상호연계도(2015)

한 부문에서 발생한 안전의 문제가 임계점을 넘어서 거시적 안보의 문제가 될 가능성이 커진다. 이러한 이슈연계의 문제는 양적인 차원에서 단순히 링크 하나를 더하는 차원이 아니라 신흥안보의 이슈네트워크에서 발견되는 '구조적 공백(structural hole)'을 메우는 질적인 변화의 문제이다(Burt 1992). 다시 말해 끊어진 링크들이 연결됨으로써 전체 이슈구조의 변동이 발생하게 되고 그 와중에 해당 이슈의 '연결 중심성'이 커지는 것을 의미한다. 이러한 이슈연계의 효과는, 〈그림 2〉에서 보는 바와 같이, WEF의 글로벌 리스크 보고서에서도 지적된 바 있다(WEF 2015).

이렇게 이슈연계 임계점을 넘어서 신흥안보 위험이 창발하는 사례는 여러 분야에서 발견된다. 기후변화는 이슈연계성이 매우 높은 사례인데, 홍수, 가뭄 등과 같은 자연재해뿐만 아니라 수자원 및 식량위기 등과 연계되면서 환경안보의 문제로 인식된다. 이주와 난민 문제는 그 자체로서는 크게 문제될 것은 없을지 모르나, 실업문제, 사회질서 불안정, 문화적 정체성, 그리고 더 심한 경우에는 인간안보의 위협과 테러의 발생 등과 연계되는 경우 국가적 차원에서 좌시할 수 없는 안보 문제가 된다. 식량문제도 최근 에너지 문제 해결을 위해 곡물을 이용한 바이오 연료의 생산 문제와 연계되면서 심각한 식량안보 문제가 되기도 했다. 해킹 공격이 원자력발전소의 컴퓨터 시스템에 대해서 감행될 경우는 그 위험은 더욱 커지며, 이러한 해킹이 정치적 목적과 결부된 테러의 수단이 될 경우 그 위험성은 더욱 증폭된다.

끝으로, 양질전화나 이슈연계성을 통해서 창발하는 신흥안보 이슈가 전통안보 이슈와 연계되는 경우 이는 명실상부한 국가안보의 문제가 된다. 신흥안보 위험이 아무리 심해지더라도 관련 행위자들의 협력을 통해서 무난히 풀 수 있는 성격의 것이라면 굳이 '안보'라는 말을 거론할 필요도 없을지 모른다. 그러나 신흥안보의 위험이 일종의 '지정학적 임계점'을 넘어서 국가 간 분쟁의 대상이 되면 이는 명백한 안보 문제가 된다. 이 지경에 이르면 국가 행위자가 개입할 근거가 발생하게 되고 문제의 해결을 위한 국제협력의 메커니즘이 가동된다. 이러한 관점에서 보면 신흥안보는 비전통 안보의 개념과는 달리 전통안보 문제도 포함하는 개념으로 이해할 수 있다.

이렇게 신흥안보의 이슈가 전통안보의 영역으로 진입하는 사례는 많다. 자연재해와 환경악화로 인한 난민의 발생은 지정학적 차원에서 국가 간 갈등을 야기하기도 하며, 경우에 따라서는 국가 간 무력충돌도 유발하는 위험요인이다. 최근 종교적·문화적 정체성의 문제는 테러 등의 문제와 연계되면서 국가 간 분쟁 또는 전쟁의 중요한 원인으로 등장하고 있다. 또한 평화적 목적의 원자력발전이 군사적 목적의 핵무기 개발과 연계되는 문제, 해커들의 장난거리였던 해킹이 최근 국가 간 사이버 전쟁으로 전화되는 문제, 보건안보 분야에서 생화학무기의 사용을 둘러싼 논란 등은 신흥안보가 전통안보와 만나는 현상을 보여주는 사례들이다.

3. 신흥안보의 복잡계적 특성

신흥안보의 위험은 전통안보 이슈와는 구별되는 몇 가지 독특한 특성을 지니는데, 이는 수면 아래에서 위로 떠오르는 현상을 연상케 하는 창발의 메커니즘을 따르기 때문이다. 전통안보의 위험이 대체로 수면 위에서 보이는 경우가 많다면, 신흥안보의 위험은 대부분의 경우 아직 수면 위로 떠오르지 않은, 그래서 잘 보이지 않는 위험이기 때문에 드러나는 특성들이다. 이 글에서는 다음과 같은 세 가지 특성에 주목했는데, 이들은 주로 신흥안보 분야에서 나타나는 위험발생의 예측 불가능성과 창발 중인 위험의 비가시성과 밀접한 관련이 있다.

첫째, 신흥안보 분야의 위험은 X-이벤트(extreme event)로 불리는 극단적 사건의 형태로 발생한다. X-이벤트는 기존 사고방식으로는 발생할 확률이 매우 낮아서 예측할 수 없기 때문에 만약에 실제로 발생할 경우 그 파급효과가 엄청난 종류의 붕괴(avalanche) 또는 격변(catastrophe) 현상이다. 일상적으로 발생하는 사건들은 정규분포를 이루기 때문에, 그 정규분포의 밖에 존재하는 X-이벤트가 실제로 발생할 확률은 매우 낮다. 그런데 이러한 정규분포는 각각의 사건이 서

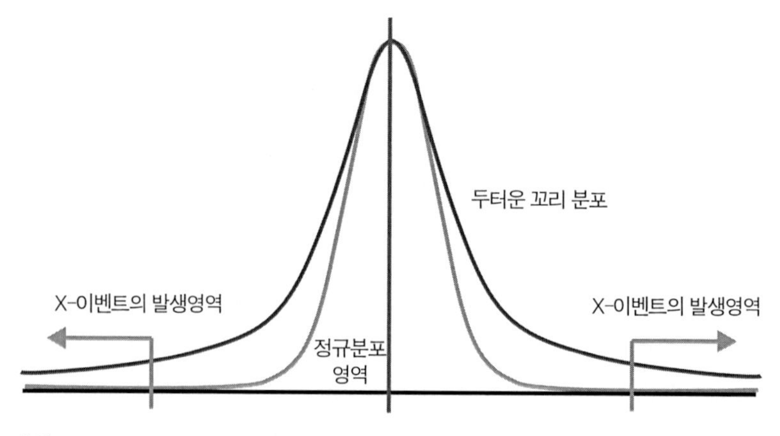

출처: Casti *et al.* 2011 : 51.

그림 3. 정규분포와 두터운 꼬리 분포

로 독립적으로 발생한다는 것을 전제로 한다. 따라서 만약에 앞서 언급한 바와 같이 신흥안보 이슈들 간의 상호연계성이 높은 복잡계 환경을 전제로 한다면 발생확률이 지극히 낮았던 극단적인 사건일지라도 〈그림 3〉의 두터운 꼬리(fat-tail) 분포에서 발생할 가능성이 있다(Casti *et al.* 2011).

존 캐스티(John Casti)는 X-이벤트의 발생 원인을 시스템에 내재되어 있는 복잡성에서 찾는다. 하나의 시스템을 이루는 세부 시스템 간 복잡성의 진화 정도가 차이가 날 때, 이 차이를 극복하기 위해(아니면 견디지 못해) 극단적 사건이 발생한다는 것이다. 예를 들어, 후쿠시마 원전사태는 대표적인 X-이벤트이다. 후쿠시마 원전의 설계자는 정규분포 내에서 발생 가능성이 있는 지진의 강도만을 고려하여 시스템을 디자인했다. 그러나 예상치 못했던 강도의 쓰나미가 발생하여 기술시스템의 복잡성을 능가하게 되자 큰 재난이 발생했다. 과거 여러 번 발생하여 이미 많은 양의 데이터가 축적되어 있는 사건의 경우에는 수학적인 모델 등을 활용한 예측이 가능하겠지만, X-이벤트 영역의 사건들은 기존 데이터를 활용할 수 없어서 대비하기가 힘들다는 것이다(캐스티 2012).

둘째, 신흥안보 위험의 예측 불가능성과 밀접한 관련이 있는 또 하나의 특징은, 위험발생의 주체로서 인간 행위자 이외에도 물리적 환경을 이루는 수많은 사물(또는 기술) 변수들이 중요한 역할을 한다는 사실이다. 이러한 사물 변수는 행위자-네트워크 이론(ANT: actor-network theory)에서 말하는 비인간 행위자(non-human actor)이다(홍성욱 편 2010). ANT에 의하면, 인간이 다른 인간의 행위에 영향을 미치는 것처럼 비인간 행위자도 인간의 행위에 영향을 미치는 행위능력(agency)을 갖는다. 따라서 물질적 환경을 이루는 사물 변수도, 통상적으로 이해하는 것처럼, 수동적인 존재가 아니라 능동적인 존재로 그려진다. 이러한 논의를 신흥안보의 사례에 적용하면 이 분야에서 발생하는 위험은 인간 행위자에 의해서만 생성되는 것이 아니라 비인간 행위자 변수에 의해서 생성되는 성격이 강하다.

신흥안보 분야 비인간 행위자의 사례는 매우 다양하다. 사이버 안보 분야의 컴퓨터 바이러스, 악성코드, 디도스(DDoS: Distributed Denial of Service) 공격에 동원되는 좀비 컴퓨터와 봇넷 등은 대표적인 사례이다. 보건안보 분야에서 전염병 바이러스는 행위능력을 갖는 비인간 행위자이다(이종구 외 2015). 비인간 행위자 변수는 위험의 원인이기도 하면서 해결의 주체이기도 하다. 예를 들어 신흥안보 분야에서 미시적 안전이 거시적 안보로 창발하는 상승의 고리를 끊는 차원에서 비인간 행위자, 특히 과학기술 변수가 중요한 역할을 할 수 있다. 실제로 최근 휴대폰이나 인터넷, 소셜 미디어에서 생성되는 빅데이터를 활용하여 자연재난 및 전염병 발생 징후의 조기 감지, 발생 후에 인구 이동 패턴과, 실시간 주민 필요 파악, 조기경보를 통한 신속한 대응책을 마련하려는 노력이 이루어지고 있다(Hansen and Porter 2015).

끝으로, 신흥안보 위험이 수면 아래에 있어 보이지 않는다는 사실, 즉 비가시성은 미래의 위험에 대해서 논하는 안보담론의 역할에 힘을 실어 준다. 신흥안보 이슈는 객관적으로 '실재하는 위험'이기도 하지만 안보 행위자에 의해서 '구성되는 위험'의 성격이 강하다. 이는 앞서 살펴본 코펜하겐 학파의 안보화 이론과 맥이 닿는 부분이다. 이렇게 구성되는 위험으로서 신흥안보 분야의 위험은 동일한 종류의 위험이라도 지역에 따라서 또는 해당 이슈의 구체적 성격에 따라서 그 창발을 결정하는 수면의 높이가 다르게 나타난다. 사실 신흥안보 이슈는 미래의 위험에 대비하는 문제이기 때문에 적절한 정도의 안보화는 필요하다. 그러나 수면 아래의 보이지 않는 잠재적 위험을 논하는 경우 항시 '과잉 안보화(hyper-securitization)'의 우려를 안고 있다는 사실도 잊지 말아야 한다.

실제로 신흥안보 분야에서는 과잉담론(hyper-discourse), 쉽게 말해 일종의 '안보괴담'이 유포되는 경우가 많았다. 한국에서 발생한 안보괴담의 경우만 보더라도, 2008년 미국산 쇠고기 수입에 반대하는 촛불집회 당시 유포된 '광우병 괴담', 후쿠시마 원전 사태 이후 국내에서 일었던 '방사능 괴담', 유전자조작농산물(GMO)과 관련된 보건안보 괴담, 2014년 한수원 사태 이후 사이버 심리전 논란을 야기했던 사이버 안보 괴담 등을 들 수 있다. 사실 이러한 안보담론들은 실제로는 '괴담'이 아닌 '진담(眞談)'일 수도 있다. 오히려 반대로 전혀 근거가 없는 '허언(虛言)'이거나 '농담'일 수도 있다. 그러나 그러한 담론의 대상이 되는 위험이 현실화되기 전까지는 아무도 그 담론의 진위를 검증할 수 없다는 것이 문제이다. 여하튼 수면 아래에 있어 보이지 않는,

그리고 아직까지 아무도 경험해 본 적이 없는 X-이벤트인 경우에 이러한 안보담론들은 무시할 수 없는 위력을 갖는 독자적 변수가 된다.

IV. 신흥안보 거버넌스의 이론적 모색

1. 네트워크 국가의 메타 거버넌스

이상에서 살펴본 새로운 위험의 특성을 고려할 때, 전통안보 문제를 다루는 데 활용했던 방식을 그대로 신흥안보 분야에 적용하는 것은 적절하지 않다. 복잡계 환경을 배경으로 하는 신흥안보 분야에서 이전과 같이 국가가 나서서 자원을 동원하고 관련 행위자들을 통제하는 위계조직의 발상으로는 제대로 대응할 수 없다. 신흥안보 분야에서는 안보 거버넌스를 더욱 유연하게 유지함으로써 어떤 위험이 닥치더라도 국가의 개입 없이도 민간 차원에서 효과적으로 대응할 수 있는 방식을 도입할 필요가 있다. 국내적 차원에서 새로운 거버넌스 양식을 도입하는 것과 동시에 유사한 위험을 맞은 주변 국가들이나 국제사회 전반과 협력하고 공조하는 노력도 필요하다. 결과적으로 신흥안보의 위험에 대응하기 위해서 필요한 것은 기존의 국민국가 단위의 대응체제를 넘어서 미래 위험에 적절히 대응하는 새로운 국가모델과 이에 입각해서 새로운 거버넌스 체제를 갖추려는 노력이다.

이러한 맥락에서 '네트워크 국가'의 모델에 주목할 필요가 있다 (Carnoy and Castells 2001; Ansell and Weber 1999; Ansell 2000; 하영선 · 김상배 편 2006). 네트워크 국가란 대내적으로는 위계적 관료국가, 대외적으로는 영토적 국민국가의 모습을 하는 기존의 국가모델이 지구화와 정보화 및 네트워크 시대의 변화하는 환경에 맞추어 자기변화와 조정을 해나가는 국가이다. 네트워크 국가의 부상은, 한편으로 국가는 자신의 기능과 권한을 적절하게 국내의 하위 단위체에 분산·이전시킴으로써 그 구성원들로부터 정당성을 확보하고, 다른 한편으로 개별국가 차원에 주어지는 도전에 효과적으로 대처하기 위해서 영토적 경계를 넘어서 국제적이고 지역적이며 경우에 따라서는 초국적 차원의 제도적 연결망을 구축하는 과정에서 발생한다(김상배 2014: 298-303).

이러한 네트워크 국가는 대내외적으로 몇 가지 층위에서 그 구체적인 모습을 드러내고 있다. 대내적으로는 정치경제학 차원에서 본 정부-기업 관계의 재조정, 정치사회학적 차원에서 본 지배 엘리트 연합과 관료제의 변환, 정치·행정학적 차원에서 본 중앙-지방 관계(국가연합 또는 연방 등)의 재정비 등으로 나타난다. 대외적으로는 글로벌 사안을 놓고 공조하는 정부 간 협의체(예를 들어 G20), 국가 행위자뿐만 아니라 국제기구와 다국적 기업, 글로벌 시민사회 등이 모두 참여하는 글로벌 거버넌스, 공간지리적인 차원에서 영토국가의 단위를 넘어서 지역 차원에서 형성되는 지역통합체의 부상 등과 같은 형태를 띤다. 21세기 세계정치에서 이러한 네트워크 국가의 출현은 국가별 또는 지역별로 그 진행속도와 발현형태가 다르게 나타나고 있다. 현재는 여러 가지 유형의 네트워크 국가들이 서로 경합을 벌이면서 새로운 거버넌스의 방식을 모색하는 것으로 그려진다.

이러한 네트워크 국가가 그 기능을 제대로 발휘하기 위해서 요구되는 역할은 중심성(centrality)의 제공이다. 쉽게 말해 이러한 역할은 다양한 행위자들의 이해관계를 조정하고 협력을 이끌어내는 중개자(broker)로서의 역할을 의미한다. 이러한 네트워크 국가의 중개자 역할은 밥 제솝이 주장하는 메타 거버넌스의 개념과 맥을 같이 한다(Jessop 2003). 메타 거버넌스는 다양한 거버넌스 메커니즘들 사이에서 상대적 균형을 모색함으로서 그들 간의 우선순위를 조정하는 관리양식을 의미한다. 제솝에 의하면, 시장의 무정부 질서(anarchy), 국가통제의 위계질서(hierarchy), '거버넌스'의 다층질서(heterarchy) 중 어느 하나의 메커니즘만으로는 권력관계의 완전한 균형과 이익의 형평을 달성하는 데 한계가 있다고 한다. 다시 말해, 사회체계의 복잡성, 구조적 모순, 전략적 딜레마, 양면적인 목표의 존재 등으로 인해서 시장 메커니즘이나 국가통제 또는 거버넌스의 자기조직화에 모두 실패할 가능성이 존재한다는 것이다(Ansell 2000: 309).

이러한 맥락에서 이들의 실패를 보정하기 위해서 일종의 '거버넌스의 거버넌스(the governance of governance)'로서 메타 거버넌스의 필요성이 제기된다. 제솝에 의하면, 새로운 거버넌스를 행하는 국가는, 다양한 행위자들이 활동하는 장을 마련하고, 상이한 거버넌스 메커니즘의 호환성과 일관성을 유지하며, 정책공동체 내에서 대화와 담론 형성의 조직자 역할을 담당하고, 정보와 첩보를 상대적으로 독점하며, 거버넌스 관련 분쟁을 호소하는 장을 제공하고, 시스템 통합과 사회적 응집을 목적으로 권력격차의 심화를 조정하며, 개인과 집단 행위자의 정체성 · 전략적 능력 · 이해관계를 조정하고, 거버넌스가 실패하는 경우 정치적 책임을 지는 등의 메타 거버넌스 역할을 담당한다고 한다(Jessop 2003: 242-243). 요컨대, 메타 거버넌스는 국가가 사안에 따라 그 개입의 수준을 적절하게 조절하는 방식으로 여러 가지 거버넌스를 동시에 운용하는 관리양식으로 정의할 수 있다.

2. 위험유형에 적합한 거버넌스의 형태

이러한 네트워크 국가의 메타 거버넌스에 대한 논의를 신흥안보 분야에 적절히 적용하기 위해서는, 복잡계 환경을 배경으로 발생하는 위험의 유형을 좀 더 세세하게 나누어 보는 시도가 필요하다. 다시 말해, 신흥안보 분야에서 요구되는 메타 거버넌스의 내용을 분석적으로 살펴보기 위해서는, 신흥안보의 각 분야에서 발생하는 위험들의 구체적 성격을 규명하고, 이를 바탕으로 이에 적합한 거버넌스의 형태를 살펴보는 논의가 먼저 필요하다. 이와 관련하여 기술 시스템과 거버넌스 구조의 상관관계에 대한 허버트 키첼트(Herbert Kitschelt)의 분석틀이 도움이 된다(Kitschelt 1991). 그는 찰스 퍼로우(Charles Perrow)와 올리버 윌리엄슨(Oliver Williamson)의 조직이론을 원용하여 분석틀을 개발하였다(Perrow 1984; Williamson 1985). 키첼트에 의하면, 모든 시스템은 그에 적합한 거버넌스 구조의 선택에 영향을 미치는 두 가지의 특징을 내재적으로 지니고 있다. 그 하나는 시스템의 결합도(degree of coupling)이고, 다른 하나는 시스템 내 인과적 상호작용의 복잡도(complexity of causal interactions)이다(Kitschelt 1991; 김상배 2007).

시스템의 결합도란 각기 다른 구성요소 간의 시공간적 연결의 필요 정도를 의미한다. 높은 결합도의 시스템은 어느 한 부문에서 발생한 문제가 인접한 다른 부문으로 급속히 전화되는 것을 방지하기 위해 집중 거버넌스 구조를 도입하는 것이 효과적이다. 반면, 낮은 결합도의 시스템은 어느 한 부문의 문제가 시스템 전체로 확산될 가능성이 적기 때문에 분산 거버넌스 구조를 도입해도 무방하다. 이러한 논의는 신흥안보 분야에서 위험의 발생속도(speed)에 대한 논의에 적용할 수 있다. 다시 말해 시스템의 결합도가 높을수록 위험이 갑작스레 시스템 전체로 번져서 위험이 돌발할 가능성이 크기 때문에 집중 거버넌스가 요구되고, 결합도가 낮은 시스템의 경우에는 위험이 점진적으로 발생하여 시스템 전체가 급작스레 붕괴할 위험이 적기 때문에 분산 거버넌스가 도입되어도 무방하다.

인과적 상호작용의 복잡도란 시스템의 원활한 작동을 위해 발생하는 구성요소 간 피드백의 정도를 의미한다. 복잡한 상호작용의 시스템인 경우 집중 거버넌스를 도입하게 되면 정보의 과부하가 걸리기 쉽기 때문에 주로 분산 거버넌스가 도입된다. 반면, 단선적 상호작용의 시스템인 경우 집중 거버넌스를 도입하여 시스템 내 구성요소 간의 상호작용에 직접적으로 개입하더라도 정보처리 과정에서 과부하가 걸릴 가능성이 적다. 이러한 논의는 신흥안보 분야에서 위험의 파급범위(scope)와 위험의 조기인지 및 피해예측에 응용해서 적용해볼 수 있다. 다시 말해 시스템의 복잡도가 높을수록 위험의 파급범위가 무한(無限)해서 그 위험을 즉각 인지하고 그 피해결과를 상정하고 대처하기 어렵기 때문에 경계를 정하지 않은 방식의 역외(域外) 거버넌스가 적합하다. 반면 복잡도가 낮을수록 위험의 파급범위가 한정(限定)되어 있어 그 위험을 조기인지하고 결과를 예측하여 통제할 수 있기 때문에 경계를 정하는 방식의 역내(域內) 거버넌스를 도입해도 무방하다.

이러한 두 가지 시스템의 속성에 비추어 신흥안보 분야에서 발생하는 위험의 유형을 살펴보면, 〈그림 4〉에서 보는 바와 같은 네 가지 유형으로 나누어 볼 수 있다.

〔1-영역〕은 시스템의 결합도가 높아 위험이 돌발적으로 발생할 가능성이 높지만, 복잡도가 낮아 위험의 파급범위가 한정되어 있어서, 위험을 즉각 인지하고 그 결과를 예측하는 것이 어렵지 않은 유형의

구성요소의 결합도 (위험의 발생속도)	상호작용의 복잡도 (위험의 파급범위): 낮음	상호작용의 복잡도 (위험의 파급범위): 높음
높음	〔1-영역〕 **돌발적 한정형** 전통안보 자연재해	〔2-영역〕 **돌발적 무한형** 원자력안보 사이버안보
낮음	〔3-영역〕 **점진적 한정형** 인간안보 사회안보	〔4-영역〕 **점진적 무한형** 보건안보 환경안보

출처: 김상배 2007: 116과 Yoon 2015: 197에서 응용

그림 4. 시스템의 속성과 위험발생의 유형

위험이다. 이러한 '돌발적 한정형 위험'에는 지진, 쓰나미, 홍수 등과 같은 대규모 자연재해나 전쟁과 같은 전통안보가 해당된다.

〔2-영역〕은 시스템의 결합도가 높아 위험이 돌발적으로 발생할 가능성이 높고, 복잡도도 높아서 위험의 파급범위가 무한하여 위험을 조기에 인지가 어렵고 그 결과를 예측하여 통제하는 것도 쉽지 않은 유형이다. 이러한 '돌발적 무한형 위험'에는 원전사고나 사이버 공격 등과 같은 기술 시스템과 관련된 위험들이 해당된다.

〔3-영역〕은 시스템의 결합도가 낮아서 위험의 발생이 점진적으로 발생하고, 복잡도도 낮아서 위험의 파급범위가 한정되어 있어 위험을 즉각 인지하고 예측하여 대응하는 것이 어렵지 않은 유형이다. 이러한 '점진적 한정형 위험'으로는 이주안보, 난민안보 등과 같은 인간안보

나 사회통합이나 정체성 등과 관련된 사회안보가 해당된다.

〔4-영역〕의 시스템의 결합도가 낮아서 위험의 발생이 점진적으로 발생하지만, 복잡도는 높아서 위험의 파급범위가 무한하여 조기에 인지가 어렵고 그 결과를 예측하여 통제하는 것이 쉽지 않은 위험이다. 이러한 '점진적 무한형 위험'으로는 사스, 메르스 같은 신종플루 전염병, 기후변화나 미세먼지 월경 등과 같은 환경안보 문제 등을 들 수 있다.

키첼트, 퍼로우, 윌리엄슨 등에서 원용한 조직이론의 분석틀에 의하면, 이렇게 구분된 네 가지 유형의 위험들에 효과적으로 대처하기 위해서는 각각의 속성에 적합한 거버넌스 양식을 도입해야 한다. 각각의 유형별 위험의 속성이 유일한 인과적 변수로서 적합한 거버넌스 양식을 결정하는 것은 아니지만, 적합한 거버넌스 양식의 도입이 해당 위험에 효과적으로 대응할 수 있는 가능성을 높여준다는 상관관계 정도는 설정할 수 있다. 이 글에서는 적합한 거버넌스의 양식을 개념화하기 위해서 위험 유형분류의 두 축이었던 시스템의 결합도와 복잡도, 그리고 거기서 파생되는 발생속도와 파급범위의 틀을 적용해서 살펴보고자 한다. 이러한 작업을 펼침에 있어서, 〈그림 5〉에서 보는 바와 같은 윤정현(Yoon 2015)의 분석틀을 원용 및 응용하여, 각 유형별로 적합한 거버넌스의 내용을 도식적으로나마 설정해 볼 수 있다.

〔1-영역〕의 '돌발적 한정형 위험'에는 집중 거버넌스와 역내(域內) 거버넌스의 조합이 적합하다. 예를 들어, 자연재해의 경우에는 정치적 책임소재 규명보다는 신속하고 체계적인 재난의 복구가 우선시될 뿐만 아니라 일정한 경계 내에서 발생하기 때문에 사안의 시급성을 고려하여 정부 주도하에 신속한 의사결정을 하고 이에 따라 집중적으로 자원을 동원함으로서 일사불란한 대응체제를 구축할 수 있는 '정부 주도 모델'이 적합하다.

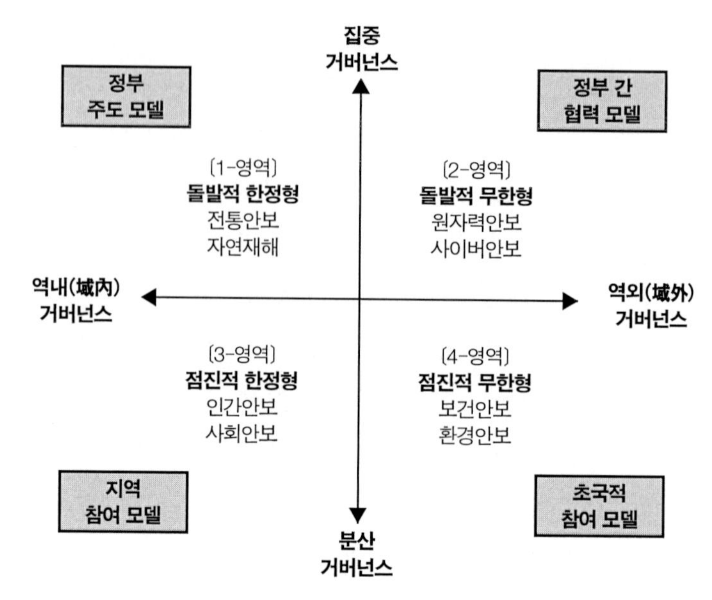

출처: Yoon 2015: 198에서 응용

그림 5. 위험유형에 적합한 거버넌스의 형태

〔2-영역〕의 '돌발적 무한형 위험'은 집중 거버넌스와 역외(域外) 거버넌스의 조합이 적합하다. 돌발적으로 발생하는 재난이어서 그 피해를 조기에 감지하는 것이 쉽지 않고, 일단 재난이 발생하고 나면 그 피해가 낳을 결과를 예측하는 것이 용이하지 않다. 따라서 신속하고 체계적인 재난의 복구가 중점이 되지만 일국 차원의 노력으로는 한계가 있기 때문에 책임 있는 당국자들이 국제적으로 협력하는 '정부 간 협력 모델'이 적합하다.

〔3-영역〕의 '점진적 한정형 위험'은 분산 거버넌스와 역내 거버넌스의 조합이 적합하다. 예를 들어, 인간안보나 난민안보는 점진적이지만 국경을 넘는 사고로 확대될 경우 지역 차원에서 사고에 대한 책임

과 보상 문제를 유발할 가능성이 높다. 따라서 국제사회의 원조와 협력을 얻더라도 결국 일국 단위 또는 지역 공동체 차원에서 사고 수습의 주도권을 쥐고 민간 행위자들과 시민사회 등이 모두 참여하는 '지역 참여 모델'이 적합하다.

[4-영역]의 '점진적 무한형 위험'은 분산 거버넌스와 역외 거버넌스의 조합이 적합하다. 이 재난은 위험의 발생이 점진적, 단계적, 연쇄적으로 발현되는 동시에 초국적으로 발생하기 때문에 재난의 최종적인 피해규모와 시급성을 놓고 정부 간에 이견이 나타날 수 있다. 따라서 정부뿐만 아니라 민간기업, 시민사회, 국제기구 등 다양한 이해당사자들이 거버넌스에 참여하는 '초국적 참여 모델'이 적합하다.

이상의 거버넌스 형태에 대한 논의와 앞서 소개한 메타 거버넌스의 논의를 종합해서 보면, 신흥안보 분야의 거버넌스에는 다양한 유형의 거버넌스를 각 위험유형의 속성에 맞추어 적재적소에 도입하는 메타 거버넌스의 양식이 적합하다고 주장할 수 있다. 그렇다면 신흥안보의 메타 거버넌스가 작동하는 데 있어서 관건은, 이상에서 살펴본 위험유형에 적합한 거버넌스를 적시에 도입할 수 있느냐의 여부에 있다. 모든 나라들이 저마다 다른 위험 대응시스템을 지니고 있기 때문에 다양한 위험유형에 적합한 거버넌스를 선택하여 도입한다는 것은 쉽지만은 않은 일이다. 또한 어느 나라건 모든 위험유형에 대한 각각의 대응 거버넌스 양식을 미리 완비한다는 것은 불가능할 뿐만 아니라 비효율적일 수도 있다. 따라서 새로운 위험의 발생했을 때 그 위험의 속성을 인지하고 그에 맞는 거버넌스의 형태를 적재적소에 신속하게 동원하는 메타 거버넌스의 역량을 구비하는 것이 성패의 관건이 될 수밖에 없다.

3. 적합력의 메타 거버넌스

이러한 맥락에서 볼 때, 신흥안보 분야 메타 거버넌스의 핵심은 진화론의 맥락에서 보는 적합력과 복원력의 확보에 있다. 시스템 역량으로서 이러한 적합력과 복원력은 어떠한 맥락에서 어떻게 작동하는가? 이 글에서는 여느 진화론적 분석과 마찬가지로 '변이(variation)', '선택(selection)', '확대(amplification)', '협력(cooperation)' 등의 네 가지 기본 메커니즘에 입각하여 신흥안보 분야에서 발생하는 새로운 위험과 이에 대응하여 적합한 거버넌스를 창출하는 과정을 제시해 보고자 한다(Modelski and Poznanski *et al.* 1996; 김상배 2007). 〈그림 6〉은 새로운 위험발생에 대응하는 적합력과 복원력의 메타 거버넌스를 진화론의 시각에서 도식화하였다.

첫째, 신흥안보 분야에서 발견되는 '변이'의 궁극적인 원천은, 앞서 설명한 X-이벤트와도 같은, 예기치 않은 새로운 위험의 발생이다. 평소에는 미시적 안전의 문제로 머물던 것이 양질전화, 이슈연계성, 지정학적 연계성 등을 통해 창발하여 거시적 안보의 문제가 되는 것이다. 이러한 위험발생은 단편적 차원에 머물기도 하지만 새로운 안보 패러다임의 부상으로 나타나기도 한다. 새로운 안보 패러다임의 부상은 위험의 대상과 특성, 거버넌스 양식의 형태, 행위자 주체의 성격, 안보 세계정치의 양상 등을 변화시키는 효과가 있다. 따라서 새로운 경쟁에서 살아남기 위해서 종(種)으로서 각국은 이렇게 부상한 새로운 환경에 적응해야 한다.

둘째, 새로운 위험발생에 적응하는 과정에서 나타나는 '선택'의 메커니즘이다. 위험대응의 성패는 새로운 위험의 성격에 적합한 거버넌스 양식을 창출하느냐의 여부에 의해 판가름 난다. 위험발생과 위험

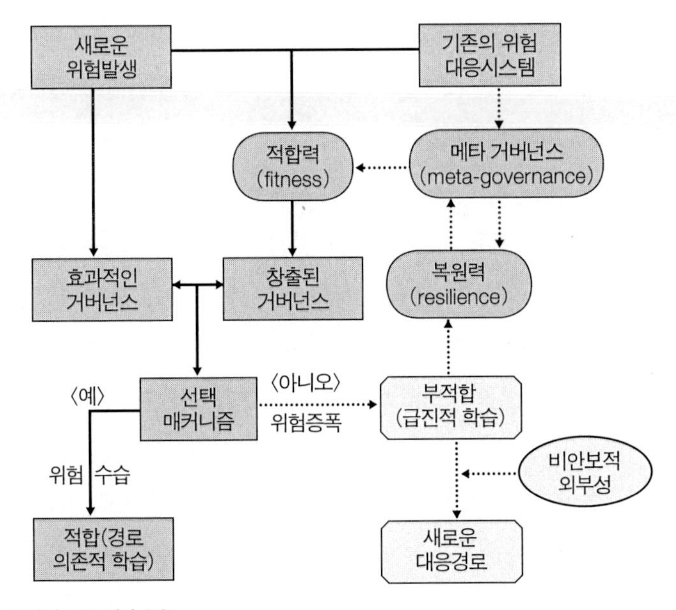

출처: 김상배 2007에서 응용

그림 6. 적합력과 복원력의 메타 거버넌스

대응의 과정에서 궁극적으로 중요한 것은 기존의 위험 대응시스템을 조정하는 역량, 즉 '적합력(fitness)'이다. 일차적으로 적합력은 기존 시스템 내에 새로운 위험에 맞는 효과적인 거버넌스의 요소가 있는 경우 정책 행위자의 의도가 없이도 발휘될 수 있다. 만약에 어느 나라가 이미 존재하는 위험대응 시스템을 동원하여 새로운 위험을 해결할 수 있다면, 그 나라는 〈그림 6〉에서 보는 바와 같이, '실선'을 따라서 발생하는 '경로의존적 학습(path-dependent learning)'의 틀 내에서 성공을 달성할 수 있다. 그렇지만 대부분의 위험대응 과정에서 더욱 중요한 것은 새로운 위험에 조응하지 않는 기존의 제도적 조건을 의도적으로 변화시킬 수 있는, 이차적으로 파악되는 적합력의 보유 여부이다.

셋째, 적합한 위험 거버넌스를 모색하는 과정에서 나타나는 '확대'

(또는 전파)의 메커니즘이다. 이러한 논의는 성공적인 제도모델이 국경을 넘어서 전파되는 세계정치의 메커니즘과 맥을 같이 한다. 성공적인 신흥안보 거버넌스 모델은 해당 시기의 특정 분야에 대응하는 특정한 국가에서 출현하지만 점차로 보편화되어, 즉 일종의 '패러다임'이 되어 여타 분야와 여타 국가로 '확대'되기 마련이다. 그렇지만 모든 분야에서 획일적인 제도적 해법의 도입을 기대할 수는 없다. 또한 안보 패러다임의 도입과 모방이 항상 모든 나라에서 해당 부문의 성공을 보장하는 거버넌스 구조의 창출로 귀결되는 것도 아니다. 왜냐하면 새로운 거버넌스의 양식은 원조(元祖) 국가의 토양에 배태되어 있어서 복사하기 쉽지 않을 뿐만 아니라 수용하는 국가도 기존의 위험대응 시스템에 내재하고 있는 '제도적 관성'으로 인해서 새로운 시스템의 도입이 난항을 겪을 가능성도 있기 때문이다.

끝으로, 전파된 위험 거버넌스 양식이 수용되는 과정, 즉 진화론의 용어로는 '협력'하는 메커니즘이다. 새로운 위험에 적합한 거버넌스 양식을 미비한 나라들의 경우, 의도적으로 새로운 거버넌스를 도입하려는 시도를 하지 않는다면 해당 부문에서 성공을 거둘 가능성은 적다. 물론 기존의 국가들이 주도하는 위험 대응경로와는 다른, 새로운 경로를 창출할 가능성도 완전히 배제할 수는 없다. 특히 비(非) 안보적 요인의 외부성에 의해서 새로운 대응경로가 발생할 가능성이 있다. 그렇지만 이러한 경우, 〈그림 6〉의 '점선'으로 표시된 과정에서 보는 바와 같이, 기존의 제도와 관행으로부터 파격을 추구하는 '급진적 학습(revolutionary learning)'을 통해서 적합력을 증진시키려 할 것이다. 그러나 급진적 학습을 통해서 제도조정을 수행하는 것은 결코 쉬운 일이 아니다. 왜냐하면, 급진적 학습은 시스템 전반에 대한 심층적인 개혁을 수반할 것이기 때문이다. 이렇게 급진적 학습을 통해서 이루어지는 '협력'의 메커니즘은 복원력의 개념을 통해서 파악되는 또 다른 메타 거버넌스의 이야기를 낳는다.

4. 복원력의 메타 거버넌스

이 글이 강조하는 복원력의 개념은 '위험으로 변화된 환경에 적응하여 지속가능한 상태로 스스로를 재구성해나가는 역량'을 의미한다.[5] 생태학, 공학, 물리학, 사회학, 행정학, 경영학 등의 다양한 분야에서 원용되고 있는 복원력의 개념은 각 분야마다 조금씩 다른 정의를 내리고 있다(정지범 · 이재열 편 2009). 그러나 대체적으로 이들 복원력 개념은 모두 '적응', '지속가능한 상태의 유지', '재구성'이라는 세 가지 측면으로 구성된다. 다시 말해 복원력은 일차적으로는 외부의 충격을 흡수하고 적응하는 능력이고, 본래의 기능과 구조 및 정체성을 지속가능하게 유지하는 능력이며, 이전 상태로의 단순 회복의 의미를 넘어서 스스로 재구성해가면서 진화하는 능력을 의미한다. 이러한 관점에서 보면, 복원력은 결과 중심의 개념이 아니라 과정 중심의 개념이라고 할 수 있다. 실제로 복원력 연구에서는 이러한 과정의 개념으로서 시스템이 지닌 적응력과 학습능력을 강조하고 있다(Folke 2006: 253-267).

그렇다면 이러한 복원력은 어떻게 측정할 수 있으며 어떠한 요소들로 구성되는가? 사회 시스템 차원의 복원력을 연구한, 캐서린 티어니(Kathleen Tierney)와 미셸 브르노(Michel Bruneau)의 연구는, 〈그림 7〉의 복원력 삼각형을 통해서 이러한 질문에 답한다(Tierney and Bruneau 2007). 복원력은 세로축에 해당하는 시스템의 주요 기능을

5 복원력에 대한 국내외 연구로는 Holling 1973; Renn 2005; Folke 2006; Tierney and Bruneau 2007; 정지범 · 이재열 편 2009; 서지영 2014 등을 참조하기 바란다.

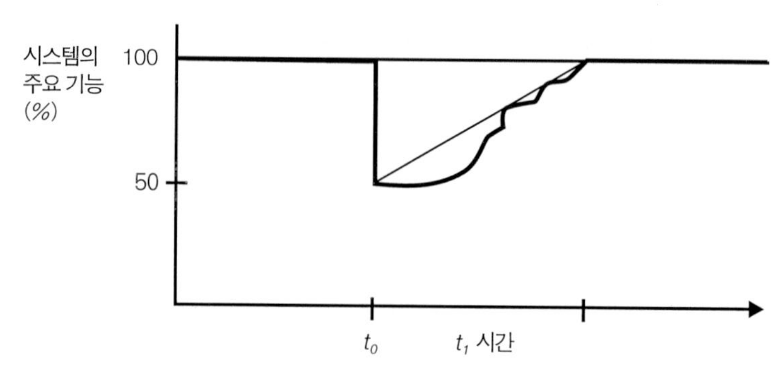

출처: Tierney and Bruneau 2007 : 15.

그림 7. 복원력 삼각형

향상시키는 능력과, 가로 축에 해당하는 복원시간을 줄이는 능력의 상호작용을 통해서 전체 삼각형의 면적을 줄이는 능력에 의해서 측정될 수 있다는 것이다. 티어니와 브르노에 의하면, 복원력의 삼각형 면적을 줄이는 능력은 기술, 조직, 사회, 경제 등의 네 영역에서 관찰되는 네 가지 속성에 의해서 파악할 수 있다고 한다. 그들이 삼각형의 공간을 메우는 복원력을 결정하는 요인으로서 들고 있는 것은 내구성(robustness), 가외성(加外性, redundancy), 신속성(rapidity), 자원부존성(resourcefulness) 등의 네 가지이다. 진대욱은 〈그림 8〉과 같이 이러한 네 가지 요인들을 그림으로 가시화해서 표현했는데, 다소 추상적일 수 있는 복원력의 개념을 구체적으로 이해하는 데 도움을 준다(진대욱 2014).

첫째, 내구성은 시스템과 시스템을 이루는 하부요소가 외부의 충격에도 손상을 입지 않고 견딜 수 있는 시스템의 내적 능력을 의미한다. 일반적으로 위험에 대한 경보장치나 방어막, 시스템 내에 이상이 발생하는 경우의 안전장치, 시스템을 구성하는 하위시스템에서 이상

내구성(robustness): A < B
충격흡수, 완충장치, 분산·모듈화

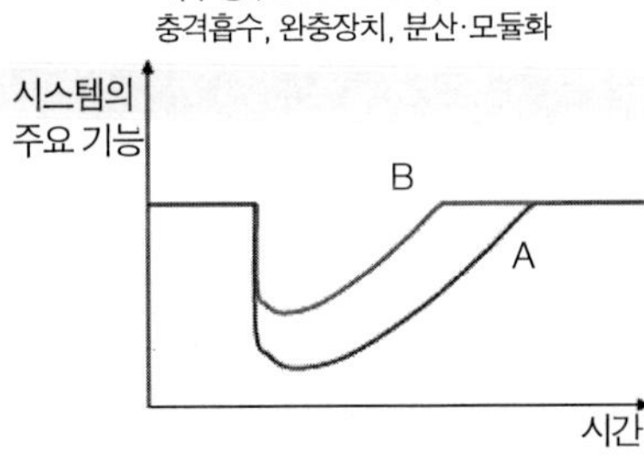

위해요인의 충격과 혼란을 흡수하고 견뎌낼 수 있는 시스템의 내적 역량 (안전장치, 방화벽, 모듈화 등)

가외성(redundancy): A < B
여력, 다양성, 적응적 의사결정 등

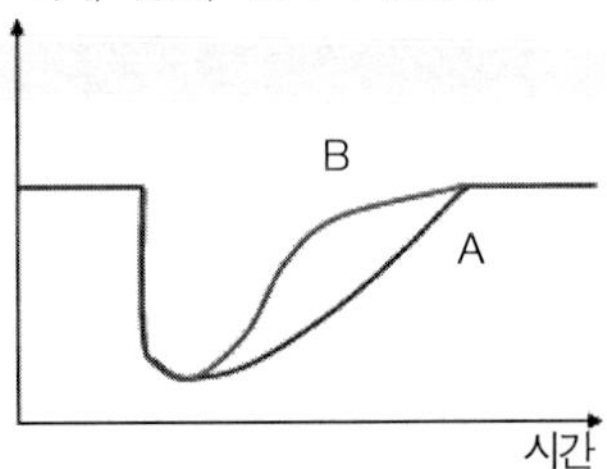

재난발생시 핵심기능의 유지를 위해 그 핵심기능들을 대체할 수 있는 대체 기능, 여력 혹은 백업시스템 여부

신축성(rapidity): A < B
빠른 자원동원, 이머징 이슈, 사회적 자본, 협업과 소통 등

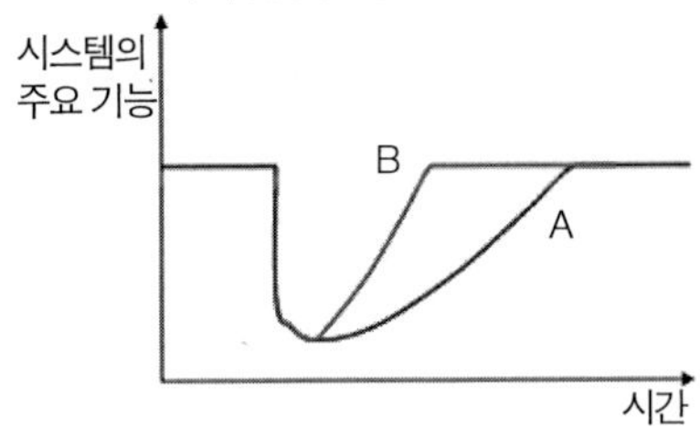

위기나 충격 발생 시 기능적 손실을 최소화하고 최악의 시스템 붕괴를 피하기 위해, 최단시간에 대응하는 역량

자원부존성(resourcefulness): A < B
자기조직화, 풍부한 대안, 임기응변, 창의 ·혁신성 등

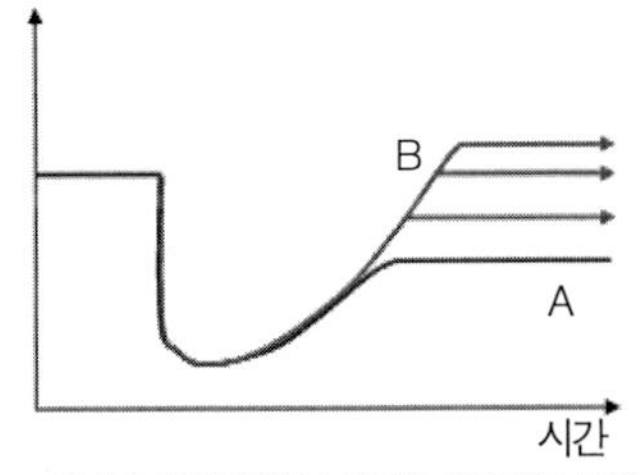

위기나 충격 발생 시 현상을 파악하고 자원과 원활한 정보흐름, 네트워크를 기반으로 대응체계를 조직하고, 새로운 대안을 창출하며 위기에 적응하는 역량

출처: 진대욱 2014: 21.

그림 8. 복원력의 네 가지 속성

이 발생했을 때 이를 신속하게 교체할 수 있는 모듈화의 정도 등이 시스템의 내구성을 결정한다.

둘째, 가외성은 재난에 의해 시스템 기능이 손상되어도 기존 업무를 지속할 수 있도록 시스템을 대체할 수 있는 능력을 의미한다. 시스템이 외부의 충격으로 핵심적인 기능을 상실했을 때 그 기능을 대체할 수 있는 여력과 백업시스템 등의 존재 여부를 의미한다. 가외성에서는 양적 여력 외에도 다양성의 확보나 풍부한 사회적 자본 등과 같은 질적 여력이 중요하다.

셋째, 신속성은 피해를 줄이기 위해 빠른 시간 안에 원래의 기능을 회복할 수 있는 능력을 의미한다. 재난상황에서의 신속한 복구를 위한 자원동원을 가능케 하려면 충분한 예방계획과 유사시를 대비한 훈련은 물론, 행위주체들 간의 적절한 관계망의 구축, 신뢰와 규범의 형성과 같은 사회적 자본의 축적 등이 평상시에도 갖추어져 있어야 한다.

끝으로, 자원부존성(또는 자원역량)은 금전, 정보, 기술, 인력 등을 운용할 수 있는 능력이다. 이는 자원과 정보의 원활한 흐름, 네트워킹을 기반으로 한 대응역량의 조직화, 새로운 대안에 대한 창조력, 위기로 인한 시스템의 상태변화에 대한 적응력 등으로 구성된다. 자원역량이 있는 시스템은 각종 자원들을 연계하고 융합할 수 있는 자기조직화의 역량을 갖추고 있다.

이상의 네 가지 속성으로 파악되는 복원력은 메타 거버넌스의 역량과 결합되어 위험발생에 적합한 새로운 거버넌스를 창출하는 데 기여한다. 위험을 예측하는 것이 불가능한 신흥안보 위험의 특성상 이 분야의 거버넌스에서는 적합력 못지않게 사후적인 복원력을 갖추는 것이 중요하다. 즉 시스템 외부의 충격을 받아 원래의 균형으로 회복하지 못한다 하더라도 시스템의 핵심기능을 보완할 수단을 찾거나 또는 시스템의 정체성을 상실하지 않을 정도도 다른 기능적 대안들을 발굴하는 역량이 필요하다. 다시 말해, 복원력의 메타 거버넌스는 외부의 충격에 의해 시스템 내부의 정상상태를 결정짓는 조건들이 교란되었을 때, 새로운 정상상태에 대한 적응력(adaptability)과 새로운 균형점으로 시스템을 변환시키는 능력(transformability)을 모두 갖추어야 한다(진대욱 2014: 23).

결국 이러한 복원력의 메타 거버넌스에 대한 논의에서 핵심은 다양한 행위자들의 활동을 적절한 수준에서 조율하면서 시스템 내 요소들의 다양성과 유연성을 유지하는 데 있다. 사실 기존의 전통안보 대응체제가 주로 효율성의 확보라는 목표하에 이러한 다양성과 유연성의 요소들을 부차적으로 취급하였다면, 신흥안보에 대응하는 메타 거버넌스에서는 후자의 요소들이 덕목으로 강조되어야 할 것이다. 진화생물학에서 말하는 바와 같이, 다양성이 존재하는 생태계는 위기가 닥치더라도 새로운 유전적 조합에 의한 종(種)의 창출이나 자기조직화를 통한 협력을 기반으로 생물들을 멸종으로부터 구하고 환경변화에 적응해 왔다. 이러한 생태학적 진화의 개념적 구도는 복잡계 환경을 배경으로 작동하는 신흥안보 분야에서도 유사하게 발견된다.

V. 맺음말

이 글은 최근 지구화와 정보화 및 네트워크 시대의 도래를 배경으로 하여 부상하고 있는 새로운 안보 패러다임을 이해하기 위한 이론적 논의를 펼쳤다. 새로운 안보 패러다임으로서 이 글이 던진 화두는 신흥안보이다. 신흥안보 패러다임은 위험의 대상과 성격 및 해결주체, 그리고 여기서 파생되는 안보게임의 양상이라는 점에서 기존의 전통안보 패러다임과는 크게 다르다. 1990년대부터 탈냉전을 배경으로 하여 새로운 안보 패러다임을 이론화하려는 노력이 없었던 것은 아니지만, 좀 더 본격적인 변환의 시대를 맞이한 2010년대에 발생하는 안보 문제를 다루기에는 미흡한 점이 많았다. 이러한 맥락에서 이 글은 복잡계 및 네트워크 이론, 진화생물학 등에서 제시하는 이론적 논의들, 즉 창발, 자기조직화, 임계성, 구조적 공백, 네트워크 국가, 메타 거버넌스, 적합력, 복원력 등과 같은 개념들을 원용하여 신흥안보 패러다임을 보는 이론틀을 마련하고자 시도하였다.

위험의 대상과 성격이라는 점에서, 신흥안보는 전통적인 군사안보 이외에도 비군사적 영역, 즉 환경안보, 원자력안보, 사이버 안보, 보건안보, 인간안보, 사회안보 등을 포괄한다. 이들 신흥안보 이슈들은 국가의 경계를 넘어서 글로벌한 차원에서 발생하는 위험들이다. 신흥안보 위험은 창발의 메커니즘을 따른다는 점에서 전통안보와 질적으로 다르다. 미시적 안전의 문제가 양적으로 증대되면서 어느 순간에 거시적 안보의 문제로 창발하는 성격을 지닌다. 따라서 전례가 없는 극단적 사건의 형태로 터지기도 한다. 다양한 신흥안보 이슈들 간의 상호연계성이 증대되면서 그 위험이 증폭될 뿐만 아니라 최근에는 전통안보 이슈와 연계되기도 하면서 국가 간의 갈등의 소지가 되고 있다. 이러한 양상이 나타나는 이유는 모두 신흥안보 이슈가 복잡계 현상을 배경으로 하고 있기 때문이다. 국가 및 비국가 행위자, 그리고 비인간 행위자들까지도 포함하는 다양한 행위자들이 관여하는 현상이기 때문에 그 발생원인과 파급효과를 쉽게 예측하는 것이 불가능하며, 이러한 특성으로 인해서 객관적인 안보현실만큼이나 주관적인 안보담론이 독자적인 역할을 담당한다.

이러한 신흥안보 위험의 발생과 확산은 기존의 전통안보 경우와는 다른 방식으로 세계정치에 영향을 미친다. 특히 신흥안보의 부상은 새로운 위험요인의 출현뿐만 아니라 안보 문제의 해결주체라는 점에서 기존의 국가 행위자 위주의 안보 관념이 조정되어야 하는 조건을 마련하였다. 신흥안보에 대응하기 위해서는 국가 행위자만이 혼자 나서서는 안 되고, 국가 행위자와 비국가 행위자(민간기업, 시민사회, 지역공동체, 국제기구 등), 그리고 더 나아가 비인간 행위자(컴퓨터 악성코드, 전염병 바이러스, 원자력발전소 등)까지도 모두 참여하는 새로운 행위자 모델이 필요하다. 이들 행위자들이 벌이는 안보게임의 양상도 기존의 경우처럼 안보 분야의 물질적 자원을 둘러싸고 벌어지는 경쟁과 협력의 양상을 넘어서고 있다. 이러한 점에서 신흥안보의 부상은, 단순히 전통안보를 대체하는 새로운 안보 이슈들의 출현이라는 단편적인 차원을 넘어서, 전통안보와 비전통 안보를 모두 아우르는 새로운 안보 패러다임의 부상을 예견케 한다.

이 글은 이러한 신흥안보 패러다임의 부상에 대응하는 새로운 거버넌스의 양식에 대한 이론적 논의를 펼쳤다. 특히 이 글이 주목한 것은 네트워크 국가의 메타 거버넌스 개념이었다. 전통안보 분야의 거버넌스가 군사안보 같은 어느 한 영역의 관리에 치중하는 데 비해서, 신흥안보 분야의 거버넌스는 각기 다른 속성을 지니고 있는 다양한 위험들에 대처하기 위해서 여러 형태의 거버넌스를 아우르는 메타 거버넌스의 양식을 취해야 한다. 신흥안보 분야의 메타 거버넌스는 네트워크 국가가 각 위험유형에 따라 적합한 거버넌스의 양식을 적절하게 조절하는 관리양식으로 정의할 수 있다. 네트워크 국가의 메타 거버넌스에서는 신흥안보의 위협에 적합한 거버넌스를 만드는 적합력은 물론 위험 발생으로 인해서 손상된 시스템을 복원하는 능력을 갖추는 것이 중요하다. 이러한 메타 거버넌스의 기능에는 국내적으로 다양한 행위자들의 이해관계를 조율하는 역할뿐만 아니라 일국 차원의 대응노력을 넘어서 지역 거버넌스와 글로벌 거버넌스의 구축에 참여하는 외교적 노력도 포함된다.

이러한 네트워크 국가의 메타 거버넌스를 모색하기 위해서는 다음과 같은 점들이 고려되어야 할 것이다. 첫째, 다양한 신흥안보 분야의 이슈별 위험의 성격을 정확히 이해하고 구체적인 대응방안을 모색하는 것이 필요하다. 이를 위해서 이 글에서 탐구한 위험유형에 적합한 거버넌스의 형태에 대한 논의가 유용하다. 둘째, 신흥안보 분야의 위험에 대응하는 메타 거버넌스를, 인과적 결정론을 모색하는 정태적 시각이 아니라, 변이-선택-확대-협력의 메커니즘을 따르는 진화론적 시각에서 이해하는 것이 필요하다. 셋째, 이러한 진화론적 접근을 펼치는 데 있어서 적합력과 복원력의 보유 여부를 양적·질적 차원에서 파악하는 노력이 필요하다. 예를 들어, 내구성, 가외성, 신속성, 자원부존성 등과 같이 시스템의 복원력을 구성하는 속성에 대한 논의가 신흥안보 연구에 던지는 의미를 되새겨 볼 필요가 있다. 요컨대, 신흥안보 분야에서 적합력과 복원력의 메타 거버넌스에 대한 논의에서 핵심은 다양한 행위자들의 활동을 적절한 수준에서 조율하면서 시스템 내 요소들의 다양성과 유연성을 유지하는 데 있다.

신흥안보 패러다임의 부상에 직면하여 한국의 안보 거버넌스는, 최근의 변화 노력에도 불구하고, 여전히 전통안보에 대응하는 발상 위주로 추진되는 경향을 보이고 있다. 21세기 세계정치의 변화는, 비록 한반도에서 전통안보의 중요성이 줄어드는 것은 아닐지라도, 새롭게 부상하는 신흥안보 영역에 대해서 적절히 대응하지 않고서는 또 다른, 더 큰 위험에 봉착할 것이라는 경각심을 갖게 한다. 무엇보다도 전통안보와는 질적으로 다른 성격을 지닌 신흥안보의 본질을 제대로 이해해야 한다. 또한 신흥안보 이슈별 위협의 성격을 정확히 구별하여 이해하는 발상의 전환과 이를 실현하는 추진체계의 정비가 시급히 필요하다. 이를 위해서는 신흥안보 이슈에 대처하는 정부의 역할뿐만 아니라 민간 행위자들의 참여를 독려하고 그 역할을 적극적으로 설정하는 메타 거버넌스의 도입이 필요하다. 신흥안보 분야에서는 어떠한 방식으로 기술개발과 인력양성, 추진체계와 법제정, 국제규범에의 참여 등이 이루어져야 하는가의 문제가 새로운 거버넌스 양식으로서 메타 거버넌스에 포함되어야 할 주요 내용들이다.

참고문헌

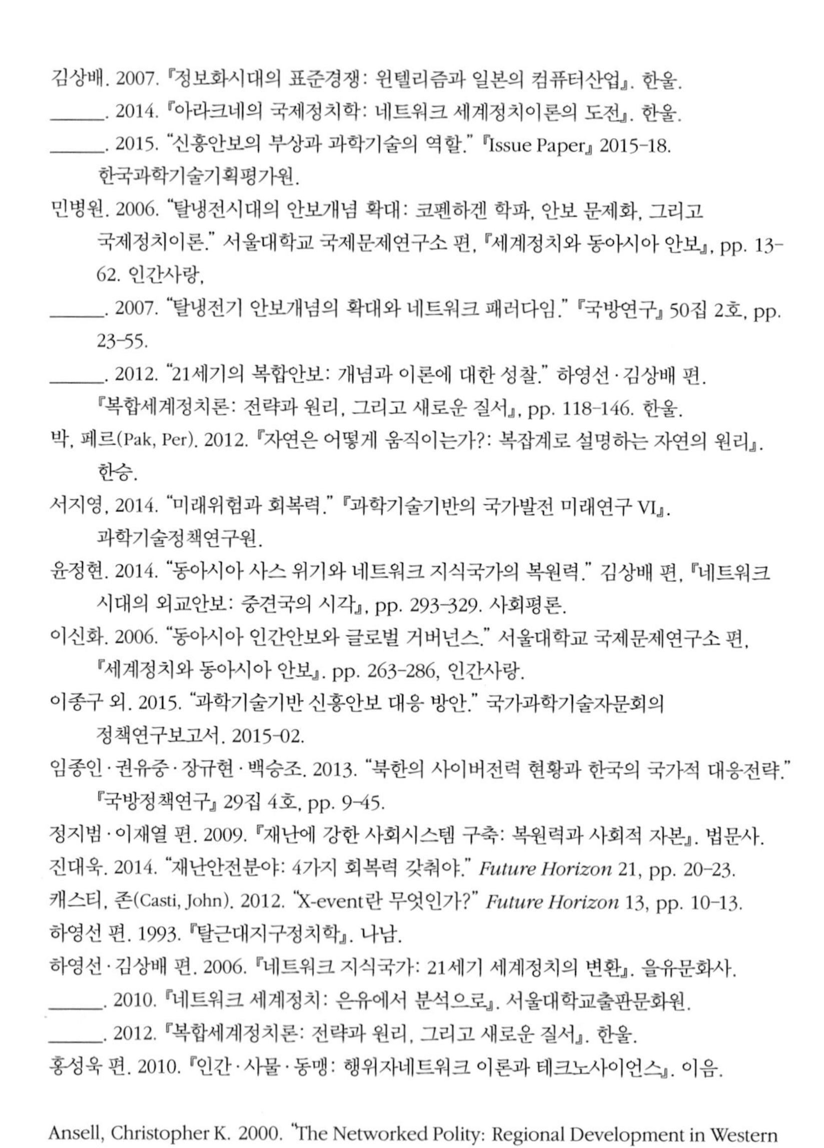

김상배. 2007. 『정보화시대의 표준경쟁: 윈텔리즘과 일본의 컴퓨터산업』. 한울.

______. 2014. 『아라크네의 국제정치학: 네트워크 세계정치이론의 도전』. 한울.

______. 2015. "신흥안보의 부상과 과학기술의 역할." 『Issue Paper』 2015-18. 한국과학기술기획평가원.

민병원. 2006. "탈냉전시대의 안보개념 확대: 코펜하겐 학파, 안보 문제화, 그리고 국제정치이론." 서울대학교 국제문제연구소 편, 『세계정치와 동아시아 안보』, pp. 13-62. 인간사랑,

______. 2007. "탈냉전기 안보개념의 확대와 네트워크 패러다임." 『국방연구』 50집 2호, pp. 23-55.

______. 2012. "21세기의 복합안보: 개념과 이론에 대한 성찰." 하영선·김상배 편. 『복합세계정치론: 전략과 원리, 그리고 새로운 질서』, pp. 118-146. 한울.

박, 페르(Pak, Per). 2012. 『자연은 어떻게 움직이는가?: 복잡계로 설명하는 자연의 원리』. 한승.

서지영, 2014. "미래위험과 회복력." 『과학기술기반의 국가발전 미래연구 VI』. 과학기술정책연구원.

윤정현. 2014. "동아시아 사스 위기와 네트워크 지식국가의 복원력." 김상배 편, 『네트워크 시대의 외교안보: 중견국의 시각』, pp. 293-329. 사회평론.

이신화. 2006. "동아시아 인간안보와 글로벌 거버넌스." 서울대학교 국제문제연구소 편, 『세계정치와 동아시아 안보』. pp. 263-286, 인간사랑.

이종구 외. 2015. "과학기술기반 신흥안보 대응 방안." 국가과학기술자문회의 정책연구보고서. 2015-02.

임종인·권유중·장규현·백승조. 2013. "북한의 사이버전력 현황과 한국의 국가적 대응전략." 『국방정책연구』 29집 4호, pp. 9-45.

정지범·이재열 편. 2009. 『재난에 강한 사회시스템 구축: 복원력과 사회적 자본』. 법문사.

진대욱. 2014. "재난안전분야: 4가지 회복력 갖춰야." *Future Horizon* 21, pp. 20-23.

캐스티, 존(Casti, John). 2012. "X-event란 무엇인가?" *Future Horizon* 13, pp. 10-13.

하영선 편. 1993. 『탈근대지구정치학』. 나남.

하영선·김상배 편. 2006. 『네트워크 지식국가: 21세기 세계정치의 변환』. 을유문화사.

______. 2010. 『네트워크 세계정치: 은유에서 분석으로』. 서울대학교출판문화원.

______. 2012. 『복합세계정치론: 전략과 원리, 그리고 새로운 질서』. 한울.

홍성욱 편. 2010. 『인간·사물·동맹: 행위자네트워크 이론과 테크노사이언스』. 이음.

Ansell, Christopher K. 2000. "The Networked Polity: Regional Development in Western Europe." *Governance*. 13(3), pp. 303-333.

Ansell, Christopher K. and Steven Weber. 1999. "Organizing International Politics:

Sovereignty and Open Systems." *International Political Science Review*. 20(1), pp. 73-93.

Balzacq, Thierry. ed. 2011. *Securitization Theory: How Security Problems Emerge and Dissolve*. London and New York: Routledge.

Beck, Ulrich. 2005. "World Risk Society and the Changing Foundations of Transnational Politics." in Edgar Grande and Louis W. Pauly, eds. 2005. *Complex Sovereignty: Reconstituting Political Authority in the Twenty-first Century*. Toronto: University of Toronto Press.

Burt, Ronald S. 1992. *Structural Holes: The Social Structure of Competition*. Cambridge, MA: Harvard University Press.

Buzan, Barry and Lene Hensen. 2009. *The Evolution of International Security Studies*. Cambridge: Cambridge University Press.

Buzan, Barry, Ole Wæver, and Jaap de Wilde. 1998. *Security: A New Framework for Analysis*. Boulder: Lynne Rienner.

Carnoy, Martin, and Manuel Castells. 2001. "Globalization, the Knowledge Society, and the Network State: Poulantzas at the Millennium." *Global Networks*. 1(1), pp. 1-18.

Casti, John, Leena Ilmola, Petri Rouvinen, and Larkku Wilenius. 2011. *Extreme Events*. Helsinki: Taloustieto Oy.

Folke, Carl. 2006. "Resilience: The Emergence of a Perspective for Social-ecological Systems Analyses." *Global Environmental Change*. 16, pp. 253-267.

Hansen, Lene and Helen Nissenbaum. 2009. "Digital Disaster, Cyber Security, and the Copenhagen School." *International Studies Quarterly*. 53(4), pp. 1155-1175.

Hansen, Hans Krause, and Tony Porter. 2015. "What do Big Data do in Transnational Governance?" Paper Presented at the International Studies Association Meetings, New Orleans, February 21, 2015.

Holling, C. S. 1973. "Resilience and Stability of Ecological Systems." *Annual Review of Ecology and Systematics*. 4, pp. 1-23.

Hough, Peter, Shahin Malik, Andrew Moran and Bruce Pilbeam. 2015. *International Security Studies Theory and Practice*. Routledge: Londond and New York.

Huysmans, Jef. 2007. "Revisiting Copenhagen: Or, on the Creative Development of a Security Studies Agendas in Europe." in Barry Buzan and Lene Hensen. eds. *International Security*. v4. Los Angeles, SAGE, pp. 43-66.

Jessop, Bob. 2003. *The Future of the Capitalist State*. Cambridge, UK: Polity Press.

Kitschelt, Herbert. 1991. "Industrial Governance Structures, Innovation Strategies and the Case of Japan: Sectoral or Cross-National Comparative Analysis." *International Organization*. 45(4), pp. 453-493.

McSweeney, Bill. 2007. "Identity and Security: Buzan and the Copenhagen School." in Barry Buzan and Lene Hensen. eds. *International Security*. v3. Los Angeles, SAGE, pp. 121-134.

Modelski, George and Kazimierz Poznanski. *et al.* 1996. Special Issue: Evolutionary Paradigms in the Social Sciences. *International Studies Quarterly*. 40(3).

Perrow, Charles. 1984. *Normal Catastrophes*. New York: Basic Books.

Renn, Ortwin. 2005. "Risk Governance: Towards an Integrative Approach." White Paper No.1, Geneva: IRGC.

Tierney, Kathleen and Michel Bruneau. 2007. "Conceptualizing and Measuring Resilience: A Key to Disaster Loss Reduction." *TR News 250*, May-June, pp. 14-17

Wæver, Ole, Barry Buzan, Morten Kelstrup, and Pierre Lemaitre. 1993. *Identity, Migration and the New Security Agenda in Europe*. London: Pinter.

Wæver, Ole. 1995. "Securitization and Desecuritization." in Ronny Lipschutz. ed. *On Security*. New York: Columbia University Press, pp. 46-86.

Williamson, Oliver. 1985. *The Economic Institutions of Capitalism*. New York: Free Press.

World Economic Forum(WEF). 2015. *Global Risks 2015*, 10th Edition.

Yoon, J. 2015. "Indonesia's Crisis Response Strategies: The Indian Ocean Tsunami of 2004." *Global Journal on Humanites & Social Sciences*. [Online]. 02, pp. 195-202.

제2장

환경안보와 기후변화안보

이태동

I. 서론

전통적으로 국가 간, 국가 내 군사적 긴장과 폭력적 분쟁이 국제관계 영역에서 안보 문제로 이해되어 왔고, 그 원인과 결과에 대한 탐색은 평화와 안보연구의 근간을 이루고 있다. 여러 다양한 안보 위협 요소 중, 기후변화안보(climate change security)와 환경안보(environmental security)는 전 세계적 기후변화, 환경오염의 증가나 자원의 고갈이 국가안보를 위협할 수 있는 요소임을 밝히고 있다. 과연 기후변화와 환경적인 요인을 안보를 위협하는 요소로 고려해야 할 것인가? 기후변화, 환경파괴와 자원의 고갈과 감소는 인간안보 혹은 무력을 동반한 분쟁을 초래할 수 있는가?(Conca and Dabelko 2002: 281-283)

본 연구는 기후변화안보와 환경안보의 배경과 개념을 이해하고, 두 안보 개념의 종속변수, 독립변인과 인과관계에 대한 비교 분석을 통해 새로운 안보적 위협에 대한 주장을 비판적으로 고찰하는 것을 목적으로 한다. 이를 위해, '기후변화안보와 환경안보의 개념적 유사성과 차이점은 무엇인가?', '기후변화와 환경 파괴의 어떤 요소(독립변수)가 어떤 안보적 위협(종속변수)을 가져오는가?', '두 변수, 기후변화와 환경자원의 고갈과 안보적 위협의 인과관계는 어떻게 설명할 수 있는가?', 그리고 '이에 따른 정책 제시의 유사점과 차이점은 무엇인가?'라는 연구 질문에 답하려고 한다.

본 논문은 기후변화안보와 환경안보의 개념과 그 등장 배경을 문헌 분석을 통해 살펴볼 것이다. 다음으로, 기후변화안보와 환경안보의 개념을 비교하기 위해, 각 이론의 변수들을 살펴본다. 이를 독립변수, 종속변수와 이 둘 사이의 인과관계에 대한 설명을 중심으로 비교하여 비판적으로 고찰한다. 또한 기후변화안보와 환경안보에서 제시한 정책 방안을 비교 분석한다. 결론적으로 비판적으로 고찰된 기후변화안보와 환경안보의 개념을 한국의 상황에 적용할 때 고려해야 할 점들을 제시하도록 하겠다.

II. 환경안보와 기후변화안보의 등장 배경과 개념

1. 환경안보 개념과 등장 배경

환경문제가 국제정치의 안건으로 등장하고 있다. 환경파괴와 자원 고갈이 부족한 자원으로 인한 경쟁으로 이어지면서 분쟁을 야기할 것이라는 우려가 늘고 있다. 예를 들어, 공유된 수자원과 어족자원에 대한 갈등은 각국의 어선과 무장한 군함 간의 충돌의 가능성을 높인다. 1972-1973년 사이에 일어난 영국과 아이슬란드 간의 대구전쟁이 이를 잘 보여주는 사례이다(윤이숙 2009: 81). 이러한 사례는 환경 변화와 자원을 둘러싼 갈등이 폭력적 분쟁의 중요한 원인이 될 수 있는 가능성이 있음을 보여주고 있다. 학계에서는 환경의 변화와 극심한 분쟁 간의 관계를 어떻게 체계적으로 분석하고 있을까?

환경 변화와 자원 부족이 분쟁과 어떻게 연결되었는지에 대한 연구는 오랜 역사를 가지고 있다. 1798년 맬서스(Malthus)는 인구와 식량부족 그리고 그로 인한 사회의 불안정성을 연구했다(Nordstorm 2004: 3). 이후 신맬서스주의자(Neo-Malthusian)들은 인구과잉과 자원 고갈 및 이를 관리하기 위한 방안에 대한 연구를 심화 발전시켰다. 1970년대 환경문제가 정치적 의제로 등장한 이후 1980년대 들어서 전 세계적인 환경문제(오존층 파괴, 자원의 고갈)의 등장과 국지적, 지역적인 환경문제의 심화로 인해 학자들과 정책결정가들은 환경안보에 관심을 갖게 되었다.

한편 환경과 안보를 연계시키는 것에 대한 찬성과 반대 의견이 분분하다. 환경을 안보 이슈화하는 것을 반대하는 입장은 안보 개념을 현실주의자처럼 좁게 해석한다. 안보를 전통적인 군사적 맥락에서 정의된 국가안보, 즉, 상대적인 힘의 우위를 통해 국가의 안전을 확보하는 개념으로 이해하고 있다. 현실주의자는 환경을 하위정치 영역에 속한다고 보고, 위협(threat)에도 서열이 있다고 여긴다. 환경은 국가, 군사력과 직결된 안보와 결부한 논쟁거리가 될 수 없다고 본 듀드니(Deudney 1990)는 국가 안보에서 환경문제를 다루는 것은 적절하지 않다고 주장한다. 승자와 패자를 양산하는 안보의 제로섬 개념을 환경 논의에 도입할 경우 환경문제 해결을 위하여 필수적으로 요구되는 협력을 방해할 것이라고 보았다. 또한 안보가 전통적으로 군사적 영역이었던 점을 고려하면 환경안보를 강조할 경우 군대에 환경문제를 다루는 새로운 권한을 추가하고, 환경문제를 군이 무장화하는 명분으로 삼거나 자국의 환경을 보호하기 위하여 국수적인 행동이 증가할 수 있다고 경계하였다(Trombetta 2008: 586).

반면 안보의 개념은 변할 수 있으므로, 환경은 안보 문제와 연관되어 고려해야 한다는 환경의 안보 이슈화 찬성의 입장이 있다. 특히 구성주의자들은 위협이 사회적으로 구성될 수 있다고 보고, 현실주의의 관점을 반박한다. 안보 이슈가 사회적으로 구성될 수 있다고 개념화한 시도에는 코펜하겐 학파의 안보화 이론(the theory of securitization)이 있다. 코펜하겐 학파는 국제정치 시각에서 확대된 안보 담론을 주창하고 있는데 군사력에 기반을 둔 힘의 논리에서 나아가 비전통적 안보 혹은 하위정치 이슈를 강조하면서 환경안보가 주요 안보의제로 부상하는 데 공헌하였다. 안보화 이론에서는 객관적인 위협은 존재하지 않으며 다양한 의제가 안보 의제로 변형될 수 있다고 본다. 이 관점에서 안보는 가치나 조건이 아닌 사회적 관습의 한 형태이다. 하나의 문제가 안보 의제로 명명되어지면 그 문제를 해결하는 방식도 따라서 변하게 된다고 설명한다(Stritzel 2007). 다이어(Dyer 2001) 역시 환경안보가 전통적으로 국가와 연관된 아이덴티티, 영토, 주권이라는 가치의 의미를 축소하고, 생태계, 세계성과 거버넌스와 같은 환경 변화와 관련한 일련의 새로운 가치에 주목한다는 점을 지적하였다. 환경안보는 분석적인 면에서 환경문제를 분류하고 유형화하는 데 도움이 될 뿐만 아니라 한 사회 내에서 혹은 국제사회에서 이 환경문제가 갈등, 폭력과 어떤 연관성이 있는지 밝히는 데에도 설명력을 높이고 있다(Trombetta 2008: 585-588).

냉전 이후 전통안보의 개념이 확대되고, 환경문제가 주목을 받기 시작하면서 환경과 안보의 연관성을 찾는 노력이 시작되었다. 부잔(Buzan 1991)은 국가와 군사안보 중심 안보개념의 한계를 지적하고, 경제, 환경, 사회, 정치 등 제반 요소들을 포괄하는 개념으로 안보를 확대해야 한다고 주장하였다. 특히 환경안보는 모든 인류가 생존을 위해 필수적으로 의존하고 있는 체계인 전지구적인 생태계 권역을 유지하는 것이라고 강조한다(Trombetta 2008: 585-588). 헤이크(Haque 2001) 역시 냉전 이후 전통안보의 개념이 확대되고, 비전통 안보의 중요성이 높아짐에 따라 환경안보가 최고정책 결정자들의 관심을 끌기 시작했다는 데 동의한다. 그에 의하면 세 가지 시각으로 환경안보를 해석하는 것은 환경안보의 다른 수준과 차원을 이해하는 데 도움이 된다고 설명한다. 첫째, 국적에 상관없이 모든 인류에 영향을 미치는 다양한 환경 파괴의 종류를 강조하는 것이다. 둘째, 인접 국가들에 영향을 끼치면서 국가 간 긴장을 조성하는 한 국가의 환경 위협에 초점을 둔다. 마지막으로 환경 위협의 결과로부터 공공 안전을 보장하고, 환경적 파괴를 회복하며 환경적 위협을 극복할 수 있는 한 국가의 능력을 중심으로 보는 것이다(Haque 2001, 204). 부잔 외(Buzan *et al.* 1998)는 변화하는 안보에 대응하기 위하여 새로운 분석틀을 이용하여 안보 개념을 발전시켰다. 그는 안보 위협은 특별한 조치를 필요로 하는 극단적인 위험 상황을 의미하는데 환경문제는 군사, 경제, 사회, 정치 문제들과 함께 안보에 영향을 미치는 중요한 분야로 생각하였다. 안보에 위협을 주는 환경문제로 생태계 파괴, 에너지 자원 부족, 인구증가, 식량 부족, 민간인의 무력 분쟁 등을 열거하면서 환경안보를 확보하기 위하여 전지구적, 지역적 차원의 대응이 필요하다고 역설하였다(Buzan *et al.* 1998: 71-94).

2. 기후변화안보 개념과 등장 배경

1990년대에 논의가 활발해진 환경안보에 비해, 기후변화안보는 상대적으로 새로운 개념이다. 기후변화안보에 대한 논의는 기후변화와 그 영향에 대한 과학적 사실들의 발견과 함께 이루어져 왔다. 현재 기후변화 속도와 규모는 과거 약 일만 년을 거슬러 볼 때 유례를 찾기 힘들다는 것은 밝혀진 과학적인 사실이다. 기후변화가 현재와 향후 생태계 및 인간 사회에 미칠 영향을 심각하게 고려할 필요가 있다(Lee 2015). 냉전 후 본격적으로 시작된 기후변화에 대한 높은 관심은 기후변화에 영향을 미치는 인간 활동을 과학적, 기술적, 사회경제적 측면을 평가하는 기후변화 정부 간 협의체인 IPCC(Intergovernmental Panel on Climate Change)의 창설과 1992년 UN 기후변화 협약을 이끌었다

(Trombetta 2008: 591). 반기문 유엔 사무총장은 2007년 취임 이후 기후변화와 발전의 문제를 안보 문제의 중요한 안건으로 다루어왔다. 또한 학계에서도 국제적인 문제로 기후변화와 안보를 연계하는 연구 주제에 점차 많은 관심을 보이고 있다(Fetzek and Mazo 2014: 143).

데이비스(Davis 2001)는 기후변화가 스트레스를 받고 있는 사회-생태계 시스템과 결부되면 급격한 사회적 변화가 일어난다고 주장하였다. 그의 주장은 다이아몬드(Diamond 2005)가 다수의 재앙과 같은 사회적 변화 사례들을 연구하면서 환경의 변화가 그러한 사회 변화를 이끄는 공통 원인이 되었고, 특히 기후변화가 그 공통 원인 중 다수를 차지한다고 밝혀내면서 지지를 얻게 되었다. 인간이 기후변화에 취약한 정도는 자연 자원과 생태계의 혜택에 얼마나 의존하는지, 그들이 의존하는 자연 자원과 생태계가 기후변화에 얼마나 취약한지, 자연 자원과 생태계의 변화에 인간이 얼마나 잘 적응할 수 있는지에 따라 달라진다. 즉, 인간이 기후에 민감하게 반응하는 자연과 자원 의존도가 높을수록 사회 내의 사회적, 경제적 자원 의존도가 낮아짐에 따라 기후변화로 직면하게 되는 인간 삶의 취약성이 높아진다. 그러므로 일련의 사회적 요인들, 즉 가난, 공공 서비스, 경제적 기회를 획득할 수 있는 접근성, 효과적인 정책 결정 과정, 사회 내 취약집단을 둘러싼 사회통합 정도 등과 별개로 기후변화가 인간안보를 위협한다고 볼 수 없다. 이러한 사회적 요인들은 개인과 지역사회가 한 사회가 가진 경제적, 사회적 자본으로부터 받는 복지 수준을 결정하게 되며 결과적으로 이러한 혜택은 기후변화에 적응하는 개인과 지역사회의 역량을 결정하게 된다. 그러므로 각 지역에 따라서 기후변화에 적응하는 사회적 능력의 차이 등으로 기후변화가 인간안보를 약화시키는 정도의 차이가 존재한다. 기후변화가 사회 시스템에 미치는 위험도는 그 사회 시스템 특성과 깊은 연관이 있다. 다양한 환경 변화가 사회적 환경에 속한 개인의 안녕에 영향을 미치는 한편 사회적 요소들이 환경 변화에 적응할 수 있는 인간의 능력을 증가시키기도 하고, 약화시키기도 하는 것이다.

인간안보가 다중적인 범위로 일어나는 복잡다단한 과정인 만큼 기후변화가 인간안보에 영향을 끼친다는 점을 연구하는 것은 매우 도전적인 과제이다. 그럼에도 불구하고 기후변화와 인간안보 간 관계성 연구가 이루어져 왔고, 다양한 사례 연구를 통해서 기후변화가 인간안보를 약화시키는 원인이 될 수 있다고 설명되고 있다. 바넷과 애드거(Barnett and Adger 2007)는 기후변화가 직접적, 간접적으로 분쟁의 위험도를 증가시키는 요소들, 예를 들어 생계의 위축, 빈곤, 약한 정부, 사람들의 이주에 영향을 미치고 있으나 인간안보 위협과 폭력적인 분쟁 위험을 증가시키는 방식과 그 역학관계를 이해하기 위해서는 아직 풀어야 할 숙제가 많다고 여긴다(Barnett and Adger 2007: 641-642). 한편 드 윌드(De Wilde 2008)가 지적한 바와 같이 기후변화 안보에는 역설이 존재하는데 인류의 생존 자체가 환경문제를 일으키는 원인이 되기 때문이다. 한편 인류가 계속 살아가기 위해서 기후변화를 대비한 사회구조적인 변화가 요구되지만 이 변화가 자발적으로 일어나는 것이 필요한지, 환경적인 위기로 인해 격렬하고 무차별적인 변화가 발생할 때까지 기다리는 것이 바람직한지 딜레마도 존재한다(Trombetta 2008: 595).

기후변화안보에서는 시스템 내에서 위급한 상황을 예방하고, 보완하는 메커니즘을 구축하는 것이 매우 중요하다. 기후의 안보화는 글로벌 수준에서 안보와 에너지 거버넌스 상호작용이라는 토대에서 새로운 환경 논의를 계속 불러일으키고 있다(Trombetta 2008: 598-599). 기후변화안보화는 나와 적을 구별하는 것이 아니며 국가 이외의 다양한 행위자들을 포함한다. 기후변화안보는 불확실하고 광범위하며 그 영향력을 정량화하기 힘든 위협을 대상으로 예방책을 마련한다는 특성이 있다(Trombetta 2008: 598-599). 기후변화안보는 기후들 그 자체보다 모든 인류 생존의 선결조건으로서 요구되는 안정적인 기후 환경을 유지하는 것으로 이해하면서 기후변화안보의 중요성을 제안한다. 기후변화안보는 기후에 의존하는 인간과 사회의 안전을 미래에도 보장하는 것이 중요하다는 점을 환기시켜 준다. 기후변화안보는 인류가 성취한 문명의 수준을 유지하는 것과도 관련이 있다(Buzan *et al.* 1998: 76).

맥도날드(McDonald 2013)는 기후변화안보를 누구의 안보가 고려 대상인지에 따라서 개인(인간안보), 국가(국가안보), 국제사회(국제안보), 생태계(생태계안보)로 구분하여 설명한다. 기후변화안보를 국가 안보로 설명하는 것은 안보가 원래 국가, 주권과 영토의 보존과 밀접한 관련이 있기 때문에 놀라운 일은 아니다. 이런 점에서 기후변화안보는 국가의 주권과 제도에 위협을 주는 기후변화와 무력 분쟁의 상관성에 관심을 둔다. 다음으로 기후변화안보를 인간안보로 이해할 때 중요한 점은 인간안보는 인류의 삶을 위한 보편적이고도 물리적인 조건인데 이것들이 기후변화에 의해 잠재적으로 약화되고 있다고 본다는 점이다. 기후변화안보는 인간의 삶과 존엄성, 지역사회의 안전을 유지하는 것이다. 다음으로 기후변화안보를 국제 안보로 해석하는 관점은 기후변화가 국제사회의 규범과 제도, 특히 현 국제질서의 유지를 위협하여 국제사회의 변화와 안전에 해가 된다고 주장한다. 여기에서는 국제기구가 기후변화 안전 보장을 제공할 수 있는 중요한 행위자로 여겨지고, 기후변화 위협에 대비한 국제사회의 노력이 필수적이라고 본다. 마지막으로 기후변화안보에서 논의하는 생태계 안보는 인간안보, 국가안보, 국제안보만큼 정책 결정과정이나 학계에서 영향력 있게 다루어지고 있지 않지만 기후변화가 동시대의 정치, 사회, 경제 구조와 관련이 있는 전 생물의 세계 혹은 생태계의 평형을 깨뜨리는 위협이라는 점에 주목한다. 이 관점에서 바라보는 기후변화안보는 기후변화로 일어나는 인간과 자연 환경, 생태계의 불균형을 다시 회복하는 데 있다(McDonald 2013: 45-49).

III. 환경안보·기후변화안보 변수의 인과관계 비교

1. 환경안보의 변수와 인과관계

만약 환경자원의 고갈이 심각해지면 격렬한 시민 혹은 국제적인 분쟁을 촉발할 수 있는가? 만약 그렇다면 어떻게 분쟁을 일으키는가? 환경안보 연구자들은 환경자원의 고갈과 인구 증가가 사회경제적 요소와 작용하여 사회적 격변과 폭동이 발생한다고 주장한다(Homer-Dixon 1994: 6). 이 연구 질문에 답하기 위해 환경안보 연구의 장을 열었던 호머-딕슨은 환경 변화와 분쟁을 연결하는 세 가지 가설을 세운다. 1) 재생가능한 자원의 단순 고갈(Simple scarcity)로 인한 분쟁 혹은 자원 경쟁은 깨끗한 물과 비옥한 토양과 같이 물리적으로 관리할 수 있는 환경 자원의 공급 감소에 의해 발생할 것이다. 2) 환경적 영향에 의한 인구의 이동은 집단 간 정체성 분쟁(Group identity conflict)과 종족적 대립을 가져올 수 있다. 3) 재생불가능한 자원(광물, 석유 등)의 부족은 경제적 빈곤을 증가시키고 사회제도를 붕괴시키며, 이는 다시 내전과 폭동 등 자원의 고갈로 인한 갈등을 초래할 것이다.

각각의 가설을 증명하기 위해 그는 환경 자원의 고갈과 부족의 영향을 보여주는 치아파스(Chiapas), 가자(Gaza), 남아프리카(South Africa), 파키스탄(Pakistan), 르완다(Rwanda)의 사례들을 선택하였다(Homer-Dixon and Blitt 1998). 이 사례들은 환경변화와 분쟁이 일어날 수 있었던 지역이기 때문에 선정되었다.

사례연구를 통한 가설 증명의 결과, 단순 고갈이 국가 간의 분쟁을 일으킨다는 증거는 적었다. 이는 곧 산림과 농경지와 같은 재생가능한 자원의 고갈이 단순히 국가 간의 전쟁을 일으키지 않는다는 것을 의미한다. 석유와 같은 비재생자원은 분쟁을 야기할 수 있지만, 재생가능한 자원이 분쟁을 일으키는 일은 드물다. 그 이유는 석유, 석탄 그리고 광석들이 농경지나 수산자원, 산림자원보다 쉽고 빠르게 국력으로 전환되기 때문이다. 그 결과, 석유와 석탄을 둘러싼 무력 충돌의 가능성이 수산자원, 산림자원 등을 획득하기 위한 무력 충돌 가능성보다 높다.

환경자원의 고갈이 인구 이동을 초래하고 이것이 다시 분쟁으로 이어진다는 두 번째 가설에는 많은 증거가 존재한다. 이주가 일어날 경우와 이주로 인해 발생하는 분쟁은 각 국가의 사회적, 정치적 요인에 의해 달라진다. 환경자원의 고갈이 점차 진행됨에 따라 난민과 이주자들이 발생한다. 이주자들은 취약하고 소외된 사람들로 구성되어 있고 정체성과 문화가 다르기 때문에, 이주하는 지역의 사람들과 분쟁을 일으킬 가능성이 커지는 것이다. 그러나 방글라데시의 사례와 같이 노동력이 부족할 경우, 어떤 국가들은 분쟁 없이 환경변화로 인한 난민들의 이주를 받아들일 수 있다.

환경자원의 고갈과 부족이 제도와 국가의 기반을 약화시키고 이로 인해 분쟁을 일으킨다는 세 번째 가설은 어느 정도의 근거를 갖는

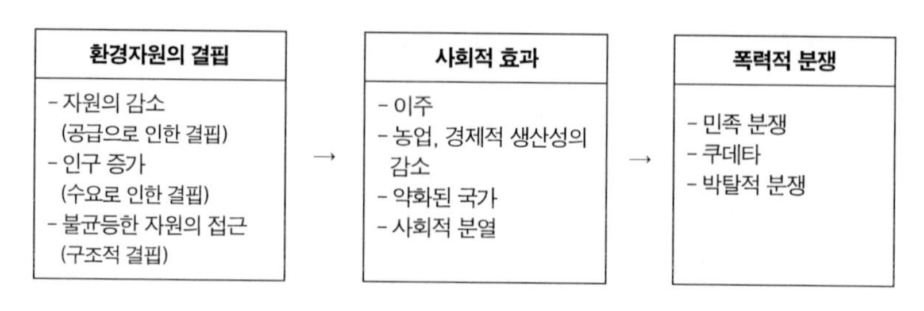

그림 1. 환경자원의 고갈과 폭력적 분쟁의 관계

다. 환경적인 결핍은 국가의 재정적, 정치적 요구를 증가시키고 더불어 경제적 생산성에 영향을 미친다. 환경변화로 인한 사회적인 갈등은 도전자 집단에게 동기를 부여하고 그들의 불만을 표출할 수 있는 기회를 부여하는 기능을 한다. 도전자 집단의 리더십, 조직, 이념은 환경변화로 인한 충격과 압력을 불만 표출의 기회로 표현할 수 있게 하는 주요 요소이다(Homer-Dixon and Blitt 1998: 25).

환경안보의 주장을 통해 우리는 재생가능한 자원으로 인한 폭력적인 분쟁이 단지 자원의 결핍에 의해서만이 아니라 사회적 효과와 환경자원의 부족의 상호작용에 의해 발생한다는 것을 알 수 있다. 〈그림 1〉은 환경자원의 고갈, 사회적 영향 그리고 폭력적 분쟁의 인과관계를 나타낸 도표이다.

환경자원의 고갈과 부족은 환경안보 연구에서 가장 핵심이 되는 개념이다. 환경자원의 고갈과 부족의 개념을 구성하는 요소에는 세 가지가 존재한다. 공급으로 인한 결핍, 수요로 인한 결핍, 구조적 결핍이다(Homer-Dixon and Blitt 1998). 공급으로 인한 결핍은 자원이 재생되는 것보다 감소되고 결핍되는 양이 많을 때를 가리킨다. 수요로 인한 결핍은 인구증가 혹은 인구 당 소비량 증가로 인해 발생한다. 구조적 결핍은 불균등한 자원의 접근과 분배를 뜻한다. 이는 자원이 소수의 관리하에 있고 반면 나머지는 자원 부족으로 고통받기 때문에 일어나는 현상이다.

환경자원의 고갈과 부족이 언제나 사회적 분열이나 폭력적인 분쟁을 야기하는 것은 아니다(Homer-Dixon and Blitt 1998: 7). 그러나 한 사회가 자원 고갈이라는 상황에서 지속될 수는 없다. 이는 곧 시장의 실패, 사회적 갈등, 혁신의 공급을 감소시키는 자본의 제한적인 유효성 등이 갈등을 촉진시키기 쉽다는 것이다. 물과 바다와 같은 재생가능한 자원의 경우 "개방적 접근"과 "부정적 외부효과"의 경향을 보이는데 이는 곧 시장의 실패로 이어지기 쉽다. "사회적 갈등"은 자신들의 환경 자원의 결핍 상태를 추구하는, 작지만 강력한 이익집단으로부터 발생한다. "자본의 유효성", 즉 금융 자본과 인적 자본은 혁신을 창출하는 데 필수적이다. 하지만 개발도상국에서는 자본의 효용성 결여가 결핍을 해결하는 데 방해가 된다.

환경자원의 결핍으로 인한 시장의 실패, 사회적 갈등, 자본의 효용성 결여는 다섯 가지의 사회적 효과—제한적인 농업 생산성, 제한적인 경제적 생산성, 이주, 사회적 분열, 법적 제도의 붕괴—를 야기한다. 표토의 손실, 산림파괴, 급수 부족 등의 환경 자원의 결핍은 특히 산업기반이 농업에 의존하는 국가들의 농업과 경제적 생산성에 부정적인 영향을 미친다. 이러한 상황에서 궁핍한 사람들은 자신들의 더 나은 상황을 위해 환경 자원이 더욱 풍부한 도시나 지역으로 이주한다. 다양한 언어, 민족 문화, 종교를 지닌 큰 인구 집단들 간의 경쟁은 심각한 사회적 분열을 낳는다. 이러한 모든 사회적 효과들은 마을, 노동시장, 계층 간 관계, 국가 그 자체 등 사회의 모든 수준에서 합법적인 국가-사회 기관을 극심하게 붕괴시킨다(Homer-Dixon and Blitt 1998: 9-10). 환경자원 고갈의 주요한 사회적 영향은 피해 집단의 증가하는 불안과 정치적 기회 구조의 변화를 통한 집단들의 갈등이다(Homer-Dixon and Blitt 1998: 11-12). 요약하자면, 환경안보는 사회적, 경제적인 측면에서 중요성을 강조하지만, 환경의 변화와 인구 증가 그리고 불균등한 자원의 사회적 분배로부터 야기된 재생가능한 자원의 부족이 폭력을 낳기 쉽다는 주장이다(Conca and Dabelko 1998: 281).

2. 기후변화안보의 변수와 인과관계

기후변화가 인류의 생존 문제와 직결되기 시작하고 안보의 문제로 부상하면서 기후변화는 위협이 될 것인가? 기후변화가 과연 무력 분쟁을 일으킬 수 있는가? 기후변화와 무력 분쟁의 관계를 살펴본 바넷과 애드거(Barnett and Adger: 2007)는 기후변화는 인간안보를 점점 더 약화시키고 있으며 기후변화는 사회 내에서 취약한 그룹, 가난, 정부의 무능 등 사회, 경제적 요소와 결합하여 무력 분쟁의 가능성을 증가시킬 것이라고 주장한다. 한편 이들은 기후변화가 다른 중요한 사회적 요소들과 별개로 폭력을 수반한 분쟁의 위험을 증가시키거나 인간안보를 위협하지는 않을 것이라고 강조한다(Barnett and Adger 2007: 639-641).

기후변화가 인류 역사상 전례 없는 속도로 진행되고 있으며 이로 인해 발생하고 있는 해안 침식, 강수량 급감, 생물종의 감소 등과 같은 환경의 변화가 대규모로 장기적으로 일어나면서 인간안보에 위협을 주고 있다. 기후변화가 큰 사회적 혼란을 과거에도 촉발한 적이 있음을 연구한 데이비스(Davis 2001)는 19세기 엘니뇨와 수백만의 목숨을 앗아간 기아와의 상관관계를 예시로 들고 있다. 또한 애드거(Adger 1999)가 밝힌 것처럼 기후변화는 한 사회 내의 개인과 그룹이 기후변화에 적응하기 위해서 필요한 환경, 재정, 사회적 자원의 접근성에 큰 제약을 가하기 때문에 인간안보를 위협한다고도 본다(Barnett and Adger 2007: 640-642).

바넷과 애드거(Barnett and Adger 2007)는 기후변화가 무력 분쟁의 위험을 증가시킨다는 상관성을 살펴보면서 취약한 생계, 빈곤, 무능한 정부, 이주의 문제를 무력 분쟁에 영향을 미치는 요인으로 본다. 기후변화는 수자원 접근도를 낮추고, 농산물 수확량을 감소시키고, 질병을 유발시키면서 특히 자연 자원 의존도가 높은 사람들이나 사회적으로 소외된 계층의 생계에 매우 부정적인 영향을 미친다. 이런 기후변화 결과는 장기적이고 만성적으로 사회에 악영향을 미치게 된다. 빈곤의 경우 기후변화의 영향을 받는 지역의 민감도 수준에 따라서 그 영향력의 차이가 존재한다. 기후변화는 인간의 자연 자원에 접근성을 낮추므로 절대적, 상대적, 일시적 빈곤 정도를 직접적으로 증가시킨다. 간접적으로는 기후변화가 정부의 사회 안전망 구축 능력에 영향을 주므로 사회의 빈곤이 심화되기도 한다. 기후변화는 정부의 능력을 약화시키는 주요한 원인이 되는데 기후변화가 공공 인프라 건설비용, 복지 서비스 비용은 증가시키는 반면 정부 수입은 감소시키면서 기후변화 자체에 적응할 수 있는 정부의 능력도 하락한다. 마지막으로 기후변화로 생계가 악화된 사람들의 대응 방식인 이주의 경우 기후변화가 단독의 이유라기보다는 인간이 이주 결정을 내리는 중요한 요소로 작용하면서 대규모의 이주가 새로운 정착지에서의 갈등을 유발한다고 밝힌다.

또한 굿핸드(Goodhand 2003), 나프지거와 어비넨(Nafziger and Auvinen 2002)과 올슨(Ohlsson 2000)은 기후변화가 원인이 된 가난은 만성적인 가난 그 자체의 문제가 아니라 갑작스런 빈곤 상태에 접어들게 되면 사람들은 폭력단체에 가입하고, 분쟁의 위험을 증가시킨다고 가정한다. 불안정한 개인이나 집단이 무장단체에 가입하여 폭력 행위에 가담하는 상황을 한 가지 이유로 설명하기는 어렵다. 그러나 인간안보에 대한 위협과 폭력적인 갈등의 위험이 증가하는 상관성은 상당히 깊어 보인다. 결과적으로 기후변화는 인간안보에 위협을 주는 동시에 폭력적인 분쟁의 가능성도 증가시킬 수 있다(Barnett and Adger 2007: 643-646).

반 아일랜드 외(Van Ireland *et al.* 1996)에 따르면 기후변화의 부정적인 결과로 대규모 이주가 발생할 수 있고, 새로운 지역으로의 환경 이주가 다수의 갈등을 일으키는 요인이 되어 왔으며 때때로 폭력적인 분규의 소지가 된다. 보통 이주 자체가 문제라기보다는 정착 지역에서 일어나는 새로운 이주민에 대한 정치적, 제도적 반응이 문제가 된다(Barnett and Adger 2007: 648). 바넷과 애드거(Barnett and Adger 2007)의 연구 외에도 이주가 분쟁의 갈등을 증가시킨다는 가설은 기후변화가 야기하는 이주의 영향력을 연구한 루베니(Reuveny 2007)에 의해서도 입증된다. 루베니(Reuveny 2007)는 후진국에서 발생한 36회의 환경 이주와 선진국 2회의 사례연구를 통해 자연 환경에 삶을 의존할수록 환경적 이주가 증가한다고 주장하였다. 특히 국경을 넘는 환경 이주는 폭력적 갈등의 소지가 높으며 그 강도 또한 매우 높은 편인데 정착 지역이 저개발국이거나 생계를 자연 환경에 의존하고 있을 경우 갈등의 위험이 더 높다고 분석한다. 루베니는 이주가 정착지에서 갈등을 유발할 수 있고, 그 갈등의 정도는 상이할 수 있음을 정착지 내에서의 자원 경쟁, 인종 갈등, 불신을 그 요인으로 지적한다. 환경 이주민과 정착지 주민 간의 정착지에서 이용할 수 있는 자원을 둘러싼 경쟁이 심화될 때, 특히 그 자원이 부족하고, 재산권이 확립되지 않은 지역일 경우 갈등이 격화된다. 다음으로 이주민과 정착민의 인종이 다를 경우 종종 긴장감이 발생하면서 정착지에서 인종주의, 배척운동이 일어나면 두 그룹 간의 장기간 인종 갈등은 분쟁의 가능성을 높이게 된다. 환경 이주는 이주민과 정착민 간의 이주 배경과 부당한 대우를 놓고 불신의 골이 깊어지면서 긴장감이 높아져 분쟁이 일어날 확률을 높인다. 루베니는 기후변화 때문에 발생한 이주가 반드시 분쟁의 원인이 되지는 않는다고 보지만 분쟁의 가능성을 간과할 수 없다고 주장한다. 역사적인 예로 1980년대 방글라데시 환경 이주민이 인도로 이주하여 무력 분쟁이 일어났고, 1969년 엘살바도르의 환경 이주민이 온두라스로 가면서 양국 간의 전쟁이 일어난 점을 들기도 하였다. 환경 이주 사례를 통해서 환경 이주가 항상 분쟁을 촉발하지 않지만 분쟁이 일어날 경우 내전과 국가 간 전쟁을 포함하여 그 분쟁 수준이 높음을 보여준다. 특히 정착지가 후진국이고, 이주민과 거주민 간의 인종 갈등, 자원 경쟁, 정착지 내 부족한 자원 요소는 무력 분쟁의 가능성을 높이게 될 것이다(Reuveny 2007: 662-668).

이와 더불어 페젝과 마조(Fetzek and Mazo 2014)는 기후변화가 국제 평화와 안보에 위협이 되고, 기후변화가 갈등을 배가시키는 역할을 하므로 기후변화가 원인이 된 무력 분쟁의 가능성도 높아질 것임을 중동과 아프리카를 사례로 입증하고 있다. 특히 중동, 북아프리카와 사하라 이남 아프리카 지역에서 극한적인 날씨와 기후변화가 국가 내 갈등과 내전에 영향을 주고 있으며 이미 회복력이 부족한 사회, 정치, 경제 요소와 맞물려서 이 지역은 미래 기후변화에도 매우 취약할 것으로 예측하고 있다(Fetzek and Mazo 2014 144).

기후변화가 현존하는 환경적인 스트레스를 악화시키고, 수자원과 식량 안보를 위협하고, 이미 약하거나 부패한 정부에 더 큰 중압감(심지어는 안정적이고 효율적인 정부에게 조차)을 주게 된다. 환경적인 스트레스와 자원 접근성은 다수의 폭력적인 갈등 사례(내전, 사회 내 그룹 간 갈등)에 간접적으로 영향을 미치며 빈곤, 불평등, 민족 분규, 부패, 무능한 정부 등 사회 불안요소를 악화시키거나 배가시킨다. 분쟁이 발생하는 개별 원인의 중요도를 파악하기 쉽지 않은 일이지만 환경, 사회, 정치, 경제 요소들의 상호작용이 갈등의 위험을 증가시키고 있다는 점은 분명하다고 지적한다. 사례로 분석한 시리아의 경우 계속적인 심각한 가뭄과 그 영향에 따른 밀 소출량 급감 자체가 시위 촉발의 직접적인 원인으로 볼 수는 없으나 국민의 불만이 속출하게 되었고, 환경적인 스트레스가 하나의 사회적 갈등 배경으로 여겨지게 되었다. 또한 아프리카 지역의 경우 가뭄이라는 환경적 위협에 지속적으로 노출되어 왔고, 이는 주민 건강 악화, 농업 생산량 급감, 생태계 파괴, 대량 이주민 발생 등으로 이미 불안정한 정치 상황을 더욱 악화시키고, 무력 분쟁 발생 빈도를 증가시킨다(Fetzek and Mazo 2014: 144-154).

기후변화가 인류에게 위협이 되고, 무력 분쟁을 일으키는 원인이 될 수 있음을 다양한 연구 결과로 확인할 수 있다. 요약하면 기후변화 단독으로 무력 분쟁을 일으키지 않지만 빈곤, 정부의 무능력, 환경 이주민 발생 등의 사회경제적 요소들과 결합하게 되면 갈등을 배가시키고, 무력 분쟁을 이끄는 중요한 요인이 된다. 결론적으로 기후변화가 인간의 복지에 부정적인 영향을 주므로 인간안보에 위협을 주고 있다는 점을 통하여 왜 많은 사람들이 기후변화를 크게 우려하고 있는지 이해할 수 있다. 기후변화는 사람들의 생계를 유지하기 위하여 의존하는데 중요한 자연 자원의 접근성을 낮추고, 정부의 공공 서비스 제공 능력을 저하시키고, 사람들의 빈곤과 이주를 확대시키기도 한다. 이러한 기후변화가 결과적으로 무력 분쟁의 가능성을 증가시킨다(Barnett and Adger 2007: 651).

환경안보와 기후변화안보는 설명하고자 하는 변수, 인과관계 면에서 유사하다. 차이점은 전통적인 안보에 영향을 끼치는 요소가 무엇인가(독립변수)에 대한 것이다. 위에서 살펴본 바와 같이, 기후변화안보는 자원의 결핍을 강조한 환경안보와는 달리 전지구적 기후변화로 인한 사회, 경제, 정치적 변화에 주목하고 있다는 점이 두 안보 개념 사이의 차이점이라고 하겠다. 두 신흥안보 개념 모두, 환경변화와 기후변화가 직접적인 무력 분쟁의 원인이 된다고 주장하지는 않는다. 주로, 약한 사회경제적 기반(이주, 실패한 국가 및 실패한 시장)으로 인한 비효율적 자원 배분과 위기 대응 능력의 저하가 결국 폭력적인 분쟁을 수반한다고 주장하고 있다.

IV. 기후변화안보와 환경안보에 대한 비판적 고찰

환경의 변화와 인구과잉이 폭력적인 분쟁에 기여한다는 논의는 1990년대 초반부터 연구되어왔다. 연구자들은 사례연구를 통해 복잡한 원인들이 무력충돌로 이어지는지 밝혀내고자 했다. 전통적으로 이 논제는 분쟁연구에서 등한시되어왔지만, 환경변화와 자원의 결핍은 냉전 이후 안보 패러다임의 분쟁과 폭력을 연구하는 데 중요한 요소가 되었다(Matthew and Dabelko 2000: 99). 그럼에도 불구하고 환경안보의 변수와 변수들 간의 인과관계에 대하여 문제점과 비판이 존재한다. 연구자 또한 그의 주장에서 사용된 방법론에 대한 의문을 제기해 볼 것이다.

1. 기후변화안보와 환경안보의 변수에 대한 고찰

독립변수와 관련하여 환경안보에 대한 비판적 시각은 두가지 문제를 지적한다. 하나는 환경안보와 기후변화안보의 독립변수 그 자체이다. 다른 한 가지는 환경자원의 고갈이나 기후변화 이외에 안보에 영향을 끼치는 변수들이 존재한다는 것이다. 전자의 경우 '환경자원의 고갈과 부족, 기후변화가 중요한가'의 문제이고, 후자는 '기후-환경변수의 종속변수에 대한 대체적 영향을 통제하는가 혹은 설명하는가'이다.

환경자원의 결핍에 대한 반박과 관련된 주장은 바로 환경자원의 결핍을 부정한다. 줄리안 사이먼(Julian Simon)을 비롯한 소위 코뉴코피안(Cornucopian)의 시각은 환경 자원의 결핍이 여러 가지 이유로 환상에 지나지 않는다고 본다(Dryzeck 1997: 45-53). 1) 환경적 결핍 주장은 농산물 등의 경제적 생산을 증가시킬 인류와 기술의 능력을 고려하지 않는다. 또한 2) 국제적 무역의 역할을 간과하고 원자재가 대체될 수 있다고 믿는다.

즉, '코뉴코피안' 혹은 '경제적 낙관주의자'들의 관점은 자원의 풍부함과 인적능력을 강조하는 경향을 보인다. 만약 환경자원의 결핍이 중요하지 않다면 혹은 그 자체가 없다면, 우리는 자원의 결핍과 분쟁의 관계에 대하여 논의할 필요가 없는 것이다. 그러나 경제낙관주의자들의 주장은 자원의 결핍을 설명하기에 매우 단순한 면이 있다. 첫째, 경제낙관주의자들은 인류의 복지와 자원의 문제를 분석하고 예측할 때 인류의 통계적 평균 등과 같이 매우 집합적인 자료를 사용한다. 이러한 집합적인 데이터는 주변적이거나 특정한 상황을 반영하는 데 어려움이 있으므로 설득력이 약할 수 있다. 둘째, 많은 연구들은 환경문제에 있어서 아프리카, 라틴아메리카 그리고 아시아의 환경 결핍에 잘 대처하지 못한 사회 등 개발도상국의 사례를 연구한다(Schwartz *et al.* 2000: 80-81). 천연자원의 결핍은 자원을 적절히 분배하는 기관이 부재하고 생태계에 크게 의존하는 저개발국가에서 극심히 나타난다. 개발도상국은 자원의 결핍을 벌충할 수 있는 교역상품과 같은 재정적 능력을 갖추기 어렵다. 몇몇 빈곤한 국가들은 기술, 인적 자원 그리고 재정 자원의 부족으로 환경 파괴를 막지 못한다. 저개발 국가들이 환경파괴와 자원 부족의 영향에 취약한 것은 부인할 수 없는 사실이다. 이러한 사회에서는 자원의 고갈과 환경파괴가 사회의 불안과 갈등을 부추긴다(Maxwell and Reuveny 2000: 301-304).

환경안보의 주장으로 미루어 볼 때, 환경결핍이 몇 가지 특수한 상황, 특히 빈곤국가에서 중요한 요소로 작용한다는 것은 타당할 수 있다. 환경안보 연구에서 독립변수로 언급된 환경자원의 결핍이 설명력을 가지려면 어떠한 상황에서 환경자원의 결핍이 사회적 효과와 폭력적인 분쟁으로 이어지는지 설명할 수 있어야 한다. 세 가지의 환경자원의 결핍—공급으로 인한 결핍, 수요로 인한 결핍, 그리고 구조적 결핍—이 동시에 일어날 때, 환경자원의 결핍이 분쟁을 일으킬 것인가? 만약 하나 혹은 둘 이상의 요소가 결합되어 작용한다면 환경 자원의 결핍이 분쟁에 영향을 미칠 것인가? 어떠한 요소가 가장 다른 요소들보다 결정적으로 작용하는가?

첫째, 회의론자들은 환경-기후안보 논의가 정치 체제의 유형과 민주주의와 같은 정치적 변수를 간과한다고 비판한다. 글레디크(Gleditch 1998)는 대부분의 환경분쟁이 "어떤 체제가 분쟁에 영향을 주는지"에 대하여 논의하지 않는다고 주장한다(Gleditch 1998: 389). 비록 환경-기후변화 연구가 주요 부패에 대한 사회적, 정치적 요인에 대해 언급하긴 하지만 약화된 합법성과 엘리트 계층에 의해 지배된 자원, 체제유형과 관련된 '민주주의', '전제주의'는 이 모델에 등장하지 않는다. 환경자원의 결핍과 내전간의 관계에서 중요한 변수는 불균등이고 자원의 불균등한 분배가 내전을 악화시킬 수 있기 때문에, 체제의 유형은 무력 충돌을 완화하거나 강화시키는 중요한 요소가 될 수 있다.

국내체제 유형과 더불어 협력의 경험과 국제기구의 존재는 환경자원의 결핍과 분쟁을 해결하는 데 결정적인 요소이다. 고도로 성장한 국가들은 외교적인 방법이나 국제기구를 통해 환경문제를 해결하는 경향이 있다. 그러나 전제주의의 저개발국가들은 환경자원의 결핍이 폭력적인 분쟁으로 악화되는 것을 막을 수 있는 능력이나 경험이 부재할 가능성이 크다.

경제변수는 폭력적인 분쟁을 설명하는 하나의 변수이다. 호즈와 엘링센(Hauge and Ellingsen 1998)은 환경-기후변화안보의 주장들이 낮은 1인당 국민소득, 높은 대외채무, 1차 상품 수출에 대한 강한 의존도, 낮은 단계의 산업화 등 개발도상국의 처참한 국가 경제에 대하여 언급하지 않음을 지적했다(Hauge and Ellingsen 1998: 302). 한 국가의 경제적 성장 단계는 국내 분쟁을 설명할 수 있는 중요한 요소이다. 이는 1980-1990년대 대부분의 무력 분쟁이 개발도상국가에서 일어났으며, 이들 국가가 보여주는 것은 경제성장 단계가 국내 분쟁과 연관이 있다는 것이다(Hauge and Ellingsen 1998: 303). 또한, 경제적으로 고도의 성장을 이룬 국가들은 서로 마찰을 빚지 않는데 그 이유는 고도로 산업화된 국가들은 상대적으로 더 많은 자원을 보유하며 환경자원의 결핍 문제를 대처할 수 있는 재정적인 능력을 갖추고 있기 때문이다. 따라서, 고도로 성장한 국가들에서는 자원을 둘러싼 분쟁을 찾기 어렵다.

경제적 상황을 제외하고도, '탐욕스런 이들의 반란' 혹은 파워 엘리트들이 내전과 내란을 일으킨다는 주장이 제기되었다. 콜리어와 호플레르(Collier and Hoeffler 2001)의 연구에 따르면 1965-1999년 사이에 내전의 위험성은 1차 상품 수출에 대한 의존성과 낮은 국익 등 경제적 조건과 연관되었다(Collier and Hoeffler 2001: 2-8). 그는 고도의 1차 상품 수출이 약탈을 통해 자신들을 지지하는 반란의 기회를 제공한다고 주장했다. 콜리어(Collier and Hoeffler 2001)는 자원의 결핍으로 야기된 정치적 불만보다 '탐욕'이 내전의 동기가 된다고 주장한다. 그러나 '탐욕'에 관한 주장은 반란을 일으킬 수 있는 다이아몬드와 석유 등 비재생자원에 초점이 맞추어져 있기 때문에 연구자는 엘리트들의 탐욕이나 반란이 재생가능한 자원의 결핍, 환경파괴 그리고 무력분쟁 간의 관계를 설명하는 데 적절하지 않음을 주장하는 바이다.

경제적, 정치적, 역사적 갈등을 강조하는 전통적인 접근과 비교할 때, 환경자원의 결핍, 기후변화와 폭력적인 분쟁의 관계를 조사하는 연구는 무력분쟁을 야기하는 요인에 대한 새로운 시각을 제공할 수 있다. 그러나 환경자원의 결핍이 경제적, 문화적, 정치적 요소를 배제한 폭력적인 분쟁의 원인을 설명하는 하나의 요소로 보기는 어렵다.

환경자원의 결핍과 폭력적 분쟁의 관계는 변수들 간의 인과관계에 대한 비판적 고찰을 요구한다. 첫 번째 비평은 모호한 개념을 비롯한, 변수들의 약한 연관성이다. 페루소와 와츠(Peluso and Watts 2003)는 환경안보의 결핍에 대한 개념과 변수들의 인과관계가 모호하다고 비판한다(Peluso and Watts 2003: 93-95). 어떠한 조건에서 환경자원의 결핍 혹은 기후변화가 사회적 맥락과 상호작용을 하는가? 어떤 종류의 사회적 맥락이 분쟁을 악화시키고, 어떠한 것이 그렇지 않은가?

두 번째, 변수들 간의 복잡한 관계는 무엇이 중요한 변수인지를 이해하는 데 어려움을 준다. 고도의 복잡성은 여러 측면에서 문제점을 갖는다. 양적방법 연구이든, 사례비교 연구이든 간에, 이러한 종합적인 체계를 증명하기는 매우 어렵다. 다른 한 문제는 '무엇이 중요한 원인이고, 무엇이 아닌가'라는 질문과 관련이 있다. 비록 연구자가 대부분의 사회제도가 변수들 간의 상호작용을 보여주고 변수들의 관계가 매우 제한적임을 받아들인다 하더라도, 가끔은 '모든 것이 중요하다'는 것이 '그 무엇도 중요하지 않음'을 의미한다. 우리는 인과적 화살표를 변수들 사이에 그려 넣을 수 있다. 그러나 만약 그렇게 되면 우리는 어떤 변수가 결정적인지 아닌지를 명확히 해야 할 뿐만 아니라 변수들 간에 분명한 인과관계를 설명해야 한다. 학자들과 정책결정자들이 원하는 이론은 상대적으로 중요한 원인을 명시적으로 다루는 것이다. 많은 사람들이 주의 깊게 보는 것은 환경문제 자체가 아니라 환경문제가 얼마나 그리고 언제 중요한가이다.

2. 기후변화안보와 환경안보의 방법론에 대한 고찰

위에서 언급한 바와 같이, 환경자원의 결핍이 사회에 미치는 영향은 분석하기 매우 어렵다. 다수의 물리적, 사회적 변수와 피드백 고리, 상호작용의 효과와 비선형적 반응을 포함한 인과 과정은 매우 복잡하다. 분쟁에 대한 환경적 요소의 영향을 강조하는 것이 그럴듯해 보일지라도 이 체계의 복잡하고 간접적인 상관관계는 빈약한 증거가 다양한 해석의 근거가 될 수 있음을 의미한다.

이러한 난제를 해결하기 환경안보 연구그룹은 상관관계를 단계적으로 분석하는 "과정추적(process tracing)" 방법을 이용하였다(Homer-Dixon 1999: 9). 과정추적에서 연구자는 첫 사건의 조건이 결과로 어떻게 변화되는지를 통해 일련의 사건이나 정책입안과정을 살펴본다. 독립변수와 종속변수를 연결 짓는 상관관계는 작은 단위로 나뉘어진다. 그 이후 연구자는 각 단계에서 관찰할 만한 증거를 찾게 된다(Van Evera 1997: 53-55). 이러한 과정 추적이 다수의 사례를 넘어 환경-분쟁의 일반적인 패턴의 연결고리를 밝힐 수 있도록 한다.

그러나 환경안보 연구의 토론토 그룹(Toronto group)의 방법론적 문제는 사회과학의 연구 측면-이 연구의 결과가 다른 사례에 적용되어 일반화될 수 있는가? 이 사례들이 적절한 방법으로 선정되었는가?-라는 지점에서 비판받을 수 있다.

토론토 그룹의 연구는 종속변수의 변화의 부재가 그것의 비교를 불가능하게 했다(Hauge and Ellingsen 1998: 299). 예를 들면, 치아파스(Chiapas)의 연구(Homer-Dixon 1999)에서 약한 재산권은 반란을 일으키게 하는 지속적인 구조적 결핍을 만들어내는 요소이다. 그러나 변수들 간의 상관관계의 연결고리를 검토하기 위해서 우리는 '분쟁'을 제외한(대부분 약한 재산권으로 특징지어지는) 사례들을 조사해보아야 한다. 분쟁이 부재한 사례가 적용된 연구방안을 적용함으로써 다양한 요인의 영향을 가려낼 수 있다. 더욱 논리적인 연구방법은 사회들이 처한 유사한 환경문제를 비교할 수 있으나 한편으로는 각기 다른 단계의 폭력적인 분쟁을 보여줄 수 있다(Levy 1995: 55). 이러한 방법은 어떠한 조건에서 환경파괴와 폭력적인 분쟁을 일으키며 언제 그렇지 않은지를 증명하는 데 정확성을 더할 것이다.

사례분석 연구 방법에 대한 논란을 둘러싸고 국가 간 양적 연구를 통해 환경과 분쟁 간의 관계를 보다 체계적으로 증명해내려는 시도가 존재해왔다. 호즈와 엘링센(Hauge and Ellingsen 1998)은 환경자원의 결핍이 분쟁을 발생시킨다는 주장을 뒷받침하는 근거를 찾아내었다. 그들은 환경파괴가 분쟁, 특히 낮은 단계의 분쟁에 있어서 긍정적인 효과가 있다는 것을 발견하였다. 그러나 그 영향은 주요 정치적, 경제적 변수들(경제 성장 단계와 지배체제의 형태)보다 강력한 설명력을 갖지 않았다. 연구자는 환경의 변화가 폭력적인 결과와 관계가 있지만 사회의 근본적인 경제적, 정치적 조건들이 폭력적인 분쟁을 설명하는 영향력 있는 변수라고 해석한다.

V. 환경안보와 기후변화안보 개념의 확대 적용

본 연구자는 이 부분에 대해 다음과 같은 질문을 제기하려 한다. 전통적인 안보의 개념으로부터 환경안보와 기후변화안보는 어떻게 재정의될 것인가?

1. 환경안보와 기후변화안보의 종속변수: 무력 분쟁에서 인간안보로

환경 위협을 안보 이슈와 어떻게 연결해야 하는지 많은 논의가 되어왔다. 그러나 환경파괴를 안보의 범주에 통합시키는 데에는 어려움이 따르는데 이는 전통적인 안보가 국가들의 군사적 위협에 집중해왔기 때문이다. 전통적인 안보의 의미에 따르면, 안보 이슈는 "국가들의 군사활동이거나 반역"으로부터 발생하며 일반적으로 폭력적이며 테러집단의 활동을 의미한다(Page and Redclift 2002: 8).

그러나 냉전 이후, 안보의 개념이 바뀌어야 한다는 의견이 제기되었다. 이는 핵과 군사위협으로 지속되던 양극체제와 소련의 붕괴 이후 국제관계의 근본적인 변화를 반영한 것으로 볼 수 있다. 전통적인 개념의 안보는 오랫동안 외부의 공격으로부터의 안보 혹은 핵무기와 대량 파괴로 인한 위협 등으로 협소하게 해석되어 왔다.

전통적 안보는 개인들보다 민족국가에 중점을 두어왔다. 따라서 민족국가에 거주하는 사람들의 안보는 등한시되었다. 이러한 이유로 유엔개발계획(UNDP: United Nations Development Programme)은 안보 이슈를 환경뿐만 아니라 다른 특정한 영역을 아우르는 넓은 의미의 "인간안보"로 고려해야 한다고 제안한다. 1994년 인간개발보고서에 따르면, 인간안보의 일곱 가지 요인들이 민족국가의 군사 안보에 집중하기보다 무엇이 '보호'되어야 하고 혹은 무엇이 개인과 사회에 제공되어야 하는지에 있어서 인간의 나은 삶(well-being)을 방해한다고 한다(UNDP 1994: 12). 환경안보는 인간안보의 한 요소이다. 세계의 환경이 변화하면서 국경을 넘는 오염물질과 천연자원을 둘러싼 분쟁이 우려를 낳았고 이에 따라 연구자들과 정책결정자들은 환경문제를 안보의 한 요소로 간주하게 되었다(윤이숙 2009).

어떤 학자들은 개인의 건강과 생태계의 위협을 포함한 총체적 접근 방법을 강조한다. 이 접근방식은 넓은 안보 개념을 사용하는 경향을 보인다. 환경파괴와 자원부족이 특정 지역에 사는 사람들의 삶과 안보를 위협하는데 이는 환경파괴가 경제적 잠재성과 인간의 웰빙을 약화시키기 때문이다. 이러한 개념들은 민족국가를 넘어서 분석단위의 중요성에 초점을 맞추고 있다. 마이어스(Myers 1993)는 이러한 관점에 대해 다음과 같이 언급하였다. "안보는 시민들의 수준에서 가장 잘 적용되며 이는 인간의 삶의 조건에 영향을 준다. 상해나 손상으로부터의 보호뿐만 아니라 물, 식량, 주거지, 건강, 고용 등 지구 상에 사는 모든 사람들에게 주어지는 기본적인 조건들에 대한 접근을 포함한다. 이는 명백히 형성되어야 할 국가의 안보에 대한 시각, 즉 인간이 필요로 하는 집합체—전반적인 안전과 삶의 질—이다."(Myers 1993: 31)

환경안보의 개념을 명확히 하기 위해 안보를 재정의하는 논의는 군사적이거나 국가적 문제를 넘는 그 이상이다. 안보의 개념을 재정의하는 것은 그 사회가 직면하고 있는 자연적인 위협을 재개념화하는 노력의 일환이다. 이는 국가와 사회가 새로운 목적을 세우고 자원과 에너지를 지배적인 군사적 문제로부터 돌리는 정치적 안건이기도 하다.

이러한 경우에 안보 문제를 다루는 행위체가 재고되어야 한다. 비록 군사 안보를 담당하는 전통적인 기관들은 국가이지만, 새로운 안보 개념은 국제기구와 비정부 기구 등 더 많은 기관을 필요로 한다. 개인의 삶의 질과 세계적인 환경 위협을 해결하기 위해서 NGO와 국제기구들이 국가들과 더불어 중요한 역할을 수행한다(최병두 2004).

환경과 안보 문제는 벌목, 공장으로부터 발생하는 오염 등 특정 장소에서 발생하는 분쟁, 자원 고갈로 사람들이 이주하면서 야기되는 인종 갈등과 경제활동 등으로 인한 국가 간 분쟁 등과 같은 전 지구적 문제 등이 복합적으로 작용해서 발생한다고 한다. 물론 자원의 부족이 언제나 사회 혼란이나 폭력적 분쟁으로 이어지는 것은 아니며 사회가 충분한 사회적, 기술적 적응력이 있다면 스스로 부족한 문제를 해결할 수도 있다. 그러나 시장실패, 제한된 자본 등이 부족한 자원을 충족하지 못하는 원인으로 작용하고 있다. 이런 문제들에 미리 대응하여 자원 부족이 한 사회의 안보를 저해하는 일이 없도록 지속적인 관심과 연구를 가질 것을 강조한다(정서용 2005: 276-277).

국내의 환경 악화와 자원 결핍이 국제적 갈등으로 확대되기도 하는데 요르단 강을 둘러싼 시리아와 이스라엘, 낭리 강을 둘러싼 이집트와 수단, 에티오피아 간의 분쟁은 수자원 결핍이 갈등을 일으킨 예이다. 2000년 국제자연자원보존연맹이 부족한 수자원의 효율적이고 공평한 이용에 관한 협의가 아프리카와 중동 지역에서 평화 수립에 중요한 요소가 될 수 있음을 강조하고, 분쟁 지역의 평화 협상 과정에 자연보호 조항이 함께 논의되어야 한다고 강조했던 점은 이 지역의 환경안보 구축에 중요한 시사점을 주고 있다(윤이숙 2009: 81).

한편 환경 난민의 심각성이 최근 국제사회에서 부각되기 시작하였는데 2000년 유엔환경개발계획은 환경의 변화로 인해 2050년까지 환경 난민이 약 1억 5천만명에 이를 것이라고 추산하였다. 환경 난민은 환경안보 문제의 대표적인 사례로 가난과 환경 파괴, 정부의 자연재해 대처능력 미비가 결합되어 거주 환경이 악화되면 한계상황에 처한 취약 그룹은 자신들의 거주지를 떠나게 된다. 이들의 국제법상 처우 문제 마련이 시급한 실정이다. 공식 난민 지위를 부여받아 적절한 국제사회의 보호와 원조를 받게 된다면 정착지에서 무차별하게 자원이나 토지 등을 착취하는 일이 줄어들어 무력 분쟁의 가능성을 낮출 것이다(이신화 2007: 214-215).

환경안보에 있어서 중요한 점은 환경문제가 분쟁으로 이어지지 않는 데 있으며 이 맥락에서 지속가능한 개발에 주목할 필요가 있다. 전통적인 사회 개발 정책은 사회적, 경제적 목표 달성만을 강조하면서 개발로 인한 환경문제는 부차적인 것으로 간주하기도 하고, 불가피한 부산물로 여기기도 하였다. 지속가능한 개발은 환경, 경제 및 사회 세 가지 측면을 모두 고려할 것을 포함하고 있는데 분쟁 방지의 차원에서 지속가능한 개발 노력이 각 국가에 환경안보 위험을 저감하기 위한 최소한의 환경 기준을 사회 개발 과정에 부과할 수 있다(외교부 연구보고서 2004: 21-25).

2. 기후변화안보 정책

기후변화는 글로벌 현상이기는 하나 그 영향은 균등하지 않다. 특히 저개발국가나 후진국이 가장 먼저, 누구보다 심각한 피해를 입게 되어 국민들의 생계와 복지가 위협당하고 있다. 선진국 국민들은 기후변화에 적응하고, 질병에 저항력이 높은 반면 후진국 국민들은 전염병에 매우 취약하거나 기후변화로 경작지가 유실되고 물과 식량이 부족할 경우 자신의 거주지를 떠나기도 한다. 기후변화에 역사적으로 책임이 큰 선진국들은 기술 개발과 재정 능력 강화를 통해 기후변화를 새로운 발전 기회로 삼고 있는 반면 경제적으로 어려운 후진국은 기후변화가 불러일으키는 경제적, 사회적, 정치적, 인도적 문제를 아우르는 안보 문제에 시달리고 있다. 기후변화의 영향에 따른 피해와 대응 능력의 불균형이 21세기 인간안보를 위협하는 문제가 될 수 있을 뿐만 아니라 한 국가의 사회적, 정치적 불안정을 초래하는 국가 안보 문제가 될 수 있다는 점에 주목할 필요가 있다. 2007년 5월 세계기상기구 총회에 참석한 반기문 유엔사무총장은 지구 온난화가 가져올 대재앙의 심각성을 강조하고 기후변화를 인류 안보 문제로 피력한 바 있다. 이는 저개발국가에서 기후변화로 나타나고 있는 부정적인 현상을 전 세계의 우선 해결 과제로 두지 않고, 국제사회가 책임감을 갖지 않는다면 안 된다는 유엔의 적극적인 입장 표명이다. 그러므로 기후변화를 단순한 환경문제가 아닌 다차원적이고, 복합적인 안보 문제로 인식하고 남북 간의 편차를 좁히기 위한 국가 간 공동 협력 방안이 필요하다. 규범적인 차원에서 다자외교를 통한 다자협력이 중요하고, 기후변화로 발생하는 전염병 창궐, 홍수, 가뭄 등은 인도적인 문제로 접근해서 국제사회의 지속적인 지원을 제공해야 한다. 한편 지구 곳곳에서 기후변화에 대응하기 위한 산발적인 노력들을 조정하고, 통합하기 위하여 유엔을 중심으로 국제기구, 정부, 과학계, 환경 NGO 및 기업 간 파트너십을 구축하고, 각국 정부는 기후변화 행동 강령의 이행을 효과적으로 추진할 수 있도록 해야 하겠다(이신화 2008: 53-57).

바넷과 애드거(Barnett and Adger 2007)는 기후변화는 특정 상황에서 직간접적으로 인간안보(사람들의 복지)와 국가 능력에 영향을 주고 이것이 차례로 폭력적인 분쟁의 위험도(전통적인 안보 문제) 증가를 야기한다고 본다. 그러므로 기후변화, 인간안보 위협과 폭력적 분쟁 위험도 증가 관계라는 이해도를 높이기 위해서 기후변화로 인한 인간 생활의 취약성을 평가하고, 기후변화 영향으로 나타나는 부정적 결과(폭력 위험을 증가시키는 요소)를 연구하며 기후변화로 인해 국가가 어떠한 도전에 직면하게 되는지 인식하는 것이 필요하다고 강조한다(Barnett and Adger 2007: 648-651).

페젝과 마조(Fetzek and Mazo 2014)는 기후변화는 갈등 위험을 배가시키는 요인이기 때문에 효과적인 갈등 조기경보 체계가 우선 마련되어야 한다고 보는데 인류 위기를 평가하는 도구로서 유엔기구 간 상임위원회(UN Inter-Agency Standing Committee)와 유럽위원회 공동연구센터(European Commission Joint Research Centre)가 개발한 InfoRM은 기후변화가 유발하는 갈등의 위험도를 다루는 첫 번째 시도라고 본다. 유엔인도주의업무조정국(United Nations Office for the Coordination of Humanitarian Affairs: UNOCHA)에 따르면 2011년 UN 안보리와 사무총장의 요청에도 불구하고 UN 갈등 경보 시스템이 없었고, 국제사회에서 방법론적인 어려움과 정치적 민감함 때문에 다양한 갈등의 위험도를 평가하는 분야는 주목받지 못하였다. 그러나 2014년 제공하기 시작한 인도적인 위기와 재앙에 대한 위험 평가 도구인 InfoRM은 자연적, 인류가 발생시킨 위험을 포함하고, 위험과 관련 있는 50여 개의 요인과 취약한 정도, 역량을 고려하여 만들었다. 이 평가 도구는 재난의 예방과, 준비, 대응책을 결정하는 데 도움을 주고 있다. InfoRM은 기후변화가 원인이 되는 갈등을 해결하는 데 필수적으로 요구되는 국제기구 간 협력의 사례이다. 특히 기후변화는 가뭄과 기아와 같은 인도적인 위기를 이끄는 데 악영향을 미치면서 갈등 위험도를 배가시키는 촉매제가 되기 때문에 인도주의 목적의 조기 경보는 유용한 갈등 조기경보 시스템을 개발하는 데 필수조건이라고 할 수 있다. 불확실성 속에서 한 지역 혹은 국가의 전반적인 기후변화 회복력을 증가시키기 위해서는 장기적으로 접근하는 것이 효과적이다. 정책결정자들이 기후변화 위험성에 좀 더 경각심을 갖고, 기후 적응 계획과 위기관리를 통해 다양한 분야와 수준의 거버넌스에 통합하여 비용 절감과 시너지 효과를 거두고, 기후변화 위기 가능성을 낮추는 것이 필요하다(Fetzek and Mazo 2014: 161-162).

루베니(Reuveny 2007)는 기후변화 문제가 더 커지기 전에 선제적으로 대응할 것을 주문한다. 이러한 노력은 환경 이주와 폭력적 갈등에 가장 취약한 저개발국가가 자연 환경에 의존하는 생계의 정도를 낮추고, 자연 환경을 보호할 수 있도록 저개발국가들을 중심으로 지원이 이루어져야 한다고 말한다. 한편 이를 위한 비용 부담은 오염자책임 원칙에 따라서 기후변화의 근본적인 원인인 화석 연료에 오랜 기간 의존해온 선진국들이 해야 한다고 주장하고 있다(Reuveny 2007: 669).

VI. 결론

이 글은 환경의 변화를 환경 파괴와 재생가능한 자원의 결핍, 그리고 기후변화가 사회경제적 조건과 반응하여 폭력적인 분쟁을 초래한다는 환경안보와 기후변화안보의 주장을 비교, 검토하였다. 현재 학자들과 정책결정자들은 환경 변화, 기후변화 그리고 안보의 상관관계에 대한 연구에 관심을 두고 있다. 이러한 관심은 냉전 종식 후 급속하게 증가하였다. 본 연구는 환경안보와 기후변화안보와 같이 그동안의 연구에서 다루지 않았던 환경적인 측면이 사회경제정치체제가 약한 곳에서 분쟁의 원인이 됨을 언급하여 새로운 시각을 제공하였다. 비록 환경-기후변화 안보가 모든 범위의 분쟁을 야기하는 요인들을 다루고 있지는 않지만, 관련 학자들의 연구 결과는 환경 자원의 결핍과 기후변화가 폭력적인 분쟁의 중요한 요소가 될 가능성을 보여주었다.

그러나 환경안보-기후변화안보의 주장을 더욱 적합하도록 뒷받침하려면 독립변수의 개념, 변수들의 인과관계, 그리고 방법론의 측면에서의 제기되었던 비판을 고려해야 한다. 대개의 경우, 환경 자원의 결핍과 기후변화라는 독립변수가 분쟁에 직접적인 영향을 미친다기보다 특정한 사회적, 경제적, 정치적 변수들과 이 변수들이 폭력적인 분쟁을 야기하는지 등 선행 조건이 수반된다. 또한, 환경자원의 결핍과 기후변화의 취약성 개념은 명확히 정의되어야 한다. 비록 공급과 수요로 인한 결핍이 환경자원의 결핍과 기후변화로 인한 취약성과 연관되더라도 불균등한 자원 분배를 의미하는 구조적 결핍은 정치적, 경제적 구조와 관련성이 크다. 이러한 점이 회의론자들이 그의 환경 자원의 결핍과 기후변화 취약성이라는 변수들이 모호하다며 주장하는 바이다. 또한 변수들의 상관관계도 분명해야하며 간단해야 한다. 변수들의 복잡하고 간접적인 상관관계는 어떤 변수가 중요하고 어떠한 조건에서 극심한 분쟁이 일어나는지 구별하기 어렵기 때문에 설명력을 잃을 수 있다.

그러나 환경과 기후변화 위협과 전통적인 군사 위협은 다른 의미와 특징을 지니고 있다. 환경과 기후변화 위협은 전통적인 안보개념과 비교할 때 더디고 만성적이며 비의도적인 과정을 포함한다. 이는 환경-기후변화 위협이 국제관계의 영역에서 분쟁과 협력을 다루는 데 중요하지 않다는 것이 아니다. 그보다 우리는 환경 위협과 군사적 위협의 다른 특징들을 이해하고 각각의 문제를 해결하기 위해 그에 맞는 정책과 용어를 사용해야 한다. 비록 환경안보의 개념에 대한 논의가 계속 진행되고 있고 환경과 기후변화에 대한 관심을 국제 관계의 영역에 도입할 수 있는지 다양한 시각의 논의가 지속되고 있지만, 우리는 새로운 개념과 전통적인 개념이 어떻게 다른지, 다른 쟁점들과 더불어 어떻게 해결해야 하는지 명확히 할 필요가 있다.

환경, 기후변화와 관련한 인간안보 위협은 생존에 필수적인 자원의 문제를 일으키고, 기후변화가 갈등 증폭제가 되면서 환경 변화가 제도 혹은 정부의 대응 능력과 밀접하게 되었다. 식량, 물, 에너지 안보는 서로 연관되며 기후변화는 이 세 가지 요소에 직간접적으로 영향을 미치고 있다. 기후변화는 현존하는 환경 스트레스를 악화시키기고, 수자원과 식량 안보를 위협하고, 정부 능력과 권위를 약화시키면서 각종 갈등을 심화시키고 있다. 환경, 사회, 정치경제적 요소는 복잡한 상호작용을 거쳐서 장단기적으로 인류의 기후변화 적응 능력을 낮추고, 분쟁의 위험은 증가시키는 악순환을 초래할 수 있다. 기후변화가 위협 배가제(threat multiplier)가 될 수 있어 개발도상국 중심의 기후변화 저감, 적응 능력 배양, 국제사회의 기후변화 회복력과 적응 능력을 향상시키는 경제 성장과 지속가능한 발전 추구, 환경, 기후변화를 총괄하는 효과적인 거버넌스와 메커니즘 확립, 분쟁이 악화되지 않도록 시의적절한 결정을 내리기 위한 정보와 위기관리라는 위협 감소제(threat minimizer)의 구축이 시급하게 필요하다(Fetzek and Mazo 2014: 163).

환경-기후변화 안보가 생활의 보호라는 이슈와 깊이 연관되어 있고, 냉전 이후 급속하게 관심을 얻으면서 그 개념을 재정립하고 있다. 신 중견국가들은 환경, 기후변화, 원조, 인간안보, 발전 경험 공유와 같은 하위 정치로 분류되는 다양한 의제에 관심을 두고 환경과 같은 새로운 글로벌 이슈에 다리 역할(bridging role)을 자처하면서 영향력을 증대하기 위해 노력하고 있다. 한국과 같은 중진국은 환경-기후변화와 같은 비전통안보 분야에서 활동할 수 있는 재정과 인력자원을 보유하고 있다. 한국은 새로운 의제를 국제사회에 활발하게 제안하고, 비위협적인 국제협력 촉진자로서 선진국과 후진국 사이에서 다리 역할을 하고, 새로운 규범, 제도를 만들 때 관리자로서 활동할 수 있다(Watson and Pandey 2014: 71-75).

참고문헌

외교부 연구보고서. 2004. 『동북아시아 환경안보에 관한 연구』, pp. 1-118.
윤이숙. 2009. "환경적 쟁점과 한국의 안보." 『국방연구』52(1), pp. 75-96.
이신화. 2007. "21세기 글로벌이슈와 국제정치학." 『국제정치논총』 46(S), pp. 197-226.
_____. 2008. "기후변화와 국제정치적 쟁점." 『평화연구』 16(2), pp. 30-66.
정서용. 2005. "환경안보 개념의 대두와 국제법의 대응." 『환경법연구』 27(2), pp. 271-289.
최병두. 2004. "국제 환경안보와 동북아 국가들의 한계." 『대한지리학회지』 39(6), pp. 933-954.

Barnett, Jon and Neil W. Adger. 2007. "Climate Change, Human Security and Violent Conflict." *Political Geography* 26(6), pp. 639-655.
Buzan, Barry. 1991. *People, states, and fear: an agenda for international security studies in the post-Cold War era*. New York: Harvester Wheatsheaf, pp. 19-20.
Buzan, Barry, Waver Ole, and Wilde de Jaap. 1998. *Security: A New Framework for Analysis*. Colorado: Lynne Rienner.
Collier, Paul and Hoeffler, Anke. 2001. Greed and Grievance in Civil War. World Bank Policy Research Working Paper 2355.
Conca, Ken and Geoffrey D. Dabelko. 1998. *Green Planet Blues*. Second Edition. Boulder: Westview Press.
_____. 2002. *Environmental Peacemaking*. Johns Hopkins University Press.
Davis, Mike. 2002. *Late Victorian holocausts: El Niño famines and the making of the third world*. London: Verso.
Deudney, Daniel. 1990. "The Case Against Linking Environmental Degradation and National Security." *Millennium: Journal of International Studies* 19(3), pp. 461-476.
De Wilde, Jaap. 2008. "Environmental Security Deconstructed." *Globalization and Environmental Challenges: Reconceptualizing Security in the 21st Century*. edited by Hans G. Brauch, pp. 595-602. Berlin: Springer.
Diamond, Jared. 2005. *Collapse: How Societies Choose to Fail or Succeed*. Penguin.
Dyer, Hugh. 2001. "Theoretical Aspects of environmental security." *Environmental Conflicts: Implications for Theory and Practice*, edited by Eileen Petzold-Bradley, Alexander Carius and Arpa 'd Vincze, pp. 67-81. Dordrecht, The Netherlands: Kluwer.
Fetzek, Shiloh, and Jeffrey Mazo. 2014. "Climate, Scarcity and Conflict." *Survival* 56(5), pp. 143-170.
Goodhand, Jonathan. 2003. "Enduring Disorder and Persistent Poverty: a Review of

Linkages between War and Chronic Poverty." *World Development* 31, pp. 629-646.

Haque, M. Shamsul. 2001. "Environment Security in East Asia: A Critical View." *Journal of Strategic Studies* 24(4), pp. 203-234.

Hauge, Wenche and Tanja Ellingsen. 1998. "Beyond Environmental Scarcity: Causal Pathways to Conflict." *Journal of Peace Research*, 35(3), pp. 299-317

Homer-Dixon, Tomas. 1994. "Environmental Scarcities and Violent Conflict; Evidence from Cases." *International Security* 19(1), pp. 5-40.

______. 1999. *Environment, Scarcity and Violence*. Princeton: Princeton University Press.

Homer-Dixon, Tomas and Jessica Blitt. 1998. *Ecoviolence: Links among Enviornment Population and Security*. New York: Rowman and Littlefield Publisher.

Lee, Taedong. 2015. *Global Cities and Climate Change: Translocal Relations of Environmental Governance*. New York: Routledge.

Levy, A. Marc. 1995. "Is the Environment a National Security Issue?" *International Security* 20(2), pp. 35-62.

Matthew, Richard, and Geoffrey D. Dabelko. 2000. "Environment, population, and conflict: Suggesting a few steps forward." *Environmental Change and Security Project Report* 6, pp. 99-103.

Maxwell, John W. and Rafeal Reuveny. 2000. "Resource Scarcity and Conflict in Developing Countries." *Journal of Peace Research* 37(3), pp. 301-322.

McDonald, Matt. 2013. "Discourses of Climate Security." *Politicdal Geography* 33, pp. 42-51.

Myers, Norman. 1993. *Ultimate Security: The Environmental Basis of Political Stability*. New York: W.W. Norton & Co.

Nafziger, Wanye E., and Juha Auvinen. 2002. "Economic Development, Inequality, War, and State Violence." *World Development* 30, pp. 153-163.

Ohlsson, Leif. 2000. *Livelihood Conflicts: Linking Poverty and Environment as Causes of Conflict*. Stockholm: Swedish International Development Cooperation Agency(SIDA).

Page, Edward A. and Michael Redclift. 2002. *Human Security and the Environment*. Edward Elgar Press.

Peluso, Nancy L. and Micheal Watt. 2003. "Violent Environment: Responses." *ECSP Report* 9.

Reuveny, Rafael. 2007. "Climate change-induced migration and violent conflict." *Political geography* 26(6), pp. 656-673.

Schwartz, Daniel, Tom Delgiannis and Thomas Homer-Dixon. 2000. "The Environment and Violent Conflict: A Response to Gleditsch's Critique and Some Suggestions for Future Research." *Environmental Change and Security Project Report 6*.

Stritzel, Holger. 2007. "Towards a Theory of Securitization: Copenhagen and Beyond."

European Journal of International Relations 13(3), pp. 357–383.

Trombetta, Maria Julia. 2008. "Environmental Security and Climate Change: Analysing the Discourse." *Cambridge Review of International Affairs* 21(4), pp. 585–602.

United Nations Development Programme(UNDP). 1994. *Human Development Report 1994*. New York: Oxford University Press.

Van Evera, Stephen. 1997. *Guide to Methods for Students of Political Science*. Cornell University Press.

Van Ierland, E., M. Klaassen, T. Nierop, and H. van der Wusten. 1996. "Climate change: Socio-economic impacts and violent conflict." *Dutch National Research Programme on Global Air Pollution and Climate Change, Report No. 410.*

Watson. I. and Chandra Lal Pandey. 2014. "Environmental Security and New Middle Powers: The Case of South Korea." *Asian Security* 10(1), pp. 70–95.

제3장

식량·에너지 복합안보와 미래전략

신범식

I. 문제 제기

환경 및 에너지와 관련된 안보 문제는 국가안보의 차원에서도 중요하지만 지역적 및 지구적 차원의 중층적이고 복합적인 접근을 함께 고려하면서 해법을 모색해야 하는 사안이기 때문에 대단히 복잡하고도 동시에 21세기 들어 가장 주목하여야 할 비전통 안보 문제로 인식하고 접근할 필요가 있다. 특히 에너지 문제는 전통적 안보 문제로서의 지정학적 경쟁의 측면을 내포하면서 동시에 국가 간 협력의 측면도 가지는 이슈이기 때문에 어떤 측면에 더 무게를 두고 이를 다루어야 할지에 대한 고민이 제기된다. 에너지안보는 심각한 경우에는 전쟁을 해결수단으로 고려하게 만드는 전통적인 안보 요인으로서의 측면이 있는가 하면, 기후변화와의 연관성 속에서 다양한 경제적 및 사회적 대응을 통한 에너지 고효율화 및 탄소배출 저감을 위한 노력과도 연결되기에 다양한 사회경제적 연관성에 주목하여야 한다.

전통적으로 에너지 가격의 변동은 복잡한 국제정치경제 상황과 맞물려 다양한 효과가 있는 것으로 잘 알려져 있는데, 특히 급격한 에너지 가격 변동은 각 국가의 대응 능력을 약화시키고 다양한 대립구도 속에서 국제적 갈등을 야기할 가능성을 높이게 된다. 한 보고에 의하면 미국 달러화와 연동되어 있는 유가 및 국제 원자재 가격은 변화하는 미국 재정정책의 영향으로 새로운 변동성의 위험에 노출될 가능성이 높아졌다고 한다. 시장의 수요 및 공급의 동학뿐만이 아니라 미국의 재정정책에 의해서도 유가 및 원자재 가격이 변동할 수 있다는 것이다(Frankel 2014). 이같은 상황을 고려해보면 향후 유가 변동폭의 변화에 대한 면밀한 모니터링과 그 요인에 대한 분석은 국제적 협력의 필수적 메뉴가 되어야 할 것으로 보인다. 왜냐하면 배럴당 100달러 이상의 고유가로부터 배럴당 50달러 이하의 저유가에 이르는 유가의 커다란 변동폭은 미국의 재정·환율 정책 변동, 투기자본의 개입, 지정학적 경쟁, 세계경제의 불균등한 확장과 침체 등과 같은 다양한 변인들과 결합하면서 국제경제 환경을 더욱 불안정하게 만들 가능성이 높아졌기 때문이다.

한편 최근 들어 지속가능성의 관점에서 에너지와 식량 그리고 물 등의 환경과 자원의 동학이 연계되는 기재에 대한 관심도 높아가고 있다(SEI 2011). 기후변화가 수자원 고갈, 식량문제, 그리고 비자발적 이주의 문제를 매개로 지정학적, 경제적, 사회적 분야에 속한 다른 위험들과 함께 연결되어가는 주요 통로 및 기재에 대한 연구의 필요성도 증대되고 있다. 특히 최근 영국이 국민투표를 통해 EU에서 탈퇴를 결정하여 커다란 충격을 지구촌 각국의 경제와 사회에 끼친 예에서 극명하게 보이듯이 난민 문제로 대표되는 비자발적 이주는 국가 내의 사회적 불안정성을 유발하는 것은 물론이고 국가체제의 변동 및 국가 간 무력충돌 그리고 국제체제의 불안정성까지도 유발할 수 있는 매우 파급력 높은 위험요인으로 주목할 필요가 있음을 보여준다. 또한 최근 고유가와 저유가로 급격히 오르내리는 국제 에너지 시장의 상황하에서 에너지 문제는 상기 위기들과 깊은 연관성을 가지고 있으며 향후 그 변동 추이에 심대한 영향을 끼칠 수 있는 원인으로 예의 관찰대상이 되어 있다. 결국 21세기 인류는 다양한 위험 요인들이 상호 결합되어 나타나는 복합적 위기상황에 대하여 더욱 크게 노출되고 있다고 볼 수 있을 것이다.

이같은 복합적 연계 사항과 연관되어 나타나는 환경·에너지 분야의 도전은 다양한 측면에서 제기될 수 있겠지만, 특히 식량 문제는 환경 및 기후변화 그리고 에너지 등과 같이 주목받고 있는 거의 모든 분야들과 깊은 연관을 가지는 이슈로 주목받고 있다. 최근 들어 에너지 정책과 식량 시장의 변동이 사회와 직접적이고도 파급력 높은 연관성을 가지게 됨에 따라 에너지와 식량 문제의 복합적 연계에 대해 관심이 더욱 높아가고 있다(Günther 2001). 이는 농업혁명 이후 식량생산이 자연에만 의존하는 형태를 벗어나 고도의 에너지 다(多)소비형 및 탄소 다(多)배출형 산업으로 변모하면서, 에너지 가격의 급격한 변동에 식량 시장이 크게 영향을 받는 구조가 형성된 것과 깊은 연관을 가진다. 당연히 에너지 가격과 식량지수 사이의 밀접한 연동이 이루어지고 있음은 물론이다. 이런 연관성 속에서 식량안보와 에너지안보가 상호 연계되는 기재에 주목하면서 가능한 복합위기의 양태와 효과를 예측해 보고 이에 대한 적절한 대비책을 구상해 보는 작업은 국가 미래 전략으로서 심각히 고려되어야 할 것이다.

〈그림 1〉에서 보듯이 인구의 증가는 향후 지속되어 2050년 경 100억 명 이상의 인류가 지구 상에 살게 될 것인데, 식량과 에너지의 공급이 과연 그것을 따라갈 수 있을 것인가에 대한 고민은 상존하는 인류의 숙제이다. 식량과 에너지 이슈와 관련하여 전문가들의 예측에 따르면 향후 20년간 인류는 50%의 추가적 식량생산과 50%의 에너지 및 30%의 물을 더 필요로 한다고 예측되고 있다(Pimentel and Wilson 2004; McGourty 2009). 이와 같은 미래적 요구에 대하여 선진국들은 적절히 대비하는 노력을 기울이고 있지만, 저개발국들은 물론 대부분의 개도국들은 이같은 미래적 도전에 대해 거의 무방비인 상황에서 인류의 다수가 향후 20년 이내에 커다란 위기에 노출될 것으로 볼 수 있다. 특히 빈곤층의 경우는 곡물의 가격변동에 대해서 매우 취약한 것으로 나타나고 있는데, 태국과 같은 곡물 순수출국의 경우에도 2007년 식량위기 시에 폭동이 일어난 것은 예외가 아니었다(FAO 2011;

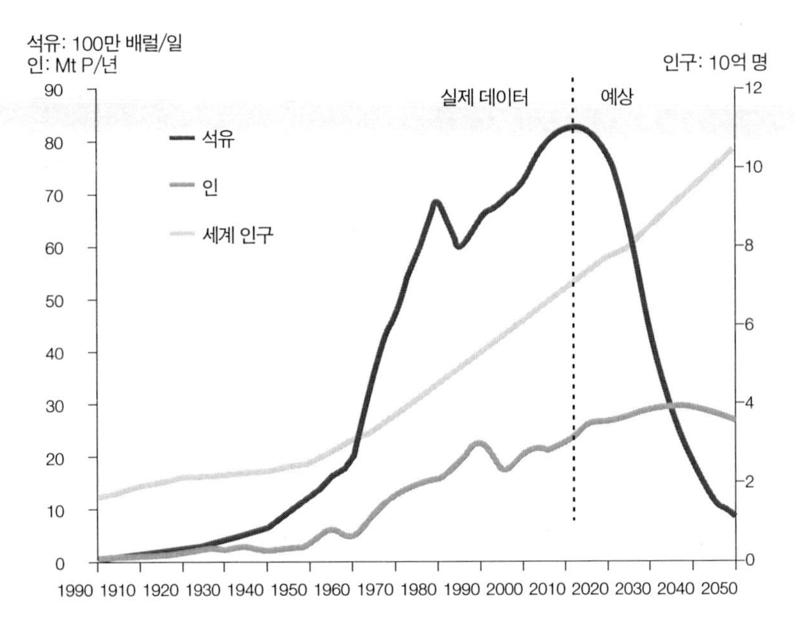

출처: http://www.mdpi.com/2071-1050/3/10/1742/ag

그림 1. 자원 가용성 대비 인구증가 예측

FAO *et al.* 2011).

그런데 이 식량과 에너지의 인구증가와의 연계의 구도가 간단치는 않다. 어떤 학자들은 석유의 증산이 인구의 증가를 이끌었다고 이해하기도 한다.[1] 특히 석유 생산의 증가는 다양한 영농법을 가능하게 하고 나아가 식량혁명을 통해 식량생산을 획기적으로 끌어올린 주된 동력이 되었으며, 이같은 석유 증산과 농업혁명 덕분에 20세기 들어 급격한 인구의 증가가 가능했다는 것이다.

문제는 20세기 후반 이후의 상황을 두고 볼 때에, 〈그림 2〉에서

1 전문가들은 세계인구의 증가 추이는 식량생산 변동과 깊은 연관을 가지고 있는 것으로 보는데, 이들은 이른바 석유의 시대가 열린 20세기에 들어서 비로소 인구의 급속한 증가가 이루어진 것으로 이해한다.

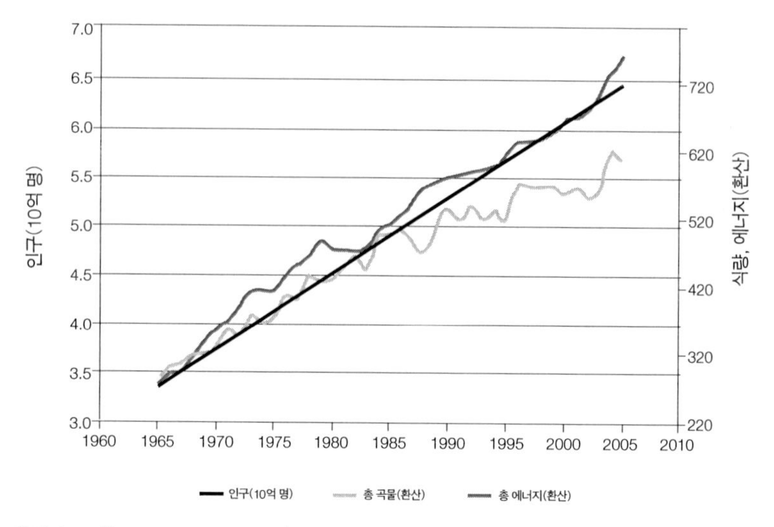

출처: http://www.paulchefurka.ca/PopulationFoodEnergy.jpg

그림 2. 인구, 식량, 에너지

보듯이 인구가 일정하게 증가하고 있는 상황에서 에너지의 생산은 인구증가를 감당할 수 있는 수준에서 증가하고 있지만, 식량생산은 1980년대 중반 이후 인구증가에 따른 요청에 훨씬 밑도는 수준에서 이루어지고 있다는 것이다. 즉 인류는 지속적인 식량부족의 위기와 그에 따른 기아 발생의 문제를 장기간 겪고 있는 것이다.

물론 에너지의 여력이 인류에게 새로운 식량증산의 기회를 제공해줄 수 있을지도 모른다는 희망을 가져볼 수도 있겠지만, 이 기대가 그렇게 희망적이지만은 않다. 이는 석유의존적 산업으로서의 농업이 기후변화에 대응하기 위하여 화석연료 사용을 감축하여야 하는 강력한 요구와 유가변동성의 급격한 확대라는 도전 앞에서 취약점을 드러내고 있다는 점에서 그렇다. 화석연료의 사용이 기후변화를 야기하는 주된 요인이라는 것이 과학적으로 밝혀진 가운데, 급격한 기후변화가 식량생산 감소의 가장 중요한 원인이 되고 있음에도 불구하고, 현재 인류는 식량의 더 많은 생산과 공급을 위해서 더 많은 화석연료를 사용하여야 하는 악순환의 고리로부터 벗어나기가 점점 더 어려워지고 있는 것이다. 특히 고유가 시기에 매력적인 바이오연료의 증산을 위한 노력이 지구적 식량 상황에 대하여 '부정적 영향'을 미치는 결정적인 원인이 되었다는 점은 에너지 가격과 식량생산이 얼마나 밀접히 연관되어 있는지를 보여주는 대표적인 지점이라 할 수 있을 것이다(Walker 2010; Parry *et al.* 2011).

따라서 에너지 가격 변동과 식량생산이 연계되고 있음을 잘 보여줄 수 있는 사례로 식량위기의 과정과 구조를 밝히는 작업은 특히 중요한데, 본 장에서는 2006-2008년 사이에 발생한 식량위기의 원인을 살펴보는 작업에 주목함으로써 식량-에너지 복합위기의 조건과 특징을 살펴보고자 한다.

II. 식량안보와 식량위기

1. 식량안보 개념

식량-에너지 복합위기에 대하여 본격적으로 논하기에 앞서 먼저 '식량안보(food security)'에 대한 이야기부터 시작해보기로 하자.[2] 사실

2 이하 식량안보 및 식량위기에 관한 논의는 특별한 언급이 없는 경우 주로 다음의 보고서를 참조하였고, 최근의 변화를 반영하여 정리하였다. 성명환·이규천·이중웅, 『21세기 식량안보 확보 방안』(농촌경제연구원 연구보고서, 2000년 12월).

세계적으로 곡물 재고가 줄어들고 가격이 폭등하는 사태가 발생할 때마다 식량안보에 대한 논의가 활발하게 논의되었다. 식량안보가 국제사회에서 공식적으로 논의되기 시작한 것은 1973년에 열린 유엔 식량농업기구(FAO) 총회라고 볼 수 있다. 당시의 식량안보는 단순히 세계 전체적인 주식에 대한 충분한 공급을 의미하였기에 1970년대에 각국은 소위 '녹색혁명'을 추진하면서 식량의 증산에 주력하는 정책을 위주로 대응하였다.

하지만 식량안보의 개념도 점차 진화하게 된다. 1983년 FAO 세계식량안보위원회는 식량안보를 모든 사람이 필요로 하는 주식에 대해 물리적으로도 경제적으로도 접근할 수 있도록 보장하는 것이라고 정의하였다. 이는 식량안보에서 수요자의 구매력이 중요하다는 판단을 하게 된 것을 의미하고, 또한 식량안보를 국가안보의 관점에서만이 아니라 개인의 관점에서 정의할 필요가 반영된 결과라 할 것이다. 이 같은 관점의 변화는 1996년 11월에 열린 FAO 세계식량정상회의에서 식량의 충분한 공급과 함께 수요자의 구매력이 식량안보에 있어서 중요하다는 점을 재차 강조한 데서도 잘 드러난다. 특히 이 회의를 계기로 국제사회는 최빈국들의 기아와 빈곤 문제를 중대한 국제적 과제로 인식하게 되었다.

결국 식량안보는 개인, 가정, 지역, 국가 또는 세계가 안정적으로(stability) 안전하고(safety) 영양가 있는(nutrition) 식량의 공급이 가용하고(availability) 또한 접근가능한(accessability) 조건들이 충족되는 상황을 말한다.

이같은 식량안보의 이해를 바탕으로 식량위기(food crisis)를 정의해보자면, 그것은 개인, 가정, 지역, 국가 또는 세계가 필요로 하는 안전하고 영양가 있는 식량의 공급이 부족하거나, 총량적으로는 충분하더라도 접근이 곤란한 상황으로 이해해 볼 수 있을 것이다.

식량안보를 이해함에 있어서 가계, 국가, 세계 등 주체에 따라 식량안보의 주안점이 달라진다는 점에 주목할 필요가 있다. 이는 가계의 관점에서 식량안보 요건은 주거지역 시장에서 가용한 식량이 항시 존재하고 동시에 그것을 구입할 수 있는 충분한 소득이 있는 것이 중요하며, 개인의 식량안보 요건은 그러한 가계 내에서의 적절한 배분을 의미하기 때문이다. 식량위기가 발생한 상황에서 국가안보의 문제로 비화하기 보다는 계층, 가계, 개인에 대한 타격이 더 크게 나타나는 이유도 이 때문이다.

따라서 국가 또는 지역의 식량안보 요건을 고려할 때에 지역/국가 내 식량의 생산 능력, 비축 능력, 그리고 식량을 수입할 수 있는 대외 신용과 외환 보유량과 더불어, 빈곤층 국민에 대한 충분한 식량을 공급할 수 있는 능력과 식품의 안전성을 확보할 수 있는 체계 등이 중요하게 취급되어야 한다.

한편 지구 수준에서 식량 문제는 수요 측면과 공급 측면을 나누어 보아야 하는데, 수요 상 문제는 8억 명 이상의 기아 인구와 20억 명 가까운 빈곤층에 대한 식량지원 문제, 중국과 인도 등 인구 대국의 급속한 경제성장에 따른 수요의 폭발적 증가, 그리고 바이오연료용 곡물 수요의 급증 등이다. 공급과 관련해서는 지구온난화로 인해 곡물의 생산량 변동, 작물별 개발가능 농지의 한계나 변동, 유전자조작 작물의 안전성 논쟁, 새로운 경작 가능지역의 출현에 따른 곡물시장 변동의 가능성 등이 주요한 이슈로 떠오르고 있다.

세계 곡물시장이 상호 연계되는 정도가 높아가면서 국제 곡물교역의 안정성도 문제가 될 수 있다. 식량부족 사태가 발생할 경우 각국 정부는 자국의 식량안보를 목적으로 곡물에 대한 수출 제한이나 수출

2015년 세계식량안보지수 순위

(단위: 점, 괄호 안은 지난해 순위)

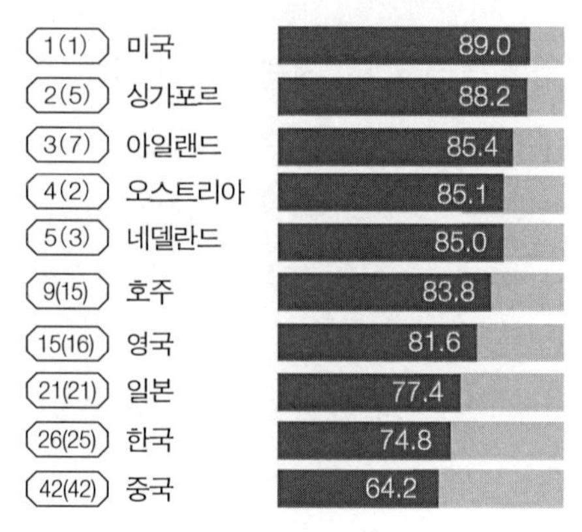

자료: 이코노미스트 인텔리전스 유닛(EU)

	기준 년도	2005	2006	2007	2008	2009	2010	2011	2012	2013	2014
자급률 %	곡물 (사료용 포함)	29.4	27.7	26.9	27.8	29.6	27.6	24.3	23.7	23.3	24.0
	식량 (사료용 불포함)	53.4	52.7	51.6	51.8	56.2	54.1	45.2	45.7	47.5	49.8

출처: http://www.segye.com/content/html/2015/07/02/20150702004860.html

그림 3. 세계식량안보지수(GFSI) 순위 및 한국의 곡물 및 식량 자급률 최근 추이

금지 조치 등을 취하기도 하는데, 아직까지 국제무역 체계에서 농산물에 대한 규제가 잘 정비되어 있지 못한데다가, 세계무역기구(WTO) 체제가 수입국의 규제에는 엄격하지만 수출국의 규제에 대해서는 관대한 편이어서 이런 곡물 수출 제한 내지 금지 조치는 식량위기 시에 위기적 상황을 더 부추기는 효과가 있기도 하다.

한국의 경우 식량안보는 매우 높은 우선순위를 가진 정책적 목표로 설정되어 주요 곡물의 생산을 일정하게 유지하기 위해 농지를 보전하고, 곡물의 공공비축제도를 시행해왔으며, 안정적인 식량 수입선의 확보와 다변화에 주력하는 등 노력을 기울여왔다. 1970년대까지는 쌀을 비롯한 주곡을 자급하는 것이 최우선 목표로 설정되었으며, 이중곡가제를 실시하는 한편 지속적인 품종개량을 통해 1977년에는 쌀에 대한 자급을 달성하였다. 그런데 1970년대 농업혁명의 결과 세계적인 곡물의 증산이 이루어져 1980년대에는 국제적인 곡물가격이 매우 낮은 상태로 유지되었으며, 이로 인하여 주곡 확보에 대한 우려는 전반적으로 낮아졌다. 도리어 1980년대에는 육류 등에 대한 수요가 증대하면서 사료곡물에 대한 수요가 급증하는 상황이 발생하였다. 게다가 경제성장기의 후유증으로 물가상승 억제에 대한 정책적 우선순위가 높아짐에 따라 정부는 쌀 수매가격 인상을 억제하고 밀에 대한 수입자유화 조치를 취하게 되었다. 그리고 1988년에 시작된 무역과 관세에 대한 일반협정의 우르과이라운드(UR) 협상이 진행되면서 1990년대에 들어서는 농산물 시장이 개방되기 시작하여 2005년에는 벼 수매제도가 폐지되었고 이를 대신하여 쌀에 대한 공공비축제도가 도입되기도 했다.

문제는 1980년대 이후 농산물 시장이 개방되면서 한국의 식량 자급률은 급격히 떨어지게 되었다는 점인데, 사료용을 제외한 식량용 곡물의 자급률도 50%도 안 되는 것은 물론 20%대를 걸치는 낮은 수준을 십여 년 넘게 유지하고 있다. 이는 OECD 국가들 및 G20 국가들과 비교해 볼 때에 거의 최하위권 수준에 속하는 것이다. 따라서 한국의 식량안보는 전반적으로 매우 취약한 상황에 처해 있다고 평가해 볼 수 있을 것이다. 이에 대하여 식량안보의 접근으로는 안 되고 '식량주권'(food sovereignty)을 찾아야 한다는 주장이 제기되기도 한다.[3] 식량안

3 식량주권이란 "식량에 관해 스스로 결정할 권리"를 뜻한다. "식량의 생산과 유통, 소비를 통해 자연과 인간, 사회를 지배하고 통제하는 것이 아닌 생태환경과 자연자원을 지키

보로부터 식량주권으로의 농업 문제에 대한 프레이밍 전환이 얼마나 성공적일지 예단하기 어렵지만, 향후 식량 문제는 다양한 차원의 위협과 어우러져 국가정책의 중요한 과제로 다시 등장하고 있는 것이 사실이다.

2. 식량위기

식량위기는 다양한 원인과 형태로 나타날 수 있다. 한 국가가 경험하게 되는 식량위기의 유형은 국가의 전반적인 빈곤 때문에 구조적이고 장기적인 접근성(accessability)이 제한되는 상황으로부터 경제적 위기 등으로 발생하는 한시적인 국가신용도의 하락이나 외환보유고의 부족 때문에 나타나는 단기적인 접근성의 제한 등으로 나타난다. 그리고 자연재해 및 기근으로 인하여 단기적으로 가용성(availability)이 제한되거나 전쟁이나 국가 체제의 혁명적 변동으로 인하여 중기적으로 가용성이 제한되는 경우에 발생할 수 있다. 특히 최근 들어서는 기후변화에 따른 식량생산의 변화가 발생하는 빈도와 정도가 높아가면서 이같은 불안정성의 요인이 다른 사회적 변화 요인과 맞물리면서 커다란 사회 혼란과 국가 간의 갈등을 일으킬 수 있는 요인으로 비화될 가능성이 높아지고 있기 때문에 식량위기의 문제는 예의 주시하여야 할 필요가 있다.

는 시스템이며, 생산자의 권리를 보장하고 사회의 민주주의를 실현하는 시스템"을 말한다. 이는 인간이 자기 먹거리 체제를 관리할 권리를 강조하는 접근법으로 식량을 정치화하되, 상품이 아니라 사회적 관계의 장으로서의 식량을 취급하여 인간다운 삶의 조건으로서 식량의 다양성을 회복하는 운동과 연계되고 있다. 이러한 식량주권의 개념에 기초한 식량주권 운동은 아이러니컬하게도 국민국가를 다시 강화시키는 기능과 지방 특성의 보존을 강화하는 기능을 수행하게 되었다(Wittman *et al.* 2010; 정기석 2014).

20세기 들어 세계적 수준에서 발생한 식량위기로는 식량생산의 부족과 재고 급감에 따른 가격폭등 현상이 크게 네 차례 정도 있었다는 점을 지적할 수 있다. 양차 세계대전과 1970년대 석유위기에 따른 곡물시장 변동 그리고 2007-2008년 곡물가격 폭등 등이다. 대체로 30년 정도를 주기로 세계적인 식량위기가 발생했다는 점이 흥미롭다.

이같은 식량위기 상황들이 곡물 재배 면적을 확대하고, 농업 기술을 발전시키고 널리 보급하여 단위면적당 수확을 증대시키며, 농업 관련 지원, 운송, 보관 등의 시설을 확충함으로써 위기적 징후를 극복하고 안정적인 재고량을 달성하기까지 거의 10년 정도가 소요되었다. 하지만 이같은 공급의 부족을 해소하기 위한 노력은 과잉공급이라는 복병을 만나 가격폭락 사태로 연결되는 경우가 예외 없이 반복되어 가격의 폭등과 폭락을 포괄하는 식량수급상의 불안정성은 주기적으로 발생하는 경향을 보였다.

한국의 경우에도 예외는 아니다. 한국이 경험한 첫 번째 식량위기는 한국전쟁 이후 1960년대까지 식량공급 능력의 부족에서 기인하면서 빈곤층의 광범한 분포에 따른 항시적인 위기상황이 지속되었던 경험이 그것이다. 하지만 1970년대 새마을운동으로 대표되는 녹색혁명으로 1977년 쌀 자급을 이루기도 하였다. 하지만 1980년 극심한 냉해로 쌀 생산량이 전년의 절반 수준으로 떨어지면서 두 번째 식량위기가 발생하였다. 당시 광주민주화운동 등으로 인한 사회적 혼란이 가중되고 있던 와중에 우리나라의 주요 쌀 수입 대상국이었던 미국의 캘리포니아 쌀생산자조합(RGA)이 쌀 수출가격을 대폭 인상하고 수년간 독점적 수입을 보장하라는 무리한 조건 제시하면서 양국 간의 외교적 갈등이 함께 동반하는 위기의 복합화 현상도 발생한 바 있다.

좀 더 국제적인 양상을 띠었던 세 번째 식량위기는 1997년 말의 아시아 외환위기가 발생하면서 나타났다. 한국의 외환 부족과 대외신용도 추락으로 인하여 사료곡물을 비롯한 일체의 수입이 일시적으로 중단된 사태가 발생한 것이다. 당시 아시아 각국에서 기르던 상당수의 가축이 아사하고 축산 농가들이 도산하는 사태가 발생하였으며 밀, 콩, 옥수수 가공제품들의 가격도 급등하였다. 한국의 경우 쌀 자급이 유지된 상황이라 사회적 혼란이 그나마 적은 편이었으나 필리핀, 인도네시아 등지에서는 쌀 부족 사태에 의한 시민폭동이 심각한 수준으로 발생한 바 있다.

또한 꼭 지적되어야 할 것은 이같은 식량위기에 취약한 계층, 국가, 지역은 모두 그 위기대응 능력이 취약한 빈곤한 주체들이라는 점이다. 특히 빈곤지역의 아동들의 타격은 대단히 심각했다. 국제적 아동구호단체의 보고서에 따르면 2008년과 2011년 식량가격 폭등에 따른 위기로 1억 5,300만 명이 빈곤선 아래로 전락하고 아동 40만 명이 위험에 내몰렸다고 한다. 특히 영양상태가 어려운 저개발 국가일수록 식량위기에 취약한 것으로 나타났는데, 발달지체 아동의 90%가 집중되어 있는 36개국 중 무려 33개 국가가 식량을 수입에 의존해 그 취약성을 노출하고 있는 것으로 알려지고 있다.[4]

최근에 우리가 경험한 식량위기는 더욱 국제적이며 직접적인 양상을 보였다. 식량 수요가 급속히 팽창하고 국내적 필요에 의해 쇠고기, 밀, 사료곡물 등이 1980년대 초에 부분적으로 개방되기 시작하였

4 UN 식량농업기구의 조사에 따르면 식량가격지수가 월간 6% 상승했을 때, 이들 36개 국가에 속한 말라위와 모잠비크에서 옥수수 가격은 각각 174%, 129%로 급등했다. 2009년 캄보디아의 도시 빈민지역에서도 식량위기 영향으로 5세 이하 아동의 발달지체 비율이 10%에서 16%로 증가한 것으로 나타났다. 같은 해 방글라데시의 쌀가격 폭등 역시 발달지체 아동 비율을 도시 거주 아동의 경우 13.5%에서 21%로, 지방 거주 아동은 17%에서 26%로 증가시키는 결과를 가져왔다(박선화 2012; The Save the Children Fund 2012).

고 1995년부터는 WTO 체제하에서 전면적인 농산물시장이 개방되는 시대를 맞이하게 되면서 이러한 위험성은 증대되고 있었다. 1970년대의 세계적인 식량위기 당시 한국은 폐쇄적 경제체제이었던 덕분에 식량위기의 파급이 크지 않았으나, 2006년 말 이후 2008년까지 지속된 식량위기 상황은 개방적 경제체제로 전환한 한국에게 직접적이고 강력한 영향을 미치게 되었다. 문제는 이 식량위기는 이전과 달리 에너지 문제 등과 연관된 복합적 원인이 작동하면서 발생하게 되었다는 점에서 깊은 이해를 필요로 한다. 다음 절에서 이에 대한 논의를 전개해 보기로 하자.

III. 식량위기의 원인으로서 에너지 문제

1. 에너지 가격과 식량생산의 연동 및 동학

기존에 에너지와 식량의 상호관련성에 대한 연구들이 많지는 않았지만 지난 20여년의 경험은 우리가 이에 대하여 여러 가지 측면에서 주목하여야 하는 이유를 분명하게 보여주고 있다. 그 이유는 크게 세 가지 측면에서 설명될 수 있을 것이다. 하나는 에너지 가격과 식량가격 사이의 상관성이고, 둘째는 에너지 집약적 농법의 보편화와 그 효과이고, 셋째는 기후변화와 농업의 상관성의 문제이다.

우선, 가격지수상에서 에너지와 식량이 연동되고 있는 패턴이 더욱 강화되고 있다는 점이다. 〈그림 4〉, 〈그림 5〉를 보면, 식량과 에너지 수요와 공급의 상관성에 대해 흥미로운 점을 발견할 수 있게 된다. 식량의 수요는 인구증가 및 생활수준의 상승에 따라 일정 정도 완만하

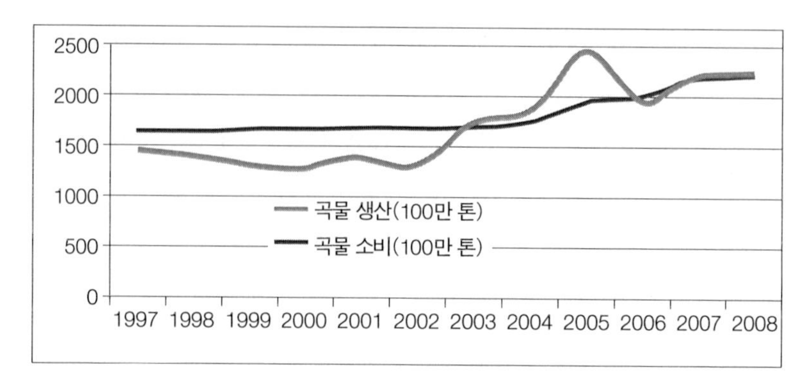

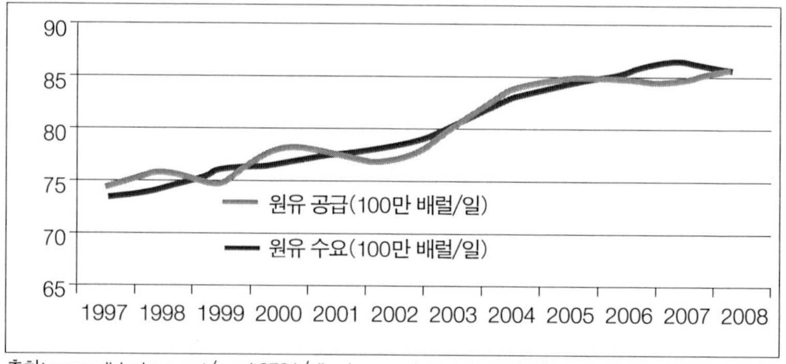

출처: www.slideshare.net/sumit9791/oil-prices-and-cereal-production

그림 4. 식량 및 에너지의 수요-공급

게 증가하고 있는 것을 볼 수 있다. 하지만 식량의 공급량을 보면 어떤 외부적 원인에 의해서 다소 혹은 심하게 변동하는 모습을 볼 수 있다. 따라서 글로벌 식량 시장에서 식량의 수급 구조에서 공급 부문에서의 변동이 식량가격을 결정하는 데 있어서 매우 중요한 요인이라는 점은 명백해 보이며, 이 공급 구조의 변동을 이해하는 것이 중요한 과제가 됨을 알 수 있다.

2008년 세계 곡물 생산은 20억 톤을 조금 상회하고 있었다. 하지만 해마다 세계는 약 10억 톤 정도의 곡물이 바이오연료의 생산에 쓰

출처: http://peakoil.com/alternative-energy/a-review-of-green-energy-growth-prospects

그림 5. 세계식량기구 가격지수와 브렌트유 가격지수 (FAO 및 EIA 자료 기준)

이고 있었다. 그 이전에 비하여 더 많은 경작지가 바이오연료를 위한 곡물의 생산에 사용하면 할수록 식량을 위한 곡물 생산을 위해 가용한 경작지와 재원이 그에 상응하여 줄어들게 되는 것이다. 이는 당연히 인간이 사용할 수 있는 식량을 줄이고, 그 피해는 앞서 언급한 바와 같이 특히 식량 구입을 위한 여력이 매우 제한되어 있는 개도국에서 더 크게 나타나게 될 것이다.

한편 석유 생산은 1997년부터 기준으로 매년 평균 1,130만 배럴/일(11.3 mb/d)씩 증가하여 7,420만 배럴/일의 생산량이 2008년이 되면 8,550만 배럴/일에 이른다. 하지만 석유에 대한 수요도 같은 기간 매년 평균 1,190만 배럴/일씩 증가하여 1997년 7,340만 배럴/일 수준에서 8,530만 배럴/일에 달하게 되었다. 비록 근소해 보이지만 2006년부터 2008년 중반에 발생한 초과 수요는 석유 가격의 급등을 유발하는 요인이 되었다. 이 시기 형성된 석유의 수요와 공급의 패턴을 기준으로 1997년 이후 20년간 석유 수요는 공급을 초과하면서 석유 부족 사태가 지속적인 석유 가격의 상승을 가져올 것이라는 전망이 나오기도 했다.

다음으로 생각해보아야 할 문제는 에너지 집약적 농법의 발전에 따른 에너지와 식량의 복합적 상관관계의 고리들이다. 이는 식량-에너지 복합위기의 주요 조건이라 볼 수 있을 것이다. 특히 주목해야 할 문제는 〈그림 5〉에서 나타난 바와 같이 2000년대 이후 나타난 석유가격의 고공행진이 전 세계적인 곡물가격의 동반적 상승과 인플레 요인으로 지속적으로 작용하게 되었다는 점이다.[5] 한 연구에 의하면 이러한 석유와 곡물의 동반 가격상승이 경기 후퇴의 중요한 원인이 되고 있다는 지적도 있다(Tverberg 2011).

우리는 토지와 자연이 제공해 준 식량을 먹고 살고 있다고 생각하지만, 어쩌면 우리는 석유를 먹고 살고 있는 것인지도 모를 만큼 에너지 집약적인 농법과 원거리 유통을 활용하는 식량 생산·공급 체제에 의존하고 있는 것이다. 농업은 토지 준비, 비료, 관개, 수송 등 다양한 분야에서의 에너지를 소요로 하고 있다. 따라서 농업은 다른 산업에 못지않게 유가 변동에 민감해지게 되었다. 국제에너지기구(IEA)의 통계 따르면 식량생산 및 수급에 지구촌이 사용하는 에너지의 30%가 소비되고 있는 것으로 알려지고 있다. 따라서 석유와 식량 가격의 깊은 연동성은 석유가격이 세계 식량위기를 가능하게 만드는 허용적 요인으로 작용한 것으로 이해해볼 수 있는 근거를 제공한다.

그런데 식량생산과 관련된 에너지 사용의 효율성은 지역과 생산체제에 따라 상이하게 나타난다는 점도 지적하고 넘어가야 할 것이다

5 UN FAO 홈페이지(www.fao.org/worldfoodsituation/wfs-home/foodpricesindex/en/) 및 US EIA 홈페이지(www.eia.gov/dnav/pet/hist/LeafHandler.ashx?n=pet&s=rbrte&f=m) 등에서 최근 자료도 확인할 수 있다.

(Ianchovichina *et al.* 2012). 그리고 국가나 지역별로 에너지 사용을 위한 토지 사용, 삼림고갈의 정도, 바이오연료 사용 선호 등은 상이하여 식량에 대한 부정적 영향이 연계되는 정도도 다양할 수 있다. 문제는 이같은 차별화된 영향의 정도가 선진국과 개도국 및 후진국에 미치는 심각한 영향의 정도의 격차를 더 증폭시키고 있다는 점이다.

결국 현대의 식량위기를 가능하게 만드는 중요한 조건으로 현대 농업이 가지는 에너지 의존적 구조에도 주목해야 한다. 이처럼 세계 식량생산의 동학이 석유가격의 추이와 긴밀한 관련을 가진다는 점은 우리에게 좀 더 복잡한 식량안보에 대한 사고를 요청하고 있는 것이다.

한편, 식량 생산과 기후변화의 관계를 생각해 보면 식량과 에너지의 문제를 더욱 복잡하게 만든다. 왜냐하면 농업 생산과 식량안보를 위한 식량 공급 구조는 기후변화를 유발하는 온실가스 배출의 중요한 원인이기 때문이다.

이는 기후변화에 농업이 차지하는 적지 않은 책임을 설명하는 구도가 되기도 한다. 농업부문의 온실가스 배출량은 지구 전체 온실가스 배출량의 10-14%를 차지하며 연간 배출량은 이산화탄소로 환산하면 대략 68억 톤이다. 2005년 경우 세계적으로 농업부문에서 배출된 메탄과 아산화질소는 각각 33억 톤과 28억 톤이며, 저개발 국가는 전체 국가 온실가스 배출량의 74%가 농업부문에서 배출되는 것으로 조사되었다. 전체 메탄 발생량 중 농업부분에서 차지한 배출량이 40%이며, 아산화질소는 62%로 농업이 메탄과 아산화질소의 가장 큰 배출원으로 평가되고 있다. 특히 육류에 대한 소비의 증가는 기후온난화를 가속화시키는 주요한 요인으로 지적된다. 앞으로 인구증가에 따라 식량 소요량이 지속적으로 증가하고 개도국의 생활수준 향상에 따른 육류 소비의 증가가 지속되어 향후 30년 정도 후에는 식량 생산량이 현재의 2배 정도가 될 것으로 예측되는 가운데, 결과적으로 농업분야의 온실가스 배출량도 지속적으로 증가할 것으로 예상된다(UNFCCC 2008). 이는 농업 분야의 에너지 소비의 증가를 의미하며, 에너지 소비가 미치는 기후변화에 대한 부정적인 효과로 인하여 농업 분야에서도 에너지 소비를 줄이기 위한 노력에 대한 요청이 강화될 것이다. 결국 기후변화는 에너지와 식량문제를 상관성을 더욱 풀기 어려운 난제로 만드는 조건을 제공하게 될 것으로 보인다.

2. 2007년 식량위기의 원인

식량위기를 야기하는 원인으로는 어떤 것들이 있는지 살펴봄으로써 2007-2008년 세계 식량위기의 원인에 대한 논의에 들어가 보자. 식량 가격의 변동을 야기하는 대표적인 요인으로는 이미 지적한 바와 같이 지속적으로 증가하고 있는 인구와 그에 따른 곡물 소비량의 증가를 꼽을 수 있을 것이다.

하지만 이같은 인구증가 요인 이외에도 기후변화에 따른 작황 및 곡물 생산패턴의 변동과 국제 석유시장의 불안정성 및 가격 변동폭의 확대 및 상승으로 인한 곡물 생산 및 운송비용 증가, 그리고 지속적으로 증가하고 있는 바이오연료에 대한 수요의 증가 등도 중요한 원인으로 작용하고 있는 것이 사실이다.

특히 기후변화는 예측하기 어려운 기후 패턴과 농지의 사막화를 야기하고 결과적으로 저개발국의 중요 작물 생산량의 감소를 가져오고 있는 것으로 알려지고 있다. 2011년 러시아에서 가뭄으로 곡물 경작이 타격을 받으면서 FAO 식량가격지수(GFSI)가 6% 상승하고 밀 가격도 9% 상승하는 상황이 발생하면서 새로운 식량위기의 발생에 대한 우려를 높이기도 하였다.

그리고 최근 들어 식량안보 불안 요인이 확대됨에 따라서 식량 수출국의 수출금지 내지 제한 조치 등을 통해 자국 식량안보를 강화하기 위하여 타국의 식량안보를 희생하는 상황도 자주 발생하고 있다. 또한 초국적 농업기업의 등장에 따른 생산 유연성의 약화와 국제 금융자본에 의한 곡물시장에서의 투기, 그리고 식량 자체가 가지는 특징으로 인한 낮은 재고율 등과 같이 다양한 요인들이 식량가격 변동의 요인으로 작용하고 있다(The Save the Children Fund 2012).

그렇다면 2007-2008년에 세계 곡물시장에는 어떤 일이 벌어진 것일까? 앞서 지적한 바와 같이 2007년을 기점으로 세계 곡물시장에서 거래되는 곡물가가 2-3배 폭등하였다. 톤당 100달러 수준이던 옥수수 가격이 270달러 수준으로 뛰었다. 소맥은 톤당 150달러 수준에서 350달러 수준으로, 콩은 200달러 수준에서 500달러 수준으로 올랐다. 쌀값은 2008년에 들어와서 기록적인 폭등을 보였다. 방콕산 장립종 가격이 톤당 300달러 수준에서 1,000달러로 뛰었다가 800달러 수준에서 조정되었다. 캘리포니아산 단립종 가격은 수개월 만에 톤당 500달러 수준에서 1,100달러로 오르기도 했다.

이로 인해 필리핀과 같은 쌀 수입국들과 멕시코와 같은 남미의 옥수수 수입국들은 식량 폭동이 일어날 정도로 심각한 식량위기를 맞았다. 우리나라도 정부의 강력한 가격 안정화 정책에도 불구하고 밀가루 값의 인상으로 라면을 포함한 각종 식료품의 가격이 상승하였다. 또한 사료곡물가격이 급등하여 축산농가의 도산이 속출하였다. 이러한 곡물가격 폭등 현상은 국지적인 흉작이나 환경 변화에 의한 일시적 현상이 아니라 지속적이고 앞으로 더욱 악화될 수 있는 구조적 변화에 기인하고 있다는 것이 대부분 전문가들의 견해이다.

2007-2008년 식량위기의 원인과 관련하여 많은 연구들이 지적하고 있는 것은 바로 고유가와 관련된 바이오연료의 생산과 식량가격의 변동이라는 고리의 문제이다. 이는 국제유가 인상이라는 조건하에서 가능해진 것으로, 유가인상이 곡물의 운송비용을 상승시킬 뿐만 아니라 바이오에너지 수요에 대한 증가로 이어져 식량가격의 급격한 상승에 영향을 끼쳤다는 것이다. OECD는 국제유가가 10% 변동할 경우 밀 가격이 2.3%, 옥수수와 식물성 기름 가격이 3.3% 변동하는 것으로 예상하기도 했지만, 실제로는 이러한 변동폭은 더 크게 나타나기도 했다. 특히 미국과 EU 등이 바이오연료를 사용하는 것에 대한 의무할당량을 정하는 정책은 바이오연료에 대한 수요를 지속적으로 증가시키고 이것이 중장기적으로 세계 곡물가격의 상승에 중대한 영향을 미친 것으로 지적되기도 한다(Page 2012).

〈그림 6〉을 보면 바이오연료의 생산과 석유의 생산이 가진 상관성과 그 곡물가에 대한 영향 등에 대한 사고의 단초를 얻을 수 있다. 1970년대부터 생산되기 시작하여 1980년대 및 1990년대를 통하여 꾸준히 생산이 증가해 온 바이오연료는 1997-1998년을 기점으로 급격하게 생산의 증대가 이루어지고 있음을 알 수 있다. 이는 석유가격과 옥수수 가격 지수가 비교적 근소한 차이를 보이면서 연동하는 상호관계의 패턴이 변화하여 석유가격과 옥수수 가격의 격차가 크게 벌어지는 변화가 이 시기에 나타난 점과 무관하지 않은 것으로 보인다. 즉 인과관계에 대한 여러 가지 추론이 가능하겠지만, 중국이나 인도 등의 신흥개도국의 에너지에 대한 수요가 급격히 증가되는 것과 같은 외부요인에 의한 석유가격의 꾸준하고 급격한 상승은 석유가격과 옥수수 가격의 격차를 크게 벌어지게 만들었고, 이에 따라 바이오연료로의 전환이 가능한 곡물이 대거 이 용도로 전환되면서 식량가격이 따라 폭

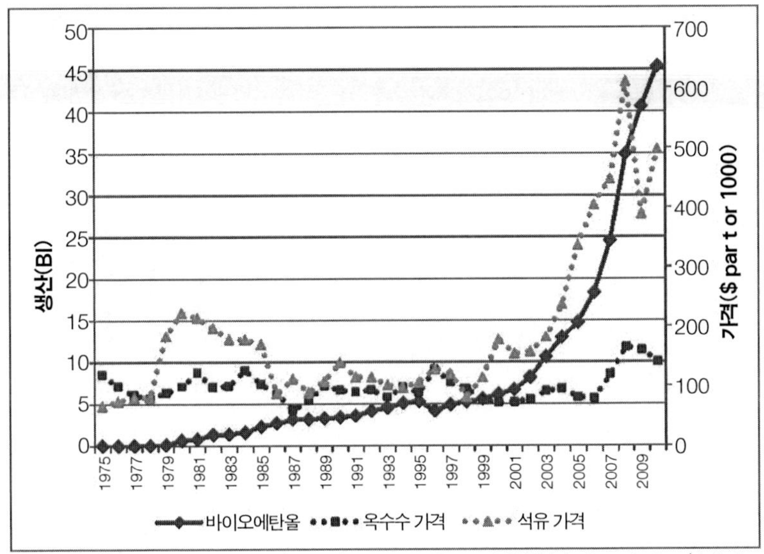

출처: http://www.intechopen.com/books/economic-effects-of-%20biofuel-production/biofuels-and-world-agricultural-markets-outlook-for-2020-and-2050.

그림 6. 바이오오일 생산량 / 옥수수 가격 / 석유 가격

등하는 상황이 도래했다는 기재를 추론해 볼 수 있을 것이다(Herve *et al.* 2011). 이같은 추론을 확증하는 다양한 연구들이 이미 나와 있다 (Benson *et al.* 2008; Organisation for Economic Cooperation and Development 2008; IFPRI 2010).

이와 같은 식량위기가 발생한 기제의 영향을 살펴보면 그 파급력에 더 주목할 필요를 느끼게 해준다. 〈그림 7〉에 나타나고 있듯이, 바이오에탄올은 1990년대 10억 갤론을 전후하여 생산되다가 2000년대 들어 증가하기 시작하여 2007년에 근접하면서 60억 갤런을 상회하는 수준으로 가파르게 상승한다. 이는 3부셀당 5달러를 전후하던 옥수수 가격을 20달러 넘게 상승시켰다. 그런데 더 주목할 부분은 옥수수 생산량 중 어느 정도가 이렇게 변화되었는가의 문제인데, 4-5%를 넘

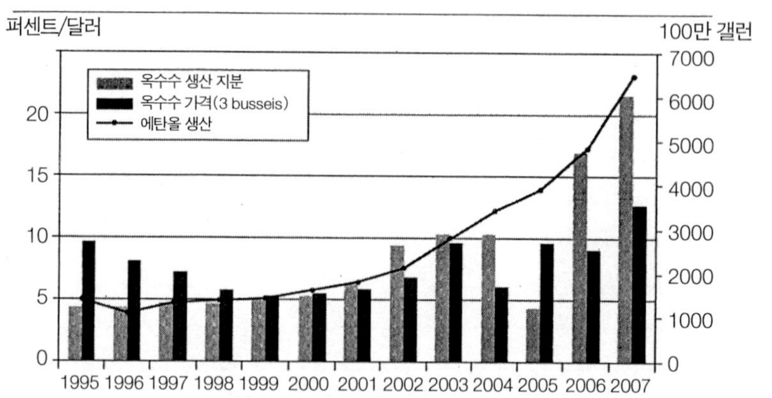

출처: Renewable Fuels Association, Industry Statistics, USDA; Economic Research Service, Feedgrains Database.

그림 7. 옥수수 시장과 바이오에탄올 생산

지 않던 바이오에탄올로의 전환 비율이 20%를 훌쩍 넘었다는 것이다. 2007년에 거의 4분의 1에 달하는 옥수수가 식량의 용도가 아닌 연료로의 전환을 위해 사용되었다는 것이다. 옥수수는 식량으로뿐만 아니라 사료로 가장 많이 쓰이는 곡물이라는 점을 상기해 볼 때에 그 식량 수급 전반에 미친 효과는 짐작하고도 남을 수 있다.

따라서 2007-2008년 식량위기를 좀 더 잘 이해하기 위해서는 에너지와 식량의 가격체계가 상호 연동되는 이슈 연계의 핵심적 고리를 이해하는 것이 중요하다. 그것은 〈그림 8〉에서 나타난 바와 같이 석유, 바이오연료 그리고 곡물의 수요와 공급 및 가격의 각각의 고리들이 어떻게 상호적인 영향을 미치는지를 추적하는 것으로 가능하다. 그림 좌하단에 위치한 석유시장의 상황은 석유의 수급 구조에서 석유에 대해 '지속적으로' 높아지는 수요로 인해 가격에 의한 수급 조정의 기능으로 제어되지 않는 상황이 출발점이었고, 이는 자연스럽게 바이오연료

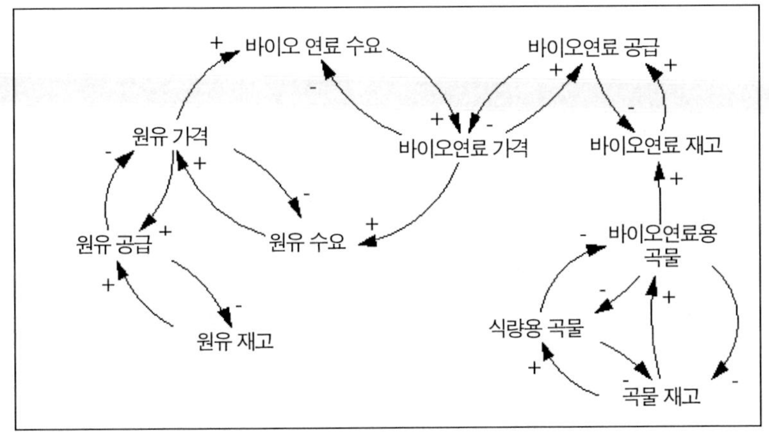

출처: Gyu Rim Kim 2009: 6.

그림 8. 식량-바이오연료-석유 시장의 가격 고리

에 대한 수요를 높이게 되었다. 이 바이오연료에 대한 수요로부터 발생한 '지속적' 압력은 바이오연료의 공급을 늘리는 압력으로 전화되었고, 바이오연료 시장의 이같은 상황은 우하단의 곡물시장에서 식량을 위한 곡물사용을 줄이고 바이오연료의 생산을 위한 곡물의 사용을 증대시킨 것이다. 그 결과로 곡물가격의 급등이라는 식량위기 상황을 불러온 것이다(Kim 2009).

이는 기존에 존재하던 석유시장과 곡물시장의 시장 기재가 시장원리에 따른 조절기능을 넘어서는 지속적이며 높은 수준의 압력하에서 새로운 방식으로 연결된 것을 의미하며, 이런 새로운 메커니즘의 출현을 가능하게 한 외부적 요인에 대한 연구가 절실해지고 있다. 더불어 이를 바탕으로 국제 곡물시장과 에너지시장의 안정을 위한 국제적인 공조의 기재를 마련하는 것이 시급한 과제가 되었음을 의미한다(Simpson 2005). 특히 2011년 및 2012년 및 그 이후 상황에서도 이같

은 식량위기의 조짐이 재연되었던 것을 돌아보면 이는 더더욱 시급한 과제로 인식될 필요가 있어 보인다(HSNW 2015).

결국 2007-2008년 식량위기는 인구증가 및 식량 소비의 증가라는 상수적 압력이 존재하는 가운데, 식량생산이 감소하고 있던 작황 상황이 결부되면서 전반적인 식량시장의 취약성이 높아지던 시점에 발생했다. 식량위기 직전의 식량생산 수준은 분명히 감소하고 있었던 것이 사실이다. 하지만 이러한 변화에 대하여 적절히 주시하지 못하고 있었다는 것만으로는 식량위기가 다 설명되지 않는다. 도리어 이같은 취약한 식량시장이 외부 요인의 영향에 노출되면서 위기적 상황이 발생한 것으로 보는 것이 타당해 보인다. 당시 세계적인 경제 확장의 시기를 맞아 식량은 물론 특히 에너지 등의 자원에 대한 수요가 급속히 증대되고 있는 가운데 발생한 고유가는 식량생산에 대한 압박을 높여가고 있었던 것이다. 일견 인구의 증가에 따른 수요를 감당하기에 넉넉한 에너지 생산 수준이 유지되고 있었다고 하더라도, 고유가 상황에서 에너지 의존적인 농업 구조는 식량생산의 여력을 가지기에는 역부족이었던 것으로 보인다. 게다가 이같은 한계 상황에 바이오연료에 대한 수요의 증가와 주요 선진국의 바이오연료에 대한 의무적 생산 할당을 감행함으로써 식량 자산의 에너지로의 전환은 결국 식량위기를 촉발시킨 원인으로 작동했던 것이다.

IV. 새로운 미래 도전과 과제

세계 식량위기의 원인을 돌아보면 다양한 요인들이 작용하고 있음을 알 수 있다. 세계 곡물의 연간 총 소비량은 개도국의 폭발적 인구증가와 육류의 소비 증가에 따른 사료용 곡물의 소비 증가로 곡류의 소비가 직선적으로 증가하여 현재 약 21억 톤에 이르고 있다. 이에 반해 총 생산량은 약 20억 톤으로 소비량에 미치지 못할 뿐만 아니라 지구 기상환경 변화에 따른 재해의 증가 및 생태계의 파괴현상, 물자원의 부족과 관리 미흡, 생산투입 자재 및 경지의 제한, 생산자 소득의 열악화 등으로 안정적인 식량수급에 대한 위기감이 고조되고 있다. 또한 세계 곡물 재고량도 감소 추세로 약 20%의 재고량 유지도 위험수위에 처하게 되었다.

하지만 2007-2008년 식량위기는 인구급증, 전쟁, 에너지 등의 원인으로 인한 기존 식량위기와는 다른 형태의 위기적 구조를 보여주는 사례로 주목받고 있다. 물론 이 시기 식량위기의 주요한 구조적 원인들로는 기후온난화에 의한 기상이변과 사막화, 생명공학농작물(GMO)에 대한 지역 간 갈등의 영향 등과 같은 농업 내적인 원인들로부터 중국과 인도 등 신흥 국가들의 경제성장에 의한 에너지 및 식량에 대한 수요의 급증, 투기자본 유입에 의한 곡물시장의 교란, 유가 급등에 따른 곡물의 생산 및 수송 비용의 증가 등과 같은 시장 기재와 연관된 원인들이 거론되었다. 하지만 많은 연구들은 이 시기 식량위기의 발생에서 촉발요인(triggering factor)으로 작용한 것은 고유가의 시장 압력이 지속되는 데 따른 곡물을 이용한 바이오연료의 생산의 급격한 증가가 가장 중요한 요인으로 작동했음에 주목하고 있다는 점이 특이하다.

더 중요한 것은 이 같은 식량위기의 구조적 원인들이 계속 유지되고 있으며 다양한 요인들이 상호작용하는 기제가 유지되고 있기 때문에 유사한 식량위기의 재연 가능성은 상존하고 있다는 점이다. 실제로 2011-2012년에 유사한 구조적 문제로 인해 위기적 상황의 재연가능

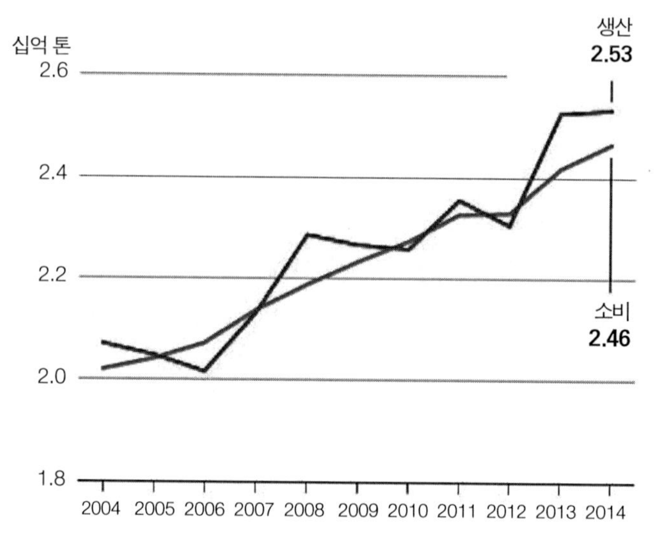

출처: http://blogs.reuters.com/data-dive/2014/12/16/how-record-crops-generated-food-inequality

그림 9. 식량 생산과 소비 추이

성이 높아지기도 했다. 다행히 〈그림 9〉에서 보이듯이 이후 상황이 호전되어 2014년 식량생산이 25억 톤을 상회하는 것으로 발표되면서 24억 톤의 소비 수준을 상회하는 것으로 나타나 다소 안도할 수 있는 상황이 되었다. 하지만 이는 유가의 폭락과 관련하여 나타난 효과일 수 있다는 점에서 그 구조적 특성이 완전히 해소되었다고 보기는 어려우며, 2014년 이후 유가의 변동성이 높아가고 있는 만큼 식량의 가격변동성은 그에 비례하여 커져가고 있음에 유의할 필요가 있다. 게다가 바이오연료 시장이 2007-2008년 식량위기 시에 끼쳤던 것과 같은 예기치 못한 외부적 효과가 식량시장에 끼칠 수 있는 위험요인은 도처에 널려 있다. 가령, 기후변화에 따른 구조적 변화 가능성은 엄청난 도전이 될 수 있다. 게다가 현재 60억 인구 중 8억 5,000여만 명의 기아인구가 엄존하고 있는 현실을 생각해 볼 때에 식량 문제는 결코 가벼이 볼 수 없는 국가적, 지역적 및 지구적 공동체의 과제로 인식되어야 한다. 따라서 식량시장과 에너지 시장의 연동에 대한 연구는 더욱 긴요해지고 있으며, 식량안보에 대한 복합적 도전에 대응하기 위한 대책을 강구할 필요가 커가고 있다.

이러한 위기의 재연을 방지하기 위한 대책의 수립은 크게 국제적인 에너지와 식량 시장 기제의 안정화를 위한 노력과 식량의 생산 및 소비의 레짐을 바꾸려는 근본적인 노력으로 나누어 생각해볼 수 있을 것이다.

시장 기제와 관련해서는 에너지 시장의 안정을 도모하는 에너지 비축과 유통 시스템의 정비 등을 고려해볼 수도 있겠지만, 신재생에너지를 농업 부문과 연계하여 활용하는 방법을 활성화하거나 친환경 에너지 사용 저감 농법을 개발하고 또는 수자원 및 에너지의 다중사용 체제를 마련하는 것과 같이 농업 내 기술혁신을 통한 대응책을 모색해 볼 수 있을 것이다. 그리고 농업 분야에서의 사회적 경제 기법을 도입하여 새로운 농업경영을 통한 농업 합리화를 모색하는 것도 가능할 것이다.

하지만 식량의 문제가 이제 한 국가의 문제가 아니라 국제적인 대응책을 마련해야 할 필요성은 그 어느 때보다 높아가고 있는 것이 사실이다. "지속가능 발전"의 목표 달성을 위한 국제적 연대를 비롯하여 국제적 자원개발과 농업개발의 결합하는 방식에 대한 연구와 논의가 펼쳐져야 한다.

이와 관련하여 한 민간단체의 제안은 여러모로 유용하다. G20 국가들이 세계 농산물의 생산과 재고에 대한 정보를 수집하는 농업시장정보시스템(Agricultural Market Information System)을 만들어 적정 식량생산 정책을 제시하고 준수하는 협력체제를 구축하자는 제안은 귀담아들을 만하다. 또 농산물 관련 G20하의 식량신속대응포럼(Rapid Response Forum)을 결성하여 곡물가격 안정화 노력을 기울일 것을 제안하기도 했다(Gilbert 2011). 각국이 식량안보를 위해 주요 식품 수출을 제한하거나 금지하는 조치를 방지하고 저개발국의 취약성을 개선하기 위한 노력을 확대하여야 할 것을 제안하기도 했다. 저개발국들도 자본투자 확대를 통해 식량 재고를 확충하여야 함은 물론이다. 그리고 EU와 미국 등은 전체 에너지의 20%를 바이오연료로 대체하는 재생에너지지침 등을 완화하고 그 곡물시장에 대한 영향을 상시적으로 모니터링하는 체제의 구축도 필요해 보인다(The Save the Children Fund 2012).

또한 새로운 식량문제에 대한 접근법을 통한 문제 해결 노력이 등장하고 있음에 주목해볼 필요가 있다. 기업형 식량 레짐에 반대하면서 등장한 '식량 주권(food sovereignty)' 운동이 그 대표적 예이다. 1990년대 중반 기존 국가 및 대기업 중심의 식량안보 시각에 도전하고, 기업중심형 식량 레짐보다 더 지속가능하고 정의로운 시스템을 지향하는 프레이밍이 나타났다. 사회적 부정의, 환경 파괴, 전통 지식의 감소와 같은 형태로 대변되는 이 결함들은 식량주권 개념을 중심으로 하는 프레임에 의해서도 반복적으로 비난받아왔다. 동시에 식량주권은 식량안보에 대한 대항담론으로서의 기능을 수행하면서, 이는 빈국이나 부국 모두에 분포하고 있는 소생산자, 농민, 농장 노동자들을 중심으로 한 소농운동("La Via Campesina")에 의해 한층 발전하였다. 식량주권은 현재 농업 체제에 대한 단순한 비판이 아니라, 그 모순적 구조를 드러내는 데 큰 기여를 했다. 식량주권 옹호자들은 식량이 단순한 상품이 아니며 식량 체제는 오로지 시장 논리에 따라 운용되어서는 안

된다고 강력히 주장한다. 이같은 식량에 대한 접근법은 식량주권의 확립을 통해 기업형 식량 레짐의 가장 기초적인 가정에 직접 도전한 것으로 볼 수 있다. 그리고 식량주권 프레임은 보다 근본적으로 생물다양성, 전통지식, 문화와 같이 경제적 가치는 없지만 그 자체로 훌륭한 가치들과 이 개념을 결합시킴으로써 기업형 식량 레짐의 미시경제 프레임워크에 대한 근본적인 문제제기에 성공했다. 나아가 식량주권론자들은 기업형 식량 레짐에 기반한 WTO 등의 국제기구의 힘의 증대와 농업 시장의 증가하는 통합에 대한 대응으로 시장과 거버넌스의 재지역화의 필요성을 강조한다(Via Campesina 1996). 기업형 식량 레짐에서는 정부가 주요 식량 공급자의 역할 대신에 농업 상품의 자유시장을 촉진하는 역할을 한 반면에, 식량주권 프레임에서 정부는 수용 가능한 식량가격을 지지하고, 농지 개혁 및 농촌개발 프로그램 등을 추진하는 역할을 감당하도록 요청받게 되는 것이다.

이같은 식량주권의 개념은 새로운 위기의 출현에 대하여 새로운 대응책을 모색함에 있어서 커다란 잠재성을 지닐 수 있다. 식량주권은 기존의 식량 레짐 모델에 정면으로 대항했기 때문에, 세계화와 시장화 및 기업의 논리에 의해 그 본질적 주장이 희석될 위험을 비교적 잘 견딜 수 있다. 식량안보에서 중립적이고 기술적인 언어가 주로 사용된 것과 달리, 식량주권 개념을 추동하는 운동에서는 고도로 정치적인 언어를 활용하고 있다. 식량주권과 관련된 담론은 기존의 체제를 즉각적으로 약화시키는 데 성공하지 못했지만, 기존 기업 중심형 레짐의 가정을 부정하고 외견상 중립적으로 보이는 개념과 장치들이 지닌 정치적 성격을 명백하게 드러냄으로써 초국적 기업 중심형 식량 레짐이 굳건하게 정착되는 것에 저항하면서 그것을 약화시킬 수 있는 잠재력을 보여주고 있다.

식량주권 개념이 널리 받아들여진다면 식량과 관계된 농업, 정치, 사회 시스템이 변화되어, 통합되고 민주화되고 지역화된 식량생산 모델이 결과로 나타날 것이다. 핸디(Jim Handy)는 "식량주권은 식량을 시장에 의해 접근과 생산이 결정되는 상품으로 대하지 않고, 식량을 생산하고 소비하고 공유하는 데 내재하는 사회적 연결을 인식하도록 요구한다"고 지적하고 있다(Handy 2007). 현재 세계화된 식량 시스템은 먹는 식량의 소비 주체들을 식량 생산자 및 생산지로부터 멀어지게 한다. 식량이 더 산업화되고 가공되고 멀어질수록 소비자들은 덜 연결되고 덜 알려지게 되는 것은 당연하다. 이러한 지식의 부족은 우리의 식사에 대한 관계를 바꾸어 의미와 문화적 중요성을 잃게 할 뿐만 아니라, 결정을 할 능력을 약화시킨다는 것이다. 따라서 식량주권은 소비 주체의 식량, 문화, 민주주의 사이에 복잡한 연관성을 재인식하게 만듦으로써 식량 소비자의 주체성을 회복시키고 보다 건강하고 건전한 개인과 사회를 만드는 것을 지향하는 운동의 기초가 될 수 있다는 것이다(Wittman *et al.* 2010; Friedmann 2005). 이와 관련하여 최근에 나타나고 있는 흥미로운 변화로 "지방 식량 공급체제(local food system)"의 확산에 관한 논의는 식량주권의 논의가 어떻게 기업형 식량 레짐에 의해 수용되고 그 타협 내지 변화를 추동하는지를 보여주는 사례이기도 하다.

이같은 식량주권을 확립하기 위한 시도들은 식량 레짐이 세계 에너지 시장 및 식량시장의 자본주의적 논리에 전횡되는 데 온전히 노출됨으로써 나타나는 2007-2008년 식량위기의 재연을 방지하는 데 대한 근본적인 치유책이 될 수도 있을 것이다.

하지만 이같은 식량시장의 내부적 및 외부적 노력들 못지않게 중요하고 또한 그에 앞서서 선행되어야 할 것은 새롭게 등장하고 있는

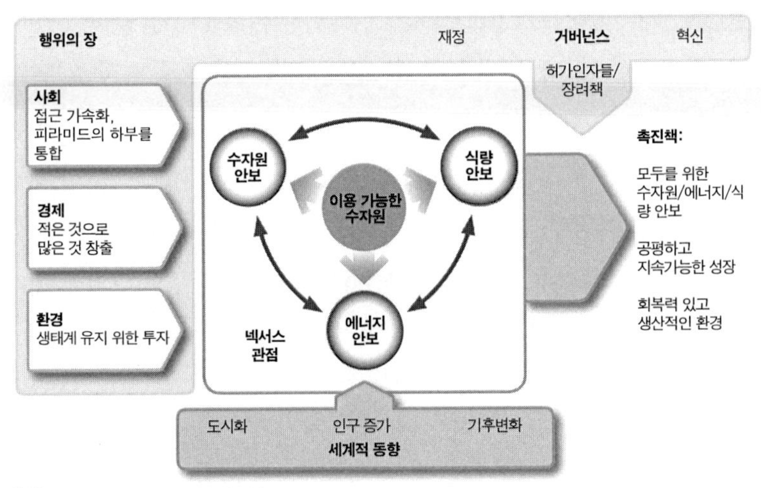

출처: SEI cord. and ed. 2011: 16.

그림 10. 수자원안보－식량안보－에너지안보의 복합연계(Nexus) 개념도

도전으로서 다양한 위기적 요인이 복합화되어 가는 데 대한 연구이다. 특히 2011년 독일 본에서 열린 넥서스(Nexus) 국제회의 이후 OECD 등을 중심으로 수자원과 식량 그리고 에너지 등의 복합적인 상호연계에 대하여 깊은 관심을 가지고 다양한 연구들이 시도되고 있다는 점은 고무적이다(Kumar *et al.* 2014). 〈그림 10〉의 개념도에서 나타나고 있듯이, 이러한 복합적 연계의 접근법은 사회와 경제 그리고 환경의 문제가 함께 작용하는 구조를 보여주는 데 유용하다. 또한 세계경제포럼(WEF)에서 매년 출간하는 「지구위험분석보고서」(Global Risk Analysis)는 세계 지도자들이 지구적 위험의 연계성을 어떻게 인식하고 있는지 면밀히 모니터링하면서 어떤 위험 요인들이 상호 밀접한 연계를 가지는지에 대한 인식론적 지도를 제공하고 있다. 이같은 연구의 추세에 따르면 비전통 위험의 복합과 연계에 대한 패턴을 연구할 필요성이 지니는 중요성이 잘 드러나고 있으며, 특히 식량과 에너지 문제와

관련해서는 각 이슈가 복합적으로 연계되는 만큼 다양한 학제적 연구의 필요성도 지적되고 있다(Atkinson *et al.* 2012; Azevedo *et al.* 2011; Edwards 2010). 따라서 향후 이 분야에 대한 연구는 더욱 진작될 수 있도록 노력을 경주할 뿐만 아니라 이러한 복합적 연계가 이루어지는 지방, 국가, 지역(가령, Grafton and Kompas 2012), 지구의 수준에 대한 논의와도 연결되어 비대칭적인 능력을 넘어서 지구적 위험에 대처할 수 있는 방안이 연구되어야 할 것이다.

참고문헌

프레시안. 2014. "'식량주권' 잃으면, 국민 절반이 굶는다." 2014.4.29.
하이파이브. 2012. "식량가격 폭등과 저개발국 아동의 삶." 2012.10.17.

Atkinson, H. J., C. J. Lilley, and P. E. Urwin. 2012. "Strategies for transgenic nematode control in developed and developing world crops." *Current Opinion in Plant Biotechnology*, http://dx.doi.org/10.1016/j.copbio.2011.09.004.
Azevedo, R. A., and P. J. Lea. 2011. "Research on abiotic and biotic stress – what next?" *Ann. Appl. Biol.* 159.
Benson T. *et al.* , 2008. *Global Food Crisis: Monitoring and Assessing Impact to Inform Policy Responses, IFPRI Food Policy Report.* Washington DC: IFPRI.
Buttle F. and P. McMichael eds. 2005. *Research in Rural Sociology and Development.* Oxford, UK: Elsevier Press.
Edwards, D., and J. Batley. 2010. "Plant genome sequencing: Applications for crop improvement." *Plant Biotechnol.* 8.
FAO. 2011. *The State of Food Insecurity in the World.*
FAO *et al.* 2011. *Price Volatility in Food and Agricultural Markets: Policy Responses.*
Frankel, Jeffrey. 2014. "Why Are Commodity Prices Falling?" *Project-Syndicate* (December 15).
Gilbert, C. 2011. *International Agreements for Commodity Price Stabilisation: An Assessment.* Paris: OECD.
Grafton, Quentin, and Tom Kompas. 2012. "Asia's energy and food security challenges." *East Asia Forum*, 4-4 (December 10).
Günther, Folke. 2001. "Fossil Energy and Food Security." *Energy & Environment*, 12-4.
Harriet Friedmann. 2005. "From Colonialism to Green Capitalism: Social Movements and Emergence of Food Regimes," in Buttle and McMichael eds. 2005.
Hervé, Guyomard, Forslund Agneta and Dronne Yves. 2011. "Biofuels and World Agricultural Markets: Outlook for 2020 and 2050." in Dr.-Ing. Marco Aurélio dos Santos Bernardes ed. 2011. *Economic Effects of Biofuel Production.* InTech, http://www.intechopen.com/books/economic-effects-of-biofuel-production.
HSNW. 2015. "Rising fossil fuel energy costs risk global food security." *Homeland Security News Wire* (July 2).
Ianchovichina E. *et al.* 2012. *How Vulnerable are Arab Countries to Global Food Price Shocks*? World Bank Policy Research Paper 6018. Washington: The World Bank.
IFPRI, 2010. *Reflections on the Global Food Crisis: How did it happen and how can we prevent the next one*? Washington DC: IFPRI.

Kim, Gyu Rim. 2009. "Analysis of Global Food Market and Food-Energy Price Links: Based on System Dynamics Approach." Hankuk Academy of Foreign Studies, http://www.systemdynamics.org/conferences/2009/proceed/papers/P1332.pdf.

Kumar, M. D., Nitin Bassi, A. Narayanamoorthy, M.V.K. Sivamohan eds. 2014. *The Water, Energy and Food Security Nexus: Lessons from India for Development*. Routledge.

McGourty, Christine. 2009. "Global crisis 'to strike by 2030'," *BBC News* (March 19).

Organisation for Economic Cooperation and Development. 2008. *Rising Food Prices: Causes and Consequences. Paris: OECD Working Document.*

Page, Greg. 2012. "How to Ensure the World's Food Supply." *Washington Post* (August 2).

Parry, M. A. J., and H.-C. Jing. 2011. "Bioenergy plants: hopes, concerns and prospectives." *Journal of Integr. Plant Biol.* 53.

Pimentel, David, and Anne Wilson. 2004. "World Population, Agriculture, and Malnutrition," *World Watch Magazine* 17-5.

SEI cord. & ed. 2011. Understanding the Nexus. (Background paper for the Bonn Nexus Conference 「The Water, Energy and Food Security: Nexus Solutions for the Green Economy」 on November 16-18, 2011, in Bonn, Germany).

Simpson, Alan. 2005. "Food and Energy Security: Local Systems Global Solidarity." *ISIS Report* (Sep. 27).

The Save the Children Fund. 2012. *A High Price to Pay: The impact of rising and volatile food prices on children's nutrition and food security*. London: SCF.

Tverberg, Gail. 2011. "WSJ, Financial Times Raise Issue of Oil Prices Causing Recession." (February 25), http://ourfiniteworld.com/2011/02/25/wsj-financial-times-raise-issue-of-oil-prices-causing-recession/.

UNFCCC. 2008. *UNFCCC Technical Report 2008*.

Vía Campesina. 1996. "Tlaxcala Declaration of the Vía Campesina (Declaration of the Second International Conference of Vía Campesina, Tlaxcala, Mexico)."

Walker, D. A. 2010. "Biofuels for better or worse?" *Ann. Appl. Biol.*, 156.

Wittman, Hannah, Annette Desmarais, and Nettie Wiebe eds. 2010. *Food Sovereignty: Reconnecting Food, Nature and Community* (Food First).

http://www.mdpi.com/2071-1050/3/10/1742/ag

http://www.paulchefurka.ca/PopulationFoodEnergy.jpg

http://www.segye.com/content/html/2015/07/02/20150702004860.html

http://www.intechopen.com/books/economic-effects-of-%20biofuel-production/biofuels-and-world-agricultural-markets-outlook-for-2020-and-2050

http://blogs.reuters.com/data-dive/2014/12/16/how-record-crops-generated-food-inequality/

제4장

원자력의 복합성과 신흥안보

배영자

I. 문제 제기

2011년 3월 후쿠시마 원전 사고로 원자력발전에 잠재되어 있는 위험성이 가시화된 이후 원자력발전에 대한 논의가 조심스럽게 이어지고 있다. 세계적으로 원자력발전의 위험을 강조하며 이를 축소하거나 폐지해야 한다는 입장이 힘을 얻어왔다. 반면 신재생 에너지의 상용화가 더디게 진행되고 에너지 수요가 지속적으로 증대되는 상황에서, 경제적이고 CO_2를 덜 발생시키는 원자력 에너지의 안전관리를 강화하며 원자력발전을 지속해야 한다는 반론도 제기되어 왔다. 독일을 위시한 몇몇 국가들은 탈핵을 선언한 반면, 프랑스, 한국, 중국 등은 기존 원전을 유지하거나 확대하는 입장을 고수하고 있다. 국제무대에서도 국제원자력기구(IAEA: International Atomic Energy Agency)와 세계원자력협회(WNA: World Nuclear Association) 등 친핵 세력들의 원전 안정성 강화 및 확대 주장과 그린피스, 핵정보자원서비스(NIRS: Nuclear Information and Resource Service)와 같은 반핵단체들의 탈핵과 신재생 에너지 투자 확대 요구가 대립각을 형성하고 있다. 원자력발전에 관한 논의는 찬핵과 반핵 간 팽팽한 대립과 갈등의 반복 속에서 불신과 상호 비난이 난무하는 가운데 공전을 거듭하고 있다.

현재 세계 30여 개 국가가 원자력발전을 운영하고 있으며 원자력발전은 세계 전력공급의 14%를 차지고 있다(NEA 2015). 프랑스는 국내 전력의 70%이상을 원자력발전을 통해 공급하고 있고 이외 미국, 일본, 러시아, 한국, 독일에서도 원자력은 주요 에너지원이다. 특히 서구국가들의 탈핵 선택 및 신재생 에너지에 대한 관심과 대조되는, 동아시아 지역 원자력발전의 증대는 주목할 만하다. 일본과 한국은 수입 화석에너지에 대한 의존도를 줄이기 위해 원자력발전을 적극 활용해

왔고, 중국은 급증하는 국내 에너지수요를 감당하기 위해 원자력발전을 공격적으로 확대하고 있다.

한국은 1978년 최초로 원자력발전을 시작한 이래 원자력 에너지 활용을 확대하여 왔다. 이 과정에서 1990년대 이후 원전에서 배출되는 방사능 폐기물 처리장 부지선정을 둘러싸고 극심한 갈등이 진행된 바 있다. 후쿠시마 사태 이후에도 정부는 전력대란의 위험과 원자력의 경제성 및 친환경성을 강조하며 원전 지속 및 신규 건설을 계획하고 있다. 2009년 아랍에미리트(UAE) 원전건설 수주 성공 이후, 세계 원전산업 내 한국 기업들의 경쟁력에 주목하면서 원전산업을 미래 성장산업으로 육성해야 한다는 주장도 제기된다. 반면 이웃 일본 후쿠시마 사태를 통해 쉽게 돌이키기 어려운 원전의 위험성을 직접적으로 실감하면서 시민단체 및 야당 주도로 원전 반대 및 탈핵이 제안되고 있다.

본 연구는 한국이 당면한 원자력발전 문제를 복합성과 신흥안보 관점에서 조망하고 분석한다. 원자력 이슈는 관련 영역과 행위자가 복합적이다. 원자력은 군사 무기로 출범하여 평화적 이용의 기치아래 원자력발전으로 이어졌고 최근 온실가스 감축 논의를 통해 친환경적 관점에서 접근되기도 한다. 원자력 무기와 발전은 국가 주도로 관리되지만 국제기구 시민단체 등 다양한 행위자가 복합적으로 관련되어 있다. 신흥안보의 개념은 기존의 비전통 안보(nontraditional security)와 같은 소극적인 개념화의 경향을 넘어서 좀 더 적극적으로 안보 문제를 바라보려는 문제의식에서 출발하고 있다(김상배 2016). 신흥안보 이슈는 일상생활의 미시적 차원에서 발생하는 안전의 문제들이 특정한 계기를 만나서 거시적 국가안보의 문제로 증폭되는 특징을 지닌다. 미시적 안전에서 거시적 안보 문제로 확산되는 과정에서 다양한 국가 및 비국가 행위자, 비인간 행위자 등이 관여하게 되며, 문제의 발생원인,

확산경로 및 파급효과가 단선적이기보다는 복합적이다. 원자력발전은 일상적인 안전 문제가 특정한 계기를 통해 거시적 안보 이슈로 발전할 수 있는 가장 대표적인 이슈이다. 본 연구는 한국을 위시한 동아시아 지역에서 원자력발전이 복합성과 신흥안보의 관점에서 어떻게 드러나고 있는지 살펴보고 21세기 한국 원자력발전의 미래전략을 생각해보고자 한다.

II. 원자력발전 개황

제2차 세계대전 당시 미국은 맨하탄 프로젝트를 통해 원자폭탄 제조에 성공하고 일본 히로시마와 나가사키에 원폭을 투하하여 전쟁을 승리로 이끌었다. 핵무기의 위험성에 대한 우려가 증대하는 상황에서 1953년 미국 아이젠하워 대통령이 '원자력의 평화적 이용(Atoms for Peace)'을 제창함에 따라 민간 영역에서 원자력 활용에 대한 관심이 증가되었다. 1970년대 석유위기를 거치면서 원자력발전 수요가 급증하였다. 1986년 체르노빌 사태로 원자력발전의 위험이 구체화된 이후 세계 원자력발전은 소강상태에 접어들지만, 동아시아를 비롯한 일부 지역에서 지속적으로 증가해왔다.

현재 세계 30여 개국이 원자력발전을 가동하고 있다.[1] 전체 발전 용량을 기준으로 미국은 전 세계 원자력발전의 31%를 차지하는 원자력 대국이며 여기에 프랑스, 일본, 러시아, 한국이 합쳐 세계 원자력발전의 4분의 3을 차지하고 있다. 원자력발전을 위한 자본과 기술의 장

1 원자력발전 현황에 대해서는 IAEA 홈페이지(http://pris.iaea.org/public/), 세계원자력협회 홈페이지(http://www.world-nuclear.org/) 등 참조.

표 1. 원자력발전 국가 현황

	원전용량 (bn w)	원전비율 (%)	GDP per capita ($)	에너지 수입 (Mtoe)	CO_2 방출량 (Mt)	후쿠시마 이후 원전 정책	지역/권역
미국	807.1	19.6	48147	559.01	5195.02	증가	서구권
프랑스	410	74.1	44401	134.38	354.3	증가	서구권
일본	280.3	29.2	45774	384.46	1092.86	**원전 재가동**	**동아시아권**
러시아	159.4	17.1	13236	-528.63	1532.6	증가	구소련권
한국	141.9	32.2	23749	198.1	515.46	증가	**동아시아권**
독일	133	28.4	44558	202.94	750.19	**탈핵 예정**	서구권
캐나다	85.1	15.1	51147	-146.46	520.75		서구권
우크라이나	84	48.1	3575	41.84	256.39		구소련권
중국	71	1.8	5184	274.92	6381.6	증가	**동아시아권**
영국	56.9	15.7	39604	55.08	465.8		서구권
스페인	53.9		33298	110.69	283.37		서구권
스웨덴	50	37	61098	17.76	41.71		서구권
벨기에	45.7	51.7	48110	49.59	100.7		서구권
대만	40.8	17	21592	90.73	100.7		**동아시아권**
스위스	25.3	38	84983	-2.82	59.8	**탈핵 예정**	서구권
체코	26.4	33.2	20938	11.38	109.84		구소련권
핀란드	21.9	28.4	50090	18.35	55.01		서구권
인도	20.5	2.9	1527	181.97	1585.82	증가	서아시아
헝가리	14.7	42.1	14808	14.86	48.16		구소련권
불가리아	14.2	33.1	7243	8.06	42.21		구소련권
슬로바키아	13.5	51.8	17889	11.25	33.17		구소련권
브라질	13.9	3.1	12917	15.65	337.8	증가	남미
남아공	12.9	5.2	8342	-13.61	369.37	증가	아프리카
루마니아	10.7	19.5	8666	6.62	78.36		구소련권
아르헨티나	6.7	5.9	10640	-4.95	166.61		남미
멕시코	5.6	3.6	10830	-42.34	399.67	증가	중미
슬로베니아	5.4	37.3	25939	3.45	15.15		구소련권
네덜란드	3.75	3.4	51410	35.12	176.11		서구권
파키스탄	2.6	2.6	1164	19.84	136.94		서아시아
아르메니아	2.27	39.4	3048	1.81	4.26		구소련권

출처: IAEA, IMF, IEA(International Energy Agency) 자료 등

벽이 높다. 현재 원자력발전을 하고 있는 30여 개국을 GDP 기준으로 나누어보면 GDP 3만 달러 이상이 12개국, 3만 달러 이하 1만 달러 이상은 10개국, 그리고 1만 달러 이하 국가가 8개 국가로 구분된다. 1만 달러 이하 국가들은 크게 두 그룹—중국, 인도, 남아공 등 빠르게 성장하고 있는 개도국과 우크라이나, 불가리아, 루마니아, 아르메니아 등 구소련 영향권 국가들로 나뉜다. 지역 및 권역별로는 서구권 11개국, 구소련권 9개국, 동아시아권 4개국, 서아시아 2개국, 중남미 3개국, 아프리카 1개국으로 분포되어 있다. 원자력발전은 미국, 프랑스 등 선진국들의 방대한 에너지 수요를 감당하기 위해, 또는 중국, 인도 등 개도국의 급증하는 에너지수요에 대한 대책으로, 구소련 국가군들에서처럼 역사적 유산으로 시작되었고 활용되어 왔음을 알 수 있다.

후쿠시마 원전 폭발 이후에도 프랑스, 러시아, 한국, 캐나다, 중국, 영국 등 많은 국가들은 현실적으로 원전을 대체할 만한 에너지 공급원이 없다고 주장하며 원전 유지 및 확대를 고수하겠다고 밝혔다. 2016년 전반기 현재 중국(27기), 러시아(11기), 인도(5기), 한국(5기), 우크라이나(2기), 캐나다(2기), 일본(2기), 슬로바키아(2기), 대만(2기)을 비롯하여 아르헨티나, 브라질, 핀란드, 프랑스, 이란, 미국(각 1기)에서는 신규 원전이 건설 중이거나 계획 중에 있다. 미 원자력규제위원회(NRC: Nuclear Regulatory Commission)는 2012년 3월 원자로 2기 추가 건설을 34년 만에 승인해 관심을 모았다. 반면 독일, 스위스, 일본 등은 원전을 점차적으로 감소시키거나 중단할 것임을 결정하였다.

현재 원전을 하고 있지 않은 190여 개 국가 가운데 반핵 입장을 뚜렷이 표명한 국가는 오스트리아, 덴마크, 노르웨이, 이탈리아 등 소수이다. 또 GDP 3만 달러 이상 국가 중 원전을 도입하지 않은 국가는 반핵 국가 이외 룩셈부르크, 아일랜드, 호주, 뉴질랜드, 카타르, 쿠웨이트, 이스라엘, 싱가포르, 부르나이, 홍콩이다. 에너지 자원이 풍부하거나 상대적으로 국가 에너지 수요가 크지 않은 소국들이다. 반면 터키, 아랍에미리트, 폴란드, 이집트, 베트남, 인도네시아, 이란 등 많은 비원전 국가들이 원자력발전에 신규 진입을 추진하고 있다. 후쿠시마 사태 이후에도 의외로 많은 국가들이 기존 원전 정책을 고수하거나 혹은 신규 진입을 계획하고 있음을 알 수 있다.

III. 원자력발전의 영역과 행위자의 복합성

1. 이슈 복합성: 군사·경제·환경

1) 군사

20세기 초반에 진행된 원자핵 발견과 핵분열의 폭발적 잠재력은 원자폭탄의 제조로 이어졌다. 미국은 세계최초의 흑연감속원자로(CP-1)를 가동시켜 여기서 생산된 플루토늄으로 원자폭탄을 제조하였고 1955년까지 원자로 4기를 추가 건설하여 플루토늄을 생산하였다.[2] 제2차 세계대전 직후 미국은 핵무기 확산을 통제하고자 노력했다. 미국은 1946년 원자력 에너지법을 제정하고 핵물질 및 핵 관련 기술의 국외 확산을 방지하는 '비밀 및 거절(secrecy and denial)' 정책을 수립하여 적절한 보장조치가 없는 한 어떠한 원자력 협력도 이루어 질 수 없음을 명시하였다(Nelson 2009). 1949년 소련이 독자적으로 원폭 실험에 성공하였고 뒤이어 1952년 영국도 핵폭발 실험을 하였으며 벨기

2 원자력에너지 발전에 대한 간략한 역사는 미국에너지부, The History of Nuclear Power 참조(http://www.ne.doe.gov/pdfFiles/History.pdf 2016년 2월 검색).

에, 프랑스, 이탈리아, 스위스, 스웨덴도 국가적 차원에서 원자력 연구를 적극적으로 추진하였다. 미국의 핵 우위가 위협받고 핵 확산의 위험성이 증대하는 상황에서 미국의 원자력 정책은 변화를 모색할 수밖에 없게 되었다(Clarfield and Wiesek 1984). 이 과정에서 아이젠하워 대통령은 유엔에서 원자력 평화적 이용 연설을 통해 원자력의 평화적 이용을 강조하였고, 국제기구를 설립하여 원자력의 평화적 이용을 지원하고 국가의 원자력 활동을 감독하는 방법을 찾게 되었다. 여러 차례의 협상을 거쳐 1957년 유엔 전문기구로 국제원자력기구(IAEA)가 설립되었다(Scheinman 1987; Fischer 1997; Forland 1997). IAEA는 원자력의 평화적 이용을 위한 연구개발 실용화 장려, 필요한 물자 및 서비스 제공, 과학기술 정보 교환 촉진, 핵물질이 군사 목적으로 사용되지 않도록 안전조치 강구 등을 목표로 활동하였다.

아이젠하워 대통령의 연설과 IAEA의 수립 이후 원자력은 세계경제무대에 본격적으로 등장하게 된다. 원자력의 군사무대와 경제무대가 중첩되는 지점에서 제기된 주요 이슈는 원자력발전의 증가가 핵확산으로 이어질지 여부에 관한 것이었다. 원자력발전 확대로 인한 핵확산의 위험이 완벽하게 통제되기 어려운 상황에서 미국과 소련은 1970대 이후 본격적으로 핵비확산체제를 구축하여 왔다. 핵비확산체제는 핵비확산조약(NPT: Non-Proliferation Treaty)을 정점으로 쟁거위원회(Zangger Committee), 핵공급그룹(NSG: Nuclear Suppliers Group) 등 핵물질의 수평적 수출통제와, 전면 핵실험 금지조약(CTBT: Comprehensive Nuclear-Test-Ban Treaty) 등 수직적 확산방지를 중심으로 구축되었다. 이외 국제 핵비확산체제의 틀 속에서 핵무기의 수직 및 수평적 확산을 저지하는 다양한 기술적, 상업적, 정치적 차원의 통제 방법이 활용되어 왔다(Letts and Cunningham 2009). 이란, 북한 등 핵무기 보유를 추구하는 국가가 수적으로 증가하고 9·11 이후 테러리스트들의 핵무기 보유 위험이 증대된 상황에서 미국정부는 핵비확산 체제를 강화한다. 2003년 부시 행정부의 핵확산 방지구상(PSI: Proliferation Security Initiative), 2009년 오바마 행정부의 핵무기 없는 세상(nuclear free world) 연설, 세계 핵안보정상회의(Global Summit on Nuclear Security) 개최 등이 이러한 배경 속에서 이해될 수 있다(백진현 2010). 현재 핵 비확산과 핵군축을 목표로 IAEA 사찰강화, NPT 위반국에 대한 제재 도입, 기후변화에 대한 대응으로 원자력 활용 등 다양한 이슈가 논의되고 있다.

2) 경제

원전이 세계경제무대에서 확산되는 과정에서 원전의 경제성에 대한 논쟁이 제기되었다. 1960년대에 접어들면서 원자력발전에 대한 국가들의 관심이 고조되는 가운데 1966년 테네시계곡 개발공사(TVA)가 원자력발전소 2기를 발주하면서 발표한 보고서에서 원자력발전이 화력발전에 비해 경제적이라고 주장하였다.[3] 1970년대 초반 석유파동이 진행되면서 원자력이 보다 경제적인 에너지원이라는 인식이 확산되었고 원전건설 붐이 진행되었다. 현재까지 다양한 기관들이 원전비용을 석유, 가스, 태양 등 비용을 비교 제시해왔으나 비용 산정 방법이나 각 에너지원에 대한 찬반 입장에 따라 비용이 다르게 제시되고 있다.

예컨대 2009년 MIT 보고서는 '원자력이 석유나 천연가스에 비해 가격경쟁력이 있는 것은 아니지만, 원자로 건설을 위한 금융 및 운영비용, 원자로 건설 기간 단축을 통해 가격경쟁력이 증가될 수 있으며

3 Tennessee Valley Authority 홈페이지
(http://www.tva.com/power/nuclear/pdf/Nuclear_White_Paper.pdf) 2016년 2월 검색

더욱이 탄소배출권 시장이 활성화되면 원자력 에너지의 가격경쟁력이 증대될 수 있다'고 주장하였다(MIT 2009). 그러나 지난 수십 년 동안 원전에 대한 사회적 관심이 증대되고 원전 안전성, 핵폐기물 처리장 건설 이슈가 정치화되면서 원전건설 기간이 지연되었고 총 원전건설 비용은 오히려 증가되어왔다. 반면 신재생 에너지의 시장성은 빠르게 증가해왔다. 후쿠시마 사고 이후 일본 에너지정책 조정을 위해 경제산업성, 환경성 등 각료로 구성된 에너지환경회의는 사고이후 발전단가 검증위원회를 구성하여 각 에너지원의 발전단가를 조사하였고 2011년 12월 검증결과보고서를 발표하였다.[4] 원전사고의 사회적 비용까지 발전단가에 포함시킨 보고서에 따르면 현재 시점에서 원자력은 석탄, LNG와 함께 여전히 경제적인 에너지원이다. 태양광의 경우 현재는 매우 비싸지만 향후 자본비, 운전유지비가 급속히 감소하면서 경제적인 에너지원으로 부상할 수 있다고 보고 있다. 발전단가는 각 에너지원에 대한 사회적 인식, 연구개발 속도 등에 따라 조정되고 있음을 알 수 있다.

3) 환경

원전건설은 1986년 체르노빌 사건을 계기로 소강상태에 접어들었으나 21세기 들어 원자력 에너지에 대한 관심이 다시 증대되면서 '원전르네상스'가 도래하였다(Squassoni 2008). 원자력 에너지에 대한 우호적 분위기가 형성된 배경에는 원전의 친환경성 주장이 자리 잡고 있다. 1992년 브라질 리우회의에서 UN 기후변화협약(UNFCCC)이 체결되고, 1997년 일본 교토에서 열린 3차 기후변화협약 당사국 총회에서

4 일본 국가전략실 홈페이지(http://www.npu.go.jp/policy/policy09/archive02.html), 2016년 2월 검색.

교토의정서가 채택된 이후, CO_2 의무감축 논의가 진전되었고 각 국은 에너지정책에 대한 전환을 요구받게 되었다. 친환경성과 생태주의가 지구적 관심사로 등장하고, 지구온난화의 주범인 온실가스를 발생시키는 화석에너지 감축이 세계정치의 주요 의제로 부상하게 된다. 현실적으로 신재생에너지의 상업화가 더딘 상황에서 화석에너지에 대한 의존도를 대체할 수 있는 유일한 신재생에너지원으로 원자력 에너지가 주목받게 된다.

원자력 에너지의 친환경성 주장에 기초하여 원자력은 세계 환경무대에도 진입하게 되었다. 현재까지 원자력의 친환경성에 대해 많은 논의가 이루어져왔다. 자료에 의하면 원자력이 발전량 대비 온실가스 배출량이 적은 것은 사실이다. 그러나 원자력은 에너지화되기 위해 여러 단계의 가공과정을 거치고 그 과정에서 온실가스가 배출된다. 즉 석탄, 석유, 천연가스에 비해 적은 양의 CO_2를 발생시키나 풍력, 태양 등 신재생에너지에 비해서는 많은 CO_2를 발생시킨다. 원자력발전 후 배출되는 핵폐기물은 오랫동안 방사능을 함유하여 안전하게 저장되지 않거나 사고로 유출되면 지구환경에 치명적 해를 입힐 수 있다. 현재 원자력발전을 시행하고 있는 국가에서 예외 없이 핵폐기물 처리장 부지 선정을 둘러싸고 갈등이 전개되고 있다. 혹자는 원자력이 빠른 시간 내에 화석에너지 사용을 줄이고 CO_2를 감축시킬 수 있는 유일한 현실적인 대안이라고 주장한다. 반면 원자력발전 과정에 내포된 위험과 핵폐기물처리 문제, 원자력의 사회적 비용은 원자력의 모든 장점을 상쇄한다는 반박도 제기된다.

이상에서 원자력이 군사무대에 등장한 이래, 경제, 환경무대에서도 순차적으로 주목받아왔음을 간단히 살펴보았다. 각국의 원자력발전 정책은 핵물질에 대한 엄격한 국제규제와 감시 및 교토의정서의

CO_2 의무감축 요구 속에서 경제성과 사회적 수용도 등 다양한 요인들을 고려하여 결정되고 있다.

2. 행위자 복합성: 국가·국제기구·기업·시민단체

원자력발전 초기 원자력 에너지에 관한 주요 결정은 정부와 일부 전문가들에 의해 배타적으로 이루어졌다. 1970년대 이후 반원전운동이 시작되면서 원자력 에너지 이슈가 정치화되기 시작하였고 특정 정부, 기업, 국제기구를 축으로 하는 찬핵 세력과 시민사회가 중심이 된 반핵 세력의 대립적 구도가 형성되기 시작하였다. 여기서는 정부관료 및 전문가 중심이었던 원자력발전 이슈가 행위자 측면에서 복합화되어온 과정을 간단히 살펴본다.

1) 국가

서구 선진국이나 개도국에서 예외 없이 원자력발전은 국가 주도로 이루어졌다(Scheinman 1971; Kee 2011). 전통적으로 정치경제학에서는 정부-시장 및 기업 간 관계를 서구의 자유방임 최소국가와 동아시아의 발전국가라는 양분화된 틀 속에서 이해해왔다(Evans 1995). 그러나 자유방임시장의 존재와 국가의 최소한의 개입이라는 전통적인 서구 산업발전모델은 원전산업 사례에는 적용되지 않는다. 미국, 프랑스 등 서구 국가에서도 원자력 산업은 국가주도로 추진되고 성장하였다(Sastry and Siegen 2010). 원자력발전은 자본기술집약적이고 건설에 오랜 시간이 소요되며 정치사회적 위험도가 매우 높다. 이러한 특성상 정부의 지원 없이 민간기업이 독자적으로 원전산업에 진입하고 시장을 형성하기 어렵다. 다른 한편 원자력발전은 불가피하게 핵무기 및 안보 이슈와 밀접하게 관련된다. 원자력발전은 사용후 연료의 재처리를 통해 원자폭탄 제조를 가능하게 하는, 핵무기 소유로 가는 '미끄러운 지름길'이다. 미국 정부는 원자력의 평화적 이용을 주도하면서 한편으로는 지원과 규제를 통해 원전 기업을 육성하고 다른 한편으로는 국제기구를 통해 국제 핵 비확산과 원자력안전 체제를 구축하였다.

국가는 원자력발전 결정과정에서 가장 중요한 행위자였다. 현재 가동 중인 원자로는 정부 소유이거나 정부의 지원으로 건설되었고 신규 건설 중인 원자로도 정부 주도하에 추진되고 있다. 현재 전력시장은 미국과 영국에서와 같이 민영화된 경우가 있고 중국, 인도, 프랑스 등과 같이 국영화로 운영되는 경우도 있다. 전력 부문의 민영화 여부에 상관없이 국가가 원자력발전을 주도해왔다(Kee 2011).

원자로를 건설하는 데에는 막대한 자본, 기술, 시간이 소요된다. 원자로 건설 비용은 기관에 따라 상당히 다르게 제시되고 있지만 대략 kw당 2,000-4,000달러로 추정된다.[5] 한국이 수주한 아랍 에미리트 원자로의 경우 약 5,000MW 용량의 원자로 건설비용이 200억-300억 달러로 제시되고 있다.[6] 원자로 1기 건설에 평균 116개월이 소요되며 건설기간이 지연되는 과정에서 막대한 금융비용이 추가되기 때문에 정확하게 건설비용을 추정하기 어렵다. 게다가 원료 구입 및 원자로 관리 비용 또한 막대하다. 원자로 건설과정에 정치적 논쟁이 개입되면서 건설이 중단되는 경우도 있어 민간사업자가 정부의 지원 없이 막대한 자본과 정치적 비용을 감당하면서 추진하기 어렵다.

미국의 경우 원자력발전 초기 정부가 독자적으로 정책결정 과정을 주도하였다. 1946년 원자력 에너지법(Atomic Energy Act of 1946)

5 다양한 자료에 근거하여 저자 추정.
6 "남아공 원전 건설 사업비 400억불." 연합뉴스. 2012.2.28.

을 제정하고, 원자력 에너지위원회(AEC: Atomic Energy Commission)를 설립하여 전후 미국 원자력발전 기술개발 및 활용, 안전확보 등과 관련된 전반적인 규제를 마련하였다(Buck 1983). AEC는 1974년 폐지되고 새로 설립된 원자력규제위원회(NRC)에 의해 대체될 때까지 미국 원자력 정책결정을 담당한다. 미국 의회와 정부는 원전산업의 빠른 발전을 촉진하기 위해 1954년 민간기업이 원전을 짓고 이를 소유, 운영하는 것을 허용했다(Mazuzan and Walker 1984). AEC는 1955년 전력생산 원자로 시범 프로그램(Power Reactor Demonstration Program)을 발족시켜 원자로 건설 연구개발 비용에 대한 보조금을 제공하고 핵연료인 우라늄도 일정 기간 동안 무상으로 제공하였다. 심지어 1957년 프라이스-앤더슨 법을 통과시켜 원전사고 발생시 손해배상액 대부분을 연방정부가 부담하는 조치를 취하기까지 했다. AEC는 원자력발전은 물론 원자폭탄 제조에 관해서도 광범위하고 막강한 영향력을 행사하였고 AEC의 역할은 과학자, 군인, 기업인 등 소수 전문가로 운영된 자문위원회에 의해 지원되었다. 미국은 핵무기가 확산되는 것을 미연에 방지하고 소련에 앞서 원자로 시장을 선점하기 위해 개도국의 전력생산용 원자로 건설을 적극 지원하였고 이러한 정책 결정의 중심에 AEC가 존재하였다. AEC의 존재는 '자유경제체제에 존재하는 사회주의의 섬(the field of atomic energy as an island of socialism in the midst of a free-enterprise economy)'으로 불릴 만큼 권위적이고 독보적인 것이었다(Cooke 2009). 미국 정부는 원자력산업을 지원하면서 기업들이 원자력 안전이나 수출통제 규제 등을 준수할 것을 요구하였고, 정부의 다양한 지원과 규제 속에서 미국 원자력산업 발전이 이루어졌다. 미국 정부와 원자력 산업계의 긴밀한 관계는 원자력발전을 지탱하는 중심축이었다.

2) 원전 기업

원자력 산업은 핵연료 생산 및 가공, 원전가동 및 운영, 사용후연료 보관/재처리 및 폐기물처리로 구성되는 핵연료주기에 따라 우라늄 생산, 농축, 핵연료봉 생산, 원자로설계 및 건설, 핵발전소 관리 및 운영, 핵폐기물처리, 핵발전소 분해 및 처분 등으로 이어지는 일련의 연속적인 네트워크로 구성되어 있다.[7] 각 부문은 자본, 기술, 규제 등 진입장벽이 높다. 원자로 설계 및 건설이 원자력발전 생산네트워크의 중심이 되며 전체 원자력발전 시장의 70-80% 정도를 차지한다(강정화 2010; Schneider *et al.* 2011). 현재 원자력 에너지 산업네트워크는 과점적 구조를 형성하고 있으며 소수 기업이 각 부문을 주도하고 있다. 우라늄 생산은 호주, 캐나다, 미국, 남아공 기업이 이끌고 있고, 연료봉 제조는 프랑스, 러시아, 일본, 미국이, 원자로 건설은 미국, 프랑스, 러시아, 일본, 캐나다 기업(Westinghouse, GE, AREVA, 도시바, 히타치) 등이 주도하고 있다. 주요 업체들의 전략적 제휴가 활발하게 이루어져[8] AREVA-Mitsubishi가 전체 원자로 시장의 30%를 점유하고 있으며 이 뒤를 GE-Hitachi, Westinghous-Toshiba가 따르고 있다. 이외 러시아의 Atomstroyexport, 중국의 中国核工业集团公司(Chinese National Nuclear Corporation), 한국전력공사(KEPCO: Korean Electric Power Corporation)도 원자로 시장에서 중요한 기업이다.

원자력 에너지 산업에서 정부와 기업 관계는 정부의 다양한 지원 및 핵 비확산 및 안전규제 준수 확인이라는 틀로 형성되어 있으며 정

7 핵연료주기(nuclear fuel cycle)에서는 핵원료 사용 이전 단계를 프론트엔드(front end), 사용후핵연료 처리 단계를 백엔드(back end)로 부른다.

8 원자력 산업 현황에 대해서는 세계원자력산업협회(The World Nuclear Association) 홈페이지 (www.world-nuclear.org) 참조.

부와 원전기업의 밀접한 관계는 원자력 카르텔, 원자력 마피아로 불리기도 한다. 국가에 따라 조금씩 차이가 있지만 원자력 산업의 경우 정부의 적극적인 지원하에 발전하였고 정부와 기업은 현재까지 밀접한 관계를 유지하는 가운데 초기 정부 주도 양상에서 점차로 정부와 기업간 수평적 공생 혹은 원전기업의 정부에 대한 영향력 강화 방향으로 움직여왔다고 볼 수 있다.

원전기업들은 정부나 국제기구가 주도하는 핵비확산이라는 전략적 이해가 유지되는 틀 내에서 상업적 이익을 추구하고 보장받아왔다. 원전기업들은 세계 원전 확대를 담당해온 주요 행위자였으나, 정부나 국제기구가 주도하는 핵 비확산 및 안전규제를 마련하는 데 적극 참여하지 않았다(Letts and Cunningham 2009). 핵 비확산 문제는 원전과는 독립된 정치적 의제로 다루어져 왔으며 기업은 제시된 지침을 따르는 수동적 행위자였다. 원전기업들은 2000년 이후 원전 르네상스를 주도하면서 핵비확산이나 안전문제에 보다 적극적인 목소리를 내기 시작하고 있다.[9]

원자력 기업들은 현재 WNA(World Nuclear Association), WANO(World Association of Nuclear Operators) 등의 국제기구를 형성하여 원전건설 확대와 안전조치 이슈에 관해 막대한 영향력을 행사하고 있다. WNA는 1975년 런던에서 만들어진 우라늄협회(Uranium Institute)가 확대 개편되어 2001년 출범한 단체로 세계 원전산업의 90%를 포괄하는 원전산업계 이해를 대표하는 기구이다. WANO는 체르노빌 사태 이후 1989년 원자로 건설 및 운영 기업들이 주도하여 만든 기구로서, 현재 30여 개국에서 약 440기의 원자로를 운영하는 기업들을

9 2012 서울 핵안보정상회의(Seoul Nuclear Security Summit)에서 세계원전업계 주요 기업들의 모임인 Nuclear Industry Summit이 동시에 개최되었다.

회원으로 거느리고 있다. 원전 기업들은 IAEA, WINS(World Institute for Nuclear Security) 등에도 적극적으로 참여하며 산업계의 이해를 대변하고 있다.

3) 국제기구와 국제규범

원전 발전 과정에서 국제기구 역시 중요한 역할을 수행해왔다. IAEA는 현재 153개국을 회원국으로 거느린 원자력발전 관련 핵심 기구이다. 세계 평화, 보건, 번영을 위해 원자력의 기여를 촉진하며 원자력이 개발도상국가의 에너지원으로 사용될 수 있도록 연구개발과 활용을 지원하고, 원자력이 군사적으로 전용되는 것을 방지하기 위해 감시와 사찰 기능을 수행하고 있다. 회원국들은 IAEA와 안전협정(safeguards agreement)을 체결해야 하며, IAEA는 회원국들의 핵시설에 대한 감시와 사찰을 수행한다. NPT, 쟁거위원회(Zangger Committee), 핵공급그룹(Nuclear Suppliers Group), 호주그룹(Australia Group), 미사일기술통제체제(MTCR: Missile Technology Control Regime) 등 핵 비확산 체제를 구성하는 국제규제들은 특정국가가 원자력발전을 새로 시작하거나, 혹은 관련 물질 및 장비를 수출 혹은 수입하고자 할 때, 원자력발전소를 운영할 때, 핵물질 재처리 과정 등을 통제하면서 세계 원자력발전에 막대한 영향력을 행사하고 있다.

4) 반핵시민단체

1960년대 반핵운동은 핵무기에 초점을 맞추었고 주로 전문 과학자들이 중심이 되어 활동하였다. 원전 도입국가가 증대하고 반핵운동이 기존의 환경운동과 만나면서 원자력발전 이슈가 부상하였다. 1970년대 후반을 기점으로 반핵운동이 확산되면서 초기에 원자력발전에 대해 우호적이었던 사민당, 녹색당 등 유럽의 중도주의 정당들이 점차로 반핵입장으로 돌아서게 된다(Falk 1982; Smith 2002). 쓰리마일섬, 체르노빌 사건 이후 원자력발전에 대한 우려가 증대하면서 반핵운동이 활성화되었고 핵정보자원서비스(NIRS: Nuclear Information and Resource Service), 세계에너지정보서비스(WISE: World Information Service on Energy), 그린피스, 지구의 벗 등 반핵 NGO 주도로 지역이슈로 전개되었던 원전 반대가 광범위한 지역으로 확산되었다. 원전사고, 핵폐기물 처리, 폐쇄적인 의사결정과정 등의 이슈를 중심으로 반핵운동이 지속되었다. 흥미로운 것은 반핵운동의 확산과정에서 기존 전문 지식에 대항하는 대안 지식들이 형성 및 확산되면서 기존지식과 대립각을 세우는 지식정치, 정체성의 정치가 전개되어 왔다는 점이다(Epstein 1996; Jasanof 1996; Topcu 2008).

예컨대 프랑스에서 1970년대 초반 정부의 원자력발전 계획인 메스머계획(Messmer Plan)이 시작되자 핵에너지에 대한 보다 '객관적인' 대안전문지식(counter expertise)을 제공하기 위해 과학자들이 중심이 되어 원자력에너지정보를 위한 과학자집단(GSIEN: Groupement des Scientifiques pour l'Information sur l'Energie Nucleaire)을 설립하였다(Hecht 1998; Topcu 2008). GSIEN은 프랑스 초기 반원전운동의 구심점이 되었고 지속적으로 원전을 감시하는 역할을 수행하였다. 체르노빌 사태 이후 프랑스 반전운동의 참여자는 일부 과학자들을 넘어 시민들로 확대되었고 ACRO, CRIIRAD 등 시민단체가 반원전 운동을 주도하게 된다. 반원전 시민단체들은 독립적인 실험실을 세워 방사능 오염지도 등 본격적으로 대안 전문지식을 생산하였고 프랑스 정부 보건성산하 방사선보호센터(SCPRI: Central Service for Protection against Radioactive Rays)에서 제공하는 공식적인 자료를 반박하고 비판하였다. 이들의 활동에 힘입어 1998년 광범위한 반핵단체들의 핵폐기네트워크(RSN: Nuclear Phase Out Network)가 설립되었다. 독일에서도 환경연구소(Oko Institute)와 같은 반핵 시민단체들이 독립적으로 대안전문지식을 제공하는 능력을 확보하며 반원전 운동을 지식정치 양상으로 이끌었다.

실제 반핵운동이 전개되는 양상이나 결과는 국내 정치제도적 환경에 따라 국가마다 차이가 있었다. 그러나 이들은 정부와 전문가에 의해 배타적으로 주도되는 원자력 정책결정과정에 대해 비판을 제기하였고 독립적인 대안 전문지식을 형성하며 이를 토대로 시민사회의 영향력을 증대시키기 위해 노력하면서 원자력발전의 주요한 행위자로 부상하였다(Berigan 2010). 국가별 차이에도 불구하고 원전관리의 위험성, 방사능폐기물 처리문제, 원전 안전 사고 등으로 원전에 대한 사회적 관심이 증대하면서, 정부와 소수 전문가만이 배타적으로 참여하는 방식에서 벗어나 정보가 투명하게 공개되고 보다 다양한 행위자들이 함께 참여하는 새로운 원자력 에너지 거버넌스에 대한 요구가 높아지고 있다(Netzer and Steinhilber 2011).

오랫동안 기술의 정치성를 탐구해 온 위너(Winner)는 인간이 만든 기술체계가 특정한 종류의 정치적 관계를 요구하거나 이와 밀접하게 관련됨으로서 기술이 정치적 속성을 가진다고 주장한 바 있다(Winner 1980). 즉 특정한 기술적 장치나 시스템의 발명, 설계, 배치가 특정한 사회질서를 정착시키는 방법이 될 수 있고 특히 몇몇 기술의 경우 유연성을 허용하지 않기 때문에 그 기술을 선택하면 특정한 정치적 생활양식을 수용할 수밖에 없다는 것이다. 예컨대 원자력기술의 경우 기술 사용 시 제기될 수 있는 문제에 대한 정확한 예측이 불가능하고 결과가 치명적이기 때문에 중앙집권적이고 위계적인 지배구조에 의해 통제될 수밖에 없는 반면 태양열 에너지는 대규모의 중앙집권적인 방식보다는 분산적이고 넓게 분포된 방식으로 개인과 지역공동체가 관리하는 것이 가능하다는 것이다. 특정기술이 내재적으로 요구하는 혹은 선택적인 친화성을 가지는 특정한 거버넌스 형태가 있다는 주장에서 보면 원자력 에너지 거버넌스가 중앙집권적이고 위계적인 형태를 완전히 벗어나기 어려운 측면이 있다. 각국 원자력 에너지 정책은 에너지안보, 경제성, 지속가능성, 사회적 수용성 등 다양한 측면을 고려할 수밖에 없는 상황에 놓여져 있다. 특히 최근 원자력 위험성에 대한 사회적 관심의 증대와 시민사회의 영향력 증대라는 큰 흐름 속에서 국가 원자력 에너지 정책결정과정 및 운영과정 변화 요구를 피할 수 없는 상황이다.

IV. 원자력발전과 신흥안보

신흥안보란 미시적 차원의 개별안전(individual safety)의 문제가 특정한 순간에 집합안전(collective safety) 또는 집합안보(collective security)의 문제가 되고, 더 나아가 질적 연계성이 커지면서 거시적 차원에서 파악되는 일반 안보(general security)의 문제가 되는 현상이다(김상배 2016). 미시적 안전이 거시적 안보로 발전하는 조건으로 이슈영역 내의 안전사고가 양적으로 증가하여 일정한 수준을 넘는 경우(양질전화 임계점), 신흥안보 이슈들 간의 질적 연계성이 높아지게 되는 경우(이슈연계 임계점), 신흥안보의 위험이 국가 간 분쟁의 대상이 되는 경우(지정학적 임계점) 등이 언급된다.

신흥안보 이슈는 안보의 전통적인 행위자인 국가를 넘어 관련 행위자가 테러집단, 시민단체 등 비국가행위자는 물론 기술과 같은 비인간행위자 등까지를 포함하며, 아울러 군사, 경제, 환경 등 다양한 영역을 아우른다는 점에서 기존의 '복합안보' 개념의 맥을 잇는 것으로 볼 수 있다(민병원 2012).

아래에서는 원자력발전 운영과정에서 신흥안보론이 제기하듯 일상적인 사고들의 수적 증가, 원자력발전소에 대한 사이버테러, 지진 등의 자연재해 등과 같은 다른 이슈들과의 연계, 나아가 원자력발전 문제가 국가 간 분쟁이 되는 경우 들이 실제로 발생하고 있음을 확인하고 이를 어떻게 관리할 것인지 생각해본다.

1. 한국 원자력발전 안전성

한국 원자력발전소의 운영 과정에서 다양한 사고들이 발생해왔음을 〈표 2〉를 통해 확인할 수 있다.

한국의 경우 현재 운영되고 있는 24기의 원자로 가운데 특히 노후화된 고리1호기와 월성1호기에서 잦은 사고가 발생하는 것으로 알려져 있다. 고리1호기는 1971년 착공, 1977년 6월 원자로를 가동하기 시작했고 1978년 4월 상업운전을 개시한 한국 최초의 원전이다. 2007년 예정됐던 설계수명(30년)이 종료했고 당시 지역 주민과 시민단체는 고리 1호기가 그동안 124건의 크고 작은 사고를 일으켜왔다며 재가동을 반대했으나 한국원자력안전기술원(KINS)이 국제기준에 따라 안전성을 심사한 결과 계속운전이 가능하다는 결론을 내렸고 2017년 6월까지 10년간 운전을 허가받아 다시 가동에 들어가게 되었다. 2011년 후쿠시마 원전 사고 이후 재가동 연장을 둘러싼 공방이 진행되었고 결국 영구폐쇄가 결정되었다. 월성1호기도 설계수명 종료 후 가동

표 2. 한국 원자력발전 사고 발생 현황(1978-2016)

부제	2007	2008	2009	2010	2011	2012	2013	2014	2015	2016	총발생건수
고리1호기	1	1	0	1	1	1	1	0	0	0	130
고리2호기	2	1	1	2	1	0	0	1	0	0	64
고리3호기	1	3	1	1	2	0	0	0	0	0	52
고리4호기	1	0	0	0	0	0	3	0	1	0	43
한울1호기	2	2	0	0	1	1	1	2	0	1	49
한울2호기	2	0	0	0	0	1	0	0	0	1	30
한울3호기	0	0	0	0	0	0	0	0	0	1	17
한울4호기	2	1	1	0	0	0	0	0	0	1	13
한울5호기	0	0	1	0	0	0	1	2	0	0	11
한울6호기	1	0	0	0	1	1	0	0	0	0	6
월성1호기	0	0	0	0	1	2	0	1	0	1	54
월성2호기	0	1	1	0	0	0	0	0	1	0	19
월성3호기	1	1	0	0	0	0	0	2	0	0	22
월성4호기	2	0	1	0	1	1	0	1	1	0	12
한빛1호기	1	0	1	0	0	0	0	1	0	1	42
한빛2호기	3	0	1	1	0	0	0	2	2	0	52
한빛3호기	2	0	0	2	0	0	0	1	1	0	23
한빛4호기	0	2	0	0	0	0	0	0	0	0	20
한빛5호기	1	1	1	1	2	2	0	1	0	0	19
한빛6호기	0	1	2	0	0	1	1	0	0	0	10
신고리1호기	0	0	0	6	2	1	0	1	0	0	10
신고리2호기	0	0	0	0	0	2	0	0	0	0	2
신고리3호기	0	0	0	0	0	0	0	0	0	4	4
신월성1호기	0	0	0	0	0	3	1	0	0	0	4
신월성2호기	0	0	0	0	0	0	0	0	0	1	1
총발생건수	22	14	11	14	12	16	8	15	6	11	709
가동호기수	20	20	20	21	22	23	23	23	25	25	512
발생빈도	1.1	0.7	0.55	0.67	0.55	0.7	0.35	0.65	0.24	0.44	1.38

출처: 원전안전운영정보시스템(http://opis.kins.re.kr/opis)

연장에 관한 공방이 진행되었으나 2022년까지 가동을 연장하기로 결정되었다. 현재 가동 중인 고리2호기는 2023년, 고리3호기는 2024년, 고리4호기는 2025년에 설계수명이 차례로 종료되어 해당 원전의 안전성과 수명 연장을 둘러싸고 지속적으로 찬핵 대 반핵의 공방이 진행될 것으로 보인다.

이제까지 한국 원자력발전의 운영이 비교적 안전하게 이루어져온 것은 사실이나 일상적인 운영과정에서 끊임없이 사고가 발생해왔으며, 한국 원전 일부가 노후화되는 과정에서 안전사고나 원자력발전 안전성 문제에 관해 지속적으로 논란이 제기될 것으로 예상된다.

2. 원자력발전의 이슈 연계성

원자력발전의 일상적 운영과정에서 발생하는 안전사고를 넘어 원자력발전이 사이버 테러나 지진해일과 같은 대형 자연재해와 연계될 때 거시적 안보 이슈로 발전하게 된다. 2015년 한국수력원자력(한수원)에 대한 사이버 공격이나 2011년 일본 후쿠시마 원전 사고가 대표적 사례이다.

2014년 12월 한수원의 내부문서인 원전 설계도와 부품도 등이 'who am I'라고 밝힌 원전반대그룹에 의해 해킹되어 인터넷에 공개되는 사고가 발생하였다(이하 보안뉴스 조선비즈 기사 참조). 정부합동수사단 발표에 따르면 2014년 12월 15일부터 2015년 3월 12일까지 총 6회에 걸쳐 한수원 관련 자료를 공개하며 원전 중단을 협박한 사건이 있었고 월성원전 운전도면, 고리 1호기 설계도, 원전제어 프로그램 해설문서, 한수원에서 일하는 임직원 1만여 명의 개인정보, 아랍에미리트(UAE)로 보낸 대통령의 친서 등이 공개되었다고 한다. 위 파일들은 한수원 내부망에서 직접 유출된 것이 아니라 협력업체 직원 등 한수원 관계자 이메일에 보관되어 있던 자료들이 유출된 것으로 확인되었다. 이들은 중국 선양에서 국내 VPN 업체를 통해 국내 포털사에 접속하여 협박 글을 게시하였으며 협박 글을 게시한 포털사 계정가입자들은 명의를 도용당했다. 한수원 이메일 공격에 사용된 악성코드들은 북한 해커들이 사용하는 것으로 알려진 'kimsuky' 계열 악성코드들과 구성 및 동작방식이 매우 유사하다고 밝혔다. 범행에 사용된 중국 선양 IP 대역은 평소 북한 해킹조직이 사용하는 것으로 보안업계에 알려진 'kimsuky' 계열 악성코드들의 IP 주소들과 12자리 숫자 중 9자리가 일치(175.167.***.***)하며 협박글 게시에 사용된 국내 VPN 업체에 접속한 IP 내역 확인결과, 북한 IP 주소 25개와 북한 체신성 산하 통신회사인 KPTC(Korean Posts & Telecommunications Corporation, 중국 북경 소재)에 할당된 IP 주소 5개에서 접속한 사실이 밝혀졌다고 한다.

한수원 해킹 사건은 자료 유출만으로 종결되었으나 이는 2010년 이란 나탄즈 원심분리기와 부셰르 원자력발전소의 장애를 유발해 전 세계를 경악하게 한 스턱스넷 사건이 한국에서도 재현될 가능성을 보였다는 점에서 충분히 주목할만하다. 당시 부셰르 원자력발전소는 스턱스넷으로 불리는 악성코드의 공격을 받아 원심분리기 가동이 줄어드는 피해를 입었다. 한수원은 원전제어시스템이 외부망과 분리되어 있어 안전하다는 입장이지만 전문가들은 망분리가 결코 보안사고의 대책이 될 수는 없다고 분석하고 있으며 망분리가 되어 있어도 유지보수·시스템 업그레이드를 위해 외부 저장장치(USB 등)를 이용하는 과정에서 악성코드의 침투를 완벽하게 막을 수 없다고 보고 있다. 2010년 이란 나탄즈 원심분리기와 부셰르 원자력발전소의 경우에도 망분리가 되어 있었지만 USB를 통해 악성코드가 감염됐고, 그 결과 설계도가 외부

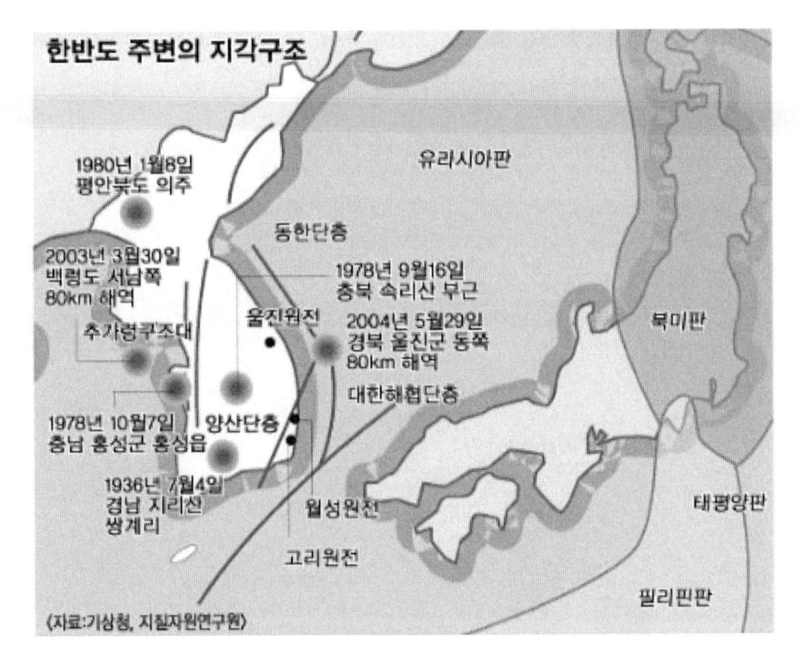

출처: 국민일보(2007.1.21.)

그림 1. 한국 지각 구조와 원전 위치

로 전송된 사고였다. 월성 원전과 고리1호 원전 역시 내부 인터넷망에 악성코드가 침투했기에 보안허점을 노리고 공격을 감행한다면 상상을 초월하는 피해가 생길 수 있다는 것이 전문가들의 지적이다.

2011년 후쿠시마 원전 사고는 원전 운영 지역에 지진과 해일 같은 대규모 자연재해가 발생하고 원전과 연계되어 거시적 사고로 발전한 사례이다. 한국의 경우에도 몇몇 지역은 지진으로부터 취약한 지역으로 밝혀져 유사 사고 발생 가능성이 존재하는 것이 사실이다. 몇몇 학자들은 〈그림 1〉에서 드러나는 바와 같이 한국의 고리 월성 울진 지역이 지진에 취약한 지역임을 강조하면서 원전의 안전성 문제를 제기하여 왔다.

표 3. 원전 다수호기 현황

초대형 다수호기 부지

순위	국가	원전	원자로 개수	설비용량(MW)	인근 30㎞ 반경 인구
1	한국	고리	8	8260	3,410,000
2	캐나다	브루스	8	6700	30,000
3	한국	한울	6	6216	80,000
4	한국	한빛	6	6193	170,000
5	우크라이나	자포로지에	6	6000	320,000
6	프랑스	그라블린	6	5706	460,000
7	한국	월성	6	4809	1,300,000
8	중국	진산	7	4386	1,300,000
9	캐나다	피커링	6	3244	220,000
10	인도	라자스탄	6	1180	460,000

부지별 원자로 밀집현황
– 188개 부지 445기 원자로 –

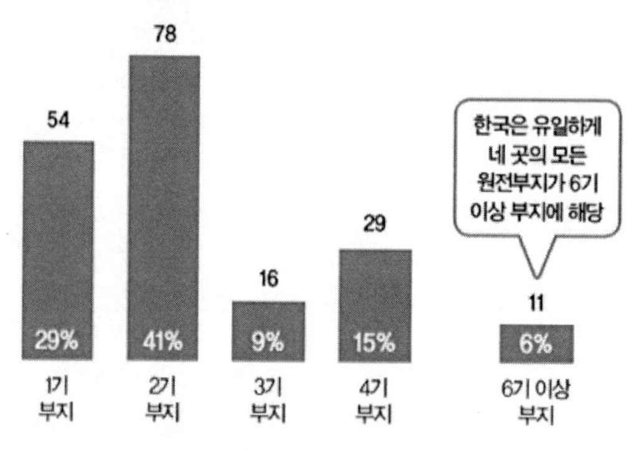

자료 출처 : 국제원자력기구(IAEA) PRIS 데이터 바탕
그린피스 서울사무소 작성. 2016년 6월 12일 기준

출처: 주간경향(2016.7.12.)

한국의 경우 문제가 더욱 복잡한 것은 원전이 비교적 좁은 지역 반경 내에 밀집되어 있다는 사실이다. 〈표 3〉에서 드러난 바와 같이 한 곳에 6기 이상의 원전이 모여 있는 곳이 세계적으로 11곳이 있으며 한국은 고리 월성 울진 영관 4지역 모두 6기 이상의 원전이 가동되고 있고 해당지역의 거주 인구가 상대적으로 매우 많다는 점을 볼 수 있다. 이는 원전 사고 발생 시 대량의 인명피해와 사고 확산 잠재력이 매우 높아 원자력발전 안정성이 취약함을 보여준다.

현재 한국 원자력발전은 남북 대결이라는 상황 속에서 원전과 같은 주요 사회 기간시설이 사이버 공격을 당할 가능성에 노출되어 있고 아울러 지진과 해일로부터도 안전하지도 못하며 원전 밀집도가 높아 거시적 안보 문제로 발전할 위험으로부터 취약함을 알 수 있다.

3. 원자력발전과 국가 간 갈등

원자력발전은 때로는 국가 간의 갈등을 유발하기도 한다. 대만의 핵폐기물 북한 수출을 둘러싸고 한국과 대만의 외교 관계가 냉각된 경우가 있었다. 1997년 대만 에너지회사인 타이파워(Taipower)는 방사성폐기물 20만 배럴을 황해북도 평산에 있는 석탄폐광으로 옮겨 처리하는 계약을 체결했고 이어 북한과 대만이 협력해 폐광 갱도 내에 핵폐기물 저장소 건설을 추진한다고 발표하였다. 당시 스티븐 보즈워스 한반도 에너지개발기구(KEDO) 대사가 "핵폐기물 이전은 북한 핵 프로그램의 투명성을 와해시킬 것"이라고 경고하였고 한국 외교부, 국제원자력기구(IAEA)까지 나설 만큼 심각한 문제였다. 한국 정부와 시민단체는 핵폐기물 이동의 위험, 북한 핵폐기물 관리에 대한 신뢰 부족 등을 이유로 공식 항의는 물론 다양한 외교적 수단을 동원하여 이에 반대하였고 결국 대만이 핵폐기물 수출을 포기하면서 일단락되었다.

현재 중국의 활발한 원전건설은 주변 국가에게 잠재적 위협으로 부상하고 있다. 2016년 현재 모두 23기의 중국 원전이 가동 중이고 27기를 짓고 있으며 중국은 매년 3-4개씩 신규 원전 가동을 시작하고 있다. 〈그림 2〉는 중국에서 가동 및 건설되는 원전의 위치와 한반도로 부는 바람 방향만을 고려하여 사고발생 시 한반도에 미치는 영향을 시각

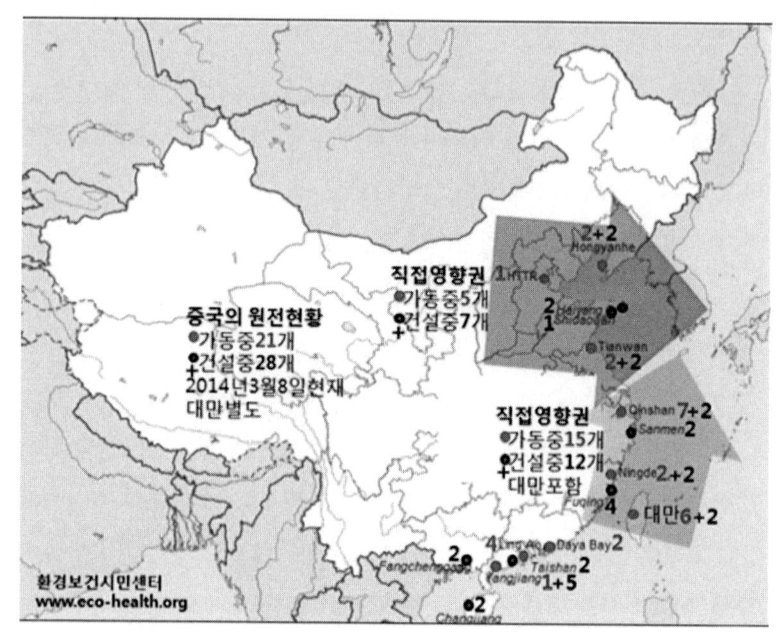

▲ 2014년 3월 8일 현재, 중국의 원전현황과 사고시 한반도 직간접 영향권 평가

출처: 오마이뉴스(2014.3.11.) 재인용.

그림 2. 중국 원전의 영향 평가

화한 것이다. 원전사고로 누출된 방사능이 편서풍에 의해 한반도에 직접적으로 영향을 줄 수 있는 곳에 위치한 중국원전들은 북으로 랴오닝성에서 아래로 산둥성과 장쑤성까지 5곳이다. 2014년 3월 현재 이곳에선 모두 5기의 원전을 가동 중이고 7기를 건설 중이다. 이곳으로부터 한반도까지 날아오는 바람은 빠르면 반나절, 길어야 3일 이내에 도착한다. 한국이 중국의 동북부 원전 운영과 건설에 민감할 수밖에 없는 상황이다.

V. 한국 원자력발전 미래전략

한국은 1955년 미국과 원자력협력 협정을 맺으면서 원자력 무대에 진입하였다. 1975년 핵비확산 조약에 가입하였고 IAEA와 전면 안전조치 협정을 체결하였다. 1978년 고리1호 원전을 가동하기 시작한 이래 원전기술을 꾸준히 발전시켜 2005년 울진6호기는 순수 국내 기술로 완공하였다. 2009년 최고 원전기술을 가진 프랑스 아레바와의 경쟁에서 승리하여 아랍에미리트와 원전 수출계약을 체결하면서 세계에서 6번째 원전 수출국이 되었다. 현재 원전 24기가 가동 중이며 국내 전력공급의 32%를 차지한다. 원자력 에너지는 기술 향상을 통해 경쟁력 있는 산업으로 발전해 왔으며 안정적인 에너지 공급에 기여해왔다. 군사와 경제 논리로 정부 주도하에 이루어진 한국의 원자력 에너지 정책은 1980년대 중반 이후 핵폐기물 처리장 부지 선정을 둘러싸고 정부 및 지자체와 시민·환경 단체 간의 극심한 대립이 지속되어왔다. 원자력발전 이슈를 한쪽에서는 한국 근대화 과정의 성공적 사례로 인식하는 반면, 다른 쪽에서는 정경유착과 권위주의의 산물로 비판한다. 정부는 국가 에너지 기본계획(2008-2030년)을 통해 2030년 원전 비중을 41%로 늘리고 원자력을 차세대 수출산업으로 육성하여 세계시장의 20%를 차지하는 3대 원전수출국가가 되는 목표를 제시해왔다. 2015년 4월 한미 원자력협상 개정으로 기존 우라늄농축과 사용후연료 재처리를 명시적으로 금지했던 소위 골드스탠다드 조항이 빠지면서 제3국에 대한 원자력수출의 자율성도 증대되었다. 개정된 내용을 십분 활용하여 한국 원전 기술 및 산업을 발전시킬 수 있는 환경으로 전환시켜야 한다는 것이 정부와 관련 기업의 입장이다. 후쿠시마 사태 이후 원전에 대한 우려가 증대되는 상황에서도 정부는 자원부족국가, 전력

대란의 위험을 언급하며 원전 증대 방침을 그대로 유지하고 있다.

후쿠시마 사고 이후 많은 선진국들이 원자력발전을 중단하거나 감소시키는 결정을 한 반면, 동아시아, 중동, 중앙아시아 등에서 원자력발전은 여전히 확산되고 있다. 2016년 4월 현재 IAEA 통계에 따르면 현재 동아시아에서 가동 중인 원전은 모두 96대로서 일본이 48기, 중국이 24기의 원전을, 우리나라는 최근 연장 가동이 승인된 월성1호기를 포함하면 중국과 같은 24기가 가동 중이다. 현재 전세계에서 건설 중인 원전 68기 중 동아시아가 절반에 가까운 33기를 차지하고 있다. 원전의 활발한 가동 및 건설에도 불구하고 지역차원의 원자력 안전성 협력은 만족스러운 상황은 아니다. 1990년대 중반부터 PACIFICATOM, ANSCO 등 다양한 지역차원협력이 제안되기 시작하였고, 2008년 원자력안전 고위급 규제자 회의(이하 TRM: Top Regulators' Meeting)'가 개최되었으며, 한·중·일 3국 간 원자력 협의체도 운영되고 있다. 후쿠시마 사고 이후 제4차 TRM을 차관급 회의로 격상시켜 정례적이고 공식적인 고위급 협력 채널로 발전시키려는 노력이 진행되었으나 여전히 원자력발전은 압도적으로 주권의 영역으로 인식되고 있어 유럽의 유라톰(EURATOM)과 같은 동아시아에서 지역 차원의 독립적인 협의체 설립을 낙관하기는 어려운 상황이다.

원전에 대한 여러 가지 논란에도 불구하고 현재 원전은 우리나라 전력 생산의 30% 이상을 차지하고 있다. 게다가 국내 일부 원전의 노후화로 원전 안전성이 지속적으로 문제시되고 있으며 원전 안전 관리는 21세기 한국이 당면한 가장 중요한 신흥안보 이슈로 볼 수 있다. 한국은 이미 방사능 폐기물 처리장 부지 선정 과정에서 극심한 갈등을 겪은 바 있고 후쿠시마 사고 이후 원자력발전 안전에 대한 관심이 급증하면서 국내 원전 안전성과 원전 유지 및 확산이 논쟁의 대상이 되고 있다. 원자력발전은 진입장벽이 높을 뿐 아니라 이제까지 소위 '원자력 마피아', '원자력 카르텔'에 의한 폐쇄적 의사결정과정을 통해 주요한 결정이 이루어져왔다고 비판받고 있으며 최근 원전 안전성에 대한 관심이 증대되면서 주요 원전 정책 결정 과정의 투명성이 요구되고 있다.

후쿠시마 원전폭발은 한국 원자력 에너지 정책의 재고와 전환을 요구하는 중대한 사건이다. 최근 소형원자로, 토륨원전 등 기존 원전의 단점을 보완하고 안전성을 증대시킬 수 있는 기술적 대안들이 언급되고 있기는 하지만 원자력 무대와 행위자의 복합화를 고려한 장기적인 관점에서 판단하면 한국 에너지 정책은 화석에너지 및 원자력에 대한 의존도를 줄이고 신재생에너지에 대한 투자를 증대시키는 방향으로의 전환이 불가피하다. 그러나 이것이 반핵 단체가 주장하듯 현재 운영되고 있는 원자력발전의 급격한 폐쇄를 의미하는 것은 아니다. 국내 원전 기업들의 이해와 지역경제 활성화 대안들이 고려되고 무엇보다도 신재생 에너지에 대한 연구개발 및 상용화가 이루어지는 속도를 감안하여 원자력발전 정책을 조정해가야 한다. 원전의 대내외적 위협에도 불구하고 단기적으로는 원전을 유지해야 하는 상황에서 이를 안전하고 개방적으로 관리하면서 안전한 관리하의 원전 유지나 증대 혹은 질서있는 퇴장으로 나아가기 위해 원자력발전의 위상에 대한 모색이 진행되어야 한다.

아울러 신흥안보 이슈로 부상하고 있는 원자력발전이 미시적 안전 문제를 넘어 거시적 안보 이슈로 발전하는 것을 예방하고 유사시 빠르고 적절하게 대응할 수 있는 체제를 구축하는 것이 필요하다. 미시적인 원자력 안전 사고가 거시적으로 확산되는 것을 조기에 발견하기는 매우 어렵다. 또한 자연재해나 사이버 공격과 원자력발전이 연계될 때 예측되는 피해를 미리 관리하는 것도 쉬운 일은 아니다. 그러나 앞에서 살펴보았듯 원자력발전이 신흥안보 이슈로 창발할 수 있는 잠재력은 상대적으로 매우 높다. 원자력발전의 위험을 신흥안보 관점에서 보다 다층적으로 예방하고 관리할 수 있는 체제 구축에 대한 논의가 활성화되어야 할 시점이다.

참고문헌

강정화. 2010. "원자력산업 동향 보고서." 한국수출입은행 해외경제연구소 산업투자조.
국민일보. 2007.1.21.
김상배. 2016. "신흥안보와 메타거버넌스." 『한국정치학회보』.
민병원. 2012. "21세기의 복합안보: 개념과 이론에 대한 성찰." 하영선·김상배 편. 『복합세계정치론: 전략과 원리, 그리고 새로운 질서』. 한울.
보안뉴스. 2015. "한수원 해킹 조직의 원전자료 공개, 그들의 노림수는?" 2015.7.8.
백진현 편. 2010. 『핵비확산체제의 위기와 한국』. 오름.
연합뉴스. 2012. "남아공 원전 건설 사업비 400억불." 2012.2.28.
오마이뉴스. 2014.3.11.
조선비즈. 2015. :합수단 "한수원 해킹 공격은 북한 소행" 잠정 결론." 2015.3.17.
주간경향. 2016.7.12.

Berigan, Frida. 2010. "The New Anti-Nuclear Movement." *The Huffington Post.*
Buck, Alice L. 1983. *A History of the Atomic Energy Commission. U.S. Department of Energy.* DOE/ES-0003.
Clarfield, Gerard H. and William M. Wiecek. 1984. *Nuclear America: Military and Civilian. Nuclear Power in the United States, 1940-1980.* New York: Harper & Row.
Epstein, Steven. 1996. *Impure Science: AIDS, Activism, and the Politics of Knowledge.* University of California Press.
Evans, Peter. 1995. *Embedded Autonomy: States and Industrial Transformation.* Princeton University Press.
Falk, James. 1982. *Global Fission: The Battle Over Nuclear Power.* Oxford University Press.
Fisher, David. 1997. *History of the International Atomic Energy Agency: The First Forty Years.* IAEA.
Forland, Astrid. 1997. "Negotiating Supranational Rules: The Genesis of the IAEA Safeguards System." University of Bergen. Phd. Thesis.
Hecht, Gabrielle. 1998. *The Radiance of France: Nuclear Power and National Identity after World War II.* Cambridge: MIT Press.
Hewlett, Richard G. and Jack M. Holl. 1989. *Atoms for Peace and War, 1953-1961: Eisenhower and the Atomic Energy Commission.* Berkeley: University of California Press.
Jasanof, Shelia. 1996. "Knowledge and Distrust: The Dilemma of Environmental Democracy." *Issues in Science and Technology.*
Kee, Edward. 2011. *Global Nuclear Power Development.* NERA.
Letts, Martine and F. Cunningham. 2009. "The role of the civil nuclear industry in preventing proliferation and in managing the second nuclear age."a paper for the

Second Meeting of the International Commission on Nuclear Nonproliferation and Disarmament in Washington, DC, 13-15 February 2009.

Mazuzan, George and J. Waller. 1984. *Controlling the Atom: The Beginning of Nuclear Regulation 1946-62*. University of California Press.

Meltzer, Joshua. 2011. *After Fukushima: What's Next for Japan's Energy and Climate Change Policy*? The Brookings Institution.

MIT. 2009. *The Future of Nuclear Power: An Interdisciplinary MIT Perspective. Massachusetts Institute of Technology*. Update to the 2003 Report.

NEA. 2015. *NEA Yearbook 2014*. Nuclear Energy Agency, OECD.

Nelson, Craig. 2009. *Nuclear Bonds: Atoms for Peace in the Cold War and in the non-western world*. Ohio State University MA Thesis.

Netzer, Nina and Jochen Steinhilber. 2011. *The end of nuclear energy? International perspectives after Fukushima*. Friedrich Ebert Stiftung.

Price, Jerome. 1982. *The Antinuclear Movement*. Twayne Publishers.

Sastry, Rahul and Bennett Siegel. 2010. *The French Connection: Comparing French and Amercian Civilian Nuclear Energy Programs*. Stanford Journal of International Relations.

Scheinman, Lawrence. 1987. *The International Atomic Energy Agency and World Nuclear Order*. Resources for the Future.

______. 1971. "Security and a Transnational System." International Organization.

Schneider, Mycle. *et al*. 2011. "The World Nuclear Industry Status Report 2010-2011." *Bulletin of the Atomic Scientists*.

Smith, Jennifer. ed. 2002. *The Antinuclear Movement*. Cengage Gale.

Sovacool, Benjamin K. 2011. "Contesting the Future of Nuclear Power: A Critical Global Assessment of Atomic Energy." *World Scientific*.

Squassoni, Sharon. 2008. "Nuclear renaissance: is it coming? Should it?" Policy brief No. 69. Carnegie Endowment.

Topçu, Sezin. 2008. "Confronting Nuclear Risks: Counter-Expertise as Politics Within the French Nuclear Energy Debate." *Nature and Culture*.

Winner, Langdon. 1980. "Do artefacts have politics?" *Daedalus*.

국제원자력기구 IAEA http://pris.iaea.org/public/

세계원자력협회 http://www.world-nuclear.org/

원전안전운영정보시스템 http://opis.kins.re.kr/opis

일본 국가전략실 홈페이지 http://www.npu.go.jp/policy/policy09/archive02.html

테네시계곡개발국

http://www.tva.com/power/nuclear/pdf/Nuclear_White_Paper.pdf

한국원자력산업 협회 http://www.kaif.or.kr/pds/05.asp

한국전력포탈 http://www.epic.or.kr/index.jsp

제5장

사이버 안보와 안보화 경쟁

조화순 · 김민제

I. 서론

세계 곳곳에서 사이버 공간을 매개로 한 사이버 범죄와 테러, 정보 탈취 등의 위협이 제기되면서 국가들은 '사이버 안보'라는 새로운 과제에 직면하고 있다. 사이버 공간을 이용한 범죄, 해킹, 테러 등은 나날이 양적으로 증가하며 질적으로 심화되면서 국가와 개인의 안전과 안보를 위협하고 있는 것이다. 한 인터넷 업체의 발표에 의하면 가장 대표적인 인터넷 공격 유형인 디도스(DDos) 공격은 매년 빠른 증가추세를 보이고 있으며, 2016년 1분기에만 4,500건 이상을 기록했다. 공격 발원 국가를 살펴보면 중국이 전체의 27%로 1위를 기록했고 이어 미국이 17%를 차지하였으며, 한국은 터키(10%), 브라질(9%)에 이어 5위(7%)를 기록했다(Akamai Korea 2016: 7, 21-22).

한국은 사이버 공격에서 예외 국가가 아니다. 인터넷뱅킹이나 인터넷 카드결제를 위해 사용하는 보안소프트웨어 제작업체의 내부 전산망이 북한에 의해 장악되고, 금융권 보안솔루션 공급업체의 전자인증서가 북한에 탈취되는 등 북한의 사이버 공격이 전방위적으로 확산되고 있다. 국가정보원 국가사이버안전센터에 따르면 지난 3년간 공공기관만을 노린 사이버테러 위협은 4만 건에 이른다. 국정원에 따르면 2016년 1월, 4차 북한 핵실험과 미사일발사 이후 북한의 대남 사이버 공격 횟수가 2배 가량 증가했으며, 매일 수십만 건의 사이버 해킹 공격 가운데 1-2 퍼센트는 방어에 실패한다(동아일보 2016.3.2).

사이버 위협에 직면해 있는 것은 한국만이 아니다. 2015년 9월 미중전략경제대화(US-China Strategic and Economic Dialogue)에서 사이버 안보는 주요 의제 중 하나였다. 정상회담 전부터 양 국가는 미국에 대해 감행된 해킹 및 개인정보 유출사건의 배후에 중국이 연루되었을 가능성을 두고 언쟁을 벌였다. 오바마 대통령은 중국 정부가 산업 스파이나 기업들의 영업비밀, 독점정보 유출 정부에 관여하고 있는 것을 비난하며 이에 대한 강경한 대응 조치들을 검토하고 있다고 말했다. 중국은 미국의 비난이 근거 없는 추측일 뿐이라고 맞받아쳤다. 결과적으로 2015년 미·중 정상회담을 통해 양 국가는 개인이나 비국가 단체들이 주도하는 사이버 절도(cyber theft), 사이버 스파이 행위(cyber espionage)에 관해 논의했고, 정부가 이 같은 행위를 지휘하거나 지원하지 않기로 합의했다. 2015년 미·중전략경제대화에서의 합의는 사이버 공간에서 벌어지고 있는 다양한 위협에 대응하기 위해 가장 영향력 있는 두 국가가 논의를 시작했다는 점에서는 의미가 있지만 사이버 안보를 위한 국가 간의 공조와 전략을 마련하지는 못했다. 미국과 중국에게 사이버 공간에서 벌어지는 해킹과 테러는 여전히 갈등의 이슈이다.

사이버 공간에서 벌어지는 위협에 대해 대부분의 국가들은 일차적으로 영토를 기반으로 한 전통적 안보전략과 대응방식을 적용하고 있다. 하지만 초국경적이고 복잡한 양상을 보이고 있는 사이버 위협에 대한 국가적 대응과 국제공조는 한계를 가질 수밖에 없다. 초국경적인 사이버 공간은 물리적 공격과 방어 중심의 근대국가체제로는 효과적으로 해결할 수 없는 다양한 문제점을 발생시키고 있다. 뿐만 아니라 사이버 공간의 위협이 안보의 문제로 다루어져야 하는지에 대해서 국가, 사회, 개인마다 인식을 달리하고 있어 논의의 진전을 어렵게 하고 있다. 국제적, 국내적 논의에 참여하고 있는 다양한 행위자들은 사이버 공간의 안전을 위해 우선적으로 통제되고 제거되어야 할 위협이 무엇인지에 대해서 의견을 달리하고 있으며, 사이버 위협을 통제하는 방식에 대해서도 인식과 이해관계를 달리하고 있어 사이버 공간의 안전과 안보를 보장하지 못하고 있다.

이 글에서는 사이버 안보가 전통안보가 아닌 신흥안보의 측면에서 다루어져야 하는 이유를 살펴보고, 사이버 안보의 논의 과정에서 발생하는 경쟁과 갈등의 양상을 국제정치학에서 발달되어 온 '안보화(securitization)'라는 개념을 통해 분석할 것이다. 이를 통해서 사이버 안보가 한국의 미래전략에 주는 함의를 살펴볼 것이다.[1]

II. 네트워크 사회의 새로운 위협, 사이버 공격

정보기술의 발달과 더불어 사이버 위협은 나날이 증가하고 있다. 폭로 전문 사이트인 위키리크스는 2016년 치러진 미국 대선의 민주당 경선 과정에서 민주당 전국위원회 7명의 이메일을 해킹해 이들이 힐러리 클린턴에게 유리하도록 경선을 진행해왔다는 의혹을 제기했다. 미국은 이러한 해킹과 폭로의 배후에 러시아가 있다고 지목해 양 국가 간의 의혹과 공격이 지속되고 있는 실정이다.

한국 역시 예외가 아니다. 국가정보원은 "2016년 3월 북한이 정부 주요 인사 수십 명의 스마트폰을 해킹하여 문자메시지·음성통화 내용까지 가져간 것으로 확인됐다"고 밝혔다(중앙일보 2016.3.8). 〈표 1〉에서 볼 수 있듯이 2009년 7월 7일 중요한 정부기관을 상대로 한 디도스(DDos) 공격, 2011년 3월의 정부기관 공격, 2013년 한수원 해킹과 금융기관에 대한 디도스 공격 등 북한의 사이버 공격은 지속적으로 발생하고 있다.

1 이 글의 내용은 조화순·김민제(2016), "사이버 공간의 안보화와 글로벌 거버넌스의 한계"를 토대로 수정되었음.

표 1. 한국에 대한 북한의 주요 사이버 공격

시기	내용	비고
2009.7.7	디도스 공격 청와대 등 정부 기관 대상	2009.5.25. 2차 핵실험
2011.3.4	디도스 공격 정부기관, 금융기관, 인터넷 기업	
2011.4.12	농협 전산망 해킹	
2013.3.20	방송, 금융 기관 전산장비 파괴	2013.2.12. 3차 핵실험
2013.6.25	한수원 원전 해킹	2013.2.12. 3차 핵실험
2015.10	서울 지하철 1-4호선 서버 해킹	
2015.10.20	청와대, 국회, 통일부 대상 해킹	
2016.1	청와대 사칭 악성 코트 유포	2013.1.6. 4차 핵실험

표 2. 사이버 범죄 발생 및 검거 현황(2010-2012)

	계		사이버테러형범죄*		일반사이버 범죄**	
	발생	검거(율)	발생	검거(율)	발생	검거(율)
2010	122,902	103,809(84.4%)	18,287	14,874(81.3%)	104,615	88,935(85%)
2011	116,961	91,496(78.2%)	13,396	10,299(76.9%)	103,565	81,197(78.4%)
2012	108,223	84,932(78.5%)	9,607	6,371(66.3%)	98,616	78,561(79.7%)

출처: 경찰청 사이버 안전국, "사이버 범죄 통계자료- 사이버 범죄 발생 검거 현황" http://cyberbureau.police.go.kr/share/sub3.jsp?mid=030300

* 사이버 테러형 범죄: 정보통신망 자체를 공격 대상으로 하는 불법행위로 해킹, 바이러스 유포, 메일폭탄, 디도스 공격 등 전자기적 침해장비를 이용한 컴퓨터시스템과 정보통신망에 대한 공격 행위

** 일반사이버 범죄: 사이버 도박, 사이버 스토킹 및 성폭력, 사이버 명예훼손과 협박, 전자상거래 사기, 개인정보유출 등의 행위

일반 기업이나 개인을 대상으로 한 사이버 경제범죄도 꾸준히 증가하고 있다. 사이버 범죄의 대상은 개인과 기업 등 민간영역이지만, 그로 인한 피해는 국가적 차원에서 심각하게 고려되어야 할 만큼 증가하고 있다. 경찰청에 따르면 사이버 경제범죄는 2015년에만 7,886건에 달한다. 〈표 2〉는 한국에서 사이버 범죄가 매년 증가하고 있음을 보

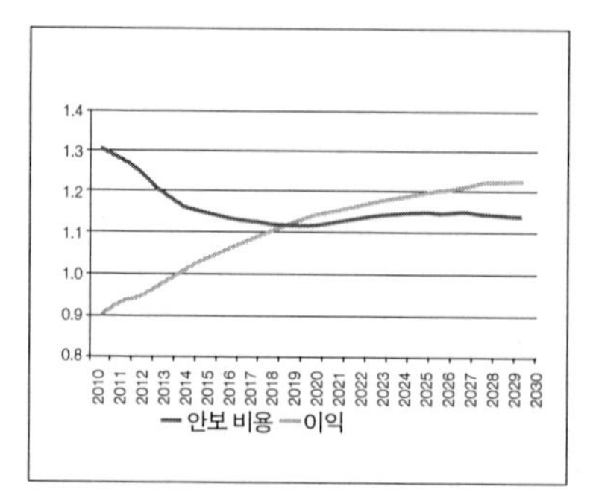

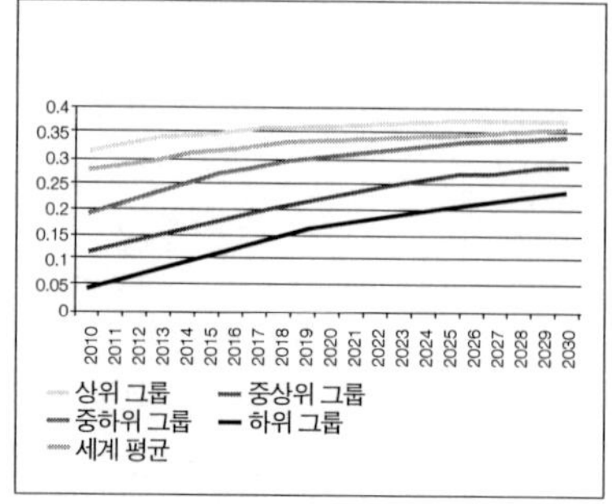

출처: Zurich Insurance Company. 2015. "Overcome by cyber risks? Economic benefits and costs of alternate cyber futures."

그림 1. 사이버 공간의 이용에 따른 혜택과 비용 **그림 2.** 경제규모에 따른 사이버 안보 비용

여준다. 이에 비해 사이버 범죄에 대한 검거율은 감소되거나 정체되고 있는 상황이다.

정보기술을 이용한 공격은 범죄와 치안, 개인정보와 사생활의 문제, 테러와 국가 간 전쟁 등 매우 다양한 차원에서 발생하고 있다. 인간의 삶을 획기적으로 발전시켜온 정보기술의 위력을 고려할 때 이러한 사이버 위협을 통제하고 대응하지 못했을 때 발생할 수 있는 피해는 상상을 초월한다. 미국 싱크탱크인 아Atlantic Council과 덴버 대학교(University of Denver)의 Pardee Center는 〈그림 1〉에서와 같이 사이버 공간을 매개로 발생하고 있는 다양한 위협의 증가 때문에 안보비용(cost)이 점차 증가하고 있으며 조만간 정보기술 이용에 따른 이익(benefit)을 초과할 것이라고 전망하고 있다. 〈그림 2〉와 같이 국가들을 경제수준에 따라 상위, 중상위, 중하위, 하위 그룹으로 나누었을 때 모든 그룹에서 사이버 안보에 투입되는 비용이 증가하는 경향을 보이고 있다. 특히 정보기술에 대한 의존도가 큰 상위 경제 그룹의 국가들일수록 더욱 큰 비용을 지출해야 할 것으로 나타났다.

국가의 주요 기반시설에 대한 해킹 및 공격은 국가에 심각한 피해를 초래할 수 있기 때문에 각 국가는 사이버 안보를 중요한 국가적 아젠다로 설정하고 적절한 전략을 마련하기 위해 고심해왔다. 존 브레넌(John Brennan) 미 중앙정보국(CIA) 국장은 2016년 6월 상원 정보위원회 청문회에서 '만약 당신이 정권 인계 작업을 돕는다면 새 대통령에게 적색 경고등이 켜진 현안으로 무엇을 먼저 보고하겠느냐'는 질문에 북핵, 테러 문제와 함께 사이버 안보 문제를 꼽았다. 그는 사이버 안보와 관련해서 "이런 이슈를 이해하는 데는 시간이 많이 걸린다. 대통령이 되더라도 임기 4년 또는 8년 전체를 이 문제를 다루는 데 써야 할 것이다"라고 주장했다(연합뉴스 2016.6.17). 2016년 7월 바르샤바에서 개최된 NATO 정상회담에서 회원국들은 사이버 공격을 심각한 국가안보의 문제로 인정하고 사이버 공간을 육해공에 이은 전장으로 인정했다. 이보다 앞선 6월에 개최된 NATO는 사이버 공격에 대해서 재래식 무기로 대응할 수 있다는 데 합의한 바 있다. 슈톨텐베르크(Jens Stoltenberg) NATO 사무총장은 사이버 안보에 대해 방어적 기조를 유지해야 하는 것은 분명하지만, 각국의 사이버 방어능력 강화와 국가 간 정보공유 협력이 수반되어야 한다고 강조했다. 'NATO Cyber Defence Pledge'에 따르면 NATO의 각 회원국은 사이버 방어를 최고 우선순위로 인식하고 작전에 통합시키기로 했다. 또한 적절한 자원을 사이버 방어 능력 함량을 위해 투입하며, 회원국들 간의 커뮤니케이션과 정보 공유 및 평가를 통해 사이버 위협에 대한 이해를 증진하기로 합의했다(연합뉴스 2016.6.15; ZDnet 2016.7.11).

근대 이후 안보는 외부로부터 가해지는 위협으로부터 국가의 영토와 정치적 독립을 지키는 것으로 이해되어 왔다. 그런데 '사이버 안보(cybersecurity)'가 무엇인지, 실체가 존재하는 것인지에 대한 학계와 정책 전문가의 의견은 상이하며 일치된 개념을 확보하지는 못하고 있다. 사이버 안보는 취약한 보안망에 불법적으로 접근하거나 정보 시스템에 유해한 영향을 끼치는 '해킹(hacking)', 기업의 영업 기밀이나 국가의 주요 정보를 대상으로 하는 '정보탈취(spying)', 국가 혹은 테러집단이 주요 통신, 군사시설 등의 파괴 통해 대중의 공포와 불안을 조성하는 '사이버 테러(cyber terror)', 국가가 사이버 공간을 매개로 다른 국가의 전쟁수행 능력을 파괴하는 '사이버 전쟁(cyber war)' 등 다양한 차원의 사이버 위협으로부터 개인의 삶, 사회의 안정, 그리고 국가의 안전을 지키는 것이라 정의할 수 있다(조화순 2015: 228-230).

그런데 사이버 위협은 전통적인 군사적 위협과는 다른 특징을 가지고 있다. 해킹, 정보탈취, 사이버 범죄 등의 행위는 정보기술을 기반으로 한 네트워크의 속성을 이용해서 발생하고 있다. 사이버 공간의 특성과 정보기술을 이용하면 매우 쉽고 간편하게, 저렴한 비용으로 적대적 대상에게 위해를 가할 수 있다. 그러한 공격 때문에 국가와 개인이 겪는 피해와 사회적 파장은 매우 깊이 그리고 넓은 범위에 걸쳐 발생한다. 영토국가를 중심으로 발달해 온 근대국가체제는 네트워크를 이용해 국경을 넘나들며 행동하는 개인과 조직에 대응해 사이버 공격에 적절히 대응하는 것이 쉽지 않다(조화순 2015).

첫째, 사이버 위협의 주체를 제대로 파악하기 어렵다. 초기에는 개인적으로 활동하는 해커들이 자신의 능력을 과시하려는 개인적 동기로 인해 해킹을 하곤 했지만 최근에는 해킹을 통해 얻은 정보를 판매하고, 이를 통해 이익을 얻으려는 세력이 점차 조직화되고 있는 추세이다. 이들은 공격의 흔적을 남기지 않는 기술을 점점 더 발달시키고 있다. 따라서 사이버 공격의 진원지와 주체를 밝히고 공격에 사용된 증거를 확보하는 것이 쉽지 않다.

둘째, 사이버 공격의 주체를 파악했다고 해도 이를 검거하고 상응한 처벌과 보복을 가하기가 어렵다. 대부분의 사이버 공격은 해외에 근거지를 두고 있는 경우가 많아 국가 간 관할권(jurisdiction) 충돌의 문제를 발생시킨다. '소라넷' 운영자가 해외에 서버를 두고 사이트를 운영해 온 것이 대표적이다. 피해를 입은 국가에서는 특정 행위가 불법일 수 있으나 서버가 있는 국가에서는 그렇지 않을 수 있다. 근대 국제법 체계에서는 한 국가의 법이 특정 행위를 범죄로 규정하더라도 타국의 영토에서 해당 법을 자유롭게 집행할 수는 없다. 이는 해당 영토 국가의 주권에 대한 직접적인 침해이기 때문이다. 따라서 범인이 소재하거나 범죄가 실행된 영토국가의 동의와 호의가 있어야 피해 국가는 자국의 법에 따라 적절한 조치와 대응을 꾀할 수 있다.

셋째, 정보기술이 나날이 발전해서 공격이 나날이 지능화되고 있어 적절한 대응을 더욱 어렵게 한다. 지능형지속위협(APT: Advanced Persistent Threat)이란 불특정 다수가 아니라 특정한 표적을 대상으로 하는 스피어 피싱(spear phishing)의 일종으로, 악성코드를 심는 등의 방법으로 대상 PC를 장악한 후 지속적으로 공격을 가해 정보를 획득하거나 파괴하는 행위이다. 2009년 오로라 작전(operation aurora)에서처럼 민간 기업들을 대상으로 하는 경우가 대부분이지만, 이란 핵시설에 침입하여 원심분리기를 파괴한 것으로 알려진 스턱스넷(Stuxnet) 공격처럼 국가 기간시설을 대상으로 한 경우도 있다. APT는 짧게는 1년에서 5년 정도로 지속되는 특성에서 알 수 있듯이 '은밀성'을 가장 큰 특징으로 한다. 따라서 공격의 주체는 물론이고 공격이 감행되고 있는지의 여부도 감지하기 어려운 실정이다.

보다 근본적으로 정보탈취, 해킹, 범죄 등의 사이버 위협이 과연 '안보'의 문제인가에 대해 국제적, 국내적 동의가 이루어지지 못하고 있다. 국가의 안보가 군사력을 바탕으로 타국의 위협으로부터 국가의 안전을 유지하는 문제로 인식되었던 근대국가에서 개인정보와 기업의 영업 기밀에 관한 보안의 문제, 개인의 사생활 침해와 인권의 문제, 다양한 범죄로부터 사회의 질서와 안정을 유지하는 치안의 문제는 안보가 아닌 다른 차원의 문제로 존재해왔다. 따라서 사이버 공간에서 발생하는 위협을 안보의 문제로 인식하고 대응방안을 마련하자는 주장은 사이버 공간의 위협을 과장한 '과잉안보화'에 해당된다는 비난을 받고 있다. 과잉안보화의 문제를 제기하는 학자들은 물리적 파괴, 사상자의 발생이 이루어지지 않았음에도 불구하고 사이버 공격을 안보 이슈로 상정하기는 어렵다고 주장한다(Hansen and Nissanbaum 2009: 1163-1168; Knudsen 2001: 359-360).

전통안보에서 국가는 정치적 독립과 영토적 보전을 중요한 가치로 두고, 이에 대해 중대한 위협을 가하는 적대국가의 군사적 공격에 대응하는 것을 가장 중요한 목표로 삼아왔으며, 이를 위해 국력을 증진하고 전략을 개발하는 것을 추구해왔다. 그런데 국가의 존립을 가장 우선시했던 근대국가 역시 궁극적으로는 개인의 복지와 안녕(welfare and well-being)을 목표로 하고 있다. 인간의 삶에 대한 위협은 타국의 군사적 위협으로부터도 제기되지만 경제위기, 질병의 확산, 환경오염과 기후변화, 인권침해 등의 다양한 영역에서 발생하며, 심지어 국가가 개인의 안보에 대한 위협이 될 수도 있다. 안보 개념에 대한 확장은 탈냉전 이후 국제정치에서 논의되어 온 인간안보(human security), 포괄안보(comprehensive security)에 대한 논의와 그 맥락을 공유하고 있다(조화순 2012). 인간안보란 안보의 개념 중 보호하고자 하는 '가치(value)'의 차원에서 안보를 확대하는 개념이다. 포괄안보란 안보의 개념 중 '위협(threat)'의 차원에서 이슈의 확대를 반영하는 개념이다.

국가 간 사이버 전쟁과 공격, 개인정보와 기업 기밀에 대한 정보탈취, 해킹, 다양한 사이버 범죄들은 국가와 개인의 삶의 복지와 안녕에 중대한 위협이 되고 있다. 이러한 위협들이 국가와 개인에 미치는 영향을 고려하면 사이버 위협은 가장 대표적인 인간안보와 포괄안보의 문제에 해당된다. 따라서 다양한 사이버 위협이 '안보'의 문제로 고려되고 적절한 대응을 마련해야 한다는 것이 결코 과장되거나 지나친 주장이 아니다.

문제는 가치와 위협의 차원으로 안보 개념이 확대되면 더 이상 국가만이 안보전략의 주체로 활동하는 데는 한계가 있다는 점이다. 국가의 일방적인 노력이나 역량만으로 네트워크를 이용해서 다양한 차원에서 발생하는 사이버 위협을 해결하기에는 문제의 범위와 공격의 성격이 매우 복합적이다. 국가가 중심이 되는 안보전략을 포함하여 보다 포괄적이고 새로운 차원의 신흥안보 전략이 필요한 이유가 여기에 있다.

III. 사이버 공간의 안보화

사이버 안보는 물리적인 공간을 넘어 다른 공간과 차원으로 안보가 확대됨을 의미한다. 안보의 대상과 영역이 사이버 공간으로 확대되는 과정은 '안보화(securitization)'의 과정을 통해 이루어진다. 전통적인 안보를 넘어서 다양한 영역으로 안보가 확대될 수 있다는 것은 인간의 삶에 영향을 주는 어떠한 문제도 안보의 문제가 될 수 있다는 것을 의미하지만 그렇다고 해서 실제로 삶에 영향을 미치는 모든 문제가 안보의 문제로 다루어지는 것은 아니다. 특정 사건이나 문제가 발생하였을 때, 그것이 어떤 영향을 미칠 것이며, 어떤 의미가 있는지에 대해 공감대가 형성되는 것이 중요하다. 특정한 위협과 공격이 공동체 내 구성원들의 삶에 중대한 영향을 끼치고 이를 구성원 전체가 중대한 위협으로 인지하며, 그에 대한 대비책을 논의하는 과정을 통해 비로소 특정 위협은 안보의 주제가 된다. 이러한 일련의 과정을 지칭하는 개념이 바로 '안보화'이다. 국제정치에서 안보화를 주장하는 학자들은 안보의 문제가 객관적이고 선험적으로 존재하는 것이 아니라 사회적인 과정을 거쳐 구성되어지는 것이라고 주장한다(Wæver 1995; Buzan, Wæver and Jaap de Wilde, 1998).

'안보화'에는 안보 행위자의 선포, 청중의 인정, 비상행위라는 3가지 단계가 수반된다. 우선 특정 문제가 위협이라고 선포되어야 하고, 그 선포에 대해 관련 청중, 즉 사회의 구성원이 동의해야 한다(Wæver 1995). 안보 문제로 제기된 이슈는 처음부터 문제가 아니라 그것을 문제로 인식하는 순간 비로소 문제가 된다. 확대된 안보의 개념에 따르면, 인간의 삶에 영향을 미치는 거의 모든 문제가 안보의 문제로 간주될 가능성을 가지고 있다. 그러나 안보를 달성하기 위해 한 공동체가 이용할 수 있는 자원은 한정되어 있기 때문에 수많은 영역들 중에서 실제로 안보의 문제로 간주될 수 있는 영역은 그리 많지 않다. 일단 특정 문제가 한 공동체의 안보에 해당되는 문제로 간주되고 나면, 해당 문제는 특별한 지위를 얻게 된다. 안보를 위한 비정상적이고 극단적인 조치들을 정당화시키며 자원 배분에 있어서 우선순위를 갖게 되는 것이다(Huysmans 2002). 예를 들어, '반공'이 '국시'로 간주되던 1960-1970년대 대한민국에서 가장 중요한 안보 문제는 북한의 대남 적화통일 위협으로부터 국가를 수호하는 것이었다. 따라서 민주주의와 인권 등 다른 가치들은 국가안보를 위해 양보되거나 희생될 수 있는 가치로 여겨지곤 했다.

호이스만(Jef Huysmans)은 안보담론을 통해 안보영역(security field)이 형성되면 안보영역을 중심으로 다양한 분야들을 통합하는 안보형성(security formation)의 과정이 진행된다고 보았다. 이 과정을 통해 여타 분야들은 안보영역의 하부로 전락하며 안보논리를 중심으로 통합되고, 재구성 및 재해석된다(Huysmans 2002: 42-46). 이러한 이점 때문에 안보화 과정에는 정치적, 전략적 관계가 발생하며, 청중의 지지를 얻어 안보 문제로 확정되기 위한 권력투쟁이 수반된다. 따라서 안보화의 과정은 정치적 권력의 관계를 반영할 수밖에 없다. 또한 일단 결정되고 나면 이슈의 순위 및 자원의 배분에서 우위를 보장하기 때문에 미래의 정치권력에도 영향을 미친다.

사이버 위협이 안보의 문제로 고려되어야 하는지, 그리고 그에 대한 적절한 안보전략이 무엇인지는 국제정치 차원에서도 논쟁의 대상이 되고 있다. 2007년 에스토니아(Estonia)에 디도스 공격이 발생해 3주 동안 정부 주요기관과 은행, 통신업체 등 주요 기간시설이 마비되는 사건이 발생했다. 디도스 공격이 발생하기 전, 에스토니아는 수도 탈린에 있는 구 소련군 동상의 이전을 결정하였는데, 이에 대한 러시아계 에스토니아인들의 반발이 심해 정부가 폭력적으로 이를 진압하는 사건이 발생했다. 이 때문에 디도스 공격의 배후에 러시아가 있을 것으로 간주되었다. 이 사건은 사이버 수단을 이용해 국가의 기간시설을 공격한 최초의 사건이었다. 에스토니아 사건은 사이버 공격이 실제 무기를 사용한 것과 유사한 수준의 피해를 유발했다는 점에서 국제사회에 충격을 주었다. 국제사회는 사이버 공격 역시 국가 간 전쟁의 문제일 수 있다는 점을 인식하기 시작하였고, 사이버 공격을 전쟁으로 간주할 수 있는가에 대한 국제적 논의를 촉발시켰다. 국가들은 '에스토니아의 탈린에 가해진 공격으로 사상자와 물리적 파괴가 발생하지 않았는데 피해의 수준이 전쟁에 준한다고 하여 곧 전쟁으로 간주할 수 있는 것인가?', '공격당한 국가는 개시한 국가에 대해 무력을 사용하여 대응할 수 있는가?', 다시 말해, '국제법상 국가의 정당한 권리로 인정되는 자위권이 사이버 공격에 대해서도 적용될 수 있는가?', '만약 공격의 주체가 국가가 아니라 개인이나 단체에 불과하다면 이에 대한 응징을 어떻게 할 수 있는가?', '공격기지가 소재하고 있는 국가는 전혀 그에 대한 책임이 없는가?'와 같은 다양한 법적, 정치적 쟁점에 대해서 논의하기 시작했다.

이러한 논의의 결실로 사이버 공격에 관한 논의는 탈린매뉴얼(Tallinn Manual on the International Law Applicable to Cyber Warfare)과 유엔정부전문가그룹(Group of Governmental Experts on Developments in the Field of Information and Telecommunications in the context of International Security) 보고서가 완성으로 이어다. 탈린매뉴얼은 NATO에 의해 2013년에 제정된 사이버 전쟁에 적용되는 교전 수칙으로 95개 조항으로 이루어져 있다. 이는 국가 간의 사이버 전쟁을 국가 간 전쟁의 한 유형으로 인정하는 시각을 반영한다. 그러나 '매뉴얼'이라는 명칭에서 알 수 있듯이 법적 구속력을 갖는 '조약'은 아니며 현재 국가들에게 제공된 '지침'으로 기능하고 있다. 핵심 내용은 사이버 공격으로 인해 피해를 본 국가는 그 피해에 비례한 정도로 사이버 작전으로 상대국에 대응할 수 있으며(9조), 그 규모와 영향력이 무력을 사용한 물리적 공간에서의 공격에 상응할 정도로 클 때에는 무력 공격으로 취급되어(11조), 피해국가는 자위권으로 대응할 수 있다는 것이다(12조). 일반국제법상의 교전 규칙과 마찬가지로 민간인(32, 35, 36조)과 전쟁포로(75조)에 대한 공격을 금하고 있으며, 댐과 제방, 핵발전소 등 공격하면 민간인이 큰 피해를 보거나 위험물질이 방출될 수 있는 경우 특별한 주의를 요하고 있다(80조). 민간인의 생존에 필수적인 시설과 중립지역에 대한 공격은 금지된다(81, 92조)(Schmitt 외 2013).

탈린매뉴얼은 사이버 공간을 통한 공격행위가 물리적 전쟁만큼 심각한 위협을 야기할 수 있다는 인식에 바탕을 두고 있다. 그러나 다양한 사이버 위협 중 사이버 전쟁만을 대상으로 하고 있어 충분한 사이버 안보를 달성할 수 없을 뿐만 아니라, 그마저도 합의의 토대가 허약하고 그 효력이 미약한 상황이다. 탈린매뉴얼의 한계 중 두드러지는 것은 집필에 참여한 전문가들이 개인적 자격으로 작업에 임했기 때문에 국가들의 합의라 볼 수 없으며, 회원국들에게 효력을 갖기 위해서는 별도의 동의가 표시되어야 한다는 점이다. 또한 서방 4개 국가의 군사매뉴얼만 참고한 점과 NATO의 제의로 매뉴얼이 작성되었다는 점에서 알 수 있듯이 동일한 문제에 대한 러시아, 중국 및 개발도상국들의 입장이 적절히 수렴되지 않았다. 많은 경우에 구체적인 설명이나 논증 없이 주장이나 결론이 제기되었으며, 특히 어떤 조건과 수준에서 물리적 대응이 정당화될 수 있는지에 대한 명확한 기준을 두고 있지 않다(박노형·정명현 2014: 67-69). 따라서 탈린매뉴얼이 모든 국가의 동의를 기반으로 한 사이버 전쟁에 관한 규칙과 규정으로 인정받는 데는 한계가 있다.

사이버 공격, 테러, 범죄, 보안 등의 다양한 차원 중 어떤 문제를 가장 우선적으로 해결해야하는 안보 문제로 상정할 것인가, 근대국가가 국제평화를 위해 확보해 온 질서를 사이버 공간에도 적용할 수 있을 것인가는 여전히 국제적인 논쟁의 대상으로 남아 있다.

IV. 글로벌 사이버 안보 갈등과 미·중의 거버넌스 경쟁

사이버 안보는 한 국가의 노력으로 해결될 수 없으며 관련 국제규범의 마련, 국제기구의 설립, 정책 조율 등 다양한 차원의 국제적 공조를 필요로 한다. 그런데 이러한 국가들 간의 협력을 위해서는 사이버 안보에 대한 국가들의 인식의 공유가 전제되어야 한다. 즉, 공동체에서 안보화 과정을 통해 사이버 공간의 위협이 안보 문제로 인식되고 공유되어야 하는 것이다. 그러나 사이버 공간에서 벌어지고 있는 다양한 형태의 위협이 단순한 안전과 정보 보호의 문제인지 혹은 국가의 안보를 위협하는 것인지에 대한 국가 간의 합의는 이루어지지 못하고 있으며, 글로벌 차원의 갈등과 경쟁을 양산하고 있다.

특히 사이버 안보 갈등에서 미국과 중국은 경쟁의 핵심 축을 구성하고 있다. 미국은 다양한 사이버 위협 중 개인 및 기업의 정보에 대한 해킹 및 정보침탈을 가장 심각한 위협으로 인식하고 있으며, 이로부터 데이터 및 서버를 보호하는 것을 중요한 과제로 여기고 있다. 이에 반해 중국은 물리적 공간과 달리 국가 간의 경계가 뚜렷하지 않은 사이버 공간을 통해 중국의 정치체제와 사회안전에 위협이 되는 불온하고 유해한 정보와 사상의 전파되는 것을 경계하고 정보의 내용을 규제하는데 관심을 쏟고 있다(Yang and Mueller 2014: 457-458).

우선 미국과 중국은 다양한 사이버 전력을 강화하는 데 주력하고 있다. 미국 국방부 산하 사이버 공격팀은 2015년 기준 육·해·공군을 통틀어 133개에 달한다. 2014년에는 각 팀을 통합해 운용할 필요성을 인식하고 조지아주의 포트 고든(Fort Gordon, Georgia) 기지에 합동본부를 창설하기도 했다. 〈그림 3〉에서 확인할 수 있듯이 경제위기로 인해 국방예산을 감축하는 상황 속에서도 사이버 안보와 관련된 지

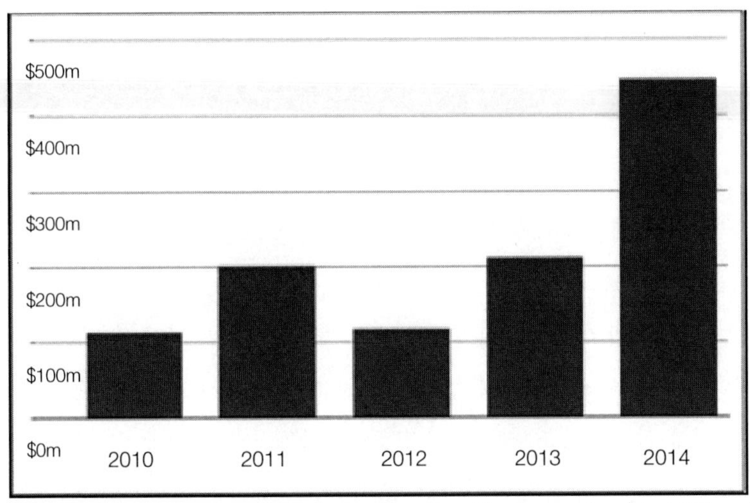

출처: Washington Post, House Appropriations Committee; The Conversation, "Hard Evidence: how much is cybercrime really costing us?"(2015.01.16)에서 재인용
http://theconversation.com/hard-evidence-how-much-is-cybercrime-really-costing-us-34473

그림 3. 미국의 연간 사이버 안보 예산

출은 꾸준히 증가하고 있다. 중국 정부가 신설한 전략지원군 '사이버공간작전부대(網絡空間作戰部隊)'는 연합참모부로 개편된 옛 총참모부 산하 기술정찰부(약칭, 총참3부)의 병력과 조직을 인계받았다. 총참3부는 산하에 16개국을 두고 해커 10만 명 이외에 언어전문가, 분석가, 기술 인력 등을 보유하며 전 세계 인터넷과 통신을 감청 또는 해킹하고 분석하는 임무를 수행해 왔다. 전략지원군은 정찰·항법위성을 관리 담당하는 우주전쟁 부대, 레이더와 통신을 교란·오동 시키는 전자전 부대와 더불어 사이버전 전담인 잔즈 3부(戰支3部)를 포함하고 있는 것으로 알려졌다.

미국은 개인 및 기업의 정보에 대한 해킹 및 정보탈취, 사이버 기반 시설에 대한 사이버 공격 등을 가장 중대한 사이버 위협으로 간주하고 있다. 인터넷은 자유로운 아이디어와 정보의 흐름을 보장하는 공간이 되어야 하며 이를 통해 미국과 세계가 공동으로 번영할 수 있다고 생각한다. 따라서 해킹, 정보탈취, 인터넷 서버와 네트워크 공격에 대한 적절한 대응을 통해 개인의 정보와 사생활이 보호되고, 기업과 국가의 안전과 안보가 존중되어야 한다고 생각한다. 미국은 자국의 기업과 정부 기관을 대상으로 해외로부터 발생하는 해킹, 정보침탈의 배후를 중국으로 지목하고 있으며, 2014년 5월에는 중국이 군 해킹부대 등을 통해 미국 정부 기관과 기업을 대상으로 조직적인 인터넷 기밀 절취 행위를 해왔다고 비난하면서 중국 3PLA(중국 인민해방군 제3총참모부) 산하 61398부대 장교 5명을 컴퓨터 사기, 기업비밀 절도, 산업스파이 등 6개 혐의로 기소하기도 했다.

이에 반해 중국은 사이버 공간에서도 전통적인 국가주권을 가장 우선적으로 보호되어야 할 가치로 여기고 있으며, 자국의 사회적 안정과 정치체제를 위협하는 정보와 사상의 전파는 곧 중국의 주권을 침해하는 최고의 위협이라 간주한다. 사이버 능력의 측면에서 중국은 미국에게 절대적으로 열세라고 주장한다. 따라서 미국이 자국에 대한 사이버 공격의 배후로 중국을 지목하는 것을 근거 없는 비난이라고 반박하고 있으며, 오히려 미국이 중국에 진출한 자국 IT 기업을 통해 중국에 유해한 정보와 사상을 확산하고 있다고 주장한다. 중국의 입장에서 미국이 중시하는 정보의 자유로운 흐름과 인터넷 자유주의는 미국의 세계관과 가치를 다른 국가들로 침투시키려는 패권적 수단이다. 즉, '인터넷 자유'라는 프로젝트는 정보 제국주의이다(Mueller 2012). 따라서 중국 정부는 국내적으로 법률을 통해 인터넷에서 생산, 유통되는 컨텐츠의 내용을 규제하는 데 중점을 두고 있으며, 중국 인터넷 시장에 진출하려는 외국의 IT 기업들에게 당국의 내용 검열 및 규제에 동의할 것을 요구하고 있다(지디넷 코리아 2015.12.29).

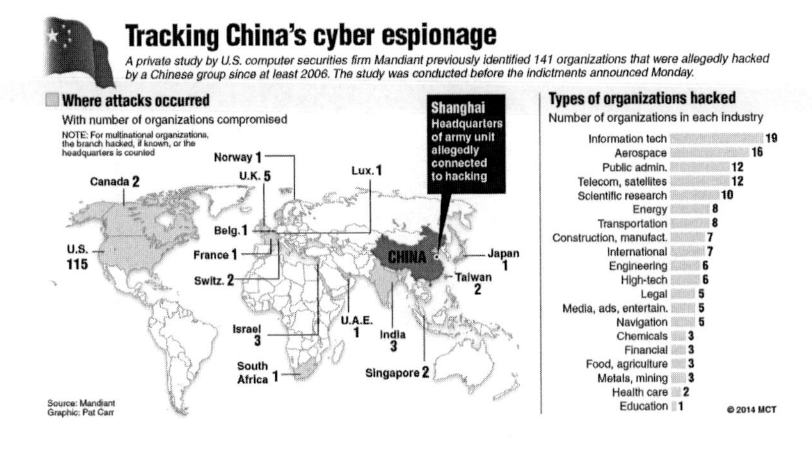

출처: https://ismaelsarepta.wordpress.com/2013/06/

그림 4. 중국의 주도로 추정되는 정보침탈의 횟수와 유형

〈그림 4〉에서 미국의 한 컴퓨터 보안 기업은 2006년 이후 중국에 근거를 두고 있는 집단에 의해 해킹을 당한 기관들이 세계적으로 140여 곳에 이르며, 해킹을 주도한 그룹은 중국의 군 당국과 연관되어 있다고 주장했다(Fireeye 2013). 해킹 대상이 된 기관들은 주로 첨단산업에 종사하는 기업들이다. 미국이 중국으로부터의 해킹과 정보침탈의 위협이 가장 큰 사이버 안보의 문제라고 주장하는 근거를 확인할 수 있다. 그러나 〈그림 5〉에서 알 수 있듯이 중국도 외국으로부터 감행되는 사이버 공격의 표적이 되고 있으며 특히, 전체의 1/5에 해당하는 공격의 근원지가 미국으로 밝혀졌고, 미국의 동맹국인 일본과 한국으로부터 발생한 사이버 공격이 전체의 절반을 차지한다(Security Week 2012). 사이버 공간을 통해 적대 국가에게 타격을 입히려는 국가의 전략적 노력은 특정한 몇몇 국가만의 전유물이 아니라는 것을 알 수 있다.

미국과 중국의 안보화 경쟁은 사이버 공간의 질서에 대한 이익과

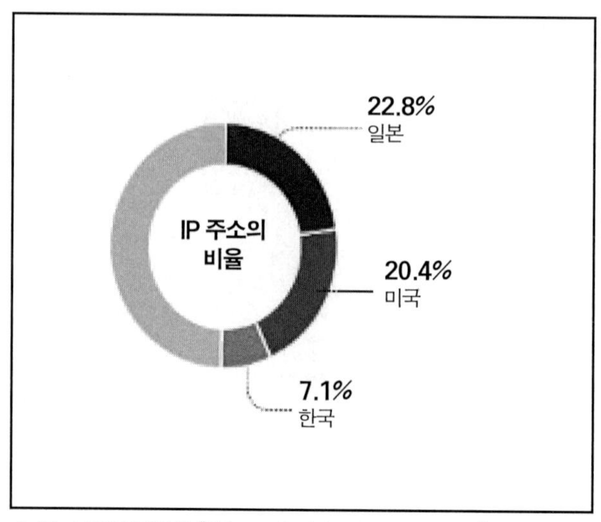

출처: Security Week(2012.03.21), "China again victim of cyber attacks."
http://www.infosecisland.com/blogview/20768-China-Also-the-Target-of-Cyber-Attacks.html

그림 5. 중국에 대해 감행된 사이버 공격의 근원지

인식의 차이에 기인하고 있으므로 그 갈등은 매우 첨예하게 나타나고 있다. 미국은 정부, 기업, 민간, 기술 및 학계 전문가로 구성된 공동체가 사이버 공간에서 제기되는 위협에 대응하고, 인터넷 질서와 사이버 안보 원칙을 마련해 나갈 주체가 되어야 한다고 주장하고 있다. 마이클 로저스(Michael S. Rogers) 미국 사이버 사령관 겸 미국 국가안보국 국장(commander, U.S. Cyber Command and NSA Director)은 "사이버 공간에 대한 도전은 매우 광범위하며 이로 인해 이러한 문제를 해결하기 위한 사적 영역, 정부, 학계의 진정한 파트너십(a true partnership between the private sector, the government and academia)을 필요로 한다"고 주장했다. 국가 및 다양한 비국가 행위자를 망라한 사이버 공간의 안보 확보 메커니즘을 구축하려는 이러한 미국의 주장은 다중이해당사자주의(multistakeholderism)에 해당된다. 다중이해

당사자주의는 정부, 기업 이외에 시민사회의 참여를 제도적으로 보장해야 한다는 '개방성'과 정책적 산물에 이들의 다양한 사회 경제적 이해를 반영하는 '대표성'을 통해 실현된다. 이러한 미국의 입장이 반영된 것이 인터넷 도메인 관리와 주소할당 문제를 관할하는 국제인터넷주소관리기구(ICANN: Internet Corporation for Assigned Names and Numbers)이다(Waz and Weiser 2013: 336; 조화순·나하정 2015).

중국은 인터넷 거버넌스의 구축과 사이버 안보 달성의 일차적 책임을 부담할 주체로 국가 및 정부 간 기구(Inter-governmental organization)를 선호한다. 미국의 다중이해당사자주의와 대비되는 정부간주의(intergovernmentalism)이다. 중국은 '인터넷 국가주권논리'의 확장으로서 정부가 주요 회원인 국제기구를 통해 인터넷 공간의 질서를 형성해 나가야 한다고 주장한다. 특히 중국에게 '민주주의'란 주권 국가들 사이의 평등의 의미를 내포하며, 이는 국제기구에서의 1국1표의 원칙에 의해 실현될 수 있다(조화순, 나하정 2015).

사이버 공간의 질서 구축과 사이버 안보에 대한 양국의 담론 경쟁은 정보기술을 관리하는 국제기구의 거버넌스에 대한 갈등을 통해서 표출되고 있다. 2014년 UN 산하의 국제전기통신연맹(ITU: International Telecommunication Union)의 ITRs 개정과정에서 중국의 정부간주의와 미국의 다중이해당사자주의는 정면으로 충돌하였다. 중국은 2015년 훌린 짜오(Zhao Houlin, 趙厚麟)를 ITU 사무총장으로 부임시키며 ITU를 중심으로 국가가 인터넷 질서 구축의 주도자가 되어야 한다고 주장하고 있다. 반면 미국은 민간주도를 역설하며 중국을 견제하고 있다(지디넷 코리아 2014.10.22; 유현석 2005).

이와 같이 미국과 중국은 자국이 주장하는 안보전략에 대해 국제사회에서 보다 많은 청중의 동의를 확보하기 위한 안보화 경쟁을 펼치고 있다. 양국은 사이버 공간에서 가장 우선적으로 보호받아야 할 가치는 무엇이며, 이러한 가치를 보호하기 위해 제거되어야 할 위협은 무엇이고, 누가 어떠한 방식으로 안보를 달성해 나가야 할지에 대해 인식의 차이를 보여주며 대립하고 있다. 대체로 미국적 가치에 공감하고 발전된 IT 기술을 보유하고 있는 서구 국가들은 미국의 입장을 지지한다. 반면에 기술적 열세에 직면하여, 서구 선진국들이 다른 국제정치의 영역에서와 마찬가지로 자신들의 이익에 반하는 질서를 마련하려는 것이 아닌가하는 의구심을 가지고 있는 개발도상국들은 중국의 입장에 동조하고 있다. 이렇듯 진영 간 대립으로 나타나고 있는 안보화 경쟁은 사이버 안보를 위한 국제적 논의를 활성화하고 국제공조를 수립하는 것을 어렵게 한다.

V. 한국의 사이버 안보와 안보화

한국은 세계에서 가장 뛰어난 정보통신기술과 인터넷망을 보유한 국가이다. 국가 경쟁력 확보를 위한 정부의 강력한 지원을 바탕으로 정보통신기술 및 서비스의 보급이 이루어졌으며, 그 결과 세계에서 가장 높은 수준의 혜택을 누리고 있다. 그러나 정보기술과 네트워크의 발전에 비례하여 사이버 위협에 대한 취약성도 높아지고 있다. 양적, 질적으로 심화되고 있는 사이버 위협에 대한 대비책을 마련해야 한다는 인식이 증가하고 있다.

사이버 위협에 대한 대응은 법령의 제정을 중심으로 이루어지고 있다. 관련 법령으로 '정보통신기반 보호법'과 '정보통신망 이용촉진 및 정보보호 등에 관한 법률'이 마련되어 있다. '정보통신기반 보호법'

은 2001년에 처음 제정되었으며 4번의 개정을 거쳐 현재와 같은 모습을 갖추었다. 2001년 법안은 '정보화의 진전에 따라 주요사회기반시설의 정보통신시스템에 대한 의존도가 심화되면서 해킹·컴퓨터바이러스 등을 이용한 전자적 침해 행위가 21세기 지식기반국가의 건설을 저해하고 국가안보를 위협하는 새로운 요소로 대두됨에 따라 전자적 침해행위에 대비하여 주요정보통신기반시설을 보호하기 위한 체계적이고 종합적인 대응체계를 구축하려는 것'을 그 목적으로 밝히고 있다. 정보통신기반 보호법은 전자적 침해행위에 대비하여 주요 교통시설, 에너지, 수자원 시설, 방송중계, 국가지도통신망 시설, 원자력, 국방과학, 첨단방위 산업관련 정부출연기관의 연구 시설 등과 기타 전자적 침해행위로부터 보호가 필요하다고 인정되는 주요정보통신기반시설의 보호에 관한 대책을 수립, 시행함으로써 해당 시설을 안정적으로 운용하여 국가의 안전과 국민생활의 안정을 보호하고자 한다. 따라서 주요정보통신기반시설을 지정하고, 국무총리 소속하에 정보통신기반 보호위원회를 두어 보호대책·계획 수립, 이행여부 확인, 보호지원, 침해사고시의 대응 방안 마련을 위임하고 있다.

2016년 6월 2일자로 시행된 '정보통신망 이용촉진 및 정보보호 등에 관한 법률(약칭 정보통신망법)'은 1987년 '전산망보급확장과 이용 촉진에 관한 법률'이라는 이름으로 처음 제정되었다. 1999년의 '정보통신망이용촉진등에 관한 법률'을 거쳐 2001년 현재의 법명을 갖게 되었다. 제정 초기에는 통신망을 구축, 확산하는 데 초점을 맞추었으나 2005년을 기점으로 개인정보 침해, 스팸 등 무차별 광고 전송, 청소년 유해 매체물 유통 등을 규제하는 데까지 범위를 넓히게 되었다. 이후 잇따른 대규모 개인정보 유출사고, 결제 및 금융 피해 사건들이 발생함에 따라 이러한 위협으로부터 정보통신망을 건전하고 안전하게 이용할 수 있는 환경을 조성하여 국민생활의 향상과 공공복리의 증진에 이바지함을 제정 목적으로 삼게 되었다. 제4장은 개인정보의 보호 관련 규정을 제6장은 정보통신망의 안정성 확보와 관련된 규정을 두고 있다.

현재는 종료된 '국가사이버안전관리규정'은 대통령 훈령으로 사이버 안전에 관한 조직체계 및 운영에 관해 규정하고 기관간의 협력 강화를 강화하여 사이버 공격으로부터 정보통신망을 보호하기 위해 공포되었다. 이후 국회에서는 2013년 3월 '국가 사이버안전 관리에 관한 법률안'과 4월 '국가 사이버테러 방지에 관한 법률안'이 발의되었다. 그러나 범국가정보공유 체계가 미비하고 신속한 대응이 미진한 상황을 극복하기 위해 종합 대응체계를 마련하는 것을 핵심으로 하는 사이버 안보관련 법안은 19대 국회에서 제정되지 못했다(조화순·김민제 2016).

정보통신기반보호법, 정보통신망법, 국가사이버안전관리규정 등은 모두 부분적인 사항들을 관할하고 있어 사이버 안보 업무를 통합 수행할 수 있는 기반은 미비한 상황이다. 또한 사이버 공격에 대한 대응역량이 민·관·군 및 기관별로 분산되어 있고, 전산망을 운영하는 기관·기업들이 보안투자를 소모성 비용으로 간주하는 등 체계적인 대응 체계가 마련되어 있지 않다. 이러한 상황을 극복하기 위해 관련 법안의 제정이 필요하다는 주장이 계속되고 있으나 일원화된 대응체계의 마련과 대응체계를 총괄하는 컨트롤타워의 역할을 어떠한 기관이 맡게 될 것이냐의 문제를 둘러싼 논란 때문에 현재까지 결실을 맺고 있지 못하는 실정이다. 사이버 안보는 전쟁, 테러, 정보보안 등의 다양한 측면을 포함하고 있다. 따라서 이러한 영역 중 무엇이 가장 중요하며 우선적으로 대응체계를 마련해야 하는지는 사회적으로 합의되어야 하는 사항이다. 사이버 안보에 대한 논란의 핵심은 사이버 공간에서 그동안 개인이 확보해온 자유와 사이버 공간의 위협에 대한 적절한 대응 즉 사이버 안보의 균형을 어떻게 설정한 것인가의 문제로 귀결되고 있다. 사이버 공간을 이용하는 개인의 자유를 보장하면서도 사이버 범죄와 해킹을 통해 개인과 집단의 안녕을 위협하는 행위를 규제하고 방어하는 장치가 필요하지만 각 집단의 입장 차이가 커서 합의가 쉽지는 않다.

가칭 '사이버 테러방지법'은 그 명칭에서도 알 수 있듯이 사이버 안보 중 테러의 문제를 가장 심각한 위협으로 인식하는 시각을 반영하고 있다. 현재 한국에서 사이버 안보와 관련된 업무를 관할하는 기관으로는 정부기관으로서 국가정보원, 국방부, 경찰, 그리고 미래창조과학부 산하의 민간 기관인 인터넷진흥원(KISA)이 있다(성용은·윤병훈 2016). 국정원은 국정원장이 의장으로 진행하는 국가안전보장회의를 통해 사이버 안보 문제에 관여하고 있으며 사이버테러방지법안에서도 테러방지를 위한 폭넓은 권한을 위임받고 있다. 국정원은 해외 테러집단이나 북한의 테러 공격을 가장 급박한 사이버 위협으로 간주한다. 사이버 테러 공격의 파급력을 고려할 때 '예방'이 가장 중요하며 이를 위해 해외 정보기관과의 공조를 통한 테러 정보 입수가 사이버 안보 전략의 가장 핵심적인 부분이 되어야한다고 주장한다.

사이버 사령부를 운영하고 있는 국방부는 사이버 전쟁의 위협을 강조하고 있다. 사이버 전쟁은 전시와 평시의 구분이 모호하며 병력이나 군 시설뿐만 아니라 기간 시설 등을 공격하기 때문에 군을 중심으로 폭넓은 대응전략이 마련되어야 한다는 입장이다(부형욱 2013). 사이버안전국을 중심으로 사이버 범죄에 대응하고 있는 경찰은 다양한 수사 경험을 통해 축적해온 수사 능력과 국제 형사 공조의 망을 강조하고 있다.

KISA는 인터넷침해대응센터를 통해 민간분야의 사이버 안전업무를 수행하고 있다. KISA는 사이버 안보의 정보 보호 및 보안의 측면을 강조한다. 정보보호의 문제는 국가안보 차원만이 아니라 개인과 기업에게도 매우 중요한 문제이며 침해에 관한 정보를 파악하고 적절한 대응을 마련하기 위해서는 다양한 행위자들의 협조가 필요하다고 주장한다. 따라서 정부 기관이 중심이 되는 것은 적절하지 않으며, 위계적이고 일원화된 대응은 적합하지 않다고 보고 있다.

이와 같이 각 관련 부처들은 사이버 안보와 관련된 자신의 권한을 강화하기 위해 가장 중대한 사이버 위협이 무엇인지에 대해 사이버 테러, 사이버 전쟁, 정보침해 등으로 의견을 달리하고 있다. 각 부처가 주장하는 사이버 안보 위협에 대해 국민적, 국가적 동의가 형성되면 해당 주무부처는 사이버 안보를 위해 국가가 투입한 자원의 배분에 있어 우선순위를 가지게 되고 관할권 증가로 인해 다양한 이익을 누릴 수 있다. 때문에 이들은 사이버 안보의 전략을 마련하는 데 있어 자신의 입장을 반영시키기 위해 끊임없이 경쟁하고 있다(조화순·김민제 2016). 안보화 경쟁을 펼치고 있는 주무 부처 간의 경쟁을 중심으로 한국사회에서 사이버 안보를 달성하기 위해서 어떠한 영역과 위협의 문제가 우선적으로 고려되어야 할 것인지에 대한 의견 수렴이 이루어져 나갈 것으로 보인다.

VI. 사이버 안보를 위한 미래전략

사이버 위협은 사이버 안보의 문제로 간주되어야 한다. 사이버 공간은 개인의 삶과 밀접하게 관련되어 있으며 개인의 안전과 평화를 위해 사이버 공간의 안보를 확보하는 일은 중요하다. 사이버 공간의 안보는 당장에 사상자를 발생시키지는 않더라도 포괄적인 차원에서 인간 삶의 복지와 삶의 질에 관여하고 있다. 적절한 안보전략의 수립을 통해 제대로 대응하지 못했을 때 다양한 사이버 위협은 큰 피해로 연결될 것이다.

사이버 안보는 국가의 노력만으로 달성되기 어렵다. 영토를 기반으로 한 주권 국가는 네트워크 사회에서 제기되는 문제에 효율적으로 대응하는 데 한계가 있기 때문에 일방적으로 다른 행위자들의 안보를 담당하는 '공급자–수혜자'의 위계적 관계를 지속할 수 없다. 따라서 다른 행위자들과의 협력을 통한 안보 달성이 절실하다. 네트워크 사회에서는 국가를 비롯한 개인, 집단, 사회가 안보를 통해 보호받아야 할 대상이자 동시에 안보의 공급을 담당해야 할 주체이다. 국가 간의 협력은 물론이고 전문가와 시민, 비정부단체와 기업, 국제기구 등의 다양한 행위자가 참여하는 글로벌 거버넌스의 구축만이 사이버 안보의 다양한 문제를 해결해줄 수 있을 것이다.

하지만 사이버 안보를 확보하기 위한 거버넌스의 구축 과정과 운용에 있어서 국가는 중심적인 역할을 수행해야 한다. 국가는 여전히 공공재를 공급하기 위한 가장 강력한 자원을 확보하고 있고 다양한 안보 문제들을 해결해 온 경험을 보유하고 있기 때문에 사이버 안보 거버넌스의 구심점이 될 수 있다. 즉, 국가에만 의존한 사이버 안보도 불가능하지만 국가를 배제한 사이버 안보도 성립될 수 없다.

사이버 공간에 대한 의존도가 높은 한국에게 적절한 사이버 안보 전략의 마련은 매우 중요하며 시급한 과제이다. 특히 한국은 북한의 사이버 테러 및 공격행위에 노출되어 있다. 사이버 테러를 감행하는 북한의 목적은 한국 국내사회에 사회적 혼란을 야기하는 것이며, 한국의 인터넷 보급률과 의존성 등을 고려할 때 이는 비용 대비 효과가 매우 큰 수단이다. 또한 사이버 테러에 대해 실질적 보복 및 처벌의 수단이 마련되어 있지 않은 상황이 북한으로 하여금 사이버 테러를 반복하도록 만들고 있다. 따라서 한국은 국내적으로 법령 제정과 대응 체제 마련 등을 통해 사이버 안보 전략을 수립해야 한다. 또한 사이버 안보의 초국가성을 고려하여 국제레짐의 형성과정에도 적극적으로 참여하여야 한다.

이를 위해서 사이버 안보의 '안보화적 속성'을 이해하는 것이 중요하다. 안보는 사회를 구성하고 있는 다양한 집단들의 경쟁과 합의를 통해서 구성되는 것이라는 점을 인지할 필요가 있다. 안보는 고정된 것이 아니라 공동체의 정치적 경쟁과 합의의 과정을 통해서 형성되는 것이다. 이러한 특성을 이해하면 현재 진행되고 있는 사이버 안보의 논의 과정을 둘러싼 다양한 참여자들의 이해관계를 보다 잘 파악할 수 있고, 이를 기반으로 자신 혹은 자국이 직면한 가장 큰 안보위협이 무엇이고 이것을 해소하기 위해 어떤 안보전략이 마련되어야 하는지에 관한 정치적 논의에 보다 적극적으로 참여할 수 있다. 안보화 이론은 국내적 사이버 안보 전략 마련 과정에서 발생하는 다양한 집단들의 갈등이 소모적인 것이 아니라 사회적 합의를 통해 조정되어야 하는 것이라는 인식의 기반을 제공한다.

물론 안보화 개념이 안보의 핵심적 속성이나 중요성을 간과하도록 만들고, 모든 안보담론과 안보전략을 정치적 경쟁과 타협의 산물로 간주하게 만들어 관련 논의에 대한 부정적 시각과 소극적인 태도를 유발할 것이라는 우려도 있다. 그러나 사이버 안보와 같은 새롭게 부상하는 문제들은 이를 안보 문제로 자각하는 사회적 과정을 통해 비로소 안보 이슈로 자리 잡는다. 인간의 안녕과 복지에 기여할 수 있는 사이버 공간은 어떠한 모습을 가지고 어떻게 운영되어야 하는지에 대한 논의는 국제적, 국내적 행위자들의 적극적인 참여 속에서 진행되어야 한다. 이 과정에서 정부는 많은 국민들이 실질적, 절차적 차원에서 공감할 수 있도록 리더십을 발휘해 나가야 할 것이다.

사이버 안보를 위한 글로벌 레짐의 형성 과정에도 보다 전략적으로 참여해야 한다. 현재 사이버 공간에 대한 국제적인 논의의 핵심적인 장은 UN의 '국제안보 관점에서 정보통신분야의 발전에 관한 정부전문가그룹(Group of Governmental Experts on Developments in the Field of Information and Telecommunications in the context of International Security)'이다. 정부전문가 그룹은 1998년 러시아 정부의 제안에 기초해 2004년에 출범하였다. 2004-2007년 1차, 2009-2010년 2차, 2012-2013년 3차 회기에 이어 2014-2015년 4차 회기가 진행되었다. 4차 회의의 핵심 의제 중 하나는 3차에서 이루어진 '국제법의 사이버 공간에 대한 적용'의 문제를 보다 세밀하게 규정하는 것이다. 3차 보고서는 국제법의 사이버 공간에 대한 적용이라는 일반적 원칙에 관한 합의를 담고 있으나 사이버 공격, 사이버무력 충돌, 사이버 무기 등 관련 기본 개념에 대한 합의는 포함하지 못하고 있다. 사이버 공간에 주권이 적용된다는 3차 회기의 최종합의 내용도 유사한 문제에 직면해 있다. 주권 평등 원칙이 UN을 비롯한 국제사회의 기본 규범이지만 주권 개념과 범위에 대한 양 진영의 인식 격차는 적지 않다(국가정보보호백서 2015). 사이버 안보를 확보하기 위한 국제규범은 국제적인 경쟁과 논의를 거쳐 규범화될 것이다. 이러한 과정에 한국 역시 정책적 입장을 정하고 대응할 필요가 있다. 국내적으로 사회구정원들이 사이버 안보와 관련된 논의에 적극적으로 참여하고, 국제적으로 안보전략 마련을 위한 효과적인 공조가 이루어질 때 비로소 사이버 안보가 달성될 수 있을 것이다.

참고문헌

보원 · 미래창조과학부 · 방송통신위원회 · 행정자치부. 2015. 『정보보호백서 2015』
동아일보. 2016. "北, 외교안보 라인 무더기 해킹… 국정원 뭐했나." 2016.3.12. http://news.donga.com/3/all/20160312/76952378/1(검색일 2016.7.2)
박노형 · 정명현. 2014. "사이버전의 국제법적 분석을 위한 기본개념 연구 - Tallinn Manual의 논의를 중심으로" 『국제법학회논총』 59(2), pp. 65-93.
법제처. "국가사이버안전관리규정." http://community.klaw.go.kr/bill/2000000018346(검색일 2016.7.11)
______. "정보통신기반 보호법(법률 제13343호)." http://www.law.go.kr/법령/정보통신기반보호법/(13343,20150622)(검색일 2016.7.11)
______. "정보통신망 이용촉진 및 정보보호 등에 관한 법률(법률 제13520호)." http://www.law.go.kr/법령/정보통신망이용촉진및정보보호등에관한법률/(13520,20151201)(검색일 2016.7.11)
부형욱. 2013. "사이버 안보의 주요 이슈와 정책방향: 국방 사이버 정책 정립을 위한 시론적 논의." 『국방연구』 제56권 제2호, pp. 97-122.
성용은 · 윤병훈. 2016. "한국 사이버테러 방지를 위한 효과적 대응방안." 『융합보안논문지』 제16권 2호, pp. 11-17.
연합뉴스. 2016. "美CIA국장 "새 대통령에 첫 보고 현안은 사이버 안보-테러-북핵"." 2016.6.16. http://www.yonhapnews.co.kr/bulletin/2016/06/16/0200000000AKR20160616208751071.HTML?input=1195m(검색일 2016.7.10)
______. 2016. "나토 "사이버 공간도 전쟁터" 공식 인정." 2016.6.15. http://www.yonhapnews.co.kr/bulletin/2016/06/15/0200000000AKR20160615058600009.HTML?input=1195m(검색일 2016.7.9)
유현석. 2005. "글로벌 거버넌스에서 국가와 지구시민사회." 『한국정치학회보』 39(3), pp. 331-352.
조화순. 2012. 『정보시대의 인간안보: 감시사회인가? 복지사회인가?』. 집문당.
______. 2015. "사이버 안보의 국제정치와 미래전략." 『한국의 중장기 미래전략』. 인간사랑.
조화순 · 김민제. 2016. "사이버 공간을 둘러싼 안보화 경쟁." 〈2016년 한국정보사회학회 하계학술대회 - 경계의 와해: 사회, 산업, 미디어의 새로운 지평〉 발표문, pp. 10-12.
조화순 · 나하정. 2015. "사이버 공간의 국제레짐과 미중 패권경쟁." 〈2015년 한국국제정치학회 여수 하계학술대회: 광복과 분단 70년- 한국 국제정치의 이론과 실천〉 발표문, pp. 5-6.
중앙일보. 2016. "국정원, "북한, 정부 주요인사 수십명 스마트폰 해킹…음성-문자 가져가."" 2016.3.8. http://news.joins.com/article/19688609?cloc=joongang|article|moredigitalfirst(검색일 2016.7.2)
지디넷 코리아. 2014. "세계 인터넷 주도권, 美서 中으로 바뀌나- ITU 훌린 짜오 사무총장

선출…인터넷 권력 亞로." 2014.10.22. http://www.zdnet.co.kr/news/news_view.asp?artice_id=20141022150400(검색일 2016.5.30)

____. 2015. "초강력 中 테러방지법, 美 IT업계 비상." 2015.12.29. http://www.zdnet.co.kr/news/news_view.asp?artice_id=20151229153520&type=det&re=(검색일 2016.5.30)

헤럴드경제. 2016. "기업노리는 사이버테러 - '10만원주면 해킹' 광고까지.. 특정 대상 노리는 스피어 피싱에 속수무책." 2016.6.23. http://news.heraldcorp.com/view.php?ud=20160623000564(검색일 2016.7.2)

Akamai Korea. 2016.「2016년 1분기 인터넷 현황 보안 보고서」

Buzan, Barry, Ole Wæver and Jaap de Wilde. 1998. *Security: A New Framework for Analysis*, Boulder, Colo.: Lynne Rienner Pub.

Fireeyes. 2013.「Red line Drawn: China recalculates its use of cyber espionage」

Hansen, Lene and Helen Nissenbaum. 2009. "Digital Disaster, Cyber Security, and the Copenhagen School." *International Studies Quarterly* 53(4), pp. 1155-1175.

Huysmans, Jef. 2002. "Defining Social Constructivism in Security Studies : The Normative Dilemma of Writing Security." *Alternatives* 27, pp. 41-62.

Knudsen, Olav F. 2001. "Post-Copenhagen Security Studies: Desecuritizing Securitization." *Security Dialogue* 32-3, pp. 355-368.

Mueller, Milton L. 2012. "China and Global Internet Governance : a tiger by the tail." *Access Contested: Security, Identity, and Resistance in Asian Cyberspace Information Revolution and Global Politics Cambridge*, MA: The MIT Press.

Schmitt, Michael N. 2013. 한국전자통신연구원 부설연구소 역,『탈린매뉴얼』. 글과생각

Security Week. 2012. "China again victim of cyber attacks." 2012.3.21. http://www.infosecisland.com/blogview/20768-China-Also-the-Target-of-Cyber-Attacks.html(검색일 2016.7.9)

Wæver, Ole. 1995. "Securitization and desecuritization." *On Security*. New York Columbia University Press.

Waz, Joe and Phil Weiser. 2013. "Internet governance: The role of multistakeholder organizations." *Journal of Telecommunications and High Technology Law* 10(2). pp. 331-350.

Yang, Feng and Milton L. Mueller. 2014. "Internet governance in China: a content analysis." *Chinese Journal of Communication* 7(4), pp. 446-465.

ZDnet. 2016. "NATO: 'New realities' make internet a potential front line in conflict." 2016.7.11. http://www.zdnet.com/article/nato-new-realities-make-internet-a-potential-front-line-in-conflict/(검색일 2016.8.1)

Zurich Insurance Company. 2015.「Overcome by cyber risks? Economic benefits and costs of alternate cyber futures」

제2부

신흥안보로서 인간안보의 창발

제6장

인구안보의 미래전략

신성호

I. 서론

인구문제는 21세기 국제정치의 전개에 새로운 변수로 부상하고 있다. 19, 20세기 산업혁명과 근대화를 거치면서 흔히들 인구는 영토, 천연자원과 더불어 국력의 주요한 요소로 간주되었다. 국제정치에서 강대국으로 부상하는 요건으로 영토와 자원은 물론 이를 실질적으로 뒷받침하고 활용할 수 있는 인구가 국력의 주요한 요소로 작용한 것이다. 이는 평시에는 경제성장을 이끄는 노동력과 규모의 시장을 제공하는 요소로 작용함은 물론 전시에는 실제로 국가를 위해 싸울 수 있는 병력을 제공하는 기본적인 수단이었다.

이는 특히 유럽에서 근대 민족국가의 발현과 함께 징집제에 의한 국민군대의 탄생과 함께 두드러진 현상으로 나타났다. 19세기 초 나폴레옹의 프랑스가 유럽의 강국으로 부상한 저변에는 여전히 소수 정예의 귀족주의에 입각한 주변의 국가들이 프랑스 혁명을 거쳐 대중 징집을 통해 압도적인 숫자의 국민군으로 재편된 프랑스에 상대가 되지 못한 군사혁명에 의한 결과였다. 그 이후 세계 각국은 국민개병제에 의한 부국강병 정책을 펴기 시작하였고, 이에 성공한 국가는 흥하고 그렇지 못한 국가는 망하는 강대국 정치가 펼쳐진 것이다. 국제정치학의 토대를 닦은 한스 모겐소(Hans Morgenthau)는 인구를 국토, 천연자원, 산업규모, 군사력, 국민성, 사기, 정부의 수준과 더불어 국가가 행사할 수 있는 파워의 기본요소로 정의하였다(Morgenthau 1967). 인구와 국력에 대한 이러한 접근은 비교적 단순하게 "정태적"으로 이해되었으며, 이러한 접근법은 클라우스 노르, 케네스 왈츠, 클리포드 저먼과 같은 동시대의 국제정치학자들에 의해 널리 수용되었다(Knorr 1975; Waltz 1979; German 1960).

1980년대와 1990년대에 들어서 이러한 단순한 인구와 국력의 관계에 대한 단순한 정태적 접근법을 넘어서 보다 복잡한 함수관계를 고려하는 동태적, 역동적 접근법이 도입되기 시작하였다. 인구가 단순히 국력의 주요한 한 요소라는 접근에서 벗어나서 인구부담에 따른 환경악화, 자원고갈, 대량이주, 강제된 난민유입, 종족분쟁, 극우주의 발현, 도시화 등이 어떻게 상호작용하는지에 대한 새로운 관심과 접근이 이루어지기 시작하였다.[1] 즉 인구와 여타 국력의 요소들이 어떻게 상호작용하는지에 따라 단순히 인구의 많고 적음을 떠나 같은 인구를 가진 조건에서도 이것이 국력신장에 순기능으로도 혹은 역기능으로 작용할 수 있다는 접근이 행해진 것이다. 특히 많은 수의 저개발국이나 후진국의 경우 폭발적으로 증가하는 인구는 사회발전이나 경제개발에 많은 부담과 악영향을 미침으로써 순기능보다는 역기능이 많은 사례가 나타나기 시작하였다.

그러나 두 세계대전과 냉전을 거쳐 서구와 기타 지역의 주요 강대국간에 평화가 정착되고 또 다른 군사기술의 발달과 새로운 형태의 전쟁이 발현하는 21세기에 들어와 각국의 인구변화는 새로운 문제와 도전을 야기하고 있다. 특히 선진국들의 경우 지난 100여 년간 진행된 사회 변화 속에 초저출산/초고령화가 새로운 트렌드로 자리 잡으면서 정치, 경제는 물론 사회, 문화 전반에 걸쳐 새로운 현상과 문제점을 제기하기 시작하였다. 그리고 이러한 변화는 단순히 국민 개병제에 의한 대규모 상비군 유지의 어려움과 같은 차원의 문제를 넘어서는 다양하

1 예를 들어 특정 지역의 물이나 농경지 등 희소한 자연 자원을 둘러싼 분쟁을 인구와 환경문제의 관점에서 접근한 연구들이 활발하게 행해졌다(Homer-Dixon 1991; Diehl 1998; Deudney 1990; Levy 1995; Gleditsch 1998). 그 밖에 개도국의 인구문제와 취약한 국가에 관한 연구로는 Esty *et al.* 1998을 참조.

고 근본적인 안보 문제를 제기하고 있다.

이러한 현상은 세계적인 차원의 인구문제의 양극화로 나타나고 있다. 저개발국이나 개도국의 경우는 의료기술의 발달과 수명연장으로 인해 폭발적인 인구증가가 나타나면서 각종 사회문제와 저개발, 환경오염, 정치 및 사회 불안으로 인한 각종 정치, 경제, 사회적 문제가 야기되고 있다. 반면 서구 선진국과 아시아 신흥공업국의 경우 초저출산/초고령화로 인한 급속한 인구 감퇴가 경제성장 부진, 복지부담의 증가라는 경제적 문제와 더불어 노인인구의 빈곤화와 자살률 증가 등 각종 사회 문제를 야기하고 있다. 동시에 글로벌화는 이러한 지구촌의 양 극단적 문제가 이주 및 난민 문제, 전염병 전파, 중동 지역의 극단주의 발화 및 서구 선진국에 대한 테러 등의 증오범죄 증가 등으로 서로 연계되거나 다른 사회에 전이되는 현상으로 나타나기도 한다.

본 연구는 지난 수십 년간 새로운 트렌드로 자리 잡은 인구문제의 양극화가 어떻게 각국의 경제와 사회문제를 넘어서 21세기의 새로운 안보 문제를 야기하고 있는지를 살펴보고자 한다. 또한 그것이 한반도 주변의 동아시아와 동북아, 특히 한중일 3국에 어떻게 발현되고 있으며 한국의 미래와 안보정책에 가지는 의미를 고찰하고자 한다.

II. 21세기 인구변화와 인구안보

인구안보(demographic security)는 "인구의 규모와, 연령구조, 지리적 분포, 혹은 인종 구성 등이 가지는 안보적 함의와 이민이나 인구 증가, 연령구조의 변화나 특종 인종이나 종교적 그룹의 지리적 이동 등에 의해 초래되는 여러 안보 문제"를 의미한다고 정의된다(Cincotta 2004).

미 의회 외교안보위원회의 존 티어니 의원에 따르면 지구상에서 벌어진 모든 분쟁의 80퍼센트가 인구의 60퍼센트 이상이 30세 이하로 구성된 지역에서 나타나고 있으며, 이들 젊은 인구 국가의 90퍼센트가 약한 정부를 가지고 있어 매우 불안한 국내 정치·안보 상황을 초래한다(Marqusee 2010). 21세기 지구 곳곳에서 내전이나 인종갈등, 심각한 사회불안 등 각종 형태로 나타나는 안보 문제는 지금까지 짧은 인생주기와 대가족제도에 근거한 전통적인 인구 구성이 늘어난 수명과 소가족제도로 변환하는 "인구 전환(demographic transition)"에 공통적으로 기인하는 것으로 나타난다. UN개발계획(UN Development Program)은 1987년 7월 11일 세계 인구 50억 명 돌파를 기념해 2년 뒤인 1989년 세계 인구의 날을 제정하였다. 이후 전 세계 인구는 선진국과 개도국을 중심한 경제성장과 의료기술의 보급에 따른 유아사망률 감소 등에 힘입어 빠르게 증가, 2011년 70억 명을 돌파하였다. 2025년에는 80억 명을 돌파할 것으로 예상되는 인구증가는 그러나 1980년 이후 24억이 늘어난 것에 비하면 전체적으로 21세기 들어서 둔화되는 모습이다. 유엔에 따르면 전 세계 인구는 2050년경 90억 명으로 정점을 찍은 후 인류역사상 처음으로 감소세로 돌아설 것으로 예측된다(United Nations 2004). 문제는 급속한 인구증가가 주로 빈곤국과 취약계층을 중심으로 발생하면서 저소득, 실업으로 인한 사회적 불만세력 폭증과 정국 불안 및 각종 안보 문제를 발생시키는 원인으로 작용한다는 것이다. 그러나 유럽을 위시한 선진국과 아시아의 주요 개도국을 중심한 지역에서는 급속한 인구감소와 노령화를 거치면서 노동인구 부족, 내수 시장 축소로 인한 저성장 기조 지속과 급속한 사회 보장 비용 증가 속에 경제 불안과 정치적 혼란이 나타나고 있다. 인류가 이전에 겪지 못한 급속한 인구 분화(demographic divergence) 혹은 "인구 양극화"의 시대에 들어선 것이다. 향후 인구증가의 절대부분이 아시아와 아프리카 지역에서 일어나는 대신 유럽과 미국, 일본, 호주와 뉴질랜드를 포함한 서구의 인구증가는 3퍼센트에 그칠 것으로 예측된다. 인도와 중국이 2025년까지 각자 2.4억 명과 1억 명의 인구를 추가로 늘릴 것으로 예상되고 사하라 사막 이남 지역의 아프리카와 중남미의 국가도 각기 3.5억 명과 1억 명의 인구증가가 있을 것으로 예상된다. 반면 같은 기간 러시아, 우크라이나, 이태리와 대부분의 동유럽 국가들과 일본은 최대 10퍼센트의 인구가 감소할 것으로 보인다. 그나마 서구 선진국 중에서는 미국, 캐나다, 호주 등 적극적인 이민정책을 채택한 극히 일부 국가들만 인구증가가 있을 것으로 보인다(National Intelligence Council 2008: 19).

1. 개도국의 인구폭발과 안보 위협

21세기 인구의 양극화가 초래하는 다양한 형태의 안보 문제 가운데 먼저 개도국을 중심으로 유소년 인구의 폭발적 증가로 인한 혼란과 분쟁이 있다. 남미의 안데스 지역을 시발로 사하라 이남의 아프리카, 중동을 거쳐 코카서스와 남아시아의 북부에 이르는 광범위한 지역은 급속한 인구증가로 인한 유년 인구의 폭발적 증가로 지구상에 거대한 “불안정의 아크(arc of instability)”를 형성한다(National Intelligence Council 2008: 22). 젊은 인구의 증가는 체계적 교육체제하에 훈련된 노동력과 투자 친화적인 환경을 제공할 수 있는 일부 국가에게는 새로운 경제성장의 동력으로 작용하기도 한다. 그러나 이러한 환경을 갖추지 못한 많은 개도국에게는 정치 불안과 분쟁의 요인으로 작용한다. 이 지역에 위치한 많은 국가들이 약한 정부와 재정불안, 사회적 불안정과 만성적인 저성장, 취약한 경제 상황 등을 겪고 있다. 청소년 인구의 급속한 증가는 이들이 성장하는 과정에서 정상적인 교육을 받을 기회가 적은 상태에서 빈곤과 취업난에 시달리면서 급진주의나 반정부주의에 취약한 사회적 불만세력을 양산한다. 인구와 전쟁과의 함수관계에 관한 일련의 연구결과 등을 보면 인구의 증가 자체가 국가간 전쟁을 일으키지는 않은 것으로 나타난다. 대신, 인구증가가 급속한 노동인구의 증가와 저성장 경제와 결합될 때, 상류층으로의 진입 기회가 적은 상태에서 이를 희망하는 교육받은 젊은 인구가 급속히 증가할 때, 한 국가나 사회 내 여러 종족 간에 인구 성장 불균형이 심화될 때, 고용성장률을 넘어서는 급속한 도시화가 전개될 때, 대규모 이주로 인해 지역 내 종족 간의 균형에 갑작스런 변화가 생길 때 내전이나 종족간 분쟁의 가능성이 커지는 것으로 나타났다(Goldstone 2002). 아프가니스탄, 콩고, 에티오피아, 나이지리아, 파키스탄, 예멘 같은 경우는 급속한 인구증가가 지역의 취약한 상황과 결합되면서 정치적 폭력과 내전의 악순환이 지속되는 상황의 근본 원인이 되고 있다.

일부 지역의 폭발적 인구증가는 급속한 도시화, 인종/종파간 급속한 불균형, 그리고 대규모 이민이라는 또 다른 사회문제와 결부되어 다양한 안보 불안을 야기한다. 먼저, 급속한 청년인구 증가는 이들이 보다 나은 삶과 경제적 기회를 찾아 도시로 몰려들면서 유례가 없는 도시화를 초래하고 있다. 오늘날 이미 전 세계 인구의 50퍼센트가 도시에 살고 있는 가운데, 2025년도에는 그 비율이 57퍼센트로 증가할 것으로 예상된다. 그 결과 현재 지구상에 존재하는 19개의 초거대 도시에 8개의 새로운 도시가 추가될 것으로 예상되며, 그 중 7개의 새로운 초거대 도시가 아시아와 사하라 사막 이남 지역의 아프리카에 생길 것이다. 문제는 이들 새로운 도시가 인프라와 생활여건이 취약한 기존의 소도시가 급속히 팽창하는 형태로 전개됨에 따라 그 지역의 사회,

정치적 불안이 가중될 것이라는 점이다(National Intelligence Council 2008: 23). 한편, 일부 지역에서는 인구의 급속한 증가가 서로 다른 인종과 종파적 집단 간의 급속한 인구 불균형을 초래하여 또 다른 안보 불안 요인으로 작용한다. 이미 서로 다른 인종–종파 간 첨예한 갈등을 겪고 있는 이스라엘의 경우 급속한 인구증가가 이스라엘의 아랍 계통을 중심으로 일어날 것으로 예측되어 현재 20퍼센트에서 2025년에는 900만의 이스라엘 인구 중 25퍼센트를 차지할 것으로 보인다. 문제는 이스라엘 내의 유대인구 중에서는 극우보수 경향의 유대인구 역시 현재의 두 배로 급증하면서 이스라엘 내 양 극단 세력 간의 갈등이 심화될 것이라는 점이다. 아랍계 인구의 증가는 이스라엘 내부뿐 아니라 이스라엘과 팔레스타인 갈등의 근본 원인이 되고 있는 가자(Gaza) 지구와 서안(the West Bank) 지역에서도 각기 60퍼센트, 40퍼센트 증가로 나타나 현재 약 400만인 인구가 2025년에는 600만으로 늘어날 것으로 예상된다. 이러한 인구증가는 이 지역 주민에 대한 식수나 식량 공급 및 기본 공공재 부족이 이미 포화 상태에서 더욱 심각한 생활고를 초래하여 내부 정치 불안과 이스라엘과의 갈등을 더욱 심화시킬 것으로 예상된다(National Intelligence Council 2008: 23–24).

도시화, 인종/종파 간 불균형 심화와 더불어 대규모 이민은 폭발적 인구증가 지역의 안보 불안이 지구 상의 다른 지역으로 전이되는 새로운 안보 문제를 야기한다. 서유럽의 경우 매년 100만 명의 이민자가 유입되고 있는 가운데 현재 3,500만에 달하는 비유럽 출신 거주자의 다수가 북아프리카, 중동, 서남아시아 출신의 무슬림 인구로 구성되어 있다. 아래 그림에 나타난 퓨우 리서치의 통계에 의하면, 독일과 프랑스에 각기 470만여 명의 무슬림 인구가 살고 있으며 그 뒤로 영국 300만, 이태리 220만, 그리고 불가리아, 네덜란드, 스페인에 각기 100만에 달하는 무슬림이 있는 것으로 나타난다. 그 외 그리스, 오스트리아, 덴마크, 스웨덴 등에도 60만에서 30만의 무슬림 인구가 있으며, 그 외의 다양한 서유럽 국가들에 무슬림 인구가 분포되어 있다. 이들 유럽의 무슬림 인구는 꾸준한 증가세를 보이면서 1990년 전체 유럽 인구의 4퍼센트에서 2010년 6퍼센트를 차지하고 있으며, 2030년에는 8퍼센트에 이를 것으로 예상된다. 동시에 평균 연령은 32세로 유럽 전체 평균 40세에 비해 8년이나 어린 젊은 인구 특징을 가진다. 한편 러시아는 인구의 10퍼센트에 달하는 1,400만 명의 최다 무슬림 인구가 상주하고 있다(Hacket 2016).

한편 유럽의 경제 성장이 둔화하면서 빠르게 증가하는 젊은 무슬림 인구는 유럽사회의 새로운 불안요소로 작용하고 있다. 대다수의 무슬림 이주민들이 일자리를 찾아 도시로 모여드는 가운데, 유럽의 낮은 경제성장으로 인한 일자리의 감소, 엄격한 노동조건 등이 취업차별, 불리한 교육여건 등과 결합되면서 무슬림 이민자들이 저임금, 저소득, 하위계층으로 전락하는 현상이 발생하고 있다. 즉 이들이 전형적으로 서유럽의 노동계층을 형성하면서 정치, 경제, 사회적으로 소외계층으로 전락하는 경우가 많으며, 이들의 전통적인 종교관, 가치관, 생활방식 등이 자신들이 속한 서구의 그것과 충돌하면서 이들 국가 내에 정치, 사회, 종교적 갈등이 표출되고 있다. 그 결과 극우적 정치집단의 등장과 서유럽 복지국가의 근간이 된 좌파연합이 붕괴하면서 지난 반세기 동안 유럽연합을 중심으로 진행되어온 동서유럽의 통합과 안정 기조가 흔들리는 모습을 보인다. 더욱이 최근 시리아를 중심으로 중동 지역의 정치 불안과 내전이 격화되면서, 많은 수의 난민이 유럽으로 몰려들면서 서유럽 각국은 무슬림 이민 문제로 골머리를 앓고 있다. 시리아뿐 아니라 아프카니스탄, 이라크, 파키스탄, 나이지리아, 이

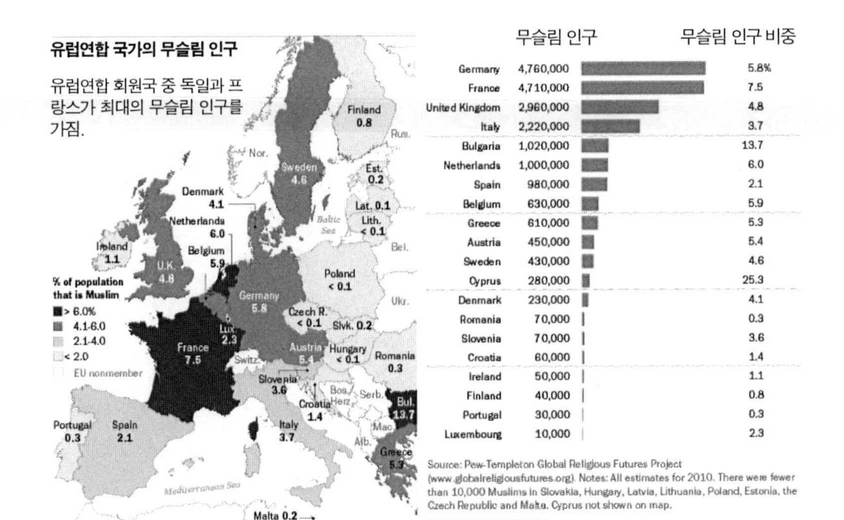

출처: Pew Research Center 2016

그림 1. 유럽의 무슬림 인구 분포(2010)

란 등에서 2015년에만 100만이 넘는 난민들이 각종 루트를 통해 유럽으로 몰려들었고 2016년에도 지금까지 15만 6,000명의 난민이 유럽으로 탈출하였다(European Commission 2016). 2016년 현재 100만이 넘는 난민이 유입된 독일을 비롯하여 헝가리, 오스트리아, 프랑스, 이탈리아, 스웨덴, 핀란드, 노르웨이, 영국, 스위스 등 유럽의 모든 지역에 난민이 정치적 망명을 신청하며 몰려들고 있다(BBC 2016). 이러한 상황에서 최근 프랑스와 독일, 벨기에 등 유럽 곳곳에서 발생한 테러는 중동지역 무슬림 인구의 폭발적 증가로 인한 안보 불안이 여러 복합요인을 거쳐 서구로 전파된 안보 위협의 가장 극적인 사례를 보여준다. 특히 가장 많은 무슬림 인구를 가진 프랑스와 벨기에, 독일에서 이들 국가의 시민이면서도 평소 소외감을 느낀 무슬림계 이민 출신의 젊은이들이 알 카에다나 ISIS의 사주를 받거나 이들의 반서구 선전에 동조하여 자발적 테러를 일으켰다는 사실은 난민 유입을 통해 침투한 테러분자와 더불어 유럽의 가장 심각한 안보 경각심을 불러일으키고 있다(USA Today 2016).

2. 선진국의 저출산/고령화와 "인구절벽"

개도국이 갈 곳 없는 젊은 인구의 폭발적 증가로 인한 "불안정의 아크"를 형성하고 있는 반면, 서구 유럽과 아시아의 선진 산업국들은 유례없는 인구감소와 고령화를 겪고 있다. 21세기 들어 선진국의 경우 미국과 같은 극히 일부 국가를 제외하고는 대부분이 저출산/고령화로 인한 "인구 임계점"에 도달한 것으로 분석된다. 즉 현재 대부분의 선진국이 전체 인구의 약 70퍼센트가 생산가능 인구(15세에서 64세)에 포함되는데 이 비율이 역대 최고이며 앞으로는 줄어들 수밖에 없다는 것이다. 그 결과 거의 모든 국가에서 2010년에서 2020년 사이에 65세 이상 노령층과 생산가능 인구 비율의 급속한 저하가 나타날 것으로 예상된다. 2010년 현재 노령인구 1명당 4명의 생산가능 인구가 있다면 10년 내에 그 비율이 1대3 혹은 더욱 낮아질 가능성이 제기된다. 일본의 경우 이러한 문제가 가장 심각하게 진행되고 있는 경우이다. 일본은 1990년대 중반부터 생산가능 인구가 감소하기 시작하여 2005년부터는 전체 인구 자체가 감소세로 들어섰다. 그 결과 2025년이면 노령인구 대비 생산인구 비율이 1대2에 이를 것으로 전망된다. 그나마 일본에 비해 출산율이 높은 유럽의 경우도 현재의 생산가능 인구 수준을 유지하기 위해서는 현재의 이민자의 유입보다 2배에서 3배 많은 수의 이민자를 받아들여야 한다(National Intelligence Council 2008: 21). 앞서 살펴보았듯이 2025년까지 유럽 인구 가운데 비유럽 출신 소수 인종의 비율은 15퍼센트까지 증가할 것으로 예측된다. 문제는 이들 소수 인종이 원래의 유럽 인구에 비해 훨씬 젊은 인구 구성을 가질 것으로 예상됨에 따라 이들과 유럽 현지인들 사이의 긴장관계가 증가할 것이다. 한편 일본의 경우 유럽과 같은 대규모 이민자들의 유입이나 이들로 인한 사회적 긴장의 증대 같은 문제는 없지만 급속히 고령화되는 인구구조에 의해 경제성장이 제로 상태에 이르고 동시에 가파르게 증가하는 연금이나 의료비 보조 등으로 인해 국방과 같은 다른 분야의 지출이 압박을 받거나 축소되는 현상이 나타날 것이다.

선진국의 인구 고령화와 저출산이 21세기의 심각한 경제 위기의 근본요인이 된다는 분석도 있다. 미국의 경제예측 전문기관인 덴트연구소(Dent Research)의 창업자인 '해리 덴트(Harry Dent)'는 21세기 전 세계 주요 경제는 인구절벽(demographic cliff)을 겪으면서 심각한 저성장과 불황의 위기에 빠질 것으로 예측한다(Dent 2014). '인구절벽'이란 생산 가능한 인구인 15-64세의 비율이 급속도로 줄어드는 현상을 일컫는다. 그는 인구구조 변동과 소비지출 흐름이라는 두 지표를 중심으로 부동산·주식·일반상품시장의 장래 가격 동향을 예측하는데, 소비지출이 정점에 이르는 45-49세 연령대가 줄어드는 시기에 들어서면 소비가 급속히 하강한다는 뜻에서 인구절벽이란 용어를 쓰고 있다. 그에 의하면 자산시장의 붕괴와 금융위기를 예측할 수 있는 간단한 지표는 '소비흐름'에 있다. 그리고 이러한 소비흐름은 개인의 인생 주기에 따라 지출의 형태가 변화함으로써 만들어진다. 인구통계학에 따르면 전형적인 가정의 경우, 가장이 46세일 때 가장 많은 돈을 지출하는 것으로 분석된다. 베이비붐 세대, 에코붐 세대와 같이 인구수가 많은 세대의 평균 연령이 46세로 접어들 때 그 경제의 소비가 가장 왕성해지며, 소비가 왕성해야 기업은 투자 증대에 나서고 경제가 발전한다는

것이다.[2]

그런데 최근 인구 변화 추세를 보면 대부분의 선진국이 역사상 처음으로 앞선 세대보다 인구수가 더 적은 세대가 뒤를 따르고 있다는 것이다. 이를 덴트는 21세기 '인구절벽'이라고 부른다. 20세기 중반 이후 선진국의 인구 증가를 견인했던 베이비붐 세대가 46세일 때를 지나면 다음 세대가 46세를 이어받게 되는데, 문제는 다음 세대의 인구수가 이전 세대인 베이비붐 세대보다 현저하게 떨어진다는 것이다. 그 결과 필연적으로 소비가 저조해지고 경제가 침체하게 된다고 예측한다. 즉 인구절벽은 경제활동의 '소비절벽'으로 이어지고, 이는 다시 장기적 '소득절벽'으로 이어져 전반적인 경제침체를 초래한다는 것이다. 덴트는 인구절벽이 곧 '소비절벽'으로 이어지는 현상이 미국과 일본에서 이미 나타났다고 주장한다. 미국의 소비정점은 2003-2007년으로 2008년 금융위기 폭발 직전까지였다. 일본의 소비정점 기간은 1989-1996년이었다. 1989년 이래 일본의 장기불황과 미국이 진원지가 된 2008년 금융위기도 인구절벽에 따른 소비지출 추락이 중요한 요인이라는 것이다.

덴트의 '인구절벽'론에 대해 많은 전문가들이 수요와 공급, 경제 소비 주체의 소비 성황과 경제 심리적 변화, 소비와 경제성장과의 함수관계, 기술 발전과 생산성 등 훨씬 변수가 많고 복잡한 경제현상을 너무 단순화하고 있다는 지적을 하고 있다(New York Post 2014.2.8; Andruszkiewicz 2014). 그럼에도 불구하고 21세기 선진국에서 나타나

2 미국의 평균 가구에서 돈을 가장 많이 쓰는 시기는 가구주의 나이가 '45-49세'(연간 약 3만 7,500달러)일 때라고 분석된다. 주택·자동차·가구 등 600여 개 품목에 걸쳐 연령대별 소비지출 변동을 실증분석해 내놓은 결과다. 저자에 의하면 전형적인 미국 가구에서 평균 소비성향이 가장 높은 나이는 '46세'(2007년)이다. Ibid.

고 있는 급속한 노령화가 경제 전반과 정치, 사회에 걸쳐 중요한 변화의 변수로 작용할 것이라는 데에는 이론의 여지가 없다. 예를 들어 러시아의 경우 현재 1억 4,000만 명의 인구가 급속한 인구감소와 고령화로 인해 2025년에는 1억 3,000만 명 이하로 줄어들 것으로 예상되는 가운데, 비교적 출산율이 높은 무슬림 소수민족의 비율이 현재 전체 인구의 14퍼센트에서 2030년까지 19퍼센트, 2050년에는 23퍼센트로 증가할 것으로 예측된다. 이는 러시아의 급감하는 전통 슬라브 종족의 배타적 민족주의 성향을 더욱 자극할 것으로 보인다(National Intelligence Council 2008: 24-25). 한편, 인도의 경우 전체적으로는 2.8의 비교적 높은 출생율로 인해 2025년까지 중국을 넘어 최다 인구 대국이 될 것으로 예상된다. 그러나 내부적으로는 교육수준과 생활수준이 높은 뭄바이, 델리, 캘커타를 중심한 남부에서는 점차 저출산이 확대되는 경향을 보인다. 이에 비해 여전히 빈곤과 문맹에 시달리는 북부의 높은 출산율로 인한 인구 증가가 남부와 북부의 사회, 경제적 양극화를 더욱 심화시킬 것으로 예상된다. 인구가 꾸준히 증가하는 북부의 낮은 교육수준과 비숙련 노동에 의지하는 힌두어권 젊은 인구가 일자리를 찾아 부유한 남부의 도시로 몰려들면서 이를 둘러싼 중앙 정부와 남부의 우파 정당들 간의 해묵은 적대관계와 정치 갈등이 재현될 수 있다는 전망이 제시된다(National Intelligence Council 2008: 26). 현재 제1의 인구 대국인 중국의 경우 2025년까지 약 1억 명의 인구가 증가하여 14억에 이를 것으로 전망된다. 문제는 그 동안 중국정부에서 강력하게 추진해온 1자녀 정책으로 인해 중국 내부의 저출산과 고령화가 급속히 진행되고 있다는 것이다. 2001년에 인구의 7퍼센트가 65세 이상의 고령화 사회에 접어든 중국은 저출산으로 인해 2015년부터 생산가능 인구가 감소하기 시작하였고, 은퇴노동자들의 수자가 증가하면서 노동력 부족과 노령층에 대한 사회보장 수요의 급증으로 경제와 정부 재정에 심각한 압박이 가해질 것으로 예상된다.

III. 한국 인구변화와 의미

한국은 전 세계 국가가운데 저출산과 인구노령화가 가장 급속하게 진행되는 사례이다. 보건사회연구원에 따르면 한국사회는 전 세계에 유래가 없는 "초저출산/초고령화"라는 제2차 인구전환기(the 2nd demographic transition)를 겪고 있다. 1983년 이후 30여 년 동안 합계출산율이 인구대체수준(population replacement level)인 2.1 이하에서 지속되는 이른바 저출산 현상을 경험하였으며, 사망률 역시 지속적으로 낮아져 평균수명이 2007년에는 이미 OECD 평균수준을 상회하여 장수국가군으로 진입하고 있다. 특히, 2001년부터는 합계출산율이 1.3 미만에서 지속되는 초저출산현상(lowest low fertility)을 겪고 있다(이삼식·최효진 2014). 경제협력개발기구(OECD) 국가 중 합계출산율(가임여성 1명이 낳을 것으로 예상되는 출생아 수) 1.3명 미만인 '초저출산'을 경험한 나라는 11개국인데 한국만 15년째 이 상태에서 벗어나지 못하고 있다. 최근 5년 평균으로 따지면 1.23 정도로, 세계 합계출산율 평균(2.50)의 절반에도 못 미친다. 반면 5년 평균 기대수명은 81.3세로 북아메리카(79.1세)나 유럽(76.1세)보다 높은 수준을 기록하고 있다. 실로 과거에 다른 국가들에서 찾아볼 수 없을 정도의 급격한 인구전환을 겪고 있는 것이다.

급격한 인구전환은 인구감소와 고령화로 귀결되고 있다. 최근 보도에 의하면 2016년 출생아 수는 매년 100만 명 이상의 베이비부머가 출생했던 1950-1960년대 이후 처음으로 43만 명 이하로 내려갈 것으로 전망된다. 2000년까지만 해도 63만 명이 넘었던 출생아 수는 2002년 처음으로 40만 명 대로 떨어졌다. 이후로도 꾸준히 줄었지만 2013년부터 2015년까지는 43만 명을 유지해 왔다. 2016년 만 44세인 1972년 당시 출생아 수 102만 명과 비교해 보면 60만 명가량이 준 것이다. 1960년 6.0명이던 한국의 합계출산율은 2005년 1.08명으로까지 추락했다가 2014년(1.21명)까지 1.3명을 회복하지 못하고 있다. 그 결과 한국의 인구구조는 2017년부터 본격적인 하향곡선을 그릴 것으로 예상된다. 먼저 2017년부터 15-64세 사이의 생산가능 인구가 감소하기 시작한다. 같은 해 65세 이상 고령자의 수는 14세 이하 어린이와 유아보다 28만 명이나 많을 것이다. 1960년에는 14세 이하 유소년이 65세 이상 고령자보다 1,000만 명가량 많았다. 그러나 2000년 65세 이상 인구가 전체인구의 7% 이상인 고령화사회에 접어든 후 2018년에는 65세 이상 인구가 전체 인구의 14% 이상이 되는 고령사회에 진입한다. 2020년부터는 베이비붐 세대(1955-1964년생)의 은퇴가 시작되고 노인인구 비율은 2050년 37.4%, 2060년에는 40%까지 급격히 늘어날 것으로 예상된다. 2031년부터는 총인구가 감소할 것으로 전망된다. 한국은 지금 이 순간 지난 60년간 누려온 '인구보너스(인구 증가로 인해 성장)' 시대를 마감하고 '인구오너스(인구 감소로 인해 성장이 위축)' 시대로 전환하고 있는 것이다(경향신문 2016.6.24).

많은 전문가들이 인구감소와 노령화는 잠재성장률 하락은 물론 소비·투자 감소, 사회보험 재정 고갈, 국가부채 증가 등 경제 전반에 부작용을 미칠 것으로 전망한다. 먼저 저출산·고령화가 심해지면 한국경제는 노동력 부족과 소비 감소로 '저성장의 늪'에 빠질 것으로 우려된다. 일할 사람이 줄어드는데 구매력이 낮은 노인인구가 계속 늘

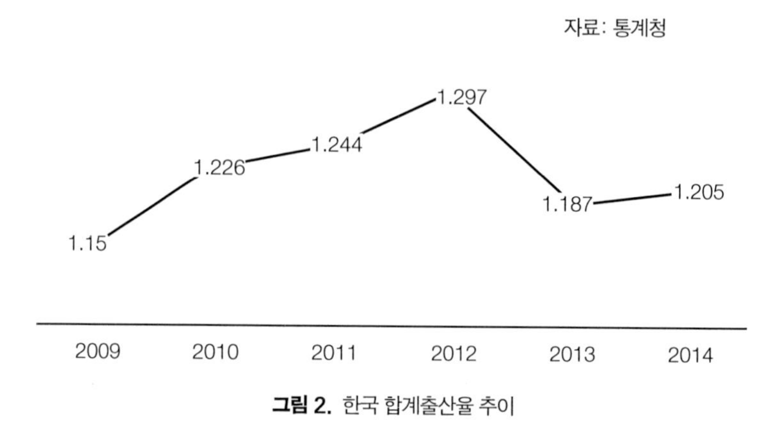

그림 2. 한국 합계출산율 추이

어나기 때문이다. 전문가에 따르면 심각한 저출산으로 2024년부터 한국 경제를 유지하는 데 필요한 노동력이 모자라기 시작해 2060년에는 900만 명 이상의 노동력 부족을 겪을 것으로 보도되었다. 이는 전체 인구의 20%를 넘는 수준이다. 이는 곧 한국의 경제규모가 수축될 위험이 크다는 것을 의미한다(연합뉴스 2016.7.9). 한국개발연구원(KDI)에 따르면 2006-2010년 4.0%였던 한국의 잠재성장률은 2026-2030년 1.8%까지 감소할 것으로 예측된다. 경제가 성숙되면서 생산성은 제자리를 맴도는 반면 양질의 노동공급은 줄어들어 생산총량이 감소하기 때문이다. 한편 저출산·고령화로 소비증가율은 2001-2010년 3.8%에서 2031-2060년 1.4%로, 투자증가율도 같은 기간 3.1%에서 1.1%로 줄어들 것으로 전망되었다(경향신문 2016.6.24). 앞서 소개된 "인구절벽"현상이 한국사회에 다가오고 있다는 것이다. 덴트는 경제협력개발기구(OECD)의 인구추계 자료 등을 토대로 볼 때 한국인은 '47세'에 소비가 정점에 이른다고 주장한다. 그는 "한국의 소비지출은 2010-2018년에 정점을 찍고, 소비가 가장 왕성한 이 연령대가 줄어드는

2018년부터 한국 경제에 인구절벽이 어른거리게 될 것"이라고 경고한다(한겨레신문 2015.6.14). 2018년은 한국에서 출생인구가 정점을 이룬 1971년생이 정확히 47세가 되는 시기이다. 비록 '소비흐름'은 2020년까지 이어진다고 해도, 한국의 경우 인구 구조적으로 정점(2018년 무렵)을 치기 훨씬 전부터 경제가 내림세를 걷게 될 것으로 보인다. 특히 한국의 경우는 베이비붐 세대 다음에 오는 에코붐 세대가 거의 형성되지 않았기 때문에 2020년 이후부터 한국의 소비 추이는 수십 년간 하락할 수밖에 없다는 것이다. 특히, 초저출산·초고령화가 급속히 진행될 경우 노동공급 감소에 따른 성장 잠재력 저하뿐만 아니라 수요구조에 있어서 수출과 국내수요 간 불균형, 노동수급 격차 확대, 재정수지 적자 심화 등 경제 전반에 걸쳐 부정적인 영향을 초래할 가능성이 높다. 인구감소가 시작되면 파급효과는 장기적, 누적적으로 작용할 것이다. 국회 예산정책처는 2014년 발표한 '2014-2060년 장기재정전망' 보고서에서 한국경제의 실질성장률이 2014년 3.6%에서 2060년에는 0.8%로 곤두박질할 것으로 예측했다. 동시에 고령화를 저성장 고착화의 가장 큰 원인으로 꼽았다(비지니스워치 2015.9.8).

한국사회의 급격한 인구감소와 노령화는 당장 내수부진과 노동력 감소로 인한 경제성장의 침체뿐 아니라 우리 사회 전반에 걸쳐 심각한 부작용을 초래할 것으로 전망된다. 예를 들어 출생인구의 감소는 각급 학교의 학생 진학에 심각한 수급 불균형을 초래하고 있다. 보도에 따르면 2016년 입학생 수를 공시한 전국 초등학교 6,218곳 중 1,395개교가 신입생이 10명 미만이었던 것으로 나타났다. 5곳 중 1곳이 10명 미만의 입학생을 받은 것이다. 입학생이 한 명도 없는 초등학교도 93곳에 달했다. 중학교는 입학생이 10명 미만인 학교(분교 포함)가 337개교였고 이 중 입학생이 한 명도 없는 학교는 11곳이었다. 초·중·고

	도달년도		
	고령화사회 7%	고령사회 14%	초고령사회 20%
미국	1942년	2014년(72년)	2030년(16년)
영국	1929년	1975년(46년)	2025년(50년)
독일	1932년	1972년(40년)	2008년(38년)
프랑스	1864년	1978년(114년)	2019년(41년)
일본	1970년	1995년(25년)	2006년(11년)
한국	2000년	2017년(17년)	2026년(9년)

자료: 통계청, UN.
*%는 65세 이상 연구 비중, 괄호 안은 소요 년수.
출처: 비지니스워치, 2015/09/08

그림 3. 주요국의 고령화 속도

교 전체로는 1,748개교, 입학생 수 공시 학교 1만 1,806곳 중 14.8%의 신입생이 10명 미만으로 분석됐다(서울경제 2016.6.13). 2016년 전국의 학교당 평균 입학생 수는 초등학교 70명, 중학교 147명, 고등학교 252명이었다. 초등학교 평균 입학생 수는 2014년 77명, 2015년 73명에 이어 3년 연속 감소했다. 이에 따라 학령인구(6-21세)는 30년 뒤 현재의 절반 수준으로 낮아질 것으로 예상된다. 학생난이 심해지면서 대학 간 격차는 더 심해지고 고등교육의 질은 떨어질 것이라는 우려가 있다.

노인 문제는 저출산, 고령화의 또 다른 심각한 사회문제로 부상하고 있다. 2026년은 한국사회에서 인구구조의 분수령이 될 것으로 보인다. 이때를 기점으로 베이비붐 세대(1955-1974년생)가 본격 노년층에 진입하면서 유엔의 분류에 따르면 총인구의 20% 이상이 65세 이상인 초고령사회로 급격히 전환한다. 문제는 한국 노인인구의 절반이 빈곤층이라는 점이다. 경제협력개발기구(OECD) 통계를 보면 65세 이상 한국 노인의 상대 빈곤율은 49.6%로 OECD 평균(12.6%)의 4배에 달한다. 상대 빈곤율은 중위소득(모든 가구를 소득 순서대로 줄을 세웠을 때 정확히 중간에 있는 가구의 소득)의 절반(50%)에 미치지 못하는 가구의 비중을 뜻한다. 홀로 사는 노인의 빈곤 문제는 더 심각하다. 통계청 가계동향조사를 토대로 한국보건사회연구원이 분석한 결과를 보면 2015년 2분기 '노인 단독가구'의 월 소득은 평균 97만 원에 그쳤다. 그마저도 월 소득의 65%에 해당하는 62만 8,000원은 가족이 준 용돈 등 '이전소득'이다. 이런 65세 이상 1인 가구가 전국에 144만 3,000명에 달한다. 빈곤 문제가 심하다 보니, 한국 노인은 다른 선진국 노인과 달리 은퇴 후에도 쉴 수 없다. 보건복지부의 '2014년 노인실태조사'를 보면 노인의 28.9%는 생활비 등을 보충하고자 경제활동을 하고 있다. OECD에 따르면 2014년 기준 한국의 65세 이상 노인 고용률은 31.3%로, 34개 회원국 중 아이슬란드(36.2%)에 이어 두 번째로 높았다. OECD 평균(13.4%)의 2.3배다. 주요국과 비교하면 한국 고령층의 고용률 수준은 두드러진다. 일본은 20.8%, 영국은 10.0% 수준이었고 독일(5.8%), 프랑스(2.3%)는 한 자리대이다. 고령층 일자리는 임시직 등이 대부분이어서 질도 떨어진다. 이 때문에 치료비와 생활비를 감당하지 못해 '생계형 파산'에 직면하는 노인문제가 심각하다. 2016년 3월 공개된 파산선고자 4명 중 1명이 60대 이상이라는 법원통계는 한국 노인의 현실을 보여준다. 빈곤과 외로움으로 한계상황에 내몰린 한국의 노년층은 세계 최고의 자살률을 기록한다. 노인 자살률은 인구 10만명당 55.5명으로 우리나라 전체 평균 27.3명의 2배 수준이다. OECD 평균 자살률 12.0명과 비교하면 5배에 가깝다(연합뉴스 2016.7.9).

한편, 인구가 줄어들면서 농어촌 공동화는 더 심해질 전망이다. 1980년 이후 전국 인구는 3,741만 명에서 2010년 4,799만 명으로 약 1,000만 명이 증가하였다. 도시인구는 지난 30년간 약 2배인 1,800만 명이 증가하였다. 반면, 읍과 면지역을 합한 농촌 인구는 1980년 1,600만 명에서 2010년 863만 명으로 약 1/2 수준으로 줄어들었다. 총인구 대비 농촌인구 비율은 1980년 42.8%에서 2010년 18.0%로 크게 떨어졌다. 읍 인구는 지난 30년간 큰 변동이 없었으나 면 인구는 절반 이상 줄어들었다. 1980년 면 인구는 읍 인구보다 700만 명 정도 더 많았으나 그 차이는 점점 좁혀져 2010년에는 읍과 면 지역 모두 400만 명 정도로 큰 차이를 보이지 않았다. 특히 면 지역 인구는 2008년 518만 명에서 2053년에는 282만 명으로 급감할 것으로 보인다. 노인인구는 읍·면·동에서 모두 증가하는 추세를 보이는 반면 유소년인구는 읍 지역에서는 지난 30년간 1/2수준으로 그리고 면지역에서는 1/8수준으로 급감하는 모습을 보인다. 그 결과 농어촌에서 젊은이 찾기는 더 힘들어지고 사람이 살지 않는 '유령 마을'이 우후죽순 늘어날 가능성이 크다. 특히, 한국보건사회연구원의 보고서에 의하면 농촌 지역의 노령화는 전국 평균보다 훨씬 급속하게 진행될 것으로 전망된다. 중간 전망에 의하면 읍지역 노인인구의 비율은 2013년 14%, 2028년 23%, 2053년 40%로 급격하게 증가할 전망이다. 면지역 노인인구의 비율은 2013년 26%에서 2028년 40%, 2053년 61%로 급격하게 증가할 전망이다. 농촌인구의 급격한 고령화는 사회 전반에 영향을 미칠 수 있겠지만, 특히 노인 관련 보건·복지 부문 비용 증가로 이어질 가능성이 있다. 농촌에 거주하는 노인들은 도시 노인에 비해 연령이 높으며 독거 비율이 높고, 소득이 낮으며, 교육수준이 낮다. 즉, 농촌인구 중 홀로 사는 후기고령인구의 증가로 인하여 질환 발병 시 생활 자체가 어려운 상황이 증가할 것이다. 대부분의 의료시설이 도시나 도시 근교 농촌지역에 집중되어 있어 이동성이 낮은 농촌 노인인구는 적절한 시기에 치료를 받을 수 없을 것이다. 농촌 독거노인은 지역 사회적 지지기반 약화로 우울감 등 정신적·심리적 문제로 인한 심각한 삶의 질 저하 문제가 대두될 가능성이 높다는 것이다(이삼식·최효원 2014: 327-343).

저출산 고령화로 인한 경제성장 저하와 각종 사회복지 비용의 증대는 결국 국가재정에 큰 압박과 부담을 가중시킬 것이다. 가장 큰 문제는 국민연금과 건강보험이다. 보험료를 내는 사람은 줄지만, 연금과 건강보험 혜택을 받는 사람은 늘어나기 때문이다. 사회보험·연금보험료를 납부할 인구는 감소하고, 수혜 인구는 늘어나면서 국민연금기금의 경우 현 상태를 지속하면 2043년 최대치로 증가했다가 2044년부터 적자로 돌아서고 2060년에는 소진할 것으로 예상된다. 건강보험은 9년 뒤인 2025년 고갈될 예정이다. 건강보험심사평가원이 발표한 자료에 따르면 2015년 상반기 65세 이상 노인 건강보험 진료비는 10조 원을 넘어섰다. 반기 기준으로 노인 건강보험 진료비가 10조 원을 넘은 것은 이번이 처음이다. 그 결과 정부지출 증가로 재정건전성도 빠르게 악화돼 일본처럼 부채국가로 전락할 수도 있다(비지니스워치 2015.9.8).

한편, 한국사회의 인구감소와 노령화는 국방에도 직접적인 영향을 미칠 것이다. 먼저 저출산은 국방에 필요한 병력 수급에 직접적인 영향을 미친다. 출산율의 급격한 저하는 제1국민역의 대상이 되는 19세 남성인구의 감소를 초래한다. 현재 군이 추진하고 있는 국방개혁은 그와 같은 저출산 추세를 고려하여 군사력 구조를 인력중심의 양적 구조에서 첨단무기체계 중심의 질적구조로의 전환을 꾀하는 것을 골자로 하고 있다. 하지만 신체검사 합격률과 입영연기율을 고려한 실질입영율을 고려해 볼 때 최상의 인구추계 시나리오에 비추어 보더라도 2022년에 이르면 연평균 2만여 명 이상의 입영인구 부족이라는 문제에 직면할 수 있다. 출산율이 예측 최고치를 밑돌 경우 그 시기는 앞당겨지고, 문제의 심각성은 더욱 증대될 것으로 예상된다. 이와 더불어 복무기간 단축(21개월 → 18개월)에 대한 사회적 요구의 증대는 입영인구 부족의 어려움을 더욱 가중시킬 것으로 예상된다. 둘째, 군 간부 증가와 첨단 무기 체제 도입을 수반하는 질적 군 구조로의 개혁은 국방비 증가를 필수적으로 수반하게 되는데, 저출산·고령화는 국방비 증대 요구를 압박하는 요소로 작용하게 된다. 저출산·고령화가 필요 국방예산확보에 미치는 영향은 복합적이다. 먼저 저출산은 산업인구의 감소를 의미하는데, 조세정책의 근본적인 변화가 없을 경우 이는 세수의 감소를 가져와 궁극적으로 정부재정 확보에 있어 어려움을 초래한다. 또한 산업인구 감소는 경제성장률에도 부정적인 영향을 미칠 수밖에 없다. 저성장과 조세수입 감소에 따른 정부재정 감소는 국방비의 감소로 이어진다. 이와 같이 양상이 지속될 경우, 지속적인 국방비 증가를 염두에 두고 구상된 국방개혁이 지속적인 동력을 유지할 수 있을지 의문이다. 셋째, 고령화 현상은 복지에 대한 수요 증대로 이어져 정부재정 지출에 있어 복지가 점차 큰 비중을 차지하게 될 것으로 예상된다. 진보, 보수 정당 모두가 복지를 외치고 있는 것이 한국의 정치적 현실이다. 결국 거시경제학에서 일컫는 "총과 버터 모델(Guns versus butter model)"처럼, 국방에 대한 요구와 복지에 대한 요구가 앞으로 더욱 더 서로 상충하게 될 것으로 예상된다. 저출산·고령화는 안보에 있어 말 그대로 그 어느 쪽을 선택하게 되더라도 문제점이 발생하는 하나의 커다란 딜레마로 우리를 빠져들게 하고 있다(신성호·양희용 2015).

V. 결론

21세기, 심화되는 인구 양극화는 지구촌에 각종 경제, 사회, 정치 불안을 야기하며 새로운 안보위협의 근간이 되고 있다. 개도국을 중심한 젊은 인구의 급속한 증가는 이들의 분출되는 사회, 경제적 욕구를 수용하기 힘든 국가와 사회에 정치 불안과 사회적 갈등을 초래한다. 이러한 갈등이 비민주적이고 약한 정부하에서 서로 다른 종파와 인종 간의 인구 불균형과 갈등으로 전이되면서 일부 지역에서는 심각한 내전과 폭력사태가 발생하고 있다. 시리아와 이라크 지역을 중심한 급진적인 이슬람 국가의 탄생과 폭력사태는 21세기 들어 가장 심각하고 비극적인 민간인 학살과 대량 난민사태를 초래하였다. 여기에 지역 패권국인 이란과 사우디, 그리고 미국을 위시한 유럽과 러시아의 지역 이해가 얽히면서 중동사태는 가장 첨예한 국제안보 현안으로 부상하였다. 한편, 이 지역을 탈출한 대량 난민이 서유럽으로 몰려 드는 가운데, 전반적인 저성장 기조에서 무슬림 이민계 젊은 인구의 급증으로 사회불안과 정치 갈등이 대두되던 서유럽 국가들은 급진 이슬람 세력과 연계된 테러의 공포에 시달리고 있다. 9·11 테러에 이어 21세기 서구 사회의 가장 첨예한 안보 문제로 등장한 테러의 배경에는 개도국의 급속한 인구증가 속에 권위주의적 정치와 사회적, 경제적 기회의 상실감속에 방황하는 무슬림 세계 젊은이들의 분노가 있다. 글로벌화되는 21세기 국제정치에서 서구 선진국의 안보가 개도국의 인구 폭발과 이로 인한 갈등에 가장 극적인 형태로 연계된 것이다.

한편 21세기 인구의 양극화는 서구를 위시한 선진 산업국의 급속한 저출산과 고령화로 나타나고 있다. 대부분의 선진국들이 역사상 유례없는 저출산으로 인한 인구 감소와 노령사회에 접어들고 있는 것이다. 이는 곧 노동인력과 소비인구의 감소로 인한 저성장과 장기적인 경기 침체의 주요 원인이 되고 있다. 서구 유럽의 일부 국가는 이러한 저성장 기조 속에 인력 부족으로 유입된 비현지 출신 이민자들과 현지인들 사이에 경제적 불평등과 양극화로 인한 사회적, 정치적 갈등이 표출되고 있다. 최근 프랑스와 독일, 영국 등을 중심으로 일어난 테러의 상당수가 급진 이슬람주의에 동조하는 무슬림계 자국민에 의해 자행되었다는 사실은 이들 국가의 인구감소와 저성장이 인종, 종파 간 갈등으로 표출된 주요한 사례이다. 현재 미국 대선에서 돌풍을 일으키고 있는 트럼프 후보와 그의 이민자에 대한 배타적 인종정책도 결국은 미국 내 라틴계 이민자들의 숫자가 급증하는 것에 위협을 느낀 백인들의 위기의식이 근간을 이룬다는 분석이다.

한국의 경우 저출산과 고령화가 그 어느 국가보다도 급속히 진행 중이다. 우리나라 출산율은 1960년 6.0에서 20여년이 지난 1983년에 1/3수준인 2.06으로 급격하게 감소하였다. 이후 출산율이 인구대체수준(2.1) 미만인 저출산 현상이 30년 동안(1984-2013년) 지속되고 있다. 특히, 출산율 1.3 미만의 초저출산현상은 2001년 이래 현재까지 지속되고 있다. 이는 결국 노동인구의 감소에 이은 전체 인구의 감소로 이어질 것으로 예상된다. 더욱이 이러한 인구감소는 전 세계에 유례가 없는 초고령화와 함께 진행되고 있다. 2050년에서 2060년이 되면 65세 이상의 노령인구가 전체의 40%에 육박할 전망이다. 보건사회연구원은 최근의 보고서에서 노인인구 비율이 30-40%에 도달한 국가는 역사적으로 전무하며 향후에도 쉽게 찾아볼 수 없을 것이라는 점에서 우리사회에 어떠한 위기가 도래될 것인가에 대해 예측하기 자체가 어렵다고 경고하고 있다(이삼식 · 최효원 2014: 9). 정부는 이미 이에 대한 심각한 위기의식을 가지고 대통령을 위원장으로 하는 '저출산 ·

고령사회위원회'를 출범시켜 대책마련에 부심하고 있다. 그러나 저출산, 노령화를 되돌리기 위한 정부의 각종 정책은 여전히 거대한 인구변화를 되돌리기에는 역부족으로 보인다. 실제 정부는 지난 2006년부터 2014년까지 9년간 저출산 대책으로 66조원을 쏟아 부었으나 2015년 출생아 수는 43만 5,300명으로 1970년대의 40% 수준에 머물렀다. 결혼과 출산을 기피하는 사회의 구조적 문제를 해결하지 않는 한 인구문제는 해결하기 어렵다는 회의론이 전문가들 사이에 지배적이다. 21세기 대한민국의 저출산과 고령화는 눈앞에 닥친 현실이다. 저출산을 되돌리려는 노력도 중요하지만 이제는 현실을 받아들이고 경제와 산업구조, 노동과 이민정책, 노인복지와 정부재정, 결혼과 가정에 관한 사회의식 및 법 제도 정비 등 근본적인 접근을 달리하는 발상의 전환이 필요하다.

참고문헌

경향신문. 2016. "내년부터 인구절벽 상태… 60년 누린 인구보너스 시대 종말." 2016.6.24. http://biz.khan.co.kr/khan_art_view.html?artid=201606240021025&code=920100&med=khan

서울경제. 2016. "'인구절벽' 코 앞에… 초등 5곳 중 1곳 신입생 10명 이하." 2016.6.13. http://www.sedaily.com/NewsView/1KXKON3273/GE02

비지니스워치. 2015. "[잃어버린 20년의 교훈]⑦ 초고속 고령화, 한국의 대응은." 2015.9.8. http://www.bizwatch.co.kr/pages/view.php?uid=17553

신성호 · 양희용. "저출산/초고령 사회와 국방." 『국방연구』. 58권 3호(2015년9월)

연합뉴스. 2016. "〈인구절벽〉①줄어드는 아기 울음소리… 획기적 돌파구 필요." 2016.7.9. http://www.yonhapnews.co.kr/bulletin/2016/07/07/0200000000AKR20160707162200017.HTML

______. 2016. "〈인구절벽〉③고달픈 노인… 미래 우리 모두의 모습?" 2016.7.9. http://www.yonhapnews.co.kr/bulletin/2016/07/08/0200000000AKR20160708115800017.HTML

이삼식 · 최효진 편저. 『초저출산/초고령사회의 위험과 대응전략』 연구보고서 2014-22-1 총괄보고서, 한국보건사회연구원(2014년12월31일)

한겨레신문. 2015. "한국 경제, 인구절벽이 어른거린다." 2015.6.14. http://www.hani.co.kr/arti/economy/economy_general/695890.html

Andruszkiewicz, Grace. 2014."Are We going off a demographic cliff?" Aging 2.0 https://www.aging2.com/blog/are-we-going-off-a-demographic-cliff/

Batchelor, Tom. 2016. "Terror in Europe MAPPED – Shocking number of deaths and injuries from attacks in 2016," Express, July 27, 2016 http://www.express.co.uk/news/world/693954/Terror-in-Europe-map-deaths-injuries-attacks-2016

Cincotta, Richard. C. 2004. "Demographic Security Comes of Age" ESCP Report, Issue No. 10, Wilson Center, Washington D.C. https://www.wilsoncenter.org/sites/default/files/ecspr10_C-cincotta.pdf

Dent, Harry. 2014. *The Demographic Cliff: How to Survive and Prosper During the Great Deflation of 2014-2019*. New York: Penguin.

Deudney, Daniel. 1990. "The Case Against Linking Environmental Degradation and National Security." *Millennium* 19, pp. 461-476.

Diehl, Paul. 1998."Environmental Conflict: An Introduction," *Journal of Peace Research* 35, pp. 275-276.

Esty, Daniel, Jack A. Goldstone, Ted RobertGurr, Barbara Harff, Marc Levy, Geoffrey D. Dabelko, Pamela Surko, and Alan N. Unger. 1998. State Failure Task Force Report: Phase II Findings. McLean, VA: Science Applications International Corporation,

1995 and 1998.

European Commission. 2016. "Refugee Crisis in Europe." June 20, http://ec.europa.eu/echo/refugee-crisis_en

German, Clifford. 1960. "A Tentative Evaluation of World Power." *Journal of Conflict Resolution* Vol. 4, pp. 138-144.

Gleditsch, Nils Petter. 1998. "Armed Conflict and the Environment," *Journal of Peace Research* 35, pp. 381-400.

Goldstone, Jack A. 2002. "Population and Security: How Demographic Change Can Lead to Violent Conflict" *Journal of International Affairs*, Fall 2002, vol. 56, no. 1. pp. 4-5.

Hacket, Conrad. 2016. "5 Facts About Muslims Populations in Europe." 2016.7.16. Pew Research Center. http://www.pewresearch.org/fact-tank/2016/07/19/5-facts-about-the-muslim-population-in-europe/

Homer-Dixon, Thomas. 1991. "On the Threshold: Environmental Changes as Causes of Acute Conflict," *International Security* 16, pp. 76-116;

Knorr, Klaus. 1975. *Power of Nations: The Political Economy of International Relations.* Basic Books.

Levy, Marc A. 1995. "Is the Environment a National Security Issue?" *International Security* 20, no. 2, pp. 35-62.

Marqusee, Hannah. 2010. "Demographic Security comes to the Hill," New Security Beat, Wilson Center, Washington D.C. 2010.12.16. https://www.newsecuritybeat.org/2010/12/demographic-security-comes-to-the-hill/

Michaels, Jim. 2016. "Analysis: String of terror attacks in Europe likely to continue," USA Today, July 29, 2016
http://www.usatoday.com/story/news/world/2016/07/26/analysis-string-if-terror-attacks-europe-likely-continue/87578584/

Morgenthau, Hans. 1967. *Politics Among Nations 4th ed.* New York: Alfred A. Knopf, pp. 106-158.

National Intelligence Council. 2008. *Global Trends 2025: A Transformed World*(November 2008), p. 19, http://www.aicpa.org/Research/CPAHorizons2025/GlobalForces/DownloadableDocuments/GlobalTrends.pdf

Smith, Kyle. 2014. "Aging America heading for disaster" New York Post February 8, 2014, http://nypost.com/2014/02/08/thanks-to-aging-population-its-all-downhill-from-here-for-usa/

Waltz, Kenneth. 1979. *Theory of International Politics.* MA: Addison-Wesley.

BBC. 2016. "Migrant crisis: Migration to Europe explained in seven charts" http://www.bbc.com/news/world-europe-34131911

United Nations. 2004. *World Population to 2300*, p. 4 http://www.un.org/esa/population/publications/longrange2/WorldPop2300final.pdf

제7장

국제이주 및 난민문제의 안보적 접근

이신화

I. 서론

오늘날 지구촌 전체 인구의 15%에 달하는 10억 명이 국제이주자 혹은 자국 내 이주민이다. '21세기 메가트렌드'라고 불릴 만큼 이주 문제는 전 세계적인 현상이 되고 있는데(Swing 2013), 2015년 말 국제이주자의 수는 2억 4,400만 명으로 2000년 대비 15년 사이에 41%나 증가하였다(UNHCR 2015). 이주의 원인은 다양할 뿐 아니라 유인 요소와 배출 요인이 복합적으로 작용하여 이루어진다. 보다 나은 교육이나 직장, 가족 재결합 등 삶의 질을 향상시키거나 더 많은 기회에 대한 기대감을 토대로 한 자발적 이주가 있는가 하면, 자연재해, 전쟁, 정치적 폭압, 사회불안, 인신매매와 같이 원치 않는 강제적 이주를 하는 사람들도 점점 증가하고 있다. 유엔난민기구(UNHCR)에 따르면, 2015년 말 기준 전 세계 강제이주자(forcibly displaced people)는 6,531만 명이고 이 중 공식협약난민의 수도 2,130만 명에 달하여 지구촌은 제2차 세계대전 이후 최대의 난민위기에 처해 있다.[1]

국제이주는 빈곤문제 해결과 일자리 창출, 경제성장, 인재계발 등에 기여하는 긍정적 면을 갖고 있는 반면, 내국인과 이주민 간의 갈등과 사회불안정을 가져올 수 있다. 특히 이주의 빈도와 규모뿐 아니라 유동성, 복합성, 비정규성이 커지면서 이주민 관리나 난민대처 문제가 국내정책으로만이 아닌 외교정책으로서도 중대한 이슈가 되었다. 최근 몇 년간 경제난과 실업률 증가로 인한 동유럽 이주민들에 대한 반감이 영국의 유럽연합탈퇴, 즉 브렉시트(Brexit)를 초래한 중요한 이유가 되었고, 프랑스, 스페인 등에서도 이민에 반대하는 정치세력이

1 이 수치는 UNHCR관할임무(mandates)하의 1,610만 명과 1949년 설치된 유엔팔레스타인난민기구(UNRWA)에 등록된 520만 명의 팔레스타인 난민을 포함한 수치이다.

부상하고 있다. 더욱이 시리아 사태 등으로 중동 및 아프리카로부터 유럽으로 향하는 난민들이 급증하면서 국가 간 '난민 떠넘기기'로 인한 갈등이 커져 유럽통합 자체가 시험대에 오르게 된 판국이다.

본 연구는 세계 이주문제와 난민문제들의 특성과 역사적 변천과정을 살펴봄으로써, 점점 심각해지고 복잡해지는 국제이주 및 난민문제의 쟁점 및 특성을 고찰하고자 한다. 특히 인도적 위기에 처한 '무기력한 피해자'로서의 난민뿐 아니라 이들이 어떻게 국가 간 관계나 한 지역 내에 사회불안 및 안보위협을 초래할 수 있는지를 논함으로써 이주 및 난민문제를 인도적 측면을 넘어서는 안보적 맥락에서 분석하고자 한다.

이주민이나 난민들을 무력한 피해자로서만이 아니라 사회불안정과 국가 간 안보위협이 될 수 있다는 측면에서 바라보는 것은 이들을 안보훼손자로 정의 내려 난민거부의 타당성(rationale)을 찾으려는 국가나 사람들에게 힘을 실어주려는 것이 아니다. 인도주의적 관점으로만 접근함으로써 접수국의 온정주의에만 의존하는 이민과 난민문제 접근법만으로는 점점 증가하는 관련 문제를 해결할 수 없을 것이다.

이주나 난민문제의 해법을 찾아가는 과정에서 나타나는 국가이기주의, 힘 있는 국가가 지향하는 규범과 국제규범간의 상충, 국제기구의 재정 부족과 행정 문제 등으로 인해 인도적 문제가 제대로 해결되지 않는다면, 결국 사회불안, 안보위협화 등이 부메랑이 되어 돌아올 것이다. 그러므로 난민들을 방치하거나 외면함으로써 단기적으로 자국의 사회안정을 도모할 수는 있지만, 이들 문제를 인도적 피해자인 동시에 제대로 관리되지 못할 경우 안보위협의 주요 행위자가 될 수 있다는 현실 정치적 관점에서 고찰하는 것이 급증하는 이주 및 난민사태 해결을 위한 보다 실현성 있는 접근법이 될 것이다.

II. 국제이주문제의 역사적 변천과정 및 현황

이주란 국경을 넘거나 혹은 특정 국가 내에서 사람이나 집단이 이동하는 것으로, 그 기간, 구성, 원인에 상관없이 모든 형태의 인구이동을 포괄하는 개념이다(Perruchoud and Redpath-Cross 2011). 이주자란 자발적 혹은 비자발적으로 국경을 넘거나 넘는 중인 자, 혹은 국내에서 거주지를 떠나 이동 중이거나 다른 곳에 정착한 자를 일컫는다(국제이주기구 한국대표부 2016). 인류 역사만큼이나 오래된 이주현상은 보다 나은 보금자리, 보다 좋은 교육이나 일자리에 대한 인간의 기대감이나 욕구가 사라지지 않는 한 계속 지속될 것으로 보인다.

전 세계적으로 본인의 출신국이 아닌 다른 국가에 살고 있는 국제이주자의 수는 1990년 1억 5,200만 명에서 2000년 1억 7,300만 명, 2010년 2억 2,200만 명, 그리고 2015년 2억 4,400만 명으로 급증하였다. 약 2,000만 명 가량의 난민을 포함한 전 세계 이민자 수는 지구촌 전체 인구의 3.3%에 해당한다(UNDPI 2016). 이들 이주자들을 다 합칠 경우, 중국, 인도, 미국, 인도네시아에 이어 세계에서 다섯 번째로 규모가 큰 국가를 만들 수 있을 정도로 세계이주현상은 국제관계에 있어 점점 더 비중을 차지하는 이슈가 되고 있다. 지구촌 모든 국가들이 이주자들의 출신국, 경유국, 혹은 유입국으로서 직간접적으로 이주문제에 연계되어 있다(세계일보 2010.11.15).

국제이주는 기원(출신국)과 목적지(유입국)에 따라 크게 4가지 흐름으로 설명되는데, 개도국(남)에서 선진산업국(북)으로의 이동, 남에서 남으로의 이동, 북에서 북으로의 이동, 북에서 남으로의 이동으로 나뉜다. 역사적으로 볼 때 인구과잉과 빈곤, 취업 및 교육 문제가 심각한 저개발국 사람들이 미국 및 서구 유럽과 같은 선진국을 향해 '꿈'과

표 1. 전 세계 국제이주자 현황, 2000년 vs 2015년

대륙	국제이주자 수(천 명)		여성 국제이주자 비율		국제이주자 평균연령	
	2000년	2015년	2000년	2015년	2000년	2015년
전 세계	**172,703.3**	**243,700.2**	**49%**	**48%**	**38세**	**39세**
아프리카	14,800.3	20,649.6	47%	46%	27세	29세
아시아	49,340.9	75,081.1	46%	42%	35세	35세
유럽	56,271.9	76,146.0	52%	52%	41세	43세
남미/카리비안	6,578.4	9,234.0	50%	50%	40세	36세
북미	40,351.8	54,488.7	50%	51%	38세	42세
오세아니아	5,360.0	8,100.9	50%	51%	45세	44세

출처: United Nations 2015a, Department of Economic and Social Affairs(DESA), Population Division. 2015a. *International Migration Report 2015*(New York: The United Nations).

기회를 찾아 떠나는 이주의 흐름이 지배적이었다. 이는 인구노령화나 인구절벽 현상, 인력수급 불균형 등으로 노동력이 필요한 선진국들도 이주자들을 필요로 하면서 남-북 이동이 활발해졌다. 하지만 남에서 북으로 이동하는 것은 지리적 거리나 이동방법 및 과정상의 어려움 등으로 모든 희망이주자들에게 가능한 옵션은 아니었다. 따라서 비록 부유한 국가는 아니더라도 출신국보다 상대적으로 상황이 좋거나 나아 보이는 곳으로의 이주가 늘게 되었고, 특히 어쩔 수 없이 떠나는 강제적 이주가 늘어나면서 인접국으로의 이주가 증가하면서 개도국들 간 인구이동도 상당수를 차지하게 되었다. 실제로 2013년 말 기준 남-남 이주자 수가 8,230만 명(36%)으로 남-북 이주자 수인 8,190만 명(35%)보다 오히려 많았다(IOM 2013).

국제이주기구(IOM)의 자료에 의하면, 국제이주자들이 특정 국가들에 집중해 있어 국가별로 이주자들의 비율에는 상당한 차이가 있다. 2015년 기준, 전체 국민 대비 외국 태생 이주민 비율이 높은 나

라는 아랍에미리트(83.7%), 카타르(73.8%), 쿠웨이트(70%), 모나코(64.2%), 마카오(58.8%) 등이고, 이주민 비율이 미미한 국가로는 인도(0.4%), 페루(0.3%), 필리핀(0.3%), 중국(0.1%), 인도네시아(0.1%), 베트남(0.1%) 등이며, 한국과 일본의 이주민 비율은 각각 2.9%, 1.9%이다(DESA 2015a).

절대적인 수치로 보면, 전 세계 이주민의 2/3가 20개국에 거주하고 있고, 절반이 넘는 이주민들이 10개국에 집중해 있다. 2015년 기준 미국은 지속적으로 최대 이민국으로 약 4,700만 명(세계 전체 이주민의 19.1%, 미국 총 인구의 14.9%)이 살고 있다. 세계불황 및 유럽 경제위기와 사회불안 속에서도 비교적 경제가 안정적이고 난민을 비롯한 이주민에게 호의적인 독일로의 이주가 늘어 1,200만 명으로 러시아(1,160만 명)를 제치고 세계 2위 이민대국이 되었다. 이 외에도 국제이주자 수가 많은 국가는 사우디아라비아(1,018만 명), 영국(850만 명), 아랍에미리트(810만 명), 캐나다(780만 명), 프랑스(778만 명), 호주(670만 명), 스페인(585만 명) 등이다(Migration Policy Institute 2015).

대륙별로 보면, 유럽에 7,600만 명으로 최다수 이주민이 거주한다. 아시아에도 이주민이 7,500만 명에 달하는데, 2000년 이후 15년간 2,600만 명이 늘어 국제이주민 수가 가장 급속하게 증가한 대륙이다(DESA 2015b).[2] 국제이주민이 많이 유입되어있는 20개국들은 아시아 9개국, 유럽 7개국, 북미 2개국, 아프리카와 오세아니아에 각각 1개국이다. 이러한 추세는 앞서 언급한대로 남-남 이주가 활발해진 것과 더불어 북에서 남으로의 이주가 늘어난 것에 기인하는 것으로 보이며, 이는 경제적으로 급부상하고 있는 중국으로의 이주가 급증한 것과

2 북미대륙에 5,400만 명, 아프리카에 2,100만 명, 남미와 카리비안 연안에 900만 명, 오세아니아에 800만 명의 국제이주자가 거주한다.

표 2. 국제이주자들의 대륙별 유입 규모, 2015년

출신 대륙	유입 대륙	국제이주민 수
아시아	아시아	6,200만 명
유럽	유럽	4,100만 명
아프리카	아프리카	1,800만 명
남미	북미	2,600만 명
아시아	유럽	2,000만 명
아시아	북미	1,700만 명
아프리카	유럽	900만 명
유럽	아시아	800만 명
유럽	북미	800만 명

출처: United Nations, Department of Economic and Social Affairs(DESA). Population Division, 2015a. *International Migration Report 2015*(New York: United Nations).

무관하지 않다. 앞서 조사된 시기인 2013년 북－북 이동은 5,370만 명(23%), 북－남 이동은 1,370만 명(6%)이었다(IOM 2013).

이와 같은 이주의 원인은 경제적, 정치적, 인구학적 요인, 분쟁이나 다국가적 네트워크 등의 성격을 띤다. 즉 국가별 삶의 질과 임금격차로 인한 경제적 요인, 교육 및 보건시설 부재와 같은 국가 거버넌스 요인, 분쟁이나 차별과 같은 정치적 요인, 저개발국의 노동력 과잉과 서구 및 아시아 산업 국가들의 저출산으로 인한 인구격차 현상, 천재지변이나 산업재해와 같은 환경적 요인, 그리고 세계화, 정보화로 인한 이주과정의 용이성 등이 이주를 촉진하는 원인이 되고 있다(국제이주기구 2016). 한편, 이주의 성격은 지속기간에 따라 단기, 장기, 영구적 이주, 지리적 범위에 따라 국내 및 국제이주, 규모에 따라 이주, 이주 주체에 따라 비자발적, 자발적 이주로 나뉜다(국제이주기구 2016). 보다 좋은 교육시스템이나 환경을 찾아 이주하는 것은 자발적 이주의

대표적인 예인데, 1970년대 중반 이래 교육이주가 크게 늘어 현재 270만 명 이상에 이르고 이 수치는 중국을 비롯한 아시아계 유학생들이 증가하면서 점점 그 규모가 커지고 있다(폴 콜리어 2014). 교육이주는 젊은 세대들의 국가 간 교류 활성화를 통해 관용과 다문화적 국제공동체를 만들 수 있다는 긍정적인 면이 있다. 그러나 유학생들이 주로 영미권에 편중되어 있고, 학위를 마친 후에도 잔류를 희망하는 경우가 많아지면서 자국민 고급인력들의 일자리가 줄어든다는 우려나 이들 외국 고급인력들을 상사로 모시고 일해야 하는 내국인들의 불만이 커질 경우, 사회적 갈등이 촉발될 수 있다.

역으로 해외에서 고등교육을 받은 인재들이 본국으로 돌아오지 않는 경우가 늘면서 두뇌유출 현상을 우려하는 국가들의 고심도 커지고 있다. 특히 탁월한 과학자 1명이 수십만 명을 먹여 살리는 시대에서 두뇌유출은 심각한 문제라는 인식이 높아지고 있는데, 한국의 경우 미국에서 학위를 받은 과학자의 60%가 귀국하지 않는 실정이다. 두뇌유출이 적은 나라는 노르웨이, 스위스, 핀란드, 스웨덴, 미국 등 서구 선진국들인데, 고급 인재들의 귀국 여부는 연구풍토, 근로의욕과 삶의 질 등과 연관이 있는 것으로 나타났다(한국경제 2016.5.26). 한편, 이주자 문제가 핵심 쟁점이었던 브렉시트는 이주자들에게 자국민들이 일자리를 빼앗기고 재정압박을 받게 되었다고 생각하는 영국민들의 환영을 받았지만, 브렉시트를 계기로 영국으로부터 고급 인재들이 돌아올 것이라는 중부나 동유럽 국가들의 '역두뇌유출'에 대한 기대감도 주목할 만한 현상이다(뉴스1 2016.7.6.).

근로이주의 경우, 저출산, 고령화로 인한 자국 노동력 부족으로 경제동력을 잃고 있는 국가들은 이민정책을 적극적으로 고려하고 있다. 특히 내국인이 기피하는 3D 업종 분야를 이주노동자들이 채울 수 있다는 점에서 고무적이라고 간주한다. 또한 해외에 거주하는 가족친지와의 재결합을 목적으로 이주하는 경우도 다국가적 네트워크 형성 등의 긍정적 결과를 가져올 수 있다(국제이주기구 2016). 하지만, 보다 나은 삶에 대한 꿈을 가지고 이주한 단순인력 노동자들이 직면하는 체류국에서의 삶은 대체로 열악하다. 합법적으로 입국한 경우에도 문화나 사회적응 문제, 내국인 대비 불평등한 처우나 의료서비스를 비롯한 여러 가지 제약과 차별에 맞부딪힌다. 특히 체류국의 경제상황이 힘든 경우, 외국노동자들의 취업 기회는 상대적으로 더욱 적어질 수밖에 없다. 더욱이 불법이주란 체류국의 법령을 위반하거나 합법적인 체류기간을 넘긴 경우, 혹은 위장결혼을 한 사례로 그 숫자가 점점 증가하면서 체류국 내 사회적 문제가 되고 있을 뿐 아니라 유관 국가들 간 갈등으로 비화되기도 하면서 국제사회의 우려 거리가 되고 있다(Akaha and Vassilieva 2005).

최근 몇 년간 유럽을 중심으로 밀입국자들이 급증하여 '이주위기'로 몸살을 겪고 있는 가운데, 2013년 리비아 해안을 통해 지중해 루트로 이탈리아 및 유럽연합(EU) 국가 내로 불법으로 넘어온 난민과 이주자들이 3만여 명으로 전년 대비 2배가량 많았고, 이 수치는 2014년 22만여 명, 2015년 85만 8,000여 명으로 급증하였고, 2016년 7월까지 유입된 수는 24만여 명이다. 이들의 국적은 시리아인이 가장 많았고, 이외에도 에리트레아, 아프가니스탄, 코소보, 말리, 알바니아, 잠비아, 나이지리아, 소말리아 등 주로 중동과 북아프리카로부터 온 사람들이었고, 동유럽인들도 확인되었다(Frontex 2015). 2016년 7월 기준 지중해를 건너다 사망자수는 2,954명으로 지난 해 같은 기간 동안 죽은 1,906명에 비해 1,000명 이상 많은 수치이다(유엔난민기구 2015).

그러나 주목할 점은 2016년 들어서면서 지중해를 통해서보다는 에게 해 지역을 통한 그리스-터키로 이주 루트가 급격하게 전환되고 있다는 것이다. 이에 대응하여 북대서양조약기구(NATO)는 지중해와 소말리아 해역에서 대테러 및 해적퇴치 작전을 벌이고 있는 군함들의 기존 임무에 난민 밀입국 차단을 위한 선박단속 임무를 추가 부여하고 해군력을 늘리고 있다. 2015년 4월 리비아 해안에서 난민선 전복으로 770명이 사망하는 등 국제문제가 되자 EU 정상들은 난민선 출발지인 리비아 해역에서부터 밀입국업자를 단속하고 난민선을 나포하거나 파괴하는 군사작전을 전개한 바 있다. 하지만 그 효과는 크지 않아 여전히 많은 불법이주자들이 위험을 무릅쓰고 유럽행 항해를 강행하고 있다(연합뉴스 2016.2.11).

한편, 가장 심각한 강제적 불법이주 문제 중 하나인 인신매매는 불법 상행위인 동시에 현대판 노예제로도 불리는 비인도적인 인권유린이자 초국가적 범죄행위이다(유엔마약범죄국 2000). 국제노동기구(ILO)의 발표에 따르면 2014년 5월 기준 전 세계 2,100만 명을 웃도는 사람들이 인신매매의 피해자로 이 중 1,420만 명(68%)이 강제노동, 450만 명(22%)이 성적 착취, 220만 명(10%)이 국가가 강제하는 노역에 고통받고 있다. 전체 피해자의 55%가 여성이고 26% 정도가 18세 미만의 어린이나 청소년이다. 강제노동을 위해 인신매매의 피해자가 된 사람들은 1,170만 명(56%)으로 아태지역에 가장 많고, 그 다음으로 아프리카(3,700만 명, 18%), 남미와 카리비안 연안국가(180만 명, 9%), 중남부 및 동부유럽(160만 명, 7%), 유럽연합(150만 명, 7%), 중동(60만 명, 3%) 순이다.

법적으로나 윤리적으로 큰 문제가 되고 있는 인신매매가 국제사회의 다양한 노력에도 불구하고 근절되지 않는 이유는 수익성 높은 사업이기 때문이다. 인신매매범들이 한 해 벌어들이는 수익이 대략 미화 1,500억 달러고 이 중 990억 달러(66%)가 전체 인신매매의 22%를 차지하는 성매매와 착취를 통한 수입이다(Human Rights First 2016). 따라서 범죄조직들은 다양한 방법과 루트를 이용하여 위험을 무릅쓰고 계속적으로 인신매매를 하고 있다. 더욱이 한 국가 내에서뿐 아니라 국가들 간 빈부격차가 점점 커지고, 세계화와 정보화에 따른 노동력 이동이 늘어나면서 인신매매도 증가 추세에 있다. 하지만 2014년 인신매매범이 기소된 건은 전 세계적으로 1만 51건에 불과했고, 4,443건만이 유죄판결을 받았을 뿐이다(USSD 2015).

또한, 자연재해, 산업재해 등이 이유가 되어 국내 및 국제이주가 발생하는데, 전자의 경우가 후자보다 규모나 빈도수가 훨씬 크다. 이와 같은 환경적 요인에서 비롯된 이주는 해당 정부의 무능력이나 부패, 취약한 거버넌스 구조, 사회혼란, 위생 및 교육관련 인프라 문제 등과 같은 국가행정적, 정치적, 사회적 요인이 복합적으로 작용하는 경우가 많다. 특히 내전이나 인종, 종교 및 정치적 신념으로 인한 정부 억압이나 차별로부터 본국을 떠나는 이주는 난민문제로 볼 수도 있다(Lee 2001).

요약하면, IOM이 규정한 최근 몇 년간의 국제이주 경향은 이주의 전 지구화, 가속화, 차별화, 여성화, 정치화, 그리고 이주변천의 확산을 꼽을 수 있다. 우선 국제이주가 활발해지면서 지구촌 대다수의 국가들에 있어 이주 문제가 중요한 사회적, 정치적, 경제적, 외교적 이슈가 되고 있다. 특히 인종, 종교, 문화, 사회적 배경이 아주 다른 이주민들의 유입은 유입 국가들에게 정책적 도전이 되기도 한다. 둘째, 국제이주의 규모 및 빈도수가 커지고 있는데, 특히 최근 유럽을 비롯한 많은 국가들에서 발생하는 난민사태를 포함하여 비자발적 이주가 확대되고 있다. 셋째, 노동이주, 영주이주, 난민이주와 같은 여러 유형의 이주가 동시에 나타나면서 이를 분리하여 수용하고자 하는 유입국의 국내 및 외교정책에 어려움을 주고 있다. 넷째, 1960년대 이후 늘기 시작한 여성 노동이주가 점점 더 확산되어 최근 들어 다양한 이주유형에 있어 여성이 훨씬 더 높은 비율을 차지하고 있고, 여성난민 수도 늘고 있다. 다섯째, 국제이주는 유입국, 경유국, 송출국의 국내정치, 양국 및 지역 간 관계, 나아가 글로벌정치 및 안보 문제에 점점 더 큰 영향을 끼치게 되었다. 따라서 국제이주정책 문제의 효과적인 해결을 위해 국가 간 협력이 점점 더 중요해지고 있다. 여섯째, 한국, 스페인, 멕시코, 터키 등 전통적으로 송출국이었다가 유입국으로 전환되며 이주변천 단계를 밟고 있는 국가들이 늘고 있다(국제이주기구 2016).

III. 세계난민문제의 유형과 특성

제2차 세계대전 이후 발생한 100만 명의 유랑민을 돕기 위해 1951년 설립된 UNHCR에 따르면, 2015년 기준 6,531만 명의 강제이주자들 중 2,130만 명이 '1951년 난민의 지위에 관한 협약'(UN Convention) 및 '1967년 난민의 지위에 관한 의정서'(UN Protocol)에 의해 인정받은 공식난민이다(UNHCR 2015a).[3] 난민이란 "인종, 종교, 국적, 특정 사회집단의 구성원 신분 또는 정치적 의견을 이유로 박해를 받을 우려가 있다는 합리적인 근거가 있는 공포로 인하여 자신의 국적국 밖에 있는 자로서, 국적국의 보호를 받을 수 없거나, 또는 그러한 공포로 인하여 국적국의 보호를 받는 것을 원하지 아니하는 자"를 의미한다

3 이 수치는 UNHCR관할임무(mandates)하의 1,610만 명과 1949년 설치된 유엔팔레스타인난민기구(UNRWA)에 등록된 520만 명의 팔레스타인 난민을 포함한 수치이다.

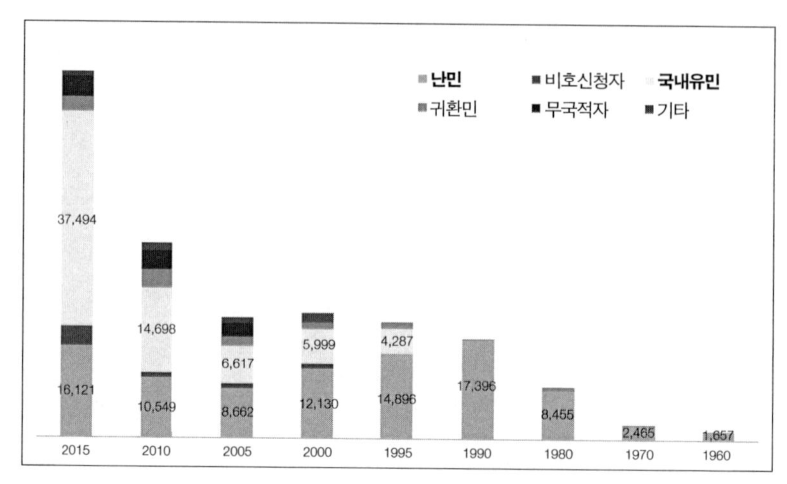

출처: UNHCR Statistical Online Population Database 자료를 정리하여 그래프로 재구성한 것임. (http://popstats.unhcr.org/en/overview#_ga=1.223974747.1519355936.1409070096.)

그림 1. 전 세계 난민 유형별 추이, 1960년-2015년(단위: 천 명)

(유엔난민기구 2016). 난민으로 인정받기 이전에 그 지위를 신청한 후 해당국과 UNHCR의 판정을 기다리는 사람들은 비호신청자(asylum seekers)로 불리는데, 현재 320만 명 정도로 추산되며 이들은 난민판정을 받지 못할 경우 본국송환 확률이 높다. 한편, 대규모 난민사태가 발생할 경우는 비호신청자들을 개개인당 면담하여 난민여부를 결정하는 것이 사실상 불가능하기 때문에 그룹 전체에게 사실상 난민(prima facie) 지위를 부여하기도 한다.[4]

이 밖에도 자국을 벗어나지 못하고 떠돌아다니는 국내유민(IDP: Internally Displaced Person)들이 4,080만 명에 육박하고 있다. IDP들의 탈출원인은 난민들과 유사하거나 동일한 이유이지만 자국을 벗어나지 못하여 국제법적 보호를 받지 못하는 실정이다. IDP 규모는

4 UN High Commissioner for Refugees, "Who We Help," http://www.unhcr.org/pages/49c3646c11c.html.

여느 다른 유형의 강제이주자보다 크고, 이들 상황에 대한 해당국의 사실부인 및 비협조 또는 유리된 사람들의 행방에 대한 정보 부재로 인해 그 숫자를 정확히 파악하긴 힘들지만, 1997년 1,700만 명에서 2015년 3,800만 명으로 크게 는 것으로 파악된다. 이들은 유엔이 인정한 난민들과 똑같은 이유로 고향을 탈출했다 하더라도 국경선을 넘지 못한 채 자국 내에서 유리되어 있기 때문에 협약난민의 지위나 보호를 누릴 수 없다. 또한 100만 명 정도로 추산되는 무국적자란 국가독립이나 변환과정에서 국적이 누락되었거나 소수민족 차별 등의 정부시책으로 인해 어느 국가에도 소속되지 못하여 교육, 건강보험, 취업, 이주의 자유 등 인간의 기본 권리를 향유하지 못하는 처지의 사람들을 일컫는다(UNHCR 2015).

UNHCR에 따르면 지구촌에서 분쟁과 박해로 인해 매일 3만 4,000명가량의 강제이주자가 발생하여 제2차 세계대전 이후 최대치인데, 2011년 이후 악화일로의 시리아 내전을 피해 2015년 말 기준 전체 인구 2,300만 명 중 절반에 가까운 1,100만 명 이상이 강제로 고향을 떠나 인근 요르단과 레바논으로 이동하였고, 지중해를 건너 그리스, 이탈리아, 프랑스, 독일, 폴란드 등으로 탈출한 것이 가장 큰 이유가 되고 있다. 이 외에도 코트디부아르, 남수단 등에서의 내전과 인도적 위기 상황이 여전히 심각하기 때문이다. 더욱이 심각한 것은 2,130만여 명의 협약난민들 가운데 절반 이상이 18세 미만의 어린이나 청소년이고, UNHCR의 보호대상인 6,000만여 명의 강제이주자들 중 80% 이상이 여성이나 어린이들이라는 사실이다(UNHCR 2015b). 이들 문제가 제대로 해결되지 않는다면 미래의 분쟁 해결이나 개발, 사회통합 등이 더욱 큰 난제로 다가설 수밖에 없을 것이다.

한편, 천재지변, 기근, 정부의 재해방지나 대응력 부족 등이 맞물려 떠날 수밖에 없는 상황에 처한 사람들도 협약난민들과 마찬가지로 고향을 버리게 된다. 좀 더 나은 삶에 대한 기회나 꿈이 있는 경우라면 환경이주자나 경제이주자라고 하겠지만, 이들이 유입되는 곳은 많은 경우 도시 빈민가나 열악한 생태환경의 변두리 지역, 혹은 인구과밀 지역이다. 최근 점점 심각해지고 있는 기후변화를 비롯한 자연재해나 다양한 환경문제로 인해 유리되는 강제이주자('환경난민'이라고도 불린다)들은 정치적 협약난민 수를 훨씬 웃돌고 있다. 2008년 이래 매해 2,640만 명가량의 사람들이 자연재해로 인해 유민이나 난민이 되고 있는데, 이는 매초 한 명씩 이재민이 되는 꼴이다. 2014년 한 해만도 100개국 1,930만 명 이상이 재해민이 되었고, 전 세계 인구의 60%가 살고 있는 아시아의 경우 전 세계 재해민의 87%인 1,670만 명이 피해자가 되었다(IDMC 2015).

기후변화가 야기하는 천재지변, 무분별한 도시화와 부실한 인프라 개발로 인한 자연재해의 부정적 영향력이 점점 커지고, 경제난, 식량난, 빈곤, 불평등, 전염병과 같은 문제들이 자연재해와 복잡하게 얽혀 인도적 위기상황은 확대될 것이다. 특히 재정부족이나 열악한 사회인프라로 인해 '후진국형' 재난과 인도적 위기가 확산될 경우, 강제이주자들의 규모는 더욱 증가할 수밖에 없을 것이다. 1990년대 이래 UNHCR은 이들을 지원 대상으로 고려하기 시작하였고, 이들 환경난민들을 난민 범주에 공식적으로 포함시켜야 한다는 주장이 꾸준히 있어왔지만 여전히 환경재난에 의한 유민들에 대한 난민인정 여부는 문제제기 및 논의 차원에만 머물고 있다. 뿐만 아니라, 증가하는 이주민과 난민문제를 최대 안보위협 중 하나로 간주하고 있는 유럽을 중심으로 반이민정서가 확산되고 있고, 정부 차원에서도 이민배척과 난민수용 중단 정책이 논의되기에 이르렀다.

어떠한 이유에서 난민이나 강제유민이 되었든, 국제사회가 이들을 단순한 인도적 지원뿐 아니라 법적인 보호를 제공하려고 하든, 난민판정 및 보호에 관한 문제는 전적으로 난민이 유입된 국가, 즉 비호국의 국내적 결정사항이다. 아무리 강제송환을 금지하는 국제사회의 노력이 있다 하더라도 난민지위 불인정자들에 대한 송환은 비호국 정부의 고유권리이다. 설사 비호국이 무정부상태나 내전과 같은 불가항력적 상황인 경우라도 UNHCR이 난민결정 절차를 밟기 위해서는 원칙적으로 비호국 정부의 동의가 있어야 한다. 또한 UNHCR의 난민인정에 따라 보호대상이 된다 하더라도 난민들이 실제로 노동이나 거주이전의 자유, 적절한 교육을 받을 권리 등을 누릴 수 있는지는 체류국 정부의 결정에 달려 있다.

그러나 지구촌 곳곳에서 발생하고 있는 강제이주자들에 대한 비호국의 난민판정 절차가 점점 엄격해지고 있는 실정이다. 일찍이 인도주의와 세계평화에 기반을 둔 정책을 표방하며 난민을 수용하거나 구호분담금의 상당 부분을 부담해온 서구 유럽국가들조차도 급증하는 난민사태에 대응하여 곳곳에 철조망을 세우는 등 '요새화'하고 있다. 잇단 테러사건과 난민 급증, 극우주의 세력강화 등으로 유럽은 국경강화조치를 취하고 이민배척과 난민수용중단 등의 정책을 펴기 시작한 것이다.

이러한 상황 속에서 환경난민을 포함한 비정치적 난민에 대한 난민지위 인정 문제는 더더욱 요원하게 되었다. 모호하고 광범위한 개념 때문에 이 새로운 유형의 강제이주자들을 공식협약난민에 포함시키는 것에는 찬반론이 있어왔다. '후한' 난민인정이 이미 매우 복잡한 세계 난민문제 해결에 걸림돌이 될 수 있기 때문이다. 특히 정치적 원인이 직접적 탈출원인이 아닌 사람들을 난민으로 인정할 경우 비정치적 유민들에게 난민지위를 주는 국제법적 선례가 되어 난민신청 남용 문제가 불거질 수 있다. 더욱이 유럽난민 사태가 심각해지기 이전부터 난민기피 현상은 확산되고 있었기 때문에 정치적 공식난민 범주에 환경난민이나 경제난민들을 포함시키는 쪽으로 국제난민법을 확대 개정해야한다는 주장이 끊임없이 제기되었지만, 개정할 경우 도리어 국가들이 난민인정 조건을 더 까다롭게 하거나 난민범주를 좁힐 수 있다는 우려가 있어 왔다.

IV. 안보위협으로서의 이주자 및 난민문제

1. 국제이주 확대로 인한 사회불안정 문제

국제이주가 지구촌 많은 곳으로 확산되면서 국가들의 국내외적 정책적 도전과제가 되고 있다. 인구학적 관점에서 볼 때, 저개발국은 여전히 인구과잉으로 고심하는 가운데, 서구 선진국뿐 아니라 일본, 한국, 중국과 같은 동아시아 국가들에서는 저출산과 고령화로 경제동력이 줄어드는 것을 우려하는 인구양극화 혹은 인구격차 현상이 나타나고 있다. 따라서 노동인력이 부족한 선진산업국가들이 저개발국으로부터 이민을 받아들이는 것은 지속적인 성장과 개발을 위해 필요하다는 견해와 이주민 허용이 결국에는 자국민 일자리감소와 경제적 손실 및 사회불안을 야기할 것이라는 의견으로 양분되면서 수용국 내 이주민과 개발의 상관관계를 둘러싼 논쟁거리가 되고 있다(Talyor 1999; De Hass 2010).

국제이주의 장점에도 불구하고 이주문제가 정치사회적 우려 거리가 되는 이유는 내국인의 입장에서는 합법적이든 불법으로든 이주자가 늘어나면서 저렴한 외국인 노동자들이 자신들의 일자리를 앗아갔다는 비판이 커질 수밖에 없고, 외국인 이주자들은 이질적 문화와 언어, 사회적 취약성과 차별 등으로 적응에 실패할 경우 불만이 늘게 되기 때문이다. 이에 더해 이주자들 중 세금도 내지 않는 불법이주자들뿐 아니라 출신국에서 범죄에 연루되었거나 마약밀매나 인신매매와 같은 초국가적 범죄에 가담한 테러범들이 있는 경우 사회갈등은 더욱 커지게 된다. 경제난과 테러 등으로 반이민 정서가 증가하고 있는 유럽의 경우, 이민위기가 유럽연합 존폐의 최대 위협으로 간주되면서 이민자들로 하여금 자국으로 돌아가라는 반발도 커지고 있다(The Wall Street Journal 2016.5.8).

최근 유럽에서 신극우파들의 영향력이 커지고 있는 것도 이민문제와 밀접한 관련이 있다. 미국이나 캐나다처럼 이주민으로 형성되어 다문화·다민족적 정체성이 큰 나라들조차 이민문제에 대한 회의적 시각을 보이고 있는 가운데, 소위 '후발 이민국'인 프랑스나 영국과 같은 유럽국가들에서도 증가하는 외국이주자 및 후세대 문제, 그리고 자국민 대비 많은 자녀를 낳는 이민자들에 대해 경계를 넘어 불안감을 표시하기 시작한 것이다(ICSR 2016). 영국 브렉시트의 핵심동력 역시 폴란드를 포함한 동유럽 이주자들과 터키가 EU에 가입하게 될 경우 밀려들 이민자들에 대한 영국민들의 반대에서 비롯되었다는 것이 지배적인 견해이다. 브렉시트 이후 300만 명을 웃도는 EU 이민자들에 대한 대우 문제도 벌써부터 국가적 논란거리가 되고 있다(Somerville 2016).

더욱이 유럽을 비롯한 세계 도처에서 발발하고 있는 테러로 인종차별, 혐오범죄, 특히 무슬림에 대한 반감이 늘면서 외국인 이민자를 배척하는 경향이 커지고 있다. 전체 인구의 5%가 무슬림인 영국에서도 IS 테러에 의한 개인안보나 사회안보에 대한 위협은 상당하였다(한겨레21 2016.7.6). 이주민 정착국이 경제난이나 테러위협, 사회혼란 상황을 나타낼 경우 반이민정서가 강해져 이주민들을 강제 추방하거나 새로운 이민을 반대하는 움직임이 커질 수 있다.

한편, 제2차 세계대전 이후 최대의 안보위협으로 불법이주와 난민문제를 꼽은 유럽의 경우, 이들 문제를 해결하려는 노력이 국가 간 갈등과 긴장을 초래하여 EU의 틀 내에서 협력과 통합을 지향해온 '유럽'이라는 지역주의 전통 자체가 흔들리고 있다. 1988년부터 특히 2011년 튀니지 민주혁명 이후 아랍과 북아프리카 국가로부터 지중해를 거쳐 서구 유럽으로 이주하려는 사람들이 증가하였다. 그 과정에서 안전한 행로를 제공받지 못하여 익사한 난민이나 강제이주자들로 지중해가 이주자의 '거대한 공동묘지'가 되고 있다는 지적과 더불어 난민위기를 다루는 EU 정상회의가 2015년 6월에 이어 2016년 3월에도 열렸고, 계속하여 EU 정상들의 릴레이 회의 혹은 비공식 정상회의도 열리고 있다. 그러나 국가별 상황이나 이견 및 정책상 우선순위 등으로 인해 합의안을 마련하지 못했을 뿐 아니라 브렉시트를 계기로 극우열풍이 불고 있는 스페인과 프랑스 등에서 연이은 테러 및 실업률 상승의 원인을 이민문제로 돌리면서 반이민정책이 강화되고 있는 실정이다(아주경제 2016.6.27).

2015년 기준 4,210만여 명으로 전체 인구의 13.3%가 넘는 이민자가 체류하고 있는 미국의 경우도 투자이민을 포함하여 이민자들로 인해 창출되는 일자리가 자국 경제에 상당한 기여를 하고 있다는 긍정적 평가가 있는 반면, 불법으로 체류 중인 1,100만 명을 웃도는 이주민 문제는 골칫거리이다. 2008년 금융위기를 계기로 2010년 애리조나주 정부의 주도로 이민법 개정을 통해 국경통제 및 불법이민자 축출

방안이 만들어져 미국 내 커다란 논란거리가 된 바 있다. 2009년 버락 오바마 대통령 집권 이래 2015년까지 250만 명 이상의 불법이주자들이 강제 추방되었는데, 이는 전임자 조지 W. 부시 집권 시보다 23%나 증가한 수치이다(Roger 2016). 미국 공화당 대선후보로 확정된 도널드 트럼프가 멕시코 이민자를 성폭행범이라고 비하하고 무슬림의 미국입국을 금지한다는 등의 종교 및 인종차별적 막말을 퍼붓는데도 불구하고 지지세력을 확보하고 있는 이면에는 보수적인 중하류층 백인들을 중심으로 양질의 일자리를 이주자들에게 빼앗겼다고 생각하는 유권자들이 상당수 있기 때문이다.

이렇듯 확산되는 반이민정서 및 정책에 맞서 반기문 사무총장은 불법이주자나 원치 않는 이주자들도 체류국에서 기본적인 인권을 보장받을 권리가 있다고 역설하였지만(YTN News 2011.2.16), 유엔을 비롯한 국제사회 차원에서도 효과적인 방안이 마련되지는 못하고 있는 실정이다.

2. 난민으로 인한 국내외적 갈등

난민과 강제이주자들의 급증, 여성과 어린이의 피해 확대와 같은 인도적 위기상황이 국제사회의 우려 거리가 되고 있다. 폭력분쟁이나 정부탄압으로 인해 발생하는 난민문제는 이들이 힘없고 무고한 피해자라는 인식에서 출발하며, 이들에 대한 연구는 언제, 왜, 그리고 어떻게 난민문제가 생기는가에 대한 원인분석에 집중되어 있다. 유엔을 비롯한 국제사회는 비정치적 요인도 난민을 발생시킬 수 있다는 점에 제기하기 시작했지만, 이 역시 난민은 무력하고 죄 없는 피해자라는 전제에서이다. 프란체스코 교황도 난민은 '위험'이 아니라 '위험에 처한 사람'이고 예수도 난민이었다고 국제사회의 난민에 대한 온정을 호소한 바 있고(ABC News 2016.5.29), 2016년 9월 교황청 조직을 개편하면서 교황이 이주·난민문제를 직접 챙기겠다고 발표하였다(연합뉴스 2016.9.1). 물론 최근 유럽 등을 중심으로 일고 있는 반이민·반인종적 시위나 난민거부 현상에 대한 이유로 이들이 사회불안 요소이거나 이들 중 테러분자가 있다는 점이 강조되기도 하지만, 이에 대한 체계적인 관찰이나 분석은 결여된 상태이다.

하지만 난민위기는 분쟁의 결과인 동시에 최근 유럽의 사례에서 볼 수 있듯이 그 자체가 수용국 내 정치적, 경제적 불안정이나 국가 간 갈등원인이 되기도 한다. 난민문제는 박해, 국가실패, 자연재해, 기아, 빈곤과 같은 요소들이 단일로 혹은 복합적으로 연계되어 나타나지만, 피해자로서의 난민문제에만 주목한다면 그 위기의 여파와 국제적 함의를 제대로 분석하기 힘들다. 따라서 난민들이 왜 그리고 어떻게 의식적이지 않던, 의도적이든 폭력분쟁을 일으키거나 환경을 파괴하는지에 대한 분석이 중요하다. 또한 아무리 무고한 피해자들로만 구성된 난민들이라 해도 이들이 대규모로 한정된 지역으로 몰려들 경우, 유입국 내에서 혹은 출신국과 목적지 간 또 다른 갈등과 폭력의 원인이 생길 수 있기 때문에 단순한 인도적 이슈를 넘어선 안보 문제로 비화될 가능성이 크다.

따라서 난민사태는 규모(얼마나 많은 수의 난민이 유입되었는가?), 급박성(얼마나 예기치 않고 화급하게 유입되었는가?), 체류기간(얼마나 장기간 유입국에 머물 것인가?), 그리고 난민유형(유입된 난민들이 민간인 피해자들인가, 호전적인 투사나 정치망명자들인가?) 등의 문제가 독립적, 혹은 복합적으로 고려되어야 한다(Lee 2001; 이신화 2016). 수용국의 상황이나 수용범위를 훨씬 웃도는 대규모의 난민들이 밀려들 경우나, 단기간에 급작스럽고 예기치 않게 난민들이 유입되거나 난민들이 오랜 기간 유입국에 체류할 경우는 문제가 될 수밖에 없다. 난민 수용국 입장에서 볼 때 난민이동과 난민촌의 장기적 운영, 토착민과 난민들의 갈등상황은 인도적 이슈라기보다는 사회불안이나 국가안보위협을 우려해야 하는 문제이므로 난민수용이나 지원을 제한하거나 거부하는 난민사태의 '안보화' 양상을 띨 수 있다(송영훈 2014). 더욱이 난민들이 무고한 민간인인지 정치망명자인지, 분규를 일으킬 난민전사인지에 대한 구분이 모호한 경우 이러한 안보화 경향은 더욱 심각할 수밖에 없다. 따라서 난민사태에 대응할 때는 인도적 관점에서만이 아니라 안보적 이슈로도 접근하여 정치, 경제, 사회적 파장에 대하여 종합적, 체계적으로 숙고할 필요가 있다.

더욱이 오늘날 유럽난민사태는 EU 내 국가 간 갈등으로 번지고 있는데, 이는 처음으로 발을 디딘 국가에서만 망명신청을 할 수 있게 하는 1990년 EU 국가들 간 맺어진 '더블린 규약'에 기인하는 바가 크다. 즉 난민들이 '비호국 쇼핑'을 못 하도록 하고 처음 도착한 국가의 책임회피를 방지하기 위하여 만들어진 이 규약으로 인해 중동 및 북아프리카로부터 지리적으로 가까운 그리스, 이탈리아 등이 밀려드는 난민들에 대한 부담을 짊어지게 된 것이다. 이와 같은 불평등한 책임부담을 해소하기 위하여 EU 집행위원회는 난민을 의무적으로 재분배하는 쿼터제를 제안하였다. 하지만 헝가리, 폴란드와 같은 EU 내 상대적으로 빈곤한 국가들은 서유럽이 지향하는 다문화주의가 정치사회적 갈등만 악화시킨다는 이유로 쿼터제를 처음부터 반대하였다(EC 2015). 반면, 노동력 확보라는 차원에서 긍정적인 입장을 보이던 프랑스도 테러, 경제난, 난민사태 등의 문제가 심각해지자 EU 할당 수용안에 유보적 태도를 보이기 시작하였고, 시리아 난민수용 등 난민에 대해 비교적 관대한 입장을 표명하였던 독일 정부도 국내외적 반발에 난감한 상황에 처하게 되었다. 2015년 9월 헝가리가 자국에 유입된 난민들에게 독일과 오스트리아행 열차를 허용하자 독일과 오스트리아 정부는 발끈하여 이들을 돌려보내겠다고 하면서 '난민 떠넘기기'를 둘러싼 국가 간 갈등이 더욱 심화되었다(JTBC 뉴스 2015.9.1). 최근 반기문 총장은 세계난민위기 해결책으로 전체 난민의 10%를 재정착하는 제안을 내놓았지만, 지난 9월 개최된 '유엔난민정상회의'에서 EU, 미국, 러시아, 중국, 인도 등 많은 국가들의 반대로 이 제안은 무산되었다(Amnesty International 2016; 연합뉴스 2016.8.4).

요약하면, 난민사태의 근본적인 해결을 위해서는 탈출원인 제거를 위해 분쟁이나 인도적 위기상황이 발생한 출신국에 대한 정치·외교적 해법 모색이 무엇보다 중요하다. 그러나 이와 더불어 대부분의 난민들이 유입되어 난민부담이 가중되어 있는 출신국과 유사한 경제, 사회, 정치적 혼란과 어려움을 겪고 있는 인접국에 대한 지원책 마련이 동시에 이루어져야 한다. 자국 질서안정과 안보를 이유로 국경을 통제하고 타국으로 책임을 전가할 경우, 단기적인 안정을 가져올 수 있을지는 모르지만, 종국에는 더 큰 사회불안과 안보 문제를 초래할 가능성이 높다.

V. 이주 및 난민안보와 한국에의 함의

세계적인 '이민 러시' 상황에서 '코리안 드림'을 꿈꾸며 한국으로 들어오고자 하는 외국인들이 증가하고 있다. 1990년 5만 명 정도였던 전체 체류 외국인 수는 2000년 49만 1,000명으로 늘었고, 2016년 6월 기준 200만 명을 넘어섰으며, 특히 지난 5년간 연평균 8~9%씩 증가세를 보

표 3. 체류 외국인 증가 현황, 2005-2016년(단위: 천 명)

	2005년	2010년	2015년	2016년 6월말
총 인구	47,733	50,516	51,529	51,619
체류 외국인	491	1,261	1,900	2,002
인구 대비 체류외국인 비중	1.0%	2.5%	3.5%	3.9%

출처: 법무부, 『출입국 · 외국인정책 통계 월보』, 2016년 6월호; e-나라지표, "체류외국인 현황," 출입국외국인정책 통계연보, 2016년 1월. http://www.index.go.kr/potal/main/EachDtlPageDetail.do?idx_cd=2756.

표 4. 국적별 체류 외국인 변화(2000년 vs. 2016년 6월)

국가	2000년		2016년 6월말	
	인구수(명)	비중(%)	인구수(명)	비중(%)
중국	159,475	32.5	1,012,273	50.6
미국	87,457	17.8	155,495	7.8
베트남	19,009	3.9	143,394	7.2
태국	17,563	3.6	92,406	4.6
필리핀	27,912	5.7	54,019	2.7
우즈베키스탄	9,413	1.9	52,793	2.6
캄보디아	42	0.0	45,597	2.3
인도네시아	19,953	4.1	44,387	2.2
일본	25,861	5.3	37.960	1.9
몽골	14,956	3.0	33,931	1.7
대만	24,056	4.9	32,834	1.6
기타	85,643	17.4	296,739	14.8
합계	491,324	100.0	2,001,828	100.0

출처: 법무부, 『출입국 · 외국인정책 통계 월보』, 2016년 6월호; e-나라지표, "체류외국인 현황," 출입국외국인정책 통계연보, 2016년 1월, http://www.index.go.kr/potal/main/EachDtlPageDetail.do?idx_cd=2756.

였다. 체류 외국인의 국적 및 지역별 분포를 보면, 중국이 50.6%로 절반 이상이고, 뒤이어 미국(7.8%), 베트남(7.2%), 태국(4.6%), 필리핀

(2.7%), 우즈베키스탄(2.6%), 캄보디아(2.3%), 인도네시아(2.2%), 일본(1.9%), 몽골(1.7%), 대만(1.6%) 순이다(법무부 2016).

이렇듯 장기체류 외국인 규모가 크게 늘어난 이유는 중국동포에 대한 재외동포자격 대상이 확대되어 조선족을 중심으로 한 중국 체류자 수가 2000년 15만 9,000여 명에서 2016년 112만 명으로 급증한 것이 가장 결정적인 것으로 보인다. 이 외에도 외국 국적을 가진 한국인들의 영주권 신청자격 완화, 동남아로부터의 결혼이민자 증가, 그리고 취업외국인과 외국인 유학생들의 증가 등도 주요 원인으로 꼽힌다. 결혼이민자는 2001년 2만 5,000여 명에서 2016년 6월 15만 명으로 늘었고, 이들 중 11만여 명이 대한민국 국적을 갖게 되었다. 중국, 베트남, 일본, 몽골로부터의 외국 유학생 수는 2000년 4,000명에서 15년 만에 10만 1,600여 명으로 늘었다. 또한 한류열풍과 IT 강국의 이미지, 그리고 한국 상품들의 인지도와 선호도가 높아지면서 관광객 수도 늘게 되었다. 이런 추세라면 30년 안에 외국인 국적 혹은 체류자 수가 500만 명을 능가할 것으로 예측된다(출입국·외국인정책본부 2015).

더욱이 이 수치들은 공식 통계이며 정확한 규모나 신상파악이 힘든 불법체류자들을 포함할 경우 훨씬 더 많은 수의 외국인들이 거주하고 있을 것으로 추정된다. 국가통계포털(KOSIS)은 불법체류자 수를 약 20만 명 정도로 추산하고 있는데, 2000년부터 지금까지 유사한 규모로 상정하여 2000년에는 전체 외국인 체류자들의 41.8%, 지금은 13.4%로 보고하고 있다(중앙일보 2016.7.29).[5] 그러나 이 수치는 실제 상황을 정확히 반영한 것이라고 보기는 힘들다.

한편, 난민지위를 신청하는 사람들도 가시적으로 늘고 있다. 1991

5 국가통계포털(KOSIS), 체류외국인통계 부분 참조. http://kosis.kr/statisticsList/statisticsList_01List.jsp?vwcd=MT_ZTITLE&parmTabId=M_01_01.

표 5. 연도별 난민신청자 현황, 1999-2015년

연도	1999-2005	2006	2007	2008	2009	2010	2011	2012	2013	2014	2015
난민 신청자 수	809	278	717	364	324	423	1,011	1,143	1,574	2,896	5,711

출처: 법무부, 『출입국 · 외국인정책 통계 월보』, 2016년 6월호; e-나라지표, "체류외국인 현황," 출입국외국인정책 통계연보, 2016년 1월, http://www.index.go.kr/potal/main/EachDtlPageDetail.do?idx_cd=2756.

년 9월 유엔에 가입한 후 1992년 12월 '유엔 난민협약'과 '유엔 난민의정서'에 가입하였고, 1993년 12월 '출입국 관리법' 시행령에 난민에 관한 조항을 넣었으며 1994년부터 난민신청을 받아들이기 시작하였다. 1994-2005년까지는 난민신청자가 100명이 넘지 않았지만, 2006년 278명, 2007년 717명, 2008년 364명, 2011년 1,011명, 2014년 2,896명, 그리고 2015년에는 5,711명으로 급증하였다. 이들 신청자들은 고용하가제로 입국한 후 난민신청을 하는 경우가 많은데, 현재까지 파키스탄 국적이 전체 신청자의 20% 정도로 가장 많았다. 더욱이 중동과 아프리카 지역을 중심으로 세계 분쟁이 격렬해지면서 한국으로의 난민신청도 [표 5]에서 살펴볼 수 있듯이 큰 폭으로 증가하였다.

1994년 이래 단 한 명의 난민도 받아들이지 않던 한국정부는 탈북자 문제가 국제이슈가 되면서 난민문제에 대한 국내적 관심이 증가하고 난민수용에 인색하다는 국제사회의 비판적 여론을 의식하여 2001년 2월 에티오피아 국적의 데구 다다세 데레세를 난민으로 받아들였다. 중국이나 다른 제 3세계 국가들에게 탈북자 수용 및 강제송환 방지를 촉구하면서 한국은 외국난민을 전혀 받아들이지 않고 있다는 비판에 따른 결정이었다. 2015년 말 기준 이제까지 총 1만 5,250명의 난민신청을 받아들여 심사를 거쳐 총 576명을 난민으로 인정하였고,

표 6. 연도별 난민인정자 현황, 2001-2015년

연도	2001	2002	2003	2004	2005	2006	2007	2008
난민 인정 수	1	1	12	18	9	11	13	36
연도	**2009**	**2010**	**2011**	**2012**	**2013**	**2014**	**2015**	**합계**
난민 인정 수	70	47	42	60	57	94	105	576명

출처: 법무부 난민과, "연도별 난민인정 현황," 『법무부 출입국외국인정책 통계연보』의 자료를 국가지표체계의 난민통계 현황에서 재정리함, http://www.index.go.kr/potal/main/EachDtlPageDetail.do?idx_cd=2820.

난민으로 인정받지 못한 910명에게 보충적 지위로서 인도적 체류지위를 주었다. [표 6]에서 살펴볼 수 있듯이 한국의 난민인정은 매우 인색하였으나, 2012년 2월 제정되어 2013년 7월 시행된 '난민법'을 계기로 최근 몇 년간 난민인정률이 높아졌다. 그러나 이 수치는 OECD 34개 회원국들 가운데 여전히 가장 낮은 수준이다.

한편, 2016년 6월 기준 2만 9,500여 명으로 재외탈북자 3만 명 시대를 목전에 두고 있다. 1990년대 중반 극심한 식량난으로 촉발된 탈북러시는 많은 경우 재중탈북자의 생존 및 처우문제가 외교문제로까지 비화되기도 하였고, 한국 역대 정권의 대북정책 및 입장에 따라 탈북자에 대한 정책도 달라졌다. 국내 정착 탈북자의 경우 꾸준히 증가하여 2009년 2,914명으로 정점을 기록한 후 2012년 1,502명으로 눈에 띄게 줄었고 그 이후 매년 1,300-1,500명 정도가 국내로 들어왔다. 이러한 경향은 2011년 말 김정은이 집권하면서 탈북을 막기 위한 공포정치와 국경수비대의 국경통제가 강화되었기 때문이다. 또한 갈수록 엄해지는 단속 때문에 탈북 도강을 위해 중개자에게 지불해야 하는 비용이 1인당 미화 1만 달러가 넘어 이를 감당할 북한주민들이 별로 없는 것으로 보인다(조선일보 2014.8.21).

표 7. 북한이탈주민(탈북자) 입국현황, 1998-2016년

구분	~'98	~'01	'02	'03	'04	'05
남(명)	831	565	510	474	626	424
여(명)	116	478	632	811	1,272	960
합계(명)	947	1,043	1,142	1,285	1,898	1,384
여성비율	12%	46%	55%	63%	67%	69%
구분	**'06**	**'07**	**'08**	**'09**	**'10**	**'11**
남(명)	515	573	608	662	591	795
여(명)	1,513	1,981	2,195	2,252	1,811	1,911
합계(명)	2,028	2,554	2,803	2,914	2,402	2,706
여성비율	75%	78%	78%	77%	75%	71%
구분	**'12**	**'13**	**'14**	**15**	**16.6월(잠정)**	**합계**
남(명)	404	369	305	251	144	8,647
여(명)	1,098	1,145	1,092	1,024	605	20,896
합계(명)	1,502	1,514	1,397	1,275	749	29,543
여성비율	73%	76%	78%	80%	80%	71%

출처: 통일부, "북한이탈주민정책 통계 입국현황," 2016년 6월, http://www.unikorea.go.kr/content.do?cmsid=3099.

그러나 2016년 들어 탈북자가 늘고 있는데, 7월까지 입국한 탈북자 수는 작년 대비 15.6% 증가하여 오는 10-11월까지 국내 거주 탈북자 총 숫자가 3만 명을 넘을 것으로 추산된다(통일부 2016). 탈북자 수가 다시 증가 추세인지 여부는 어느 정도 시간이 더 지나 봐야 알 수 있겠지만, 핵실험과 미사일 발사 등에 따른 국제사회의 대북제재로 인해 경제상황이 악화되고, 외부로부터의 정보 유입과 김정은의 공포정치에 대한 두려움과 환멸 등이 원인으로 추정된다.

최근 몇 년 사이 한국 내 국제이주자 및 난민 규모가 커지면서 '다민족국가' 및 '후발 이민국가'로서의 정부정책 마련이 시급해졌다. 뿐

만 아니라 여전히 외국인들에게는 이민 장벽이 높은 나라인 한국은 저출산으로 인한 인구절벽과 이에 따른 경제 저성장 현상을 벗어나기 위해서라도 출산장려정책과 더불어 이민확대정책은 시급하고 중차대한 국책과제로 떠오르게 되었다. 노령화로 급격히 떨어지고 있는 생산가능인구(15-64세)를 보충하기 위해서 외국노동인력의 필요성이 점점 더 커지고 있다. 2017년 이후 생산가능인구 규모를 유지하기 위해서는 누적 기준으로 2020년 60만 5,000명, 2030년 427만 4,000명, 2050년 1,182만 1,000명, 2060년 1,530만 2,000명이 필요한 실정이다(조경엽·강동관 2014). 그러므로 미국이나 유럽국가들과 마찬가지로 중대한 사회문제, 국가안보 문제가 되어가고 있는 이주민 이슈에 대응하여 어떠한 정책을 수립, 이행함으로써 이주민이 가져오는 긍정적 경제효과를 확대하고 이들의 사회통합을 유도할 것인가를 고민할 때이다.

다행히도 한국에서는 지구촌 여러 다민족국가에서 벌어지는 인종분쟁이나 2005년 10월 아랍과 북아프리카 출신 이민 2세들의 오랜 불만이 폭발하여 발생하였던 프랑스의 인종소요와 같은 극단적 사태는 발생하지 않았다. 그러나 이러한 상황을 타산지석으로 삼지 않는다면, 이미 외국인 장기 체류자수가 200만을 넘어섰고 이민 2세, 3세들이 점점 늘어날 수밖에 없는 상황에서 이들 이민자들과 그 후손들이 한국사회의 무관심이나 편견, 혹은 법적, 제도적 차별로 인해 상대적 박탈감과 불만을 가지게 되고 내국인과 이주민의 갈등이 확대될 수밖에 없을 것이다.

VI. 결론

2015년 9월초 터키 해안가에서 세 살배기 시리아 난민 아일란 쿠르디가 유럽 밀입국 과정에서 익사체로 발견되면서 유럽정부들은 난민들의 참상을 외면해서는 안 된다는 국제여론에 직면하게 되었지만, 자국민들의 동의를 얻는 것은 매우 힘든 일이었다. 특히 2015년 11월 이슬람국가(IS)에 의한 프랑스 파리 연쇄테러 사건, 2016년 3월 벨기에 브뤼셀 테러, 2016년 프랑스 니스 트럭 테러, 2005-2016년 계속되는 터키에서의 테러 등 지구촌 곳곳에서 벌어지는 불특정 다수 민간인을 겨냥한 소프트 타깃 테러로 인해 민족주의 감정이 커지고 이슬람에 대한 혐오증까지 나타나면서 이주민들과 자국민들 간 갈등이 가시화되고 있으며, 난민수용국가들 간 책임 떠넘기기 식 외교갈등도 불거지고 있는 실정이다. 이렇듯 난민문제는 단순히 인도주의적 관점에서 접근할 문제가 아니라 수용국 내 정치·사회 불안요인이자 유관 국가들 간 정치외교적 갈등이자 안보적 위협요소로 떠올랐다.

이주민이나 난민문제 해결을 무기력한 피해자에 대한 인도주의적 보호 및 지원으로만이 아니라 사회혼란과 국가안보 위협일 수 있다는 관점에서 접근하는 것은 이들을 범죄자나 안보침해자로 규정하여 체류국에게 이주민 혐오와 반(反)난민정책에 대한 정당성이나 타당성을 부여하려는 것이 아니다. 국경통제와 난민외면은 단기적으로 볼 때 자국의 이익과 사회안정을 가져올 수 있을 수 있으나 장기적인 측면에서 제대로 관리되지 못한 난민사태는 자국 및 지역의 안보위협이 될 수밖에 없기 때문이다.

2010년 말 튀니지를 시작으로 중동 전역으로 확산된 아랍 민주화의 봄이 이를 대체할 리더십과 정치체제의 부재 속에 이집트의 군부정권 등장, 리비아의 무정부상태, 시리아의 내전, IS와 같은 극단주의 무장단체의 급부상 등으로 난장판이 되어버렸다. 이러한 상황 속에서 대규모 난민사태가 발생하고, 인질참수나 자살폭탄 테러 등 아랍지역에서 일어나던 무자비한 사건들이 유럽을 비롯한 지구촌 여러 곳으로 확산되고 있다. 이렇듯 '아랍의 봄'이 '아랍의 겨울'로 바뀌고, 그 여파가 '유럽의 겨울'로 이어지고 있는 작금의 상황은(노석조 2016) 지구촌 상호의존성이 심화·확대되면서 한 국가의 문제가 연쇄적으로 전 지구적 문제의 피해로 확산되는 것을 반증한다.

국제이주나 난민이 가져오는 부정적 여파를 포함한 각종 신흥안보 문제로부터 자유로울 수 없는 한국의 경우도 복잡하고 다양해진 안보위협에 대처하기 위해 범국가적 대책 마련이 시급하다. 그렇다고 국경통제나 난민배척을 그 해결법으로 삼을 수는 없다. 이미 한국은 멕시코, 일본과 더불어 OECD 회원국가들 중 난민과 이민자 수용에 가장 인색한 나라로 꼽힌다. 최근 3-4년 사이 난민법을 제정하여 시행하고 출입국·외국인지원센터를 설립·운영하는 등 '국격에 맞는' 국제이주민과 난민들에 대한 정책추진을 확대하고 있다. 향후 난민신청 남용을 제한하고 효율적 관리를 통해 '진짜 난민'을 신속하게 보호하기 위한 제도적 장치를 마련할 필요가 있고, 난민업무 인프라 확충과 전문성을 강화해야 한다. 또한 난민심사에 필요한 난민 출신국 국가정황정보 수집 및 파악을 위해 국가차원의 데이터베이스를 구축하고 상시 관리·분석하는 전문인력을 확보할 필요가 있다. 이와 더불어 난민정착 지원을 위해 민관 역할분담과 협력방안을 모색하고, 난민인정은 받지 못하였지만 인도적 체류자로 분류된 사람들에게 안정적인 체류자격을 부여하고 교육 및 건강보험 혜택을 누릴 수 있도록 주선해야 한다. 이러한 정책적 노력과 더불어 국민들의 난민에 대한 인식 제고를 위한 홍보 및 교육프로그램 등을 개발하는 것도 중요하다(하용국 2016). 결국 이러한 노력은 세계화 시대, 국제이주의 시대를 살아가는 데 있어 인도적 명분뿐 아니라 국내 안정과 국가 간 협력을 위한 토대가 될 것이다. 난민과 안보 연계에 대한 연구들에 따르면, 난민들이 체류국의 자원에 접근할 수 있고, 거주의 자유가 보장되고, 생산적인 경제활동 및 사회생활을 할 수 있게 되면 원조에 의지하는 상황이 줄어들고 체류국 내에서 갈등과 분쟁의 소지를 극복할 확률이 높아지기 때문이다(Jacobsen 2002; Loescher and Milner 2005).

국제적으로는 가치와 이해를 공유하는 '친구국가들'과의 다자간 협력을 증진할 필요가 있다. 다자협력은 인도주의 외교를 대표적인 국가 외교브랜드로 삼아 국제사회의 인도적 안보위협에 대한 대응이나 재난구호노력에 동참하고자 하는 '중견국 한국'이 실리와 명분을 동시에 축적할 수 있는 효율적인 방안이 될 수 있다. 특히 난민과 이주민 문제는 강대국들이 선점하여 효과적으로 해결하는 것이 쉽지 않은 이슈라는 점을 고려할 때 한국이 다른 중견국들과의 긴밀한 협력공조를 통해 주도권을 잡을 수 있는 전략적인 '틈새외교' 이슈이다. 이렇듯 다자외교를 활용하는 과정에서 타협과 합의를 도출하기 위해서는 단기적으로는 다소 손해보는 듯하나 궁극적으로는 더 큰 이익을 향유할 수 있다는 거시적 안목을 가질 필요가 있다.

참고문헌

국제이주기구(IOM) 한국대표부. 2016. "이주란." http://iom.or.kr/index.php/%ea%b5%ad%ec%a0%9c%ec%9d%b4%ec%a3%bc%eb%9e%80/.

e-나라지표. 2016. "체류외국인 현황." 출입국 외국인정책 통계연보. 2016년 1월.

뉴스1. 2016. "브렉시트 '역두뇌유출'.. 김칫국 마시는 동유럽." 2016.7.6.

법무부. 2016. 『출입국·외국인정책 통계 월보』. 2016년 6월호.

법무부 난민과. 2016. "연도별 난민인정 현황." 『법무부 출입국외국이정책 통계연보』, http://www.index.go.kr/potal/main/EachDtlPageDetail.do?idx_cd=2820.

세계일보. 2010. "세계는 지금: 확대되는 반이민정서." 2010.11.15. http://www.segye.com/content/html/2010/11/14/20101114001889.html.

송영훈. 2014. "테러리즘과 난민문제의 안보화." 『국제정치논총』 제 54권 1호. 3월.

아주경제. 2016. "유럽 우향우 주의보··· 릴레이 회의 앞서 긴장 감도는 유럽연합." 2016.6.27.

연합뉴스. 2016. "나토 국방회의, 난민 밀입국 차단 지중해 해군 작전 합의." 2016.2.11.

______. 2016. "반기문, '난민 10% 재정착제안,' 유럽, 미국 반대로 무산." 2016.8.4.

______. 2016. "프란체스코 교황, 교황청 조직개편··· 난민 이슈 직접 챙긴다." 2016.9.1.

유엔난민기구(UNHCR). 2015. "유럽 난민위기 한눈에 들여보기." *With You*, 통권 19호, 겨울호.

______. 2016. "난민," http://www.unhcr.or.kr/unhcr/html/001/001001001002.html.

이신화. 2016. "시리아 난민사태: 인도적 위기의 안보적 접근과 분열된 정치적 대응." 『한국과 국제정치』 제 32권 1호.

조경엽·강동관 2014. 『이민확대의 필요성과 경제적 효과』. 정책연구 14-21, 한국경제연구원, 12월.

조선일보. 2014. "북 김정은 시대들어 '탈북자 도강 비용 크게 상승." 2014.8.21.

______. 2016. "아랍의 봄, 유럽의 겨울." 조선일보 프라임뉴스, 2016.7.30.

폴 콜리어. 2014. 김선영 역, 『엑소더스: 전 지구적 상생을 위한 이주 경제학』. 21세기북스.

통일부. 2016. "북한이탈주민정책." 입국현황 통계자료. 8월. http://www.unikorea.go.kr/content.do?cmsid=3099.

하용국. 2016. "난민정책 추진 경과 및 향후 발전 방향." 난민법 시행 3주년 기념 학술포럼. 법무부 난민과장 기조발표. 6월.

한국경제. 2016. "칠레보다 인재유출 심한 한국... 미국서 학위 받은 60% 귀국안해." 2016.5.26.

한겨레21. 2016. "결정적 단어는 '이주민'." 2016.7.6. http://h21.hani.co.kr/arti/special/special_general/42012.html?_fr=mb2.

JTBC 뉴스. 2015. "'난민 떠넘기기' 놓고 유럽 분열 심화··· 동서갈등 고조." 2015.9.1.

YTN News. 2011. "불법 이주자도 기본적 인권 보장받아야." 2011.2.16.

Akaha, Tsuneo and Anna Vassilieva. 2005. Crossing National Borders: Human Migration Issues in Northeast Asia. Tokyo, New York, Paris, UN University Press.

Amnesty International. 2016. "Refugee Crisis: 'Leaders' Summit' fails to show leadership on refugees," 9월 21일, https://www.amnesty.org/en/latest/news/2016/09/refugee-crisis-leaders-summit-fails-to-show-leadership/.

De Hass, Hein. 2010. "Migration and Development: A Theoretical Perspective," *International Migration Review* Volume 44, Issue 1, Spring.

European Commission(EC). 2015. "Refugee Crisis: European Commission Takes Decisive Action – Questions and Answers," Press Release Database, 9월 9일, http://europa.eu/rapid/press-release_MEMO-15-5597_en.htm;

Frontex. 2015. Annual Risk Analysis 2015(Warsaw: European Agency for the Management of Operation Cooperation at the External Borders of the Member States of the European Union).

Human Rights First. 2016. "Human Trafficking by the Numbers," Fact Sheet, 1월 7일, http://www.humanrightsfirst.org/resource/human-trafficking-numbers.

International Centre for the Study of Radicalisation(ICSR), "Europe's New Far Right," http://icsr.info/projects/europes-new-far-right/

Internal Displacement Monitoring Centre(IDMC). 2015. *Global Estimates 2015: People Displaced by Disasters*, (Geneva: Norwegian Refugee Council and IDMC).

International Organization for Migration(IOM) Gallop World Poll. 2013. "Four Pathways of Migration 2009-2011," in International Organization for Migration(IOM), *World Migration Report 2013: Migrant Well-Being and Development*(Geneva: IOM).

Jacobsen, Karen. 2002. "Livelihoods in Conflict: The Pursuit of Livelihoods by Refugees and the Impact on the Human Security of Host Communities," *International Migration*, 40(5), February.

Lee, Shin-wha. 2001. "Emerging Threats to International Security: Environment, Refugees, and Conflict." *Journal of International and Area Studies*. Vol. 8. No.1. June.

Loescher, Gil and James Milner. 2005. *Protracted Refugee Situations: Domestic and International Security Implication*(New York: Routledge), July.

Migration Policy Institute. 2015. "Top 25 Destination Countries for Global Migrants over Time," http://www.migrationpolicy.org/programs/data-hub/charts/top-25-destination-countries-global-migrants-over-time.

OECD. 2009. *International Migration: The Human Face of Globalisation*, http://www.oecd.org/insights/43568873.pdf.

Perruchoud, Richard and Jilyanne Redpath-Cross eds. 2011. *Glossary on Migration*, 2nd edition(한국어 번역본) 『이주용어사전』 "국제이주법," No. 26. 제 2판(서울: 국제이주기구).

Rogers, Tim. 2016. "Obama Has Deported More Immigrants than Any Other President.

Now He's Running Up the Score," *Fusion*, 1월 7일.

Somerville, Will. 2016. "Brexit: The Role of Migration in the Upcoming EU Referendum," Migration Policy Institute, May 4, http://www.migrationpolicy.org/article/brexit-role-migration-upcoming-eu-referendum.

Swing, William Lacy. 2013. "Making Migration a Positive Force for Development in the Americas," 52 Lecture of the americas Organization of American States, Washington, DC, 2013년 9월 30일, http://www.oas.org/en/ser/dia/lecture/docs/Remarks-William_Lacy-Sept2013final.pdf

Taylor, J. Edward. 1999. "The New Economics of Labour Migration and the Role of Remittances in the Migration Process." *International Migration* 37(1).

United Nations. 2016. The United Nations, Sustainable Development Goals: 17 Goals to Transform Our World, "244 Million International Migrants Living Abroad Worldwide, New UN Statistics Reveal," 1월 12일, http://www.un.org/sustainabledevelopment/blog/2016/01/244-million-international-migrants-living-abroad-worldwide-new-un-statistics-reveal/.

UN Department of Public Information(UNDPI). 2016. International Migration Report 2015. 2016. "244 Million International Migrants Living Abroad Worldwide, New UN Statistics Reveal," 1월 12일(New York: UNDPI).

UN Department of Economic and Social Affairs(DESA), Population Division, 2015a. *International Migration 2015*. New York: The United Nations.

______. 2015b. "Trends in International Migration, 2015," Population Facts, No. 2015/4, December.

UN High Commissioner for Refugees(UNHCR). 2015. "Figures at a Glance," *Global Trends 2015 Statistical Yearbooks*. Geneva: UNHCR.

UN Office on Drugs and Crime(UNODC). 2000. The Protocol to Prevent, Suppress and Punish Trafficking in Person, Article 3. Paragraph(a) 11월. http://www.unodc.org/unodc/en/trafficking_protocol_background.html.

U.S. State Department(USSD). 2015. *The 2015 State Department Trafficking in Persons(TIP) Report*. Washington D.C: USSD.

제8장

보건안보와 글로벌 거버넌스

정혜주

I. 서론: 공중보건이 안보의 문제가 될 때

공중보건은 전형적인 low politics의 한 예이다(Labonté and Gagnon 2010). 건강은 인간역량(human capability)(Sen 2000)을 구성하는 핵심적인 요소 중 하나로 인간의 삶에 있어서 중요한 의미를 갖지만 정치의 영역에서 위급하고 중요하게, 다른 어젠다를 압도할 정도로 다루어지는 것은 매우 드물었다. 그러나 감염병의 경우는 예외다. 세계적 수준의 감염병 확산(pandemic)이 지난 20년 동안 상대적으로 빈번한 상황에서 21세기 초반부터 감염병을 중심으로 하는 보건의 문제는 종종 '외교' 또는 '안보'의 문제로 다루어져왔다(McInnes and Lee 2006).

전술한 high politics는 주로 국가적이거나 경제적인 안보, 혹은 물질적 이해관계에 관련되는 사안들, low politics는 인간의 존엄이나 인본주의적 구호 등 규범적인 가치들에 관련되는 특징이 있다(Labonté and Gagnon 2010). 이때의 가정은 low politics에 비해 high politics로의 프레이밍이 외교적 행위나 정책적 결정으로 결과할 가능성이 더 높다는 것이다. 흥미로운 것은 국가적 안보나 경제적 이해관계라는 high politics가 국제개발이나 인본주의적 구호와 같은 low politics와 충돌하게 되는 경우이다.

이러한 대표적인 예가 1990년대 말, 2000년대 초에 세계적으로 일어났던 HIV/AIDS에 관련된 문제였다. 2002년 현재 HIV/AIDS 에피데믹에 의한 피해를 비교해 보면 동남아시아 지역에서 가장 HIV/AIDS가 많은 국가들인 캄보디아, 미얀마, 태국 등에서 감소한 기대여명이 5년 이하임에 비해 사하라 이남 지역의 보츠와나는 34년, 짐바브웨와 스와질랜드는 25년 정도의 기대여명 감소를 보이고 있다(Ogunbodede 2004). 25-35년에 이르는 기대여명 감소에 의해 그 나라의 생산가능인구가 전멸될 수도 있다. 2005년이 되면 보츠와나와 짐바브웨에서는 생산가능인구가 20% 가까이 감소하게 되며, 2020년에는 그 정도가 30%에 이르게 되는 것으로 추계되었다(Ibid.).

따라서 보건의 문제는 국가와 영토, 국민의 문제, 노동생산성과 경제발전의 문제와 직결된다. 특히 굳건한 보건인프라와 잘 구성된 전염병 관리전략이 없다면 그 종류에 따라 감염병은 걷잡을 수 없이 퍼져나가, 사하라 이남 아프리카 지역에서 그랬듯이 국가 경제에 큰 타격을 입히게 된다. 특히 전염병의 대표적인 특징은 이것이 '국경을 넘는다'는 점이며 이 때문에 안보와 직접적으로 연관되어 사고되는 경우가 많다.

최근에 들어서는 보건안보가 국제정치적 맥락에서 더욱 활발히 다뤄지고 있다. 국제개발분야에서는 2000년 새천년개발목표(MDGs: Millennium Development Goals)의 18개 목표 중 8개, 48개 지표 중 18개가 보건과 관련되어 있으며, 2015년에 발표된 지속가능발전목표(SDGs: Sustainable Development Goals)의 16개 중 3번 목표로 건강과 안녕이 포함되어 있다. 그러나 전통적 안보 이슈로서 보건안보의 이슈는 그 역사가 더 오래 되어서 2000년 1월의 UN안전보장이사회 세션은 아프리카의 HIV/AIDS에 대해서만 다루었으며, 2000년 7월의 UN안전보장이사회 결의안 1308은 평화유지활동 중 HIV/AIDS의 확산을 막아야 함을 언급하였다. 2001년 6월에 있었던 HIV/AIDS에 대한 UN 특별총회에서는 이 질병이 안보의 문제임을 선언하였다(McInnes and Lee 2006). 지난 2014년 9월 18일 UN 안전보장이사회는 에볼라가 국제 평화와 안전에 위협이 되고 있다고 선언하였다.

이러한 흐름은 전반적으로 국제정치적 맥락에서 보건안보적 이슈의 강화를 보여주고 있지만, 다른 한편으로는 '전통적' 안보와 '비전통적' 혹은 '인간안보'의 분야에서 또한 보건안보적 차원이 지속적으로 중요하게 다뤄지고 있다는 점을 환기한다.

이 글에서는 보건안보의 정의와 개념, 그 역사를 간략하게 살펴보고, 최근 보건안보의 전개와 이슈, 그리고 쟁점에 대해 논의해보도록 하겠다.

II. 보건안보의 정의

1. 인간안보

전통적인 의미에서 '안보'는 '국경을 지키는' 집단적 수준의 안보(collective security)를 의미하였으나, 특히 1994년 UNDP 보고서(UNDP 1994) 이후 인간안보(human security)의 개념이 중요해지고 있다. 지난 1980년대 이후 국경을 중심으로 하는 안보개념이 의미가 없어졌음을 선언하는 학자들이 생기면서[1] 앞으로 필요한 것은 "영토에 기반을 둔 국가의 안보라기보다는 인간안보"라는 의견(Kaul 1995)이 대두되기 시작하였다. 이때 인간안보는 "매일을 살아가는 사람들의 삶에 대한 안보"(Ibid.)를 의미한다. 이러한 의견들은 1990년대에 퍼져나가기 시작하여, 기본적 음식에 대한 접근, 세계환경의 질, 저개발국에 사는 사람들의 경제적 복지 등을 그 대상으로 하는 새로운 개념이 발달하였다. 이때의 문제는 외부의 적으로부터 국민을 방어하는 것이 아니라 '구체적인 실체가 존재하지 않는 위협을 어떻게 무력화시키는가' 하는

1 E.g., "Put bluntly, our accepted definition of the limits of national security as coinciding with national borders is obsolete"(Matthews 1989; Thomas and Tow 2002)

문제가 된다(Thomas and Tow 2002).

이후 인간안보의 개념은 새로이 등장하는 더욱 넓은 스펙트럼의 안보 문제들로 주의를 돌리고 기존의 국가안보(National Security)와 구분짓기 위하여 발전되었다. 1994년 UN 인간개발보고서(UNDP 1994)는 '7 – 문제가 되는 안보의 범위'에서 경제적, 환경적, 개인적, 지역사회적, 보건적, 정치적, 영양적 문제를 지적하였으며, 2005년 세계정상회의(World Summit) 결과의 143절(UNG Assembly 2012)에서는 "모든 사람들이 자유와 존엄성을 누리며, 빈곤과 절망으로부터 해방되어 살아갈 권리"로 인간안보를 정의하며 "특히 취약계층을 포함하는 모든 개인은 공포와 부족(want)으로부터 해방되어 그들의 모든 권리와 그들의 인간적 잠재성을 완전히 개발할 권리가 있다"(A/RES/60/1)고 표현하였다.

이러한 인간안보의 특징은 (1) 현재와 새로이 나타나는 위협에 대응하여 인류의 생존, 생활, 존엄성을 보장하는 것을 목표로 하며 (2) 인간의 삶에 근본적인 몇 가지 자유—공포로부터의 자유, 부족(want)으로부터의 자유, 존엄한 삶을 살 자유—가 보편적이고 상호의존적이라는 사실을 강조하고, (3) 결과적으로 안보, 발전, 인권의 상호의존성을 인정하며, 따라서 이들이 인간과, 나아가 국가의 안보를 보장하는 초석으로 고려한다는 점 등을 들 수 있다(United Nations Trust Fund for Human Security 2016). 결국 인간안보는 개개인의 삶의 안전성을 지키는 것이라 할 수 있다.

2. 보건안보

1) 보건안보의 정의와 개념

세계보건기구(WHO: World Health Organization)는 보건안보를 인구집단의 건강을 보전하고 보호하기 위한 수단의 제공과 지속, 또는 국가안보과 공중보건적 문제가 중첩되는 정책영역(WHO 2007)으로 정의하여 전통적 안보의 개념을 강하게 반영하고 있다. 한편, Heymann 등(2015)은 기본적으로 '건강에 대한 위협으로부터의 보호'라고 상대적으로 광범위하게 정의하고 있으며, 비전통적 안보 문제의 가장 중요한 것으로 인정된다고 설명하기도 한다. 따라서 보건안보는 국경의 단속과 전염병의 예방이라는 전통적/집단적 안보와 개개인의 삶의 보장이라는 신흥안보/인간안보의 개념 모두와 중첩된다.

이러한 맥락에서 Heyman 등(2015)은 보건안보를 집단적 보건안보(Collective Health Security)와 개인적 보건안보(Individual Health Security)로 나누어 설명하는데, 그에 따르면 집단적 보건안보는 '국경을 넘어 전파되는 전염성질환의 위협으로부터 사회의 취약성을 감소시키는 것'으로서 14세기의 흑사병, 최근의 메르스 등이 그 예이다. 개인적 보건안보는 '보건의료서비스와 상품, 기술에 대한 안전하고 효과적인 접근성을 보장하는 것'으로서 1970년대 예방접종의 광범위한 시행이나, 백신 개발을 위해 WHO와 UNICEF가 함께 추진하고 있는 GAVI Alliance, 에이즈, 말라리아, 결핵 박멸을 위한 글로벌 펀드, 의약품 공동 구매 기구인 UNITAID를 그 예로 들 수 있다.

그러나 보건안보를 주로 인간안보 개념으로 이해하고자 하는 본 글에서 위와 같은 정의는 그 범위가 너무 좁은 측면이 있다. 보건안보의 최종적인 목적을 '건강의 보호와 지속, 증진'이라고 했을 때, 보건

표 1. 용어의 정의

엔데믹(endemic): 풍토병. 질병이 일정한 제한된 지역에 정착해 유행을 반복하는 것. 에피데믹(epidemic): 국지유행. 팬데믹(pandemic): 범유행. 전염병이나 감염병이 여러 대륙, 혹은 전지구적으로 유행하는 것.

안보의 수단이 보건의료서비스와 상품, 기술에 한정되어서는 안 된다. 따라서 이 글에서는 개개인의 건강을 지키는 데에 관련되는 모든 (제도와 정책을 포함하는) 사회적 기술을 보건안보의 수단으로 이해하고자 한다.

2) 외교와 보건안보

한편, 보건안보를 좀더 적극적으로 외교적 맥락에서 이해한 문헌도 있다. Labonté와 Gagnon(2010)은 전술한 high politics/ low politics의 개념과 보건안보를 결합시켜 크게 (1) 국가안보, (2) 경제안보, (3) 인간안보의 세 가지 영역으로 개념화하였는데, 이 중 국가안보와 경제안보는 전형적인 high politics의 일부인 안보와 경제 문제에 보건문제를 결합한 형태라면, 인간안보는 인도적 지원과 인간 개발이라는 low politics로 개념화된 것이다. 이러한 개념틀을 가지고 최근 10년간 발표된 WHO와 각국의 보건과 외교정책에 관한 주요 보고서들을 분석한 결과, 보건이 외교정책의 대상 및 내용이 되어야 하는 이유는 안보(security), 개발(development), 글로벌공공재(global public goods), 무역(trade), 인권(human rights), 도덕적/윤리적 논리(moral/ethical reasoning)와 같은 여섯 가지로 요약될 수 있었다. 이 중 안보를 중심으로 한 논의는 크게 네 가지로 정리할 수 있다. (1) 국가적, 경제적 안보; (2) 분쟁 예방; (3) 국제인권법적 맥락; (4) 질병 팬데믹에 대한 공포. 각각을 구체적으로 살펴보면 다음과 같다.

(1) 국가적/경제적 안보

국가적 경제적 안보를 중심으로 하는 보건안보의 개념은 가장 전통적인 것으로서 14세기로 거슬러 올라간다. 감염병의 에피데믹이 국가의 주권을 불안정하게 하고 엘리트 그룹의 물질적 이해를 양보하게 될 때 주로 등장하며, 이러한 안보는 국가제도에 대한 시민의 신뢰를 감소시킴에도 불구하고 시민사회에 대한 국가의 힘을 증가시키는 경향이 있다. 보건안보에 대한 이러한 이해는 아래의 인용문에 잘 드러나 있다. "인구의 건강은 번영, 안보, 그리고 안정에 매우 중요하며, 이는 국가 경제성장 및 사회발전의 초석이 되는 것이라 할 수 있다. 반대로, 불건강은 어떤 국가에서든 경제적 및 정치적 실행가능성에 해를 끼치는 것 이상으로 경제적 및 정치적 이해관계에 대한 위협이 된다." 이때 보건안보가 외교의 대상이 되는, 즉 타국의 에피데믹에 개입할 수 있거나 개입해야 한다는 근거는 ① 에피데믹에 의해 유발된 국내 충돌은 지역적 힘의 균형에 영향을 미치게 되어 타국의 경제적 이익을 침해할 수 있으며, ② 에피데믹에 관련된 빈곤이 테러리즘 활동을 증가시켜 국가안보를 위협할 수 있고, ③ 에피데믹과 관련된 국가적이거나 지역적인 충돌은 다른 나라들에게 평화유지 비용을 발생시키고 (충돌이 발생하지 않은 지역에서조차) 경제적 발전의 저해, 빈곤을 증가시켜 타국의 잠재적 수출을 감소(경제적 안보에 대한 위협)시킨다는 점에 있다.

(2) 충돌 예방(Conflict Prevention)

보건은 실패한 국가나 재난 이후 재건과정에서 충돌이 재발하는 것을 막는 수단, 즉 '평화를 위한 다리'라는 관점이나 이에 대해서는 실증적 근거가 약하다.

(3) 국제인도법(IHL: International Humanitarian Law)
적대적 행위와 민간인에 대한 의무에 관련하여 정해놓은 규칙에 관련된다. 이 중 가장 대표적인 것은 2008년 노르웨이의 주도로 만들어진 집속탄금지협약(CCM: Convention on Cluster Munitions)을 들 수 있다. 영국은 '정당하고 책임성있는 무기 수출'에 영향을 미치지 않는 재래식 무기의 국제적 무역에 대한 법적으로 규제성이 있는 협약이 필요하다는 의견을 제시하고 있다.

(4) 질병 팬데믹에 대한 공포(Fear of Disease Pandemics)
19세기 초반에 시작되어 최근의 사스(SARS)나 2005년 국제보건규칙의 개정과 가장 직접적으로 관련되는 접근으로 볼 수 있다. 이러한 관점은 '국제보건안보는 가장 약한 고리만큼만 강하다(Global health security is only as strong as its weakest links)라는 문장으로 간략히 설명할 수 있으며, 약한 고리는 각국이 제대로 정보를 갖고 통합적으로 조정된 대응을 할 수 있도록 하는 국제적 메커니즘과 다른 수단을 통해서 강화되어야 한다는 생각이다.

3. 보건안보의 종류

이러한 보건안보의 종류는 매우 광범위하여, WHO는 이를 인재(人災), 기후 관련 보건안보, 기타 공중보건 응급상황, 그리고 21세기의 신종위협으로 분류하여 다양한 예를 제시하고 있다. 그 구체적인 분류를 〈그림 1〉에 나타내었다. 보건안보의 흥미로운 점은 우리가 이 책에서 다루고 있는 다양한 다른 신흥안보의 영역과 중첩된다는 점이다.

전술하였듯 이러한 WHO의 분류는 보건안보를 '공중보건'적인

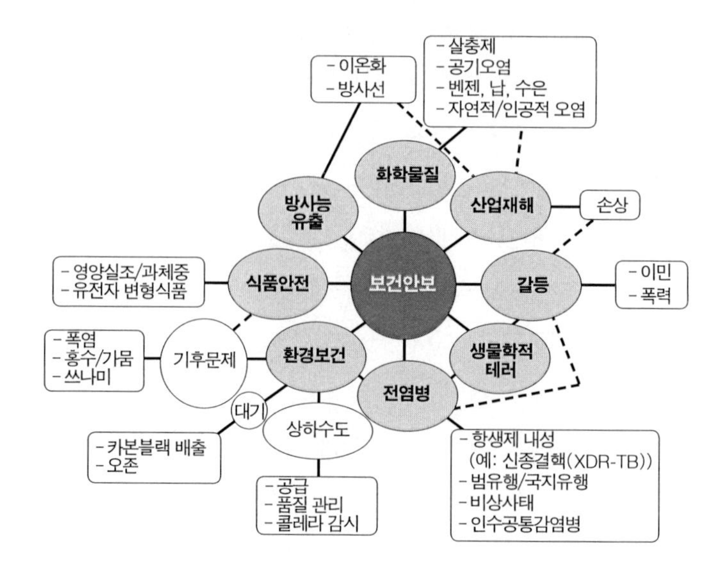

출처: WHO 2007에 기반하여 필자가 도식화하였음.

그림 1. WHO의 정의에 근거한 보건안보의 종류와 내용

전통적 안보로 고려하는 경향이 크다. 그러한 관점을 채택한다 하더라도 이는 너무 좁으며, 좀더 광범위한 종류의 보건안보를 고려해야 한다는 의견도 있다. 일례로 McInnes and Lee(2006)는 (1) 인간안보; (2) 감염성질환의 예방과 통제, (3) 비감염성질환에 대한 관심, (4) 국제적 공공재의 연구개발의 재활성화, (5) 기준에 떨어지는 가짜약에 대한 취급, (6) 충돌이나 재난 상황에 대한 대처, (7) 국제이주에 대한 제기, (8) 보편적 의료보장을 통해 강한 보건의료시스템의 구축이라는 여덟가지를 들고 있다.

이 글에서는 편의상 Heymann 등(2015)의 논의를 따라 전통적/집단적 보건안보와 비전통적/개인적 보건안보를 나누어 그 전개 과정을 간략히 정리해보도록 한다.

III. 보건안보의 전개: WHO를 중심으로

1. 전통적/집단적 보건안보(Collective Health Security)

14세기 흑사병과 검역(quarantine)으로 시작된 전통적/집단적 보건안보의 주요 대상 질환을 〈표 2〉에 나타내었다. WHO 체제하에서 1969년 처음으로 국제보건규칙이 생겨났을 때에는 콜레라, 수두, 황열, 흑사병이라는 네 개의 질환에 대해서만 관심을 가졌다. 1975년에는 생화학적 무기 협정이 이루어지면서 생물테러에 대한 최초의 국제적인 협정이 만들어졌으며, 21세기 초반, 미국의 탄저병 테러에 대한 공포와 함께 특히 저개발국에서의 HIV/AIDS에 팬데믹에 대한 문제가 광범위하게 제기되었다. 21세기 이후에는 (신종)감염병이 좀더 자주 나타나게 된다. 2003년 급성호흡기질환증후군(SARS: Severe Acute Respiratory Syndrome), 2007년 조류독감(Avian Influenza), 2009년 신종

표 2. 전통적/집단적 보건안보의 주요 대상 질환

시기	주요 질환
14세기	흑사병
1969년	국제보건규칙(International Health Regulations): 흑사병, 콜레라, 수두, 황열
1975년	생물학적 무기에 관한 협약(The Biological Weapons Convention): 바이오테러리즘
20세기말	탄저병 테러, HIV/AIDS
2003년	사스(SARS: Severe Acute Respiratory Syndrome)
2007년	조류독감(Avian influenza)
2009년	인플루엔자 A(Influenza A; H1N1; Swine Flu)
2013-14년	에볼라(Ebola)
2015년	메르스(MERS-CoV: Middle East Respiratory Syndrome;)

플루(Influenza A; H1N1; Swine Flu), 2013-2014년 에볼라(Ebola), 그리고 작년의 메르스(MERS-CoV: Middle East Respiratory Syndrome)에 이르기까지 다양한 새로운 질환이 등장하여 인류의 건강을 위협하였다. 이때 전통적/집단적 보건안보과 관련된 대표적인 제도는 국제보건규칙(IHR: International Health Regulation)과 생물학적무기에 관한 협약(The biological weapons convention, 1975년) 및 바이오테러리즘(bioterrorism)에 대한 대처이다. 이 글에서는 이들 중 IHR에 중심을 두고 서술하도록 하겠다.

1) 세계보건기구(WHO)와 IHR

콜레라 유행에 대처하기 위해 1851년 파리에서 개최된 최초의 국제위생회의를 계기로 국제공중보건레짐이 형성된 이후 보건안보의 국제적 흐름에 있어서는 세계보건기구(WHO)가 핵심적인 역할을 해 왔다. WHO는 창설된 1948년부터 WHO헌장 제21조에 의해 전염병의 국제적 확산을 방지하기 위한 조치에 관한 규칙 제정권을 부여받았다. 세계보건총회(WHA: World Health Assembly)에서 1951년 국제위생규칙(International Sanitary Regulation)을 채택함으로써 국제사회는 전염성 질병의 확산을 관리하는 통일된 국제규칙을 보유하게 되었으며, 1969년 동 규칙을 국제보건규칙(IHR)으로 개칭하였다. 또한 WHA는 2005년 페루의 콜레라, 인도의 흑사병, 자이레의 에볼라 발병을 계기로 IHR를 개정하게 되었는데, 이는 "전염병의 국제적인 확산에 대하여 예방, 보호, 통제 및 국제보건조치의 적용으로 국제교통과 무역에 불필요한 장애가 되지 않도록 하는 것을 목적"으로 한다(〈표 3〉).

IHR 1969의 가장 큰 특징은 콜레라, 흑사병, 황열 (이후에 수두 포함) 이렇게 3가지 질병에 대해서만 규율을 하고 있다는 점이다. 질병

표 3. 보건안보 관련 국제적 거버넌스의 전개

년도	이슈	설명
1851	국제위생컨퍼런스 (International Sanitary Conference) 개최	프랑스 파리 콜레라를 주요 대상으로 함 최초의 국제 공중보건 레짐
1951	국제위생규칙 (ISR: International Sanitary Regulation) 제정	파리컨퍼런스 이후 세계적인 감염성 질환 관리에 있어 지속된 한 세기 간의 국제 외교적/법적 업적을 반영 전통적 레짐을 하나의 국제적인 보건 기구가 관장하는 하나의 규칙으로 통합
1969	ISR을 국제보건규칙(IHR)으로 개정	
2005	국제보건규칙 개정	페루의 콜레라, 인도의 흑사병, 자이레의 에볼라 IHR제2조: 본 규칙의 목적과 범위는 질병의 국제적인 전개를 공중보건적 위험과 부합하며 이에 한정된, 그리고 국제적인 교통과 무역에 대해 불필요한 방해를 피하는 방법으로 예방하고, 그로부터 보호하며, 통제하고 공중보건적 대응을 제공하기 위함이다.

의 확산은 국제무역과 여행을 연계되어 고려되었기 때문에 IHR의 대상과 범위 역시 공중보건 그 자체보다는 국제무역을 고려하여 결정된 것이었다. 그러나 2000년대에 들어 SARS, 조류독감 등의 새로운 유형의 전염병이 발병하면서 WHO의 전염병 감시체계 및 보건조치의 약화 및 개별 국가들의 불필요한 보건 조치 증가 등을 가져왔다. 또한 1990년대의 HIV/AIDS 확산과 9·11 이후 바이오테러 위협의 등장, WTO의 지적재산권 발효로 인한 필수의약품에 대한 접근 제한, 보건의료분야에서 NGO의 역할 증대와 같은 상황은 IHR 개정의 필요성을 강화하였다.

2005년 개정된 IHR에는 처음으로 국제보건규범에서 인권에 대한 보호가 명시되었다. 또한 IHR의 목적과 적용범위를 정의함에 있어서 상대적으로 상업적인 고려 대신에 공중보건의 고려가 우선하게 되었는데, 이러한 변화는 지난 10년에서 15년 사이 국제사회에서의 공중

표 4. 개정된 IHR과 기존 IHR 간의 주요 차이점

기존 IHR	개정 IHR
세 가지 질환(콜레라, 흑사병, 황열병)에 집중	"국제사회의 관심이 되는 모든 공중보건적 응급상황"에 집중
회원국이 취해야할 수단에 대해서 IHR이 정의	WHO가 회원국이 취해야할 수단에 대한 추천; 회원국들은 조건을 충족하는 경우 이를 초과하는 수단을 취할 수도 있음
제한적인 서베일런스 및 대응 의무	더욱 방대한 서베일런스 및 대응 의무
사례에 대한 의무적인 보고, 다른 회원국과의 자동적인 정보 공유	잠정적으로 국제사회의 관심이 되는 공중보건적 응급상황에 대한 의무적인 보고; WHO는 비공식적 정보원으로부터의 정보를 사용하고 공유할 수 있음

출처: Wilson *et al.* 2008.

보건 중요성에 대한 인식의 변화를 반영하는 것이다(장신 2007).

개정된 IHR의 특징으로는 크게 다음 4가지를 들 수 있다. (1) 국제적인 여행과 무역에 불필요한 개입을 하지 않고 공중보건적 응급상황에 대응하도록 설계되었다. (2) 회원국이 전국적 서베일런스와 대응 시스템을 갖추도록 요구한다. (3) 국제적 보건 응급상황을 어떻게 파악하고, 보고하고, 관리하는지를 설명한다. 마지막으로 (4) 개정 IHR의 실행을 위해서는 몇 가지 난점이 존재한다. 저개발국의 능력 부족, 선진국의 독자적 행동, 그리고 분권화된 국가들에서 연방정부와 지방정부 사이 코디네이션의 부족(Wilson, von Tigerstrom and McDougall 2008).

또한 Fidler(2005)는 기존의 IHR에 비해 개정 IHR이 다섯 가지 실재적인 변화를 내포하고 있다고 설명한다. (1) IHR의 범위가 극적으로 확장됐다는 점; (2) 회원국들이 최소한의 핵심적 서베일런스와 대응 능력을 개발할 의무를 부여; (3) WHO가 비정부적 정보원에서 생산된 서베일런스 정보에 접근하고 사용할 권한을 제공한 것; (4)

표 5. IHR(2005)에서 핵심적 인권 및 관련 규정(Plotkin 2007)

관련 조항	내용
제3.1조	존엄성, 인권, 근본적 자유에 대한 존중
제3.2조	UN헌장과 WHO헌법에 기반한 실행
제25.3조 및 25.4조	의학적 검사, 예방접종 및 다른 수단에 대한 사전동의 (prior informed consent)
제32조	여행자에 대한 치료
제40조	공공보건적 수단을 위한 여행객에 대한 관리(charges)의 허가와 제한
제45조	개인적 건강정보의 보호
제23.1조(a)(iii), 제23.2조, 제43.1조, 제17조(d)	특정된 공중보건적 보호의 적절한 수준을 획득할 수 있는 가장 덜 침습적이고 강제적인 수단의 사용

출처: Plotkin 2007.

WHO가 공중보건 응급상황의 존재를 선언하고 그러한 응급상황과 상시적인 공중보건 위험을 다루어야 할지에 대한 권고를 발행할 권한을 부여; (5) 회원국이 IHR을 실행할 때 인권개념을 통합.

특히, 개정된 IHR 2005는 규제 대상 질병을 한정하지 않고 규모나 사태에 따라 질병, 재난, 공중보건위험, 국제적 관심의 공중보건 비상사태로 구분했다는 점에서 예견하지 못했던 새로운 질병을 규율하지 못하는 단점을 안고 있던 IHR 1969와는 구분된다. 또한 적용 대상 질병이 전염성 질병 이외에 비전염성 전염질환도 해당되며, 자연발생적인 것뿐만 아니라 우발적, 의도적인 발생까지 모두 포함된 화학물질 또는 핵물질관련 위험 또한 규율 대상으로 포함되었다. 이는 고전적인 보건체제가 자연발생적 질병에만 관심을 가졌던 것과 비교하면 큰 변화다(박진아 2012).

또한 IHR 2005의 주요 개정사항 중 하나는 전염병과 인권 보호 관계에 관한 관심과 중요성이 반영되었다는 것이다. IHR 2005는 인간안보 개념에서 주장하는 포괄적 안보개념의 현실화를 도모한다고 볼 수 있다. 하지만 개정된 IHR의 인권규정은 보건 조치 자체의 인권 보호적 특성보다는 그로 인한 인권의 제한과 침해를 규율하기 위한 조항이란 점에서 아쉬움이 있다(Ibid.). 그 구체적인 내용을 〈표 5〉에 나타내었다.

2) 글로벌보건안보구상(GHSA: Global Health Security Agenda)의 등장

(1) 배경

개정 IHR은 이처럼 그 이전의 규칙에 비해 많은 진보를 이루었으나 WHO의 다른 조약과 마찬가지로 강제성이 없다. 그 결과 개정 IHR의 수준으로 각국의 규제를 변화시키는 데드라인이었던 2012년 6월까지 회원국들의 합치율은 20% 미만에 불과했다(Fischer and Katz 2013; Tappero, Thomas, Kenyon, and Frieden 2015). 또한 기존의 IHR은 국가 중심의 보건 거버넌스로, 초국경적 감염병과 비국가행위자가 제기하는 안보위험에 대응하는 데에는 한계가 존재했다. 주권 잠식과 제도 정비에 따른 정치 및 경제적 부담이 존재하고, 질병 감시체계, 생물학적 물질의 의도적, 우발적 살포 위험에 대한 취약성이 있다는 지적이 있었다(강선주 2015).

그러한 상황에서 2013-2016년 발발한 에볼라 팬데믹은 WHO를 중심으로 하는 국제보건거버넌스에 많은 의문을 안겨주게 된다. 2016년 5월 8일 현재 2만 8,657명의 케이스와 1만 1,325명의 사망(39.5%)이 보고되었으나 실제 피해는 더 클 것으로 예상되는 에볼라 팬데믹은 2013년 12월 기니아에서 시작되어 라이베리아와 시에라리온에 큰 인명피해를 입혔다. 그 외에도 상대적으로 적은 수의 환자가 나이지리아, 말리, 세네갈, 영국, 사르디니아에서 발생하였고 미국과 스페인에서 의료진에 대한 2차감염이 발생하였으나 그 이상 퍼지진 않았다.

그러나 IHR 2005 이후 2010-2011년 사이 이루어진 국제보건규칙검토위원회(International Health Regulations Review Committee)의 검토결과를 WHO가 무시하고, 회원국들이 IHR 2005 수준의 실행준비를 하지 못한 상황, 그리고 서베일런스와 감염병 대응 관련 예산이 삭감되는 내부적 조건이 겹치면서 에볼라 사태가 일어났고, 그 후 WHO의 리더쉽은 그 이전보다 더 크게 공격받게 되었다. 에볼라 응급대응을 위한 UN파견단(UN Mission for Ebola Emergency Response)에서의 리더십도 박탈당했으며, 가장 크게 영향을 받은 기니아, 라이베리아, 시에라 리온의 참담한 서베일런스와 대응 수준은 IHR 자체에 대한 의문을 제기하게 만들었다(Fidler 2015). 이 과정에서 특히 미국에서는 UN과 WHO를 중심으로 하는 다자간 협력적 접근에 큰 회의를 품게 되었으며, 아프리카연합 등을 대상으로 하는 아프리카 질병관리예방본부와 같은 형태의 양자 간 협력에 힘이 실리고 있는 것이 사실이다(Horton and Das 2015).

그럼에도 불구하고 2014년 2월, 미국을 중심으로 하는 28개국(현재는 44개국)과 WHO, UN 식량농업기구(FAO: Food and Agricultural Organization), 국제수역사무국(World Organization for Animal Health)이 함께 하여 글로벌보건안보구상(GHSA)을 출범하였다(Frieden *et al.* 2014; Tappero *et al.* 2015). GHSA는 핵심역량의 강화를 위해 집중적인 활동을 진행함으로써 IHR의 실행을 진전시키고 "자연발생하거나 의도적이거나 사고로 인한 위험한 병원균의 영향을 예방하거나 경감시킬 수 있는, 감염성 질환에 의한 글로벌 보건 위협으로부터 안전한 세계"(Centers for Disease Control and Prevention

2015)를 확보하는 것을 목적으로 한다.(Tappero *et al.* 2015). 또한 GHSA는 시한을 갖고 감염병이라는 한정된 어센다를 설정하여 효율성과 추진력을 추구한다(강선주 2015).

이를 위해서 지금까지 다섯 차례에 걸쳐서 회의가 이루어졌다.

- 2014년 2월 13일: 미국 워싱턴 DC
- 2014년 5월 5일-6일: 핀란드 헬싱키
- 2014년 8월 20일-21일: 인도네시아 자카르타
- 2014년 9월 26일: 미국 워싱턴 DC
- 2015년 9월 7일-9일: 대한민국 서울

(2) 목표와 역할 : 글로벌 보건 거버넌스(Global Health Governance)

GHSA는 WHO의 IHR 같은 국제적으로 합의된 핵심역량을 각 국가의 보건안보 시스템 내에 갖추도록 상호 협력, 지원하는 체계를 일컫는다(2015년 글로벌보건안보구상 고위급 회의 2015). GHSA는 감염병 예방과 대응에 있어 완전히 새로운 체계를 구성하는 것보다는 국가별로 수립된 기존의 보건 체계를 향상 혹은 강화시켜서, 이를 조화롭게 네트워크로 발전시키는 것을 목표로 하고 있다. 이는 IHR을 대체하려는 것보다는 IHR 이행에 관한 정치적 의지를 제공하고, IHR이 갖고 있는 문제점을 보완하려는 측면이 강하다.

현재 글로벌 보건 거버넌스는 이슈, 이해당사자, 규범, 플랫폼 측면에서 복합적이며, 분절화되어 있다. 이러한 글로벌 보건 환경 속에서 포괄적 단일 보건 거버넌스의 구축 가능성과 문제 해결에 대한 효과성은 의심받을 수 있다. GHSA는 감염병이라는 단일 이슈에 초점을 맞춰 국제 보건 거버넌스에 추진력을 더하고, 또한 비형식성을 특성으로 하여 감염병과 관련된 국제협정을 체결할 필요성이 없어 협정 체결

에 대한 국가들의 거부감 또한 방지할 수 있다.

IHR 2005는 보건에 있어서 국가의 권리와 의무에 관한 것인 반면, GHSA는 정부, 민간, 국제기구를 포괄한다는 점에서 글로벌하고 다부문적 접근이다. 따라서 IHR 2005는 국제보건거버넌스(international health governance)라고 할 수 있지만, GHSA는 국가(정부)와 국제기구뿐만 아니라 민간(개인, 기업, 단체)을 포함하므로 글로벌보건거버넌스(global health governance)로 차별화된다.

최근 에볼라나 메르스 사태만 하더라도, 국가 정부 혼자만이 해결하는 것이 아니라, 국가 정부, 민간단체 그리고 NGO 간의 다부문적(multi-sectoral) 파트너십이 중요함을 보여준다. 국가 차원이 아니라 지역적, 국제적 차원까지 대응의 목표 지점이 상승한 것이 핵심이라고 할 수 있다. 또한, 보건 분야에서 이루어지는 감시와 규제에 있어서 다양한 주체가 각기 다른 역할을 맡고 있는데 이를 위해 다자간 협력이 필요하며, 보건분야를 넘어선 여러 분야의 파트너쉽이 이루어져야 한다(Fukuda 2015).

3) 소결

제한적인 감염병 관리에 중심을 두던 WHO의 보건안보 대응은 2005년 IHR을 개정하고, 2007년 보건안보를 주제로 세계보건보고서를 발간하면서 더욱 포괄적인 접근으로 발전하였다. 전통적 안보를 중심으로 함에도 21세기의 다층적 위험사회의 상을 포용하고, 보건안보에 위협을 가할 수 있는 다양한 원인들을 발굴하였으며, 이들에 대한 대응을 국제공조를 통해 이루고자 노력한 것이다. 그러나 회원국들의 IHR 2005에 대한 제한적인 실행에서 보았듯이 WHO를 통한 국제공조는 그 리더쉽에 한계를 드러내었다. 그러한 상황에서 특히 미국을 비롯한 선진국에서 다자간 협력에 대한 회의를 기반으로 양자 간 협의를 통한 실행이 더욱 중요하게 고려되는 상황, 그리고 IHR을 지원하는 GHSA의 등장으로 글로벌 보건 거버넌스라는 새로운 형태의 거버넌스가 등장하면서 보건안보의 행위자가 더욱 다양화, 다층화되고 있다.

2. 비전통적/개인적 보건안보(Individual Health Security)

IHR과 관련된 WHO의 흐름이 주로 전통적/집단적 보건안보에 초점을 맞췄다면, 비전통적/개인적 보건안보의 흐름 또한 WHO 내에 존재하고 있다. 이는 특히 IHR 2005 이후 인도네시아 정부가 조류독감에 대한 백신을 얻을 수 없다면 자국 내에 존재하는 바이러스 스트레인에 대한 자료를 제공하지 않겠다고 선언하면서 다시 불거진 측면이 있다. 그러나 안전하고 효과적인 보건의료 서비스와 상품, 기술에 대한 접근을 중심으로 하는 국제보건적 논의는 그 전부터 있어왔다. 특히 수두 박멸에는 1970년대 후반, 모든 어린이들에게 수두 백신을 보급하는 WHO와 UNICEF의 공동 프로그램이었던 면역확대사업(EPI: Expanded Programme on Immunization)의 공이 컸다. 지금은 EPI를 통해서 파상풍, 백일해, 홍역, 디프테리아, 그리고 소아마비 백신을 필요로 하는 나라에 무료 혹은 저가에 공급하고 있다. 국제공중보건사에 가장 성공적인 민관협력으로 평가되는 GAVI Alliance를 통해서는 더욱 새로운 백신들을 공급해왔다.

예방약이 없는 질환의 경우에는 문제가 좀더 복잡하다. 그러나 2001년 HIV/AIDS에 대한 UN특별총회가 HIV/AIDS가 "안정과 안보에 위협이 될 수 있다"고 선언한 이후 건강에 대한 거시경제위원회(Macroeconomics Commission on Health) 등의 활동을 통해 경제 발전을 위해서는 의약품을 공급하는 것이 중요하다는 국제적 합의가 형성되었다. 이를 기반으로 Global Drug Facility, Global Fund to Fight AIDS, Tuberculosis and Malaria, 의약품 공동구매기구인 UNITAID 등이 만들어져왔다. 이를 정당화하기 위한 논거는 전통적인 경제개발과 집단적 안보 패러다임에 기초하였으나, 이러한 활동들이 개인적 보건안보에 기여하였음은 자명한 사실이다.

1) 필수의약품에 대한 접근권과 무역관련지적재산권(TRIPs)협정[2]

필수의약품은 "인구집단의 우선되는 의료서비스 요구를 충족하는 의약품"[3]으로 정의된다. 특히 필수의약품은 새로운 질환 유형, 치료방법, 내성에 대응하고 높은 수준의 질을 확보하기 위해서 정기적으로 개정된다는 점에서 변화하는 건강수요(health needs)를 충족하는 미래 지향적인(forward looking) 방법(Hogerzeil and Mirza 2011)이다. 이러한 필수의약품은 일정한 집단에서 기능하는 의료 시스템 내에 적절한 양이, 적절한 제형(劑形, dosage forms)으로, 보증된 질과 개인 및 지역사회가 자신의 경제수준에서 지불할 수 있는 가격으로 언제나 구입 가능해야 하는 것으로 규정되고 있다. 이러한 필수의약품에 대한 접근(Access to Essential Medicines)이 '안보'의 문제가 된 것은 좀더 나중의 일이다.

2001년 HIV/AIDS에 대한 UN특별총회가 HIV/AIDS가 "안정과 안보에 위협이 될 수 있다"고 선언한 배경에는 생명을 20년 이상 연장할 수 있는 에이즈 약인 항레트로바이러스제를 1년간 복용하는 가격

2 이 소절의 내용은 주로 정혜주 2012에 기반하여 작성되었음.

3 "Essential medicines are those that satisfy the priority health care needs of the population."

이 당시 사하라 이남 최빈국들 평균 1인당 GNP의 10배에 이른다는 점이 있다. 에이즈 합병증 치료를 위한 비용까지 합치면 그 액수는 훨씬 더 많이 증가한다(정혜주 2001). 이러한 상황은 사람들이 에이즈 검사를 받지 않도록 함으로써 감염자와 그렇지 않은 사람을 구분할 수 없게 만들고, 따라서 공중보건적 개입의 대상을 확정할 수 없도록 만든다. 어차피 치료제가 없다면 사람들은 차라리 자신이 에이즈 환자인 것을 모르는 편을 택했기 때문이다. 치료의 불가능성은 에이즈에 대한 사회적 낙인를 강화시키고, 그것은 다시 보균자의 확인을 어렵게 함으로써 에이즈 치료와 예방의 불가능이라는 악순환으로 연결되었다. 당시 에이즈에 의한 전 세계 사망자 300만 명 중 80%인 240만 명이 사하라 이남 아프리카 지역에 거주하고 있었고, 선진국인 북미 지역의 사망자는 2만 명 정도였는데, 이들 또한 대부분 유색인종 등 사회경제적 소수자에 해당했다. 특히 사하라 이남 지역에서 제한적인 필수의약품에 대한 접근은 무역 관련 지적재산권(TRIPs: Trade Related Aspects of Intellectual Property Rights) 협정으로 보장되는 의약품에 대한 특허권에 그 원인이 있다는 지적이 있었다.

다른 의료서비스와 비교해서 의약품에 대한 접근성이 상대적으로 높다는 사실은 많은 사람들의 건강수준을 향상시키는 데 큰 기여를 해왔다. 특히 필수의약품에 대한 확보와 적극적인 보급은 인류의 기본적인 건강을 담보하는 데 중요한 역할을 했다. 그럼에도 불구하고 신약이 개발되기까지 소요되는 비용과 시간으로 인하여 연구개발에 대한 적절한 보상의 수준을 둘러싼 논쟁이 끊임없이 전개되었고, 이에 건강수준의 향상을 위한 지식의 공개와 공동 사용이라는 목적으로 특허제도가 도입되었다. 그러나 한편에서는 특허가 실제적으로 경쟁회사의 유사제품에 대한 시장진입을 막음으로써 높은 가격수준을 유지하

표 6. 무역과 의약품 접근권에 대한 최근 국제 논의 동향

연도	논의 내용
1995	아프리카 일부 국가 및 브라질 정부 TRIPs 협정 문제제기
2001	의약품 접근권 결의안 채택
	HIV/AIDS에 대한 선언문 채택
	UN, TRIPs 협정 내용 재해석 필요성 제기
	The Global Drug Facility (TB Partnership) 설립
2002	The Global Fund to Fight AIDS, Tuberculosis, and Malaria 설립
2004	WHO, 지적재산권, 혁신, 공중보건에 대한 위원회 설치
2006	WHO, 공중보건, 혁신 그리고 지적재산권 보고서 발표
	UNITAID 설립
2011	WHO/UNDP/UNAIDS "에이즈 치료 접근을 향상시키기 위해 TRIPs 유연성 활용하기" 보고서 발표
2011	에이즈에 관한 유엔고위급 회의 개최, 에이즈에 대한 정치선언문 채택
2012	UNDP/UNAIDS "공중보건에 대한 FTA의 잠재적 영향" 발표

고 결과적으로는 제약산업의 이윤을 극대화하는 가장 효율적인 제도로 쓰이고 있다는 비판이 제기되었다. 이와 관련되는 것이 세계무역기구(World Trade Organization: WTO)의 TRIPs협정이다.

TRIPs 협정은 1994년 치열했던 우루과이라운드 협상의 끝에 WTO가 창립되는 동시에 지적재산권에 대한 국제사회의 합의로서 탄생하였다(Bronckers 1994). TRIPs 협정은 특허에 대한 다양한 사항과 분쟁절차를 규정했는데 이는 WTO 가입국을 대상으로 의무적으로 적용되는 지적재산권에 대한 전 지구적인 최초의 규정이라 할 수 있다. 이를 통해 의약품에 대한 특허권 범위가 대폭 증가한 것은 물론이며 특허 보호기간이 최소 20년 이상으로 연장되어 신약에 대한 의약품 가격이 증가하게 되었다. TRIPs 협정은 WTO 회원국 모두에게 적용되는 것이었지만 경제발전 수준이 낮은 개발도상국가들에게는 약 10여 년의 유예기간이

주어졌다.

그러나, 1995년 TRIPs 협정 발효로 피해를 입을 것을 절감한 아프리카 국가와 브라질 정부는 WTO와 UN에 문제를 제기했다. 2001년 2월에 미국 정부가 브라질의 특허법, 특히 강제실시 조항이 TRIPs 협정에 부합하는지 WTO 분쟁 패널에 제소하자 브라질 정부는 2001년 4월 20일에 UN 인권위원회(Human Rights Commission)에서 에이즈와 같은 감염병이 확산되었을 때 기본적인 인권으로서 의약품 접근권을 확립할 것을 제안하는 결의안(Commission on Human Rights resolution 2001/33)을 제출하여 채택되었으며 2001년 6월 UN 총회에서 '에이즈에 대한 선언문(Declaration on HIV/AIDS)'이 채택되었다. 선언문은 HIV감염인은 항레트로바이러스제에 대한 접근권을 보장받아야 한다는 것을 원칙의 일부로 수립하였고, 각 국가가 항레트로바이러스제를 공급하는 데 영향을 주는 다양한 장애를 극복하기 위한 국가적 전략을 마련할 것을 약속했다. 2001년에 UN은 연이어 TRIPs협정과 인권에 관한 보고서 및 입장을 표명하였다.

2001년 6월 TRIPs협정이 인권에 미치는 영향에 대한 UN인권고등판무관의 보고서(Commission on Human Rights, The impact of the Agreement on Trade-Related Aspects of Intellectual Property Rights on human rights)는 지적재산권의 보호로 인한 높은 의약품 가격이 환자들의 의약품 접근을 제한하는 주요한 원인임을 지적하고, 개별 국가의 소비자들, 특히 개도국 소비자들의 구매력에 근거하여 차별가격제도, 병행수입제도 및 제네릭 의약품의 제조를 통해 저렴한 의약품의 공급을 촉진할 것을 권고한 바 있다(Su 2000).

2001년의 UN은 '건강권은 국가의 우선적 책임'임을 강조하면서 무역정책과 무역협정이 국제인권기준에 부합하도록 해야 하고 공공의 이익과 사적 이익 간의 균형을 이뤄야 한다는 것이 주 내용이었지만 건강권(의약품 접근권)에 대한 논의를 국제적인 수준으로 올렸다는 점에서 의의가 있다(Chapman 2002). 같은 해 11월에 열린 WTO각료회의를 앞두고 아프리카 국가가 중심으로 TRIPs협정에 재해석을 제기하였다. 결국 2001년 11월 카타르 도하에서 열렸던 WTO각료회의에서는 'TRIPs협정과 공중보건에 관한 도하 선언문'을 채택하게 되었다. 도하선언은 WTO 회원국들이 공중보건을 보호할 권리가 있음을 천명했는데, 특히 TRIPs 협정이 모든 사람들의 의약품 접근권을 옹호하도록 해석 및 실행되어야 함과 동시에 '강제실시(compulsory licensing)'를 부여할 권리와 그 요건(grounds)을 결정할 주권이 각 회원국에 있음을 명시하였다. 특히 선언문 4절에는 'TRIPs 협정이 회원국이 공중의 건강을 보호하기 위한 조치를 방해하지 않으며 방해할 수 없다(does not and should not prevent)는 점에 합의한다'라는 문구를 사용하여, 선진국에 의한 무역보복 등을 염려하여 강제실시를 시행치 못하는 국제사회의 현실적 조건들까지 고려하였다.

2003년 5월 WHO 회원국들은 개발도상국에 심각한 영향을 미치는 질병이 증가하고 있는 현실에 주목하고 지적재산권이 의약품 연구개발에 중요한 동기가 됨에도 불구하고 지불능력을 가진 시장규모가 작다는 이유로 신약개발이 이루어지지 못하는 치료약도 가격이 높아 구매하지 못하는 현실을 지목하며 지적재산권, 혁신, 공중보건에 대한 위원회를 설치했다. 이 위원회는 의약품 접근성에 영향을 미치는 가격, 지적재산권 등의 문제를 비롯해 혁신의 촉진 및 접근성 향상을 위한 전략에 착수함으로써 공중보건, 혁신 그리고 지적재산권 보고서를 발표했다.

2011년 3월에 WHO/UNDP/UNAIDS는 "에이즈치료 접근을 향상시키기 위해 TRIPs 유연성 활용하기(Using TRIPs flexibilities to improve access to HIV treatment)"란 제목으로 Joint policy Brief를 발표했다. 개발도상국들은 강제실시, 병행수입, 최빈국에 대한 유예기간 등의 TRIPs협정상의 유연성을 잘 활용하여 제네릭 경쟁을 촉진하라는 것이 주된 내용이다.

2011년 6월에 열린 '에이즈에 관한 유엔고위급회의(UN general assembly high level meeting on HIV/AIDS)에서는 2001년 에이즈에 대한 선언문 이후 10년만에 향후 10년을 대비하기 위한 새로운 선언문인 '에이즈에 대한 정치선언문(Political Declaration on HIV/AIDS: Intensifying our Efforts to Eliminate HIV/AIDS)'이 채택되었다. 이 선언문에서 유엔은 2015년까지 1,500만 명의 에이즈 감염인에게 에이즈 치료제를 공급하겠다는 목표로 "15 by 15"를 세웠다.

이러한 흐름 속에서 2012년 5월 31일 UNDP/UNAIDS가 발표한 "공중보건에 대한 FTA의 잠재적 영향(The Potential Impact of Free Trade Agreements on Public Health)"은 실행 여부는 미지수이나 의약품 접근권의 중요성을 강조했다는 점에서 의의가 있다.

2) 필수적 연구개발(Essential R&D)

생명과 건강에 필수적인 의약품들이 연구/개발되지 않는 것은, 기술적인 문제를 제외하면 주로 경제적 유인동기가 부족하기 때문이다. 빈곤한 사람들에게 주로 영향을 미치는 질환에 대한 백신이나 치료제, 진단기구는 시장성의 부족으로 개발되지 않는다. 이러한 질환을 소외질환(neglected diseases)이라고 부르고 이들은 주로 열대병(tropical diseases)이지만 에볼라의 예에서 보았듯이 세계화된 현재의 사회에서는 언제라도 국경을 넘어 다른 지역에 영향을 미칠 수 있다. 일례로 소외열대질환의 하나인 뎅기열은 우리나라에서도 2000년부터 법정감염병으로 지정돼 있으며, 2015년 현재 252명의 환자가 발생하였다(조병희 2016). 이 병에 대한 치료제는 없다.

소외열대질환은 말라리아, 리슈만편모충증(leishmaniasis), 주혈흡충증(schistosomiasis), 회선사상충증(onchocerciasis), 림프사상충증(lymphatic filariasis), 샤가스병(Chagas disease), 아프리카 파동편모충증(African trypanosomiasis), 뎅기열(dengue) 등 주로 열대지방에서 남아 있는 감염성 질환들을 뜻한다. WHO가 지정한 소외질환은 17개이나 이들을 위한 의약품은 다른 질병의 치료를 위해 개발된 것을 쓰거나 개발된 지 지나치게 오래되어 내성과 독성의 문제가 발생한 것이 대부분이다. 전술한 뎅기열의 치료제는 없고 기생충약은 1970년대에 개발된 의약품이 대다수로 가장 최신은 2003년 개발된 답손정(Dapsone)이다. 결핵은 1950년대 개발되었던 의약품을 여전히 주로 사용하고 있으며 말라리아는 최근 신풍제약의 피라맥스(Pyramax) 등이 개발되긴 했지만 그 이전에는 1970년대 개발된 의약품이 대부분이었다.

필요하지만 만들어지지 않은 의약품, 만들어졌지만 항생제 내성 등으로 더 이상 사용할 수 없는 의약품, 예방을 위한 백신, 진단을 위한 시약과 기구 등을 개발하기 위한 필수적 R&D의 핵심은 이들이 "이윤추구의 대상으로 고려되어 민간부문이 어느 것을 개발할지 결정하도록 내버려두는 시스템에서 공공재로 고려하여 공공부문이 공중보건의 우선순위를 선정하고 제품에 대한 연구개발, 허가와 합리적 사용에 공헌하는 시스템으로 옮겨가는 것"(Olliaro, Horby and Torreele 2015)에 있다. 이를 위한 거버넌스 시스템은 미충족보건욕구(unmet health needs)에 기반하여 제품 개발의 우선순위를 정하고 진단기구, 의약품, 백신이 즉각적인 재정적 보상 없이도 개발되도록 하는 메커니즘을 만들어내야 하며, 이 제품들이 필요할 때까지 (항생제 내성이 발생하는 등) 창고에 보관되어 있을 수 있는 환경이 마련되어야 한다(Ibid.).

이러한 관점에서 WHO는 기존의 '특허'라는 인센티브 체계를 넘어서는 다양한 대안에 대해서 고민하고 있다. 일례로 "개도국의 건강 필요 충족을 위한 연구개발: 국제적 재정마련과 협력 강화(Research and Development to Meet Health Needs in Developing Countries: Strengthening Global Financing and Coordination)"(CEWG 2012)라는 보고서에서는 새로운 형식의 연구개발 관련 규약을 만들기 위한 공식적인 정부 간 협상을 시작하도록 권고했다. 2002년부터 논의되어 공식적으로 2006년에 완성된 의약품연구개발조약(MRDT: Medical R&D Treaty)은 소외질환과 관련한 건강상의 필요를 중심으로 의약품의 연구개발 활동을 구축할 글로벌 전략과 실행계획을 만드는 데 관련된 국제조약이다. 원래 MRDT 는 모든 질병과 의약품에 대해 시장 이윤과 혁신 유인의 연계 고리를 해체하고 건강상의 필요(health needs)와 혁신 유인을 연계할 수 있는 새로운 보상 제도를 만드는 것을 제안했지만 WHO의 정부 간 작업반(IGWG: Intergovernment Working Group)의 거부로 인해 소외질환으로 그 대상을 축소했다.

한편, 2012년 1월, 13개의 다국적 제약회사, 미국, 영국, 아랍에미리트 정부, 게이츠 재단, 세계은행 및 각기 다른 국제단체들이 런던에 모여 2020년까지 10대 소외질환에 대한 완벽한 통제(control) 및 퇴치(eradication)를 위해 합의하는 소외질환에 대한 런던 선언(London Declaration on Neglected Disease)을 채택하였다. 이를 주최한 WHO는 물론이고 13개 다국적 제약회사가 각 이해관계자들과의 소통을 통해 이 같은 결정을 내린 것이었다. 이 선언은 소외열대질환 퇴치를 위한 역대 최대 규모의 연대로, 참여 단체들은 영국 런던의 왕립의사협회 행사에서 (1) 2020년까지 치료제 수요에 부응하기 위해 기존의 의약품 기부 프로그램들을 유지 또는 확대하고 (2) 신약 연구와 개발을 가속화하기 위해 전문지식과 신약 물질을 공유하며 (3) 연구개발 활동을 지원하고 의약품 유통 및 운용 프로그램을 지원하기 위해 재정적으로 지원할 것이며 (4) '소외 열대질환에 관한 런던 선언문'을 지지하고, 새로운 차원의 협력과 진행상황의 추적과 보고를 약속했다. 기존에 영리추구가 불가능했던 소외질환에 초점을 맞추어 의약품 개발 및 재정 지원을 2020년까지 완료하겠다고 선언한 점에서 의미가 크다고 할 수 있다.

3) 소결

비전통적/개인적 보건안보는 존재하는 필수의약품에 대한 접근권의 실현(Access to Essential Medicines), 필요하지만 존재하지 않는 필수의약품에 대한 연구와 개발(Essential R&D), 그리고 보건의료시스템 강화(Health System Strengthening)라는 세 축을 중심으로 전개되었다. 특히 필수의약품에 대한 접근권의 문제는 무역레짐과 그 중에서도 TRIPs협정에 대한 고려, 그리고 특허를 통한 독점권의 부여라는 경제적 인센티브를 넘어서는 연구개발 인센티브의 설계 등이 주요한 이슈로 부각되었다. 이러한 과정은 WHO와 GAVI Alliance 등의 다양한 민관협력, 초국적 제약회사 간의 거버넌스를 통하여 진행되었으며, 전통적 보건안보의 영역과 마찬가지로 글로벌 보건 거버넌스의 형태로 진화하고 있다.

IV. 결론 및 함의

위에서 우리는 인간안보와 보건안보의 정의, 그리고 전통적 보건안보와 비전통적 보건안보의 흐름을 간략히 살펴보았다. 또한 전통적 보건안보의 핵심인 감염성 질환의 관리, 그리고 비전통적 보건안보의 대표적인 예인 필수의약품에 대한 접근성에 대한 국제적 논의를 WHO를 중심으로 검토해보았다. 이 둘은 전통적 및 비전통적 보건안보의 핵심적인 사안임에도 불구하고 서로 다른 맥락을 가지고 진행되어왔음을 쉽게 알 수 있었다. 그러나 전통적 보건안보의 실현을 위해서도 의약품으로 대표되는 비전통적 보건안보의 실현이 중요하다. 의약품 없이 감염병이나 재해와 같은 다양한 전통적 보건안보에 대응하기는 힘들고, 제대로 기능하는 보건의료시스템 없이 전통적 보건안보의 위기사항에 대응하는 것도 어렵다.

1. 보건안보의 '다차원적' 중첩성

이러한 맥락에서 우리는 보건안보의 '다차원적'인 중첩성에 대해 고려해볼 수 있다. 이때 '다차원적'이라는 표현을 사용한 것은 중첩성이 여러 맥락에서 존재하기 때문이다. 먼저 전통적 보건안보와 비전통적 보건안보의 영역은 서로 중첩된다. 이 둘은 서로의 필요조건이 되기도 하지만 건강이 최종적으로 개개인의 몸에 '신체화'(Hertzman 2012; Krieger 2005)된다는 점에서 개인을 벗어난 보건안보는 고려하기 힘들기 때문이기도 하다.

한편, 이렇게 각기 다른 맥락으로 전개되어 온 전통적 보건안보와 비전통적 보건안보의 연결고리는 보건의료시스템 강화와 포괄적인 의

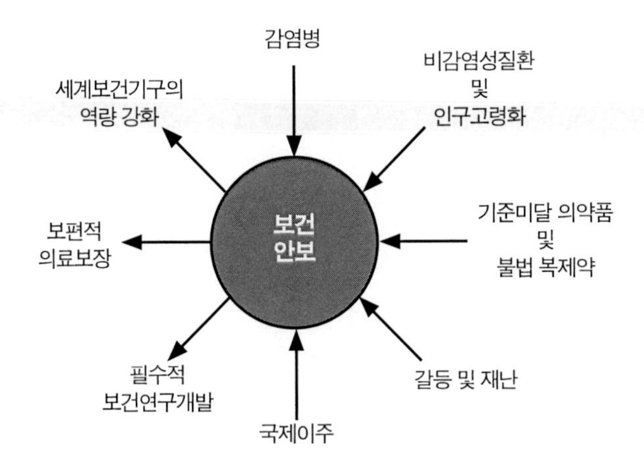

출처: Horton and Das 2015의 내용에 기반하여 수정, 도식화함

그림 2. 보건안보적 문제를 가져오는 원인(들어오는 화살표)과 대책(나가는 화살표)

료보장이다. 환자가 필수적인 서비스, 기술, 의약품에 접근하기 위해서는 재정적 장애물 등을 제거할 수 있는 포괄적 의료보장이 사회적으로 공평한 형태로 부여되어야 한다. 또한 인간안보의 핵심인 공포와 부족으로부터의 자유를 실현하기 위해서는 의료를 제공받는 데에서 발생하는 재정적 위험에 대한 적절한 보장이 정부에 의해 보증되어야 한다(Yates, Dhillon and Rannan-Eliya 2015).

〈그림 1〉에 나타내었던 보건안보의 영역과 〈그림 2〉의 보건안보적 문제를 가져오는 원인 공히 우리가 이 책자에서 다루는 식량, 방사선/원자력, 환경, 이주, 재난, 인구고령화 등이 포함되어 있으며, 이 모든 것은 보건안보의 영역과 중첩된다. 이것은 '모든 사회 환경적 변화'가 결국 인간에게 신체화되어 질병과 건강이라는 건강적 결과를 발생시키기 때문이다(CSDH 2008). 분쟁과 재난, 이주와 인권적 위기상황, 기후변화와 환경오염, 화학적/방사선적 위기, 저출산과 고령화, 그리고 직접적인 감염병이나 인수공통질환의 결과는 다양한 감염성

및 비감염성, 스트레스성 질환과 정신질환의 형태로 인간의 신체에 각인되며, 이는 다른 안보적 문제들에 영향을 미친다. 이때 보건'안보'의 영역은 보건의 영역보다 협소하지만, 공중보건은 언제나 국가적 차원의 문제였으며, '국경을 넘는' 외교적 문제나 국가의 존립에 심각한 영향을 미칠 가능성이 있는 위협만을 보건안보의 대상으로 하더라도 이는 매우 광범위한 범위에 연관된다.

마지막으로 수직적이고 수평적인 중첩성이다. 수직적 중첩성은 보건안보에 대한 대응이 국제수준, 지역수준, 국가수준, 지방수준뿐 아니라 개인수준의 의학적 도움까지 중첩되며 연계되어야 함을 의미한다. 이는 인간안보적 관점에서는 당연한 것일 수 있지만, 결국 개인의 질병을 치료하거나 예방해야만 건강안보에 도달할 수 있다는 점에서 좀더 근본적이다. 수평적 중첩성은 국제보건(안보)분야의 다양한 행위자들에 대한 논의이다. 게이츠재단 등의 대형 민간단체, GAVI Alliance와 같은 민관협력단체, WHO뿐만 아니라 UN농업식량기구, UN난민기구와 같은 국제기구와 다양한 정부가 보건안보 거버넌스에 연관된다. 보건안보는 민과 관을 넘나드는 다양한 행위자들 간의 중첩성을 고려해야 한다.

2. 글로벌 보건 거버넌스와 WHO의 역할

따라서 민관의 행위자를 수직적으로 연계하여 통합적으로 실행하는 글로벌 보건 거버넌스는 보건안보의 실현을 위해 핵심적이다. 여기에서 다시 고려해보아야 할 것은 WHO의 역할이다. 전통적이고 비전통적 보건안보의 영역에서 지금까지 WHO는 핵심적이었다.

그러나 WHO의 역할은 지난 40년간 지속적으로 약화되어 왔다.

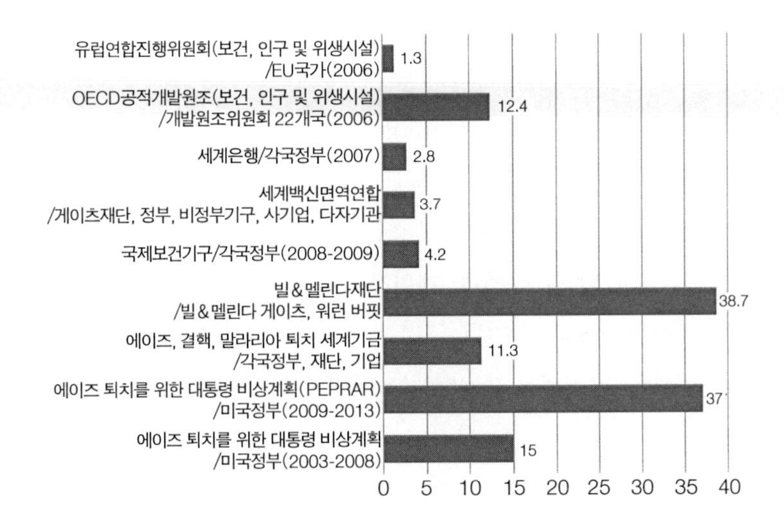

출처: Birn, Pillay and Holtz 2009

그림 3. 보건분야에 공약/소비/위임된 재원(십억 US달러)

특히 2000년대에 들어서 게이츠재단을 포함한 다양한 민간단체들이 등장하고, UNDP, World Bank 등이 보건 관련 사업을 진행하기 시작하면서, WHO의 역할은 다양한 경쟁관계 속에 놓이게 되었으며, WHO의 리더쉽에 대한 많은 질문들이 존재한다.

국제보건분야에서 WHO의 제한적인 역할을 보여주는 단서 중 하나는 재원의 크기이다. 2014-2015년의 WHO 예산은 40억 달러가 안 되고 이 중 80%가 자발적 기부에 의존하고 있다. 즉, 회원국은 이 중 20%인 8억 달러 정도만을 지원한다. 이러한 문제로 에볼라를 겪은 2015년에도 감염병 관련 부서와 AFRO의 감염병 관련 직원들이 감소 및 삭감을 경험하였다. 〈그림 3〉에 따르면 WHO의 보건분야 예산은 게이츠재단(400억 달러)의 1/10 수준 정도에 불과하다. 글로벌 편드(에이즈, 말라리아, 결핵)가 110억, 미국이 따로 만든 PERFAR이 370억 달러 정도라는 점은 감안할 때, 현재 국제보건영역에서 WHO의 한계적인 역할을 명확하게 보여주고 있다.

또한 보건안보의 문제는 위에서 보았듯 많은 경우에 보건의 바운더리를 넘어서며, 식량, 환경 뿐 아니라 통상 등과 같은 문제도 포함한다. 이는 보건안보와 관련된 행위자들이 더욱 복잡함을 암시한다.

그러나, WHO가 지난 65년간 유일한 보건분야의 국제적 리더십이었기 때문에 글로벌 보건안보 거버넌스에 대한 논의 또한 거칠게 말하자면 WHO를 강화할 것인가, 포기할 것인가에 대한 논쟁이다. 이에 대한 해답을 본고에서 내리기는 어려울 것이므로, 보건안보에 관한 *The Lancet*의 에디토리얼의 마지막을 인용하고자 한다. "보건안보를 더욱 완전하고 풍부하게 이해하기 위해서는 정부와 개발 에이전시, 그리고 보건 조직들이 우리 각각은 더 큰 세상에 속해있다고 주장해야 할 것이다—국가 간의 협력을 통해 글로벌한 해결책을 제시하는 글로벌한 정체성. 우리 생각에 글로벌보건안보는, 다자주의(multilateral-ism)의 스러짐이 아니라 르네상스를 옹호하는 생각이다"(Horton and Das 2015).

3. 인간안보의 개념과 보건안보의 확장, 그리고 빈곤

보건안보의 개념은 인간안보를 그 자체로 포함하지만, 현실적으로 논의되는 방식은 매우 기술적이고 전통적이라 볼 수 있다. 특히 이 글에서 채택한 Heymann 등의 입장은 전통적/집단적, 그리고 비전통적/개인적 보건안보로 다소 기계적으로 나눈 측면에 있으며, 그러한 관점은 보건안보의 최종적인 목적을 '건강의 보호와 지속, 증진'으로, 개개인의 건강을 지키는 데에 관련되는 모든 (제도와 정책을 포함하는) 사회적 기술을 보건안보의 수단으로 이해하려는 본고의 입장과도 맞지 않다.

Chen and Takemi(2015)는 인간안보에 대한 UN위원회의 2003년 보고서 Human Security Now를 인용하여 인간안보적 관점에서 에볼라사태를 조명하였다. 먼저 인간안보는 '국경'이 아니라 '인간'이 중심이라는 점이다. 특히 빈곤과 박탈은 인간의 생존과 행복에 큰 영향을 미친다. 두 번째로 다차원적인 안보위협은 상호작용한다는 점이다. 이때 다차원적인 안보위협은 크게 감염병 에피데믹, 빈곤과 불평등, 폭력-분쟁-인본주의적 위기-약한 거버넌스 등을 들 수 있다. 본고에서도 살펴보았듯이 감염병 에피데믹은 그 사회에 큰 경제적이고 정치적인 영향을 줄 수 있고, 분쟁과 빈곤은 감염병에 대한 감수성을 증가시킨다. 이러한 상호의존성과 상승작용은 보건안보에 대한 대처가 원인균의 박멸 이상임을 의미한다. 세번째로 인간안보는 하향적 위험에 대한 보호뿐 아니라 상향적 이익의 공유를 포함한다. 이 원칙의 좋은 예가 인도네시아의 바이러스 스트레인과 백신에 대한 예이다. 공평하고 강력한 보건의료와 의료보장시스템은 한 사회 내에서 위험을 극복하는 과정에서 파생된 이익의 공유를 가능하게 할 것이다. 1970년대 이후의 HIV/AIDS 에피데믹이 그러했듯이 에볼라도 국제개발의 불형평성에서 기인한 사회적 취약성이 높은 나라에 더 많은 영향을 미쳤다는 점에서 이 원칙은 중요하다. 마지막으로 상향적 임파워먼트와 하향적 정책 사이의 균형이다. HIV/AIDS와 에볼라 모두에서 커뮤니티의 인식, 인간 행위, 보고하고자 하는 의지, 통제적 수단에 대한 순종 등이 매우 중요하였고, 지역사회 단체들이 에피데믹에 대응할 수 있는 신뢰를 만들어내었다. 정책실행은 지역사회 내의 행동과 잘 연결되어야 한다. 그러나 WHO의 한정적인 재정과 강제성의 부재는 이러한 연계활동을 힘들게 하는 측면이 있다.

마지막으로 '빈곤'의 문제이다. 빈곤은 건강의 가장 큰 결정요인임과 동시에 인간안보의 가장 큰 관심분야이기도 하다. 빈곤은 개인의 질병, 특히 감염병에 대한 취약성을 강화하고 지역사회를 약화시키며, 국가적 차원의 제도와 인프라를 형해화한다. 빈곤 그 자체가 전염되지는 않지만, 빈곤이 만들어내는 사회적 불안정과 감염병은 다른 나라로 퍼져나갈 수 있다. "국제보건안보는 가장 약한 고리만큼만 강하다(Global health security is only as strong as its weakest links)"는 차원에서 근본적으로는 지금보다는 좀더 형평한 국제개발과 국가적 차원이 형평성이 보건안보를 향상시킬 수 있는 중요한 전제조건이 될 것으로 생각한다.

참고문헌

2015년 글로벌보건안보구상 고위급 회의. 2015. GHSA 배경. Retrieved Sep 29, 2016, from http://www.ghsa2015seoul.kr/aboutGHSA.php

강선주. 2015. "바이오안보(Biosecurity)의 부상과 글로벌 보건안보 구상(Global Health Security Agenda)" 주요국제문제분석, pp. 117-134. 국립외교원 외교안보연구소.

박진아. 2012. "국제보건규칙(2005) 상의 전염병 통제 보건조치와 인권의 보호." 『국제법학회논총』 57(2), pp. 63-89.

장신. 2007. "신 국제보건규칙(IHR 2005) 제정에 따른 국제보건법의 발전: 적용범위 확대를 중심으로." 『국제법학회논총』 52(2), pp. 399-426.

정혜주. 2012. "공적개발원조(ODA)를 통한 의약품 분야 국제협력 방안 연구." 오송: 식품의약품안전청.

조병희. 2016. "증가하는 신종 감염병의 발생." 통계개발원 동향분석실 편, 『한국의 사회동향』. 대전: 통계청.

Birn, Anne-Emanuelle, Pillay, Yogan, and Holtz, Timothy H. 2009. *Textbook of International Health* (3rd ed.). New York: Oxford University Press.

Bronckers, Marco C E J. 1994. "The impact of TRIPS: Intellectual property protection in developing countries." *Common Market Law Review* 31, pp. 1245-1245.

Centers for Disease Control and Prevention. 2015. Global health security – vision and overarching target. Retrieved Feb 10, 2015, from http://www.cdc.gov/globalhealth/security/pdf/ghs_overarching_target.pdf

CEWG. 2012. *Research and Development to Meet Health Needs in Developing Countries: Strengthening Global Financing and Coordination*. Geneva: World Health Organization.

Chapman, A.R. 2002. "The human rights implications of intellectual property protection." *Journal of International Economic Law* 5(4), pp. 861-882.

Chen, Lincoln, and Takemi, Keizo. 2015. "Ebola: lessons in human security." *The Lancet* 385, pp. 1887-1888.

CSDH. 2008. *Closing the Gap in a Generation: Health Equity through Action on the Social Determinants of Health. Final Report of the Commission on Social Determinants of Health*. Geneva: World Health Organization.

Fidler, David P. 2005. "From international sanitary conventions to global health security: the new International Health Regulations." *Chinese Journal of International Law* 4(2), pp. 325-392.

Fidler, David P. 2015. "The Ebola outbreak and the future of global health security." *The Lancet* 385, pp. 1888.

Fischer, J E, and Katz, R. 2013. "Moving forward to 2014: global IHR (2005) inplementation." *Biosecurity and Bioterrorism* 11 pp. 153-156.

Frieden, T R, Tappero, Jordan W, Dowell, S F, Hien, N T, Guillaume, F D, and Aceng, J R. 2014. "Safer countries through global health security." *The Lancet*, 383, pp. 764-766.

Fukuda, Keiji. 2015. "Global health security agenda." from https://ghsaindonesia.files.wordpress.com/2016/02/steering-group-meeting-report-24-january-2015-geneva.pdf

Hertzman, Clyde. 2012. "Putting the concept of biological embedding in historical perspective." *Proceedings of the National Academy of Sciences*, 109(Supplement 2), 17160-17167. doi: 10.1073/pnas.1202203109

Heymann, David L, Chen, Lincoln, Takemi, Keizo, Fidler, David P, Tappero, Jordan W, Thomas, Mathew J, . . . Nishtar, Sania. 2015. "Global health security: the wider lessons from the west African Ebola virus disease epidemic." *The Lancet* 385(9980), pp. 1884-1901.

Horton, Richard, and Das, Pamela. 2015. "Global health security now." *The Lancet* 385(9980), pp. 1805-1806.

Krieger, Nancy. 2005. "Embodiment: a conceptual glossary for epidemiology." *Journal of Epidemiology and Community Health*, 59(5), pp. 350-355. doi: 10.1136/jech.2004.024562

Labonté, Ronald, and Gagnon, Michelle L. 2010. "Framing health and foreign policy: lessons for global health diplomacy." *Globalization and Health* 6(1), 1.

Matthews, Jessica Tuchman. 1989. "Redefining security." *Foreign Affairs*, 68(2), pp. 162-177.

McInnes, Colin, and Lee, Kelley. 2006. "Health, security and foreign policy." *Review of International Studies*, 32(1), pp. 5-23.

Ogunbodede, Eyitope O. 2004. "HIV/AIDS situation in Africa." *International Dental Journal*, 54(6), pp. 352-360.

Olliaro, Piero L, Horby, Peter, and Torreele, Els. 2015. "Health security and rights in times of emerging health threats: towards a new way of doing essential health research and development." *The Lancet*, 385, pp. 1892-1893.

Sen, Amartya. 1999. *Development as Freedom*. U.K.: Oxford University Press.

Su, E. 2000. "Winners and the Losers: The Agreement on Trade-Related Aspects of Intellectual Property Rights and Its Effects on Developing Countries." *The Houston Journal of International Law* 23(1), pp. 169.

Tappero, Jordan W, Thomas, Mathew J, Kenyon, Thomas A, and Frieden, Thomas R. 2015. "Global health security agenda: building resilient public health systems to stop infectious disease threats." *The Lancet*, 385, pp. 1889-1891.

Thomas, Nicholas, and Tow, William T. 2002. "The utility of human security: sovereignty and humanitarian intervention." *Security Dialogue* 33(2), pp. 177-192.

UNDP. 1994. *Human Development Report 1994*. New York: United Nations Development Program.

United Nations Trust Fund for Human Security. 2016. Human Security for All. Retrieved September 30, 2016, from http://www.un.org/humansecurity/about-human-security/human-security-all

UNG Assembly. 2012. *Follow up to Paragraph 143 on Human Security of the 2005 World Summit Outcome*. A/Res/66/290. New York: UN.

WHO. 2007. *The World Health Report 2007–A Safer Future: Global Public Health Security in the 21st Century*. Geneva: World Health Organization.

Wilson, Kumanan, von Tigerstrom, Barbara, and McDougall, Christopher. 2008. "Protecting global health security through the International Health Regulations: requirements and challenges." *Canadian Medical Association Journal*, 179(1), pp. 44-48.

Yates, Rob, Dhillon, Ranu S, and Rannan-Eliya, Ravi P. 2015. "Universal health coverage and global health." *The Lancet* 385, pp. 1897-1988.

제9장

인권, 안보, 그리고 인권안보의 가능성과 한계

김헌준

I. 서론

국제사회는 많은 위기에 직면해왔다. 이러한 위기 상황은 태풍이나 지진, 화산 폭발, 전염병, 쓰나미와 같은 자연에 의한 위기 상황이기도 하고, 전쟁이나 내전, 테러리즘 그리고 인권 탄압 등 인간이 만든 위기 상황이기도 하다. 작년 한 해만 살펴보아도 북서아프리카에서의 에볼라 발생, 네팔의 대지진, 우크라이나 사태와 그로 인한 폭력 사태, 말레이시아 항공 피격 사건, 이슬람 근본주의 테러 단체인 ISIS에 의한 극악하고 광범위한 인권침해 및 역사 유물 파괴, 지중해에서의 북아프리카 난민선 전복, 그리고 남수단, 부룬디, 미얀마 등에서의 내전 상황과 억압을 피해 도피한 난민 및 국내유랑민(IDPs: Internally Displaced Persons) 발생 등 다수의 위기 상황이 발생했다. 이런 위기 상황은 특정 지역에 국한되지 않고, 다양한 원인에 의해 발생했다.

최근 유엔인도주의업무조정국(OCHA: UN Office for the Coordination of Humanitarian Affairs)의 보고에 따르면 2013년 한 해 동안 약 1억 4,000만 명의 사람들이 자연재해나 분쟁 상황에 의한 피해를 입었다(OCHA 2014: 2). 단일 사례인 시리아 내전의 경우만 하더라도 250만 명의 난민이 국외로 유출되었으며, 680만 명의 인구가 국내에서 도움이 필요한 것으로 조사되었다. 전 세계적으로 볼 때, 구호 작업을 위해 222억 달러의 재정이 확보되었다. 각 위기 상황에 요구되는 금액으로만 보아도, 2012년에 비해서 2억 달러가 증가한 6억 7,000만 달러 정도의 수요가 있었고 이중 65퍼센트 정도의 금액이 지원되었다.

국제사회는 향후 더 많은 자연재해와 환경에 의한 재난 및 분쟁의 영향을 받을 것으로 전망된다. 유엔에 따르면, 2030년이 되면 49개국에 사는 3억 2,000만 명의 극빈층이 자연재해 및 환경으로 인한 재해에 노출될 위험이 있다. 이러한 위험은 분쟁 상황에 있는 경우 더욱 심각하다. 최근 분쟁으로 인해 급속하게 증가한 난민과 국내유랑민은 2016년 현재 3,300만 명에 이르고, 이들이 평균 유랑한 기간은 약 17년이라는 통계가 나오고 있다. 많은 재해가 있었던 2013년 한 해를 보더라도 가장 재원이 많이 투입된 상위 10개의 경우 모두 분쟁 상황에 해당된다. 또한 인도네시아 아체(Aceh)의 경우처럼 분쟁과 자연재해가 동시에 피해를 주기도 한다. 분쟁 상황에서의 구호 활동은 자연재해의 상황에 비해서 복잡한 정치적, 법적 문제가 수반되기 때문에 희생자 개개인의 요구를 맞추어주기가 더욱 힘들다.

인권과 안보는 국제사회가 이러한 위기 상황에 대처하는 여러 방식 중 하나라고 볼 수 있다. 인권과 안보는 하나의 고정(fixed) 되거나 불변(unchanging)하는 현상이 아니라 역사적(통시적)으로 그리고 사회적(공시적)으로 변화·발전하는 현상이다. 예를 들면, 이 개념들이 처음 국제사회에 등장할 때는 유럽지역에만 해당하는 좁은 개념이었지만, 그 이후에 전 세계적인 개념이 되었던 점을 들 수 있다.

이런 점에서 인권과 안보의 긴장은 항상 있어왔다. 하지만 최근 전 세계적으로 인권규범이 제도화되고 발전하면서 인권과 주권의 긴장은 표면화되었고, 인권 문제는 새로운 안보, 즉 신흥안보의 주제가 되었다. 이 장은 인권과 안보라는 개념이 국내, 국제적으로 어떠한 과정을 거쳐서 변화·발전했는지 살펴보려고 한다. 다시 말해, 이 장의 핵심 주제는 인권 및 안보라는 개념의 역사적, 사회적 구성에 대한 고찰이라고 할 수 있다. 사회적 구성(social construction)이란 현재 우리가 경험하는 국내정치 및 국제정치적 현실이 역사적이고 사회적인 과정을 통해 특정 시점에 만들어지고 변화 및 발전했다는 가정을 공유하는 구성주의 국제정치학 이론의 연구접근법을 일컫는다. 이는 곧 현존하는 모든 제도, 즉 국가, 민족, 인종, 법, 관행, 인권 등은 모두 인간의 창조물(human invention)이라는 주장이다. 이러한 접근법은 우리가 직면하는 사회적 현실을 있는 그대로 보기보다는 어떻게, 그리고 어떠한 맥락에서 그것이 형성이 되었고 변화하는지 연구하고, 또한 이것이 앞으로 어떻게 변모할 것인지 연구한다.

이 장은 다음과 같이 구성되어 있다. 첫째, 인권이란 무엇이고 어떠한 과정을 걸쳐 발전하였는가 하는 질문에 답한다. 이 부분에서는 인권 및 이와 밀접하게 연관된 인도주의의 기원과 역사에 대해서도 간략하게 살펴본다. 둘째, 인권과 안보의 관계를 어떻게 정립할 것인가 하는 질문에 대한 다양한 고찰들을 정리한다. 즉, 인권 및 인도주의가 국제정치 현실에서 좀 더 구체적으로 어떻게 반영되고 작동하는가 하는 점을 인권(human rights)과 주권(sovereignty 혹은 sovereign rights)의 관계를 통해 집중적으로 고찰한다. 특히 이 부분에서는 인권과 안보가 연결되는 역사적인 사건인 9·11 테러 이전의 인권과 안보의 관계 설정 논의 또한 소개한다. 셋째, 위의 결론을 바탕으로 과연 인권과 안보를 합친 인권안보라는 개념이 가능한 것인지 고찰하고, 새로운 개념이 가질 수 있는 가능성과 한계를 동시에 분석한다. 이 부분에서는 특히 9·11 테러 이후에 나온 다양한 안보와 인권을 연결하려는 시도들에 대해 알아보고, 한국적 상황에서 논의되었던 테러방지법을 둘러싼 논란을 정리한다. 마지막으로 결론에서는 이 모든 논의가 가지는 정책적 함의를 살펴본다.

II. 인권(Human Rights)

1. 인권

인권이란 '단지 인간이기 때문에 지니는 권리(the rights one has simply because one is human being)'라고 할 수 있다(Donnelly 2003). 이 권리는 특수한 계약이나 관계 혹은 조건 등에 구애받는 특수한 권리(special rights)가 아니라 모든 인간에게 주어진 일반적 권리(general rights)이며, 그렇기 때문에 보편적(universalistic)이다. 인권은 그 권리가 각각 개인에게 주어지는가 아니면 개인의 모임인 집단에게도 주어질 수 있는가 하는 문제로 아직 논쟁이 지속되고 있지만, 일반적으로는 개인의 권리(individual rights)로 보는 것이 타당하다.

관련한 분야의 많은 학자들은 인권의 발생과 발전 과정을 밝혀냈다. 현재 인권이 어떠한 법적 체계를 갖추고 있고 제도적 장치를 가지고 있는지뿐만 아니라, 인권이란 가치와 규범이 어떠한 연원을 갖고 있는지 또한 관심 있게 보아왔다(Moyn 2010; Ishay 2008). 특히, 인권은 제2차 세계대전 직후 나치 독일의 유태인 학살이라는 만행이 인류에게 준 충격에 대응하여 1948년 세계인권선언이 채택되면서 새로운 전기를 맞는다. 이후 국제인권규범은 명목적이고 포괄적인 선언에 그쳤던 인권선언을 구체화하고, 실질적이고 세부적으로 법제화하는 형태로 발전하였다. 또한, 단순한 법제화나 제도화를 넘어서 실질적으로 선언된 가치와 기준을 어떻게 실현할 것인가 하는 문제에 답하는 과정으로 발전되었다. 이러한 과정 속에서 세계인권선언은 두 가지 형태의 운동과 맞물리는데, 하나는 집단살해죄(genocide, 제노사이드) 방지와 처벌에 관한 국제협약이고, 다른 하나는 국제난민법의 탄생이다.

세계인권선언은 1970년대에 시민적 및 정치적 권리에 관한 국제규약(ICCPR: International Covenant on Civil and Political Rights), 경제적·사회적 및 문화적 권리에 관한 국제규약(ICESCR: International Covenant on Economic, Social and Cultural Rights), 그리고 고문 및 그 밖의 잔혹한, 비인도적인, 또는 굴욕적 대우나 처벌의 방지에 관한 협약(Convention against Torture and Other Cruel, Inhuman or Degrading Treatment or Punishment)이 채택되면서 그 절정기에 이른다. 결국 인권의 중요성은 현재 유엔 체제가 인권을 보호하기 위해 어떠한 법과 제도를 만들었으며 어떻게 운용하고 있는지를 살펴보면 알 수 있다.

인권 규범은 현재 유엔의 거의 모든 체제 내에서 중요하게 다루어지고 있다. 대표적인 기구로는 총회, 인권이사회(Human Rights Council), 안전보장이사회(이하 안보리)가 있다. 우선, 총회는 인권에 관한 주요 선언, 결의 및 조약들이 만들어지고 논의되는 공간이다. 앞서 언급한 세계인권선언과 1970년대 주요 규약 및 협약 이외에도, 여성, 노동자, 아동, 이주민, 수감자의 권리 등 새롭고 다양한 인권규범들이 만들어지고 있다. 또한 총회 산하에는 인권협정을 감시하는 역할을 하는 10개의 조약기구(treaty bodies)가 작동하고 있다.

인권이사회는 선출된 47개 국가로 구성된 기구로 인권에 관해서는 가장 활발한 활동을 한다. 대표적인 기능은 10주의 정기 회기동안 주요 인권 결의안, 선언 및 권고를 결정하고 집행하는 것이다. 주요 결정을 내리기 위해 특별과정(special procedure)이라고 불리는 조사 과정이 있다. 이 과정에서 특정 국가나 특정 이슈를 정해 조사팀을 꾸려 개인(special rapporteur)이나 조사팀(working group)이 면밀한 조사를 수행한다. 현재 인권이사회 산하에는 51개의 특별과정이 있으며 37개 과정은 북한과 같은 개별 국가를, 14개 과정은 종교의 자유와 같은 특정 이슈를 조사한다. 또한 2006년부터 보편적 정례 검토(UPR: Universal Periodic Review)라는 과정을 신설해 유엔의 모든 국가가 특정 조약에 가입 여부와 상관없이 자국의 인권 상황에 대해 4년에 한 번 조사를 받는 강제 조치 또한 마련하였다.

마지막으로 안보리는 국제 평화와 안전을 침해하는 심각하고 체계적인 인권 상황에 대해 강제성이 있는 결의와 조치를 실시하는 기구이다. 안보리의 대표적인 결정으로는 경제 제재, 무기 금수조치, 임시 재판소의 설치, 국제형사재판소(ICC: International Criminal Court)에 제소 등이 있으며 가장 중요한 조치로는 인도주의적 개입(humanitarian intervention) 등 군사력의 사용을 들 수 있다. 인권과 인도주의는 이 안보리의 활동 과정에서 많이 중첩되고 또한 상호보완하는 역할을 한다. 예를 들어, 최근 시리아 내전에서의 화학무기 사용에 대한 안보리의 결정을 보면 화학무기의 사용이라는 인도주의적 차원과 무차별적인 민간인의 피해라는 인권적 측면이 상충되어 나타나는 것을 볼 수 있다. 또한 최근 설립된 국제형사재판소의 경우, 인도에 반한 죄, 집단살해죄 등 인권침해와 관련된 처벌뿐만 아니라 전쟁범죄 등 인도주의적 사안에 대해서도 관할권을 가지는 것을 관찰할 수 있다.

안보리의 역할은 냉전 종결 이후 빠르게 증가하였다. 냉전으로 동·서가 대립했던 시기에는 인권이나 인도주의 문제도 이념적 대립에 묻혀 상호 합의에 이르기가 힘들었기 때문이다. 미국의 베트남전 개입, 소련의 아프가니스탄 침공, 캄보디아의 크메르 루주(Khmer Rouge) 정권에 의한 대량학살 등의 경우에서 미·소 양 진영이 합의에 이르지 못한 점이 대표적인 예다. 즉, 인도주의와 인권 문제는 안보 논리에 의해 희생되었고, 미·소 냉전 중에는 현실주의 국제정치이론에서 주목하는 안보와 전략 등의 상위정치(high politics)가 환경, 인권,

인도주의 등의 하위정치(low politics)를 압도하는 경향을 보였다. 그러나 냉전의 종식으로 인권과 인도주의의 기본 가치인 인간의 존엄성 문제가 중요해졌고, 특히 1990년 초·중반에 있었던 구 유고슬라비아와 르완다 내전은 국제사회가 인권과 인도주의 문제에 다시 집중할 수 있는 계기를 마련했다.

2. 인권과 인도주의

인권과 인도주의(humanitarianism)는 다양한 면에서 상당히 유사한 전통과 뿌리를 갖고 있다. 예를 들어, 두 운동 모두 서유럽적 근원을 갖고 있으며, 두 이상의 근대적인 구현은 노예제 및 노예무역 폐지 운동을 통해 이루어졌다고 볼 수 있다. 또한, 인권과 인도주의는 많은 경우 서로 맞물리기도 하는데, 국제난민 보호 관행이 대표적이다. 난민 문제는 분쟁으로 인해 발생한다는 인도주의적 측면이 있으면서도 개개인의 권리 보호라는 점에서 인권 문제이기 때문이다.

내전으로 급속하게 증가된 난민들이 유럽과 아프리카의 다른 지역으로 유입되어 다양한 국내 혹은 국제적인 문제를 일으키면서 국제사회에 인권과 인도주의의 문제가 안보와 직간접적으로 연결되어 있다는 인식이 증가했다. 아프리카에서의 내전 상황과 그로 인한 난민 유출은 주변국에 불안을 가중시키고, 이로 인해 내전이 확산될 가능성을 높일 수 있다는 사실이 부룬디의 경우에서 입증되었고, 또한 분쟁은 다양한 형태의 환경 파괴를 초래해 자연재해를 일으킬 수 있다는 주장도 제기되었다. 유럽의 경우에도 세르비아의 밀로세비치(Slobodan Milosevic)와 보스니아의 카라지치(Radovan Karadžić) 등에 의한 인종청소(ethnic cleansing)와 학살은 국제사회에 새로운 충격을 주었다.

인권은 그 태동과 함께 국가의 권리인 주권과 경쟁과 갈등의 양상을 띠었다. 개개인, 특히 고통받는 사람들에 대해 관심을 갖는 인권과 인도주의는 개인의 권리를 집단의 권리 앞에 놓는다는 공통점이 있고 그런 점에서 그 탄생에서부터 국가의 권리라고 불리는 주권과 경쟁하고 갈등하며 발전했다. 개인의 보호와 구호를 강조하는 논리는 당연히 그 책임을 수행해야 하는 국가에 대한 비판을 수반한다. 국가는 많은 경우 인권과 인도주의 원칙의 보호자인 동시에 침해자로서의 이중성을 가지고 있는 야누스적인 모습을 보인다.

하지만, 모든 사회현상이 그렇듯 이분법적인 관계로 나뉘지 않고, 실질적으로는 인권과 인도주의 간에도 갈등과 충돌이 존재하고, 인도주의와 주권 간에 협력이 존재하기도 했다. 최근 인권 분야에서 불거지는 사회권과 문화권 및 집단의 권리를 존중하려는 일련의 움직임들은 인도주의와 충돌을 낳았고, 또한 국제사회가 인도주의적 위기 상황에서 해당 국가를 지원하고 개입할 책임이 있다는 보호책임(RtoP: Responsibility to Protect)의 논의는 인도주의와 주권이 결합된 형태의 모습이라고 볼 수 있다(Bellamy 2011).

인권은 인도주의와 주권이라는 두 체제와 경쟁, 갈등, 그리고 충돌하면서 발전하였다. 인도주의는 인권과는 쌍둥이와 같은 존재이며 상호 긍정적인 영향을 미치며 발전하였다. 인도주의란 인간 평등 사상에 기초한 사상으로 궁극적으로는 모든 인류의 공존과 복지의 증진을 목표로 한다. 인도주의는 다분히 종교적인 색채가 있으며 이런 점에서 그 발단은 기독교에서 말하는 자선(charity)과 상당히 유사하다. 좁은 의미로의 인도주의는 분쟁이나 자연재해에 피해를 입은 희생자에 대해 불편부당하고, 중립적이고 독립적인 지원을 하는 것을 의미한다(Barnett 2013: 382). 즉, 인종, 민족, 국적, 종교, 사상, 계급 등 다양한 차이를 초월하여 인간애(humanity)의 관점에서 다른 사람들을 돕는 것을 의미한다.

이러한 인도주의 사상은 인류가 존재한 이래로 항상 존재하였다고 볼 수 있다. 로마법에서 유래한 만민법(*jus gentium*) 사상 또한 외국인에게 우리와 동일한 권리가 있음을 천명한 것으로 이후 인도주의법에 중요한 근원이 된다. 하지만, 현대 우리가 경험하는 국제인도주의는 19세기 후반에 본격적으로 발전한 것이다.

인도주의는 "1745년 30년 전쟁의 참혹상을 접한 프랑스의 루이 15세가 전투능력을 상실한 부상당한 적군은 더 이상 적이 아니기 때문에 이들을 자국의 병사와 같이 치료하라고 지시한 데에서 나타난다"(이금순 1997: 5). 인도주의가 "국제사회에서 구체적인 노력으로 처음 실현된 것은 1859년 스위스의 박애주의자 앙리 뒤낭(Henry Dunant)이 솔페리노 전쟁의 참혹한 전장의 모습과 부상병들의 모습을 목격한 후 이들을 치료하고 주민들의 지원을 호소하면서부터이다"(이금순 1997: 5). 그는 두 가지 제안을 하는데, 하나는 상병자를 보호하기 위하여 자격 있는 자원봉사자들로 구성된 구호단체를 평시에 각국에 설치할 것이고, 다른 하나는 군대 부상병들을 돌보는 군 의료원들을 보호하고 이들의 의료 활동들을 보장할 수 있는 국제조약을 체결할 것이다.

전쟁터에서 부상을 당한 병사들과 아픈 병사들을 보호하는 국제적 관례를 모색하자는 그의 제안을 계기로 "1863년 항구적인 인도적 구호체계를 마련하기 위한 단체(Comite International et Permanent de Secours aux Blesses Militaires)가 설립되었고 16개국의 대표들을 소집함으로써 국제적십자위원회가 탄생하게 되었다"(이금순 1997: 6). 국제적십자위원회는 "1864년 제네바 협약에 의하여 공식 인정되었으며, 제네바 협약은 국제인도법의 기초로써 프랑스-러시아 전쟁, 스페인–미국 전쟁, 러시아–일본 전쟁 중의 인도적 구호로 체계화되었다" (이금순 1997: 6). 이로써 앞에서 제시한 앙리 뒤낭의 두 가지 제안이 현실화되었다고 볼 수 있다(Volpin 2014: 221).

인도주의는 근본적으로 모든 인류의 고통(human suffering) 중에서도 같은 공동체에 살고 있지 않은 사람들의 고통을 해결하려는 노력이다. 역사적으로 볼 때, 인도주의 추구를 목표로 하는 다양한 법률과 제도들이 탄생하고 발전해왔다. 인도주의법이나 유엔난민고등판무관(UNHCR: UN High Commissioner for Refugees)과 같은 유엔 안팎의 다양한 기구들이 이에 해당된다. 이러한 흐름에 맞게 인도주의 원칙의 실현을 표방하며 다양한 국제정치적 행위자들도 생겨났다. 현재 인도주의를 추구하는 국제정치 행위자들은 국가, 국제기구, 그리고 다양한 형태의 국내 혹은 국제 비정부기구(NGOs: nongovernmental organizations), 종교기관, 디아스포라, 개인활동가, 이상주의자, 자선가, 박애주의자, 일반 기업 등이 있다(Barnett 2013: 380).

또한 인도주의는 그 작동 방식에 있어서도 초기에는 국제적십자위원회(ICRC: International Committee of the Red Cross)의 활동을 통해서만 진행되던 것이 최근에는 많은 국가와 비정부기구를 포함한 광범위한 활동이 되고 있다(Keck and Sikkink 1998). 파신(Fassin 2012)은 현대 정치가 세계적으로 고통에 빠진 사람들을 돕고 그들의 고통을 경감시키는 일에 최우선적인 가치를 두고 있다는 점에서 "인도주의적 정부(humanitarian government)"라고 주장하기도 한다. 물론 이 주장에는 다소 무리가 있지만, 대부분의 학자들은 인류를 구하고, 복지를 증진시키고, 약자들의 고통을 감소시키는 것에 대해 국제적으로 조직되는 활동이 증가한다는 점에서 "인도주의적 거버넌스(humanitarian governance)"라는 개념을 수용하고 있다(Barnett 2013: 379).

III. 인권과 안보

1. 인도주의적 개입

웨스트팔리아 조약 이후 국제정치에서 국가 주권은 신성시되었고 그 자율성과 독립성은 중요한 구성요소로 인지되었다. 특히, 주권 개념 중 주어진 영토 내에서의 최고 권력이라는 의미의 내적 주권과, 이 단위체의 결정에 관해서는 외부의 어느 국가로부터도 영향을 받지 않는다는 외적 주권은 국제관계의 중요한 구성 원칙이 되었다. 이러한 주권의 핵심 구성요소 중의 하나가 바로 안보다. 안보란 현실주의 국제정치학 이론에 있어서는 국가의 존재 이유라고까지 인식되었다.

이런 점에서 국경을 초월한 모든 인간의 권리라는 인권과 다른 국가의 시민을 돕는다는 인도주의 사상은 주권의 원칙과 근본적으로 충돌하는 부분을 가진다. 하지만 크라스너(Krasner 1999)와 같은 학자들은 이러한 신성불가침의 주권 개념이라는 것이 근본적으로 허구이며 "조직화된 위선(organized hypocrisy)"이라고 주장하기도 한다. 이는 비록 웨스트팔리아 이후 주권 개념이 하나의 국제정치의 조직 원칙으로서 작용하기는 했지만, 실질적으로 인권 혹은 인도주의의 적용의 경우에서처럼 주권은 그리 강력하게 작용하지 못하였다는 주장이다. 즉, 인도주의와 국제정치는 항상 상호작용할 수밖에 없고 긴장관계를 유지할 수밖에 없는 것이 현실이다.

인권과 안보의 관계는 우선 인도주의적 개입 사례에서 잘 나타난다. 인도주의적 개입은 "국가(또는 국가 집단)가 자국민이 아닌 타국 주민들의 근본적인 인권에 대한 광범하고 심대한 침해를 중지시키거나 방지하기 위해서 해당국의 허가 없이 국경을 넘어 무력을 사용하거나 무력사용을 위협하는 것"이라고 정의할 수 있다(최의철 2004: 24). 이는 근본적으로 앞서 말한 웨스트팔리아적 주권 개념에 반대되는 것으로 과거에는 많은 국제정치학자들이 이 정책의 추구가 국제정치 질서를 불안정하게 할 것이라고 보았다.

예를 들어, 불(Hedley Bull 1977)의 경우, 개개인의 권리를 보장하고 주장하는 것은 주권을 중심으로 운영되어야 할 국제사회 질서를 "전복(subversive)"하는 사상이며, 그런 점에서 국제질서를 위험에 빠뜨릴 수 있는 사상이라고 보았다. 이들 간의 갈등 관계는 최근의 리비아와 시리아 사례에 대한 국제사회의 상반된 반응을 보아도 알 수 있다. 리비아의 경우, 인권과 인도주의 원칙이 강하게 작용하여 안보리에서 합의가 이루어져 NATO의 공습으로 이어진 반면, 시리아의 경우 5년이 넘도록 화학무기 사용에 대한 제재만 가해졌을 뿐 지속되는 인권침해 상황에 대해서는 중국과 러시아의 강력한 반대로 진전이 없는 상황이다.

그러나 냉전 종식 이후 인도주의 개입 사례는 전반적으로 증가하였다. 최근에는 지구화로 인해 국가가 단독으로 해결할 수 있는 문제가 줄어들고 있다. 또한 어떤 학자들은 국가의 기능이 개인의 인권보호에 있고 이런 점에서 주권은 절대적이고 배타적인 권리가 아니라고 주장한다(최의철 2004: 54). 즉, 그 국가가 얼마나 기본적인 인권과 인도주의의 가치를 잘 보호하는가 하는 점이 그 국가의 존재 이유와 목적을 드러낸다는 주장이다. 로이-스미트(Chris Reus-Smit 1999)의 경우 이를 "국가의 도덕적 목적(moral purpose of state)"이라고 주장했다.

또한, 해당국의 자체적 사태 해결이 어려운 경우도 있다. 따라서 국제사회의 개입을 필요로 한다는 주장이 제기되었고, 최근 이러한 경향을 반영한 것이 보호책임 규범이다. 보호책임은 앞서 언급한 것처럼 주권이란 신성불가침의 절대적인 것이 아니며, 자국민의 기본적인 인권을 보호하는 데에 그 목적이 있다는 가정에서 출발한다. 이런 이유에서 국가는 자국민을 집단살해죄, 전쟁 범죄, 인도에 반한 죄 등 극심하고 체계적인 인권침해로부터 보호해야 하고 국제사회도 이에 대한 책임이 있음을 강조한다.

최근 강조되는 논의들은 보호책임의 세 기둥(three pillars)으로 먼저, 본국이 자국민의 인권을 보호해야 할 책임, 둘째, 본국이 자국민의 인권을 스스로 보호할 능력이 없을 때 국제사회가 지원하고 도와야 할 책임, 셋째, 본국이 자국민을 보호할 수 없거나 실패했을 경우, 국제사회가 적극적이고 시의적절한 조치를 취할 책임을 강조한다. 세 번째 기둥에서는 외교적인 노력뿐만 아니라 경제 제재나 군사적 개입 등 강제적인 조치까지 포함한다. 보호책임 또한 2000년 이후 빠르게 발전한 국제규범이며, 유엔 주도하에 발전 양상을 보이고 있다. 물론 정치적으로 민감한 시리아의 사례에서는 보호책임이 큰 영향력을 발휘하지 못하고 있긴 하지만, 리비아의 경우 보호책임 규범이 실현되었고 국제적으로 중요한 선례를 남겼다.

인도주의 개입 이외에도 다양한 형태의 인도주의 활동에서 인권과 주권의 관계는 긴장을 보인다. 최근에 주목받는 것으로는 인도주의적 지원(humanitarian aid)이 있다. 역사적으로 인도주의적 지원은 자연재해나 분쟁상황이 발생했을 때 위급상황을 해결하는 구호(relief)의 형태로 지원되었다. 하지만, 최근에는 인도주의 지원이 단순한 구호에 그치는 것이 아니라, 문제의 근원(root cause)을 해결해야 한다는 인식이 증가하고 이런 점에서 예방적 혹은 예비적(preventive) 차원의 지원이 증가하고 있는 추세이다. 이는 단순히 국가에게 행하는 원조의 형태가 아니라, 그 국가의 내정에 깊숙이 개입하는 형태로 나타나기 때문에 긴장을 야기한다.

이런 형태의 인도주의적 지원에는 국제원조의 경우에서 발생하는 연계(linkage)와 조건(conditionality)의 문제가 다시 나타나고 있다. 즉, 수혜국 정치 환경의 변화 없이는 인도주의적 지원이 추구하는 정치적, 경제적 목적이 실현될 수 없다는 인식이 증가하면서 수혜국의 인권 발전과 민주화, 혹은 부패 문제의 해결이 지원의 연계 조건이 되고 있다(이금순 1997: 18). 이는 또 다른 형태의 내정간섭 요소로 작용할 가능성이 크고, 그런 점에서 수혜국들의 반발을 사고 있다. 또한 흥미로운 점은 최근 지원에 있어 연계 조건을 제시하려는 미국을 포함한 서구 국가들과, 남미·아프리카 국가들에게 무상 원조를 늘리면서 대안적 규범을 형성하려는 중국 간에 대립 양상도 보이고 있다는 점이다.

2. 9·11 테러 이전의 인권과 안보 논의

9·11 테러 사건 이전에 직접적으로 인권과 안보의 관계를 보려는 시도는 많이 존재하지 않았다. 대신에 안보와 인권 문제를 분리시켜서 각각의 현상에 주목하려는 경향이 강했다. 안보 문제에 있어서 인권 침해를 발생시키는 것과 가장 밀접한 관련이 있는 것은 국가 테러리즘(state terrorism) 행위들인데, 이는 내전 시 발생하는 민간인에 대한 폭력 행위, 민족 청소, 대량학살, 집단살해죄 등 특정 국가 내에서, 혹은 특정 국가에 의해서 발생한 폭력 행위 전반을 포함한다. 하지만 인권과 안보 문제를 분리시켜서 개별적인 것으로 바라보았기 때문에 국가 테러리즘 행위가 발생하는 원인이 무엇인가 하는 질문이 주를 이루었다.

원인에 대한 연구는 크게 두 가지로 나누어볼 수 있는데, 첫째, 특정 목적의 달성을 위한 선택이었다는 전략적인 관점과 둘째, 민족 간 증오, 적개심과 같은 비이성적인 원인에 의해 발생했다고 접근하는 관점이다(Valentino 2014; Horowitz 2015). 이러한 시각들은 안보 추구를 위한 국가 테러리즘 행위가 인권에 미치는 영향을 안보 추구 행위의 과정 중에 발생하는 부수적인 피해(collateral damage)일 뿐이라는 단순한 결론에 이르도록 만들어 인권과 안보 간의 관계를 제대로 파악할 수 없도록 만들었다.

위와 같이 지나치게 단순하고 전략적인 선택이라는 접근은 국가 테러리즘 행위 발생 시 시민에 대한 피해를 설명하는 데 있어서 단순히 부차적인 피해이고, 부작용일 뿐이라는 결론에 그치도록 만든다. 더 나아가서, 결국 이러한 문제들로 발생한 인권침해 결과나 인권에 미치는 영향에 대해 논의하는 것 자체를 불가능하게 만든다. 국가에 의한 일련의 행위들이 인권에 미치는 영향에 대한 관심 자체가 없었던 것이다.

한편, 인권을 우선적으로 고려한 논의는 생명권(right to life) 혹은 즉결처형, 고문, 구금, 상해 등 개인의 무결성에 관련된 권리(personal integrity rights)의 신장에 영향을 미치는 요인들에 대한 논의가 주를 이룬다. 대표적인 논의로 1994년 스티븐 포우(Stephen Poe)와 닐 테이트(C. N. Tate)의 연구가 있다. 위의 연구는 안보와 인권 간의 관계를 직접적으로 알아보고자 시도한 연구는 아니지만, 인권에 영향을 미치는 원인들이 무엇인지를 보다 종합적으로 알아보고자 했다는 점에서 큰 의미가 있다.

이들은 무결성에 관한 권리에 영향을 미치는 요인으로 다양한 변인들을 살펴보았는데 그중 안보와 관련이 있는 것은 내전 경험, 국제전 경험 여부다. 이 연구 역시 인권과 안보의 관계에 대해서 연구한 것이 아니라, 인권에 주목한 연구였기 때문에 여전히 인권과 안보 간의 관계를 보여주기에는 부족하다. 또한, 연구에서 다룬 인권의 종류가 다양하지 않고 생명권에만 주목했다는 점도 9·11 이후 연구와 비교했을 때 비교적 좁은 개념에 국한된 연구였음을 알 수 있다.

결국, 9·11 테러 사건 이전의 논의들은 인권과 안보 문제를 분리시켜 파악한다는 것을 알 수 있다. 그래서 안보 문제를 논할 때 전략적인 접근에 대부분의 논의들이 경도되어 있으며, 인권 문제를 논하는 연구들도 직접적인 인권침해와 관련이 깊은 국가 테러행위와의 관계에 대해서 이야기하지 않음을 알 수 있다. 또한 그들이 주목하는 인권이 대부분 생명권이라는 좁은 의미의 인권에 제한되어 있다는 점도 위의 문제들과 연관되어 있다.

IV. 인권안보의 가능성과 한계

1. 9·11 테러 이후 인권과 안보의 연결 시도

테러리즘 연구는 9·11 테러 사건이 발생하기 이전에는 별로 활발하게 논의되지 않았다. 그래서 정치적 폭력이라는 큰 범주 안에서 논의되기 보다는 특별한 하나의 케이스로 인식되어 분리된 연구가 이루어졌다(Valentino 2014). 또한, 해당 시기의 연구들은 대부분 인권과 안보를 분리시켜서 접근했다는 한계를 지닌다. 이러한 시각은 인권과 안보 간의 관계에 대한 연구가 이루어지기보다는, 전략적인 시각으로 해당 사례들을 분석하는 데 그치도록 만들어 안보 문제를 논하는 데 있어서 인권 문제를 별로 중요하게 생각하지 않도록 도태시키거나 부차적으로 발생하는 결과로 접근하도록 만들었다.

반면에, 2001년 9·11 테러 사건의 규모가 가져다준 충격으로 인해 안보와 인권 관련 논의에 있어서 테러리즘이라는 현상이 큰 주목을 받았고 다양한 분야에서 테러리즘과 관련한 많은 연구들이 진행되었다. 초국가적 테러리즘이라는 현상이 이전에는 존재하지 않았던 완전히 새로운 현상은 아니었지만(Hoffman 2004), 9·11 테러 사건은 비국가행위자에 의한 테러리즘의 규모와 국제 사회에 미친 영향력에 있어서 전례가 없었던 사건이었기 때문에 안보와 인권의 관계에 대한 논의에 있어서 테러리즘에 주목하게 만드는 데 큰 영향을 미쳤다.

따라서 9·11 테러 사건 이후 안보와 인권 관련 논의에 있어서도 테러리즘이라는 현상이 큰 주목을 받았고, 특히 이전 시기와 달리 국가가 주요 행위자가 아니고, 국내 문제로만 간주될 수 없는 초국가적 테러리즘에 대한 연구가 인권과 안보 관련 논의에서 주로 이루어졌다. 그러나 비교적 최근에 발생한 현상이라는 점에서 아직 주요 개념들에 대한 정의나 분류, 주요 연구 질문 및 분야들에 대한 제대로 된 합의는 이루어지지 않은 상황이다(Sanchez-Cuenca and de la Calle 2009; Hoffman 2004).

국제 사회에서 발생하는 테러리즘 사건의 성격이 복잡해지면서 자연스럽게 이와 관련한 인권과 안보의 관계에 대한 연구들도 복잡한 양상을 띠게 되었다. 이전 시기 연구들과 비교했을 때, 9·11 이후 연구들은 몇 가지 특징을 가진다. 첫째, 생명권이라는 가장 기본적인 인권뿐만 아니라, 자유권, 평등권 등 다양한 인권들에 대한 논의들이 이루어졌다. 둘째, 국가 테러리즘이 아닌 비국가행위자에 의한 테러리즘이 빈번하게 발생하면서 특히 안보 논의에 있어서 거의 유일한 행위자였던 국가에서 벗어나 비국가행위자에 대해 관심을 갖게 되었다. 셋째, 인권과 안보를 분리시키지 않고 둘 간의 관계에 주목한 논의들이 확대되었다. 넷째, 인간안보(human security), 보호책임(RtoP), 안전권(right to security)과 같이 확장된 개념들이 생겨나면서 인권과 안보 간의 관계가 복잡해졌다. 마지막으로 다섯째, 안보 추구를 위한 국가의 행위에 대한 유엔, NGO 등 다양한 국제 사회 내 비국가 행위자들의 영향력에 대한 강조가 확대되었다.

2. 인권과 안보의 연결

다양한 역사적 사례들을 경험하고 다양한 분야에서 인권에 대한 논의가 확대·발전하면서 기존 연구들이 안보와 인권을 분리시켜서 접근했던 것과 달리, 안보와 인권의 관계에 대한 논의가 생겨나기 시작했다. 이는 비국가 행위자에 의한 안보 위협과 테러리즘 행위가 국내적 문제뿐만 아니라 국제적인 영향을 가지는 행위로 확대되는 등 9·11 테러 이후 국가의 안보를 위협하는 사건들의 성격이 변화했고, 유엔이나 다양한 NGO 등이 국가의 권력 남용과 주권 개념에 영향을 미치는 등 국제사회의 성격 역시 변화하면서 더 이상 인권 문제와 안보 문제를 서로 분리된 것으로 간주할 수 없게 되었기 때문이다. 또한, 기존에는 인권을 생명권에만 국한하여 살펴보았지만 점차 다양한 인권에 대한 논의들이 활발해졌기 때문이다. 이러한 현상은 초국가행위자에 의한 테러행위뿐만 아니라, 이에 대항하는 국가들의 대테러리즘 정책에도 관심을 갖게 만들었다고 할 수 있다.

인권과 안보의 관계를 논하는 데 있어서 가장 커다란 쟁점은 개인 혹은 특정 집단의 자유권과 안보 간의 긴장이다. 어느 정도까지가 인권침해를 정당화할 수 있는 안보 추구 행위인가?, 인권과 안보 간의 긴장을 해소하고 균형을 유지할 수 있는 정도(degree)는 어디까지인가? 등의 중심 질문들이 주요한 쟁점으로 떠올랐고, 더 나아가서 국가의 안보 추구 행위라는 국가 주권 개념에 대하여 새롭게 고려하려는 시도들로 이어졌다.

먼저, 인권(특히 자유권)과 안보에 있어서 안보를 우선시하는 입장은 다음과 같은 특징을 가진다. 첫째, 합법성(legality)에 대하여 실용적인 접근을 한다. 법적인 절차를 준수하는 데서 발생하는 합법성은 테러의 위협에 대한 효과적인 안보 추구와 같은 실용적인 목적을 달성하기 위해 어느 정도 수정이 가능하다는 입장이다. 따라서 테러의 위협이 증가하는 상황을 예외적 상황(exceptional)으로 간주한다. 둘째, 법적 수단을 넘어서는 수단을 인정한다. 유연해진 합법성 개념을 토대로 해당 입장은 안보 추구라는 목적을 달성하기 위해 합법적인 수단이 아닌 정치적 수단의 사용을 허가하고 이를 중요하게 여긴다. 셋째, 인권과 안보 간 긴장은 해소될 수 있으며, 둘 간의 균형을 추구하는 것이 가능하다고 간주한다. 넷째, 해당 주장을 지지하는 행위자들은 안보 전문가, 안보 산업 집단 등 국익과 주권을 지지하는 집단이다.

반면, 인권을 우선시하는 입장은 다른 관점을 가진다. 첫째, 국가가 법적 절차를 무시할 수 있는 예외 상황을 인정하는 데 회의적이며, 따라서 안보를 위협하는 순간에도 법치(rule of law)를 지킬 수 있는 수단만을 인정하는 이상주의적 접근을 한다. 따라서 둘째, 법치를 따르는 수단을 통한 안보의 추구만을 인정하고, 정치적인 수단이 아닌 사법적 수단을 인정한다. 셋째, 인권과 안보 간 균형을 추구할 수 있다는 것에 회의적인데, 이는 근본주의적 입장(fundamentalism)으로, 인권을 침해하는 테러범들을 막기 위해 똑같이 인권을 침해하는 행위를 저지르는 것은 본질적으로 다를 것이 없다고 지적한다. 마지막으로 넷째, 이러한 주장을 지지하는 주요 행위자들은 NGO, 인권 운동가, 인권 변호사, 혹은 일부 안보 전문가들이다.

위에 제시된 두 입장을 인권과 안보 간 긴장을 바라보는 데 있어서 양 극단에 위치한 이상주의와 실용주의적 입장이라고 본다면, 인권과 안보 중 어떤 것을 얼마나 중요시하느냐에 따라 두 입장의 중간에 다양한 주장들을 위치시킬 수 있다.

인권과 안보와의 관계에 대한 주요 주장들은 크게 인권-안보 간 긴장이 가져오는 결과와 영향, 그리고 둘 간의 화해를 위한 방안 모색이라는 두 가지 연구 목적에 따라 분류할 수 있다.

첫째, 인권-안보 간 긴장이 가져오는 영향에 관한 주장이다. 테러리즘의 확대로 인해 국가의 안보가 불확실해지는 상황이 초래됨에 따라, 국가들은 이전보다 안보를 위한 노력을 확대시켰다. 이를 위해 국가들이 국가 권력을 확장시키려고 시도하는데, 이것이 인권과 안보의 관계에 긴장을 불러일으켰다. 이러한 둘 간의 긴장이 인권에 어떻게 영향을 미치는가 하는 질문을 던지고, 그것이 가져오는 결과와 영향에 대한 연구들이 진행되었다. 인식적 수준에서의 영향을 분석하는 학자들은 이러한 두 개념 사이의 긴장과 대립이 정체성, 사생활보호(privacy)와 같은 개념들에 대한 개인들의 인식에 영향을 미쳐 개개인들이 국가의 권력 확대에 쉽게 동의하도록 만든다고 주장한다(Loader 2007; Goold 2007).

국가 정책 수준에서의 영향은 테러리즘에 대항하기 위해 보다 강력한 제재 수단을 추구하는 국가의 대테러리즘 정책(인종 프로파일링, 테러방지법, 인권 조항의 수정 등)이 국가의 인권침해를 정당화한다고 지적한다. 저자들에 따르면, 이러한 국가의 정책들은 개인의 자유권,

평등권을 침해하고 국가의 안보 추구라는 목적이 우위에 있도록 하는 데 영향을 미친다(Harcourt 2007; Roach 2007; Zedner 2007). 일부는 이러한 안보를 중시하는 것에 지나치게 경도되어 있는 국가들의 대테러리즘 정책을 비판하고, 인권적 고려가 반드시 수반되어야 한다고 주장한다.

둘째, 새로운 인권 및 안보 개념을 통한 둘 간의 긴장 해소 방안 모색에 관한 주장이다. 긴장 해소를 위해 학자들은 좁은 의미의 인권과 안보의 개념을 확장시켜 둘 간의 통합과 화해를 모색하려고 시도한다. 예를 들어, 군사적 안보만을 중시하는 기존의 좁은 의미의 안보가 아닌 경제, 사회적 안전도 보호하는 인간안보(human security)의 개념을 강조하거나, 개인이 안전을 추구할 수 있는 권리인 안전권(right to security), 주권의 절대성에 도전하여 인권침해를 방지하는 RtoP 개념들이 이에 해당한다(Lazarus 2007; Macforlane 2007; Welsh 2007).

3. 한국에서의 테러방지법을 둘러싼 논란

인권과 안보 간 관계의 맥락에서 볼 때, 최근 한국에서 발생한 테러방지법 제정을 둘러싼 논란은 어떻게 이해할 수 있으며, 관련 이슈에 어떠한 함의를 제공할 수 있을까? 미국이나 유럽 국가들과 달리 본토에서 테러를 경험하지 않았기 때문에 한국의 테러방지법 논의가 가지는 함의가 크게 중요하지 않다는 주장도 있다. 그러나 한국의 테러방지법 논란은 테러리즘으로 인한 안보와 인권 간의 긴장 관계에 관한 논의가 직접적으로 테러를 겪은 국가에만 국한된 것이 아니라, 전 세계적으로 논의될 수 있는 국제적 문제라는 것을 보여준다. 더 나아가 테러방지법을 직권상정으로 통과시키고 이를 저지하기 위해 필리버스터(무제

표 1. 인권 – 안보 관계 논의의 흐름

	이전 논의		이후 논의
행위자	국가	**9·11 테러**	국가 + 비국가행위자
범위	국내 문제		국내 문제 + 국제적 문제
인권-안보 관계	분리시켜 접근		관계에 관심
주요 인권	생명권		생명권 + 자유권 + 평등권 등
사례	국가 테러리즘, 내전, 인종 청소, 제노사이드, 매스 킬링 등		초국가적 테러리즘, 대테러리즘(Counter-terrorisum), 난민 문제, 이스라엘-팔레스타인 등

한 토론)가 진행되는 등 강력한 대립 구도를 형성하였다는 것으로 미루어 볼 때, 국가의 안보를 논할 때 인권에 대한 고려가 간과되어서는 안 될 문제임을 잘 보여준다.

2016년 3월 2일 통과된 '국민보호와 공공안전을 위한 테러방지법'은 새누리당이 발의한 다양한 관련 법안들 중 하나로, 주로 '테러방지법'이라고 일컬어졌다. 중심 내용은 국무총리를 위원장으로 하는 '국가테러대책위원회'의 신설, 실무 업무를 위한 산하기구인 '대테러센터' 설치 등이다. 그 중에서 주요 기구들인 '테러정보통합센터'와 '대테러합동조사팀' 등을 국가정보원(이하 국정원)이 주도한다(경향신문 2016.4.17). 이에 따라 국정원은 테러위험인물에 대한 금융정보, 개인정보, 통신기록, 위치정보 등을 수집할 수 있는 권한을 부여받게 되며 테러위험인물에 대한 조사와 추적권 또한 갖게 된다(한겨레 2016.3.2).

처음 테러방지법이 논의된 것은 2001년 미국에서 발생한 9·11 테러 사건 이후로, 한국에서도 테러 방지를 위한 법률적 절차를 마련하고자 제기되었다. 그러나 테러 관련 정보 수집 및 관리 권한을 국정원에게 부여하는 것에 대한 의견 대립으로 인해 수차례 폐기되었다가 최근 2015년 11월 13일 프랑스 파리에서 발생한 테러 사건 이후 테러방지법을 신속히 처리해야한다는 요구가 활발해지면서 다시 수면 위로 떠올랐다. 그러나 이번에도 국정원에 지나치게 강력한 권한을 부여하는 것에 대한 합의가 이루어지지 않아 난항을 겪었는데, 결국 2016년 2월 23일 국회 본회의에서 정의화 국회의장이 테러방지법 제정안의 처리가 계속해서 지연되는 것은 곧 국가비상사태라고 간주하여 직권상정으로 결정내렸다. 이에 반대하여 더불어민주당 국회의원들이 9일간 필리버스터에 돌입하여 표결 전 법안 처리 저지를 시도했다.

테러방지법과 관련하여 논의된 주요 쟁점은 두 가지였다. 하나는 국정원이 가지는 권리에 대한 것이고 다른 하나는 테러방지법이라는 새로운 법이 필요한가 아니면 기존 법과 제도로 충분히 방지가 가능한가라는, 즉 새로운 테러방지법의 제정의 필요성에 관한 논쟁이다. 하지만 야당인 더불어민주당은 테러방지법의 제정의 필요성에는 충분히 동의하는 입장을 거듭 표현했기 때문에 큰 논쟁으로 번지지는 않았다. 직권상정과 필리버스터라는 적극적인 대립으로까지 표현된 테러방지법 논란과 관련하여 살펴보아야 할 가장 중요한 쟁점은 국정원에 '정보수집권'이라는 권한을 부여해야 하는가에 대한 논쟁이다. 즉, 정보기관인 국정원에 테러 관련 정보를 수집하고 관리하는 총괄자의 역할을 부여하느냐의 여부에 관한 것이었다.

테러방지법 제정을 찬성하는 입장이 제시하는 근거들은 국내외 안보 환경 변화와 효율성이다. 먼저, 국내외 안보 환경 변화라는 근거는 한국이 더 이상 테러로부터 자유롭지 못하다는 판단에서 출발한다. 국제적으로 ISIS가 한국을 자신들의 타깃 국가 목록에 포함시켜 발표하는 등 이전에는 없던 테러 위협이 발생했다. 또한 행해지는 테러의 형태도 국가 군사 및 통신 등 근간시설이 아닌 민간인이 자주 사용하는 소프트 타깃을 노리는 테러로 변화하여 언제 어디서 테러가 발생하는지 예측하기 어려워졌다. 이와 더불어, SNS를 통해 사실상 전 세계의 젊은이들을 모집하는 행위 역시 변화된 국제 안보 환경 내에서 한국이 자유로울 수 없는 이유라고 주장한다. 국내적으로는 결혼 이민자, 외국인 노동자, 북한 이탈 주민 등의 유입으로 사회적 갈등이 발생할 수 있고, 따라서 자생적 테러의 위험 가능성이 높아졌다고 주장한다. 둘째, 테러를 효과적으로 막기 위해 정보기관인 국정원이 관련 권한을 갖는 것이 타당하다는 것이다. 테러위험인물 관련 정보 수집 및 관리 활동을 국정원이 하는 것은 효율적이라고 주장한다. 반대하는 입장에 있는 더불어민주당은 이에 대하여 테러방지법은 청와대 산하 국가안전보장회의(NSC)가, 사이버 테러는 미래창조과학부가 관할해야 한다고 주장한다.

테러방지를 위하여 국정원에 정보수집권을 부여하는 것에 반대하는 입장은 국정원에 정보수집권을 부여하면 국정원의 비대화가 발생하여 민간인 사찰이나 야당 감시 등 정치 공작 행위의 가능성이 지나치게 높아지고, 사생활 권리, 사상, 표현, 집회의 자유 등 개인의 기본권이 침해되며, 무죄추정원칙 위배 등 정당한 법적 절차의 보장 역시 불투명해지는 등 인권 문제가 발생할 수 있다고 주장한다. 해당 법안 제9조 3항에 따르면, 국정원은 테러위험인물에 대한 출입국정보, 금융거래정보, 통신자료를 비롯하여 특정인의 노동조합, 정당의 가입 및 탈퇴, 정치적 견해, 건강, 성생활 정보 등 민감정보까지 포함하여 수집할 수 있게 된다(한국일보 2016.3.3). 일부는 시행령안 제 18조에 국방부 소속 대테러 특공대가 군사시설 이외 지역에 출동해 대테러 진압작전을 수행할 수 있도록 예외조항을 둔 것이 헌법에 위배될 가능성이 있다고 판단하기도 한다(경향신문 16.5.14). 또한, 테러방지법 내 테러위험인물에 대한 정의가 모호하여 필요에 따라 이 조항을 기반으로 정

표 2. "자유 - 안보 상충점(Liberty-Security trade off)" 논쟁

	안보를 우선시하는 입장	인권을 우선시하는 입장
합법성에 대하여	실용주의(pragmatism)	이상주의(idealism)
인권 - 안보 균형	추구 가능	회의적
예외 상황	인정	회의적
수단	초법적 혹은 법외적(extra-legal)	법치(rule of law)
인권 - 안보 관계	균형추구(balanced response)	근본주의적(fundamentalism)
지지하는 집단	안보 전문가, 국익과 주권 지지하는 집단 안보 산업 집단 등	NGO, 인권 운동가, 인권변호사, 일부 안보 전문가들 등

출처: Bigo and Guild 2007; Ramraj 2007 내용을 재구성

권에 비판적인 집회, 시위 기획자를 옭아맬 수 있다는 가능성도 제기되었다. 테러방지법 제2조는 테러위험인물을 '테러단체 조직원이거나 테러단체 선전, 테러자금 모금, 기부, 기타 테러예비, 음모, 선전, 선동을 하였거나 하였다고 의심할 상당한 이유가 있는 자'라고 정의하고 있다. 인권침해 가능성이라는 강력한 반대 근거에 대하여 여당은 오히려 인권침해 가능성이 거의 희박하다고 반박한다. 국정원은 통신정보 수집은 법원 허가 등 엄격한 절차를 필요로 하고, 금융정보 역시 부장판사가 포함된 협의체 결정이 필요하기 때문에 자의적인 인권침해가 어렵다고 언급했다. 이철우 새누리당 의원은 관련한 회의 과정에서 "테러가 실제 일어나면 더 큰 인권침해가 될 수 있다"고 발언하기도 했다(한국일보 2015.11.27).

한국의 테러방지법 논쟁은 본 글에서 살펴본 인권과 안보 간 긴장관계를 잘 보여주는 사례이다. 국내외 변화된 안보 환경을 테러방지법의 강력한 시행의 필요성에 대한 근거로 제시하는 찬성 세력의 입장은 안보와 인권에 있어서 안보를 우선시하는 입장이 테러의 위협이 증가하는 상황을 예외적 상황으로 간주하는 것과 그 맥락을 같이 한다. 또

한, 인권보다는 효율성을 중시하는 입장을 제시했다는 점에서 인권보다는 안보를 통한 국익 추구라는 실용주의 노선을 보이는 것을 알 수 있다. 반대로 테러방지법 시행에 있어서 국정원에 강력한 정보수집권을 부여하는 것을 반대하는 입장은 국정원의 권한 확대가 가져올 개인의 사생활 침해와 사상, 집회, 결사의 자유 등 개인의 자유를 보장받지 못하는 인권침해가 발생할 수 있음을 가장 중요한 반대 근거로 내세우고 있다. 이렇게 두 입장이 각각 안보와 인권을 중요시하는 입장 차이를 잘 드러내고 있다.

국가의 정책 결정에 있어서 여당과 야당이라는 직접적인 국가 정치적 행위자들뿐만 아니라, 그 영향력이나 규모에 있어서 미약하긴 하지만 다양한 시민단체와 인권 관련 전문가 집단이 많은 문제를 제기하여 정책 결정에 영향을 미치려는 시도가 있었다는 점 또한 변화하는 국제 인권 규범과 환경을 잘 나타낸다고 할 수 있다. 테러방지법 제정과 관련하여 영향을 받을 수 있는 시민단체, 전문가집단 등 다양한 비국가행위자들이 해당 이슈에 대하여 목소리를 높였다. 최근 잦은 테러의 발생으로 인해 불거지고 있는 이슬람포비아(이슬람에 대한 혐오와 공포)와 관련하여, 테러방지법에 대한 논의가 불거질 당시 31개의 이주노동자 인권단체들로 꾸려진 '이주민 인권을 위한 부산, 울산, 경남 공동대책위원회'가 테러방지법이 이주노동자들의 인권과 노동권 침해를 정당화한다며 입법 추진을 중단하라고 촉구했다(한겨레 2015.12.17). 또한, 권력 견제장치가 없다며 국내 최대 인권변호사단체인 '민주사회를 위한 변호사 모임(민변)'과 '참여연대' 등 시민단체들이 정부의 시행령안에 대해 반대의견을 내기도 했다(연합뉴스 2016.4.21). 그 권한과 영향력의 정도에 있어서는 논란의 여지가 있지만, 결국 2016년 3월 2일 통과된 테러방지법에서 기존에 제시된 법안에는 포함되지 않았던 인권보호관을 임명하는 내용이 포함된 것을 볼 때, 인권에 대한 고려가 완전히 배제된 것은 아님을 통해 어느 정도 그들의 영향력을 엿볼 수 있다.

한국의 테러방지법 논란 사례를 통해 특정 국가가 자국의 안보를 위한 정책 결정을 내릴 때 개개인의 권리와 자유 보장이라는 인권 문제가 빠지지 않고 고려되고 있다는 것을 알 수 있다. 또한 앞에서 언급한 것처럼, 한국에서 발생한 직접적인 테러로 인해 테러방지법이 제정된 것이 아니라 국제적인 테러 발생의 움직임에 영향을 받았다는 점에서 9·11 이후 국제적인 양상의 테러의 영향력을 엿볼 수 있고, 테러방지법의 시행이 가져올 수 있는 인권침해의 가능성이 자국의 안보를 추구하려는 행위에 제동을 걸었다는 점에서 국내적 상황 속에서 인권과 안보 간의 긴장 관계가 어떻게 실질적으로 성립되는가를 간접적으로 알아볼 수 있다. 그러나 한국에서의 테러방지법 논의는 분단국가라는 한국의 특수성과 역사적으로 지속된 북한의 안보 위협 등을 쉽게 간과할 수 없다는 점에서 서구 국가들에서 발생한 테러 및 테러방지법 논의와 그 성격이 다를 수 있다. 따라서 한국의 특수성을 고려하고 동시에 국제적인 환경의 변화 역시 고려하는 보다 종합적인 시각을 통해 테러로 인해 발생하는 인권과 안보 간의 관계에 대해 논의할 필요가 있다.

4. 인권안보의 가능성과 한계

인권과 안보를 결합한 형태의 개념은 아직까지 공식적으로 등장하지 않았다. 하지만 앞의 사례에서도 살펴보았듯이 안보와 인권의 연결은 이미 9·11 테러 사건 이후 광범위하게 이루어지고 있다. 인권과 안보를 합친 인권안보라는 개념과 관련 현상의 등장이 가능한 것은 다음 네 가지 현실을 살펴보면 더욱 명확해진다.

첫째, 인권 보호 혹은 억압의 문제는 점차 국내 및 국제 안보와 밀접히 연결되는 경향이 있다. 미국의 경우, 9·11 사태 이후 테러와의 전쟁(War on Terror) 수행 과정에서 개인 통화 기록 수집, 관타나모 베이의 불법 감금과 고문의 문제 등이 불거져 나왔다. 관타나모 베이는 이의 폐쇄를 공약으로 내세운 오바마 정권에서도 여전히 운영되고 있으며 행정적인 어려움으로 인해 폐쇄가 쉽지 않아 보인다. 이러한 문제는 새로운 전쟁으로 인한 무인기(드론)의 공습과 연결된 민간인 학살 문제로 더욱 복잡하게 되었다.

즉, 선거운동 당시 명확해 보였던 인권의 보호와 침해 혹은 정의와 부정의의 구분도 실질적인 집행 과정에서 안보 문제와 만나면 쉽게 해결되지 않는 모습을 보인다. 영국의 경우 또한 최근 정보기관과 경찰의 감시 및 사찰 행위에 대한 인권 혹은 사생활 침해를 감시하는 법안이 발의되었으나 쉽게 통과되지 못하고 있다. 이는 단지 미국이나 영국에서뿐만 아니라 전 세계적인 문제로 테러의 전 세계적인 확산에 따라 더욱 고조될 전망이다.

둘째, 새로운 안보를 위해서는 시민이나 국내 거주 외국인의 인권 보호 문제가 반드시 해결되어야 한다. 냉전기에 전 세계가 냉전의 구도에서 경쟁을 하고 있을 때 대다수 국민은 안보의 우선성과 시급성을 인정해주어 자발적이든 반강제적이든 다양한 시민적 권리를 희생해 안보를 지키려 했다. 따라서 냉전 시기 많은 권위주의 정권하에서 인권유린과 탄압이 일어났지만 남미나 동아시아에서 해당 정권들은 이에 대한 큰 반발 없이 생존할 수 있었다.

하지만 최근 세계 시민의 인권 의식이 상승하고 다양한 비정부기구가 활발히 활동하고 압력을 가함으로 인해 이러한 지형에 큰 변화가 발생했다. 또한 기술의 발달과 더불어 정보의 유동성이 증가하고 다양한 신매체가 등장함에 따라 정보 공유의 양상이 달라지고 있다. 이에 더해 최근 내부 고발자(whistle-blower)의 역할과 위상, 그리고 그들에 대한 사회적 인식이 변함에 따라 다양한 형태의 폭로와 고발이 일어나고 있다. 이런 상황에서 인권은 국가도덕성을 측정하는 바로미터(barometer)와 같은 역할을 하고 있다. 이스라엘의 유엔학교 공습, 시리아의 화학무기 사용, 리비아에서 카다피(Muammar Qaddafi)의 경우에서 볼 수 있듯이, 국내 및 국제사회에서 안보 추구에 따른 인권침해는 어느 정도까지는 용납이 되는 듯 보이지만 특정 한계를 넘으면 더 이상 용납이 되지 않고 역풍을 맞을 경향이 점차 커지고 있다.

셋째, 최근 안보와 인권에서 일어나는 흥미로운 경향은 일국의 인권침해가 더 이상 일국만의 문제가 아니라는 사실이다. 이는 최근 시리아 내전으로 인한 유럽 난민사태와 국내유랑민(IDP: International Displaced Persons)의 문제에서 여실히 나타난다. 또한 다르푸르(Darfur)에서의 인권침해로 인해 미국을 중심으로 한 국제사회가 나서서 남수단을 독립시켰지만 그 내부의 문제로 다시 내전이 발발했고, 이는 지역 질서에 심각한 도전으로 작용하고 있다.

더욱이 국제사회는 안보라는 이름으로 행해진 인권침해 범죄에 대해 정치인이나 군인 등 공무원 개개인을 단죄하겠다는 의지를 분명히 하였다. 개인에 대한 형사 책임(individual criminal accountability)을 묻는 경향은 2002년 창설된 국제형사재판소(ICC)의 역할과 활동에서 잘 드러난다. 최근 오마 알바시르 수단 대통령의 남아공 방문 시기에 대법원이 남아공 정부는 알바시르 대통령을 체포해야 한다고 결정한 것은 매우 중요한 사건이다. 물론 알바시르 대통령은 급히 귀국했고 남아공 행정부에서는 이를 묵인했지만 이는 향후 알바시르 대통령의 출장 일정에 큰 영향을 미칠 것이다.

인권침해를 저지른 최고 지도자나 공무원을 체포하는 보편적 관할권(universal jurisdiction)은 꾸준히 확대되어 오고 있다. 대표적인 사례는 1997년 영국에서의 피노체트 체포이지만 이후 남아메리카와 유럽 등 다양한 국가에서 이와 유사한 상황이 벌어지고 있다. 이러한 움직임은 실효성이 없고 선별적이라고 비판받지만, 많은 국가에서 이제는 안보 문제 혹은 전쟁, 대테러전을 수행할 때, 인권침해에 대한 고려 없이 진행할 수 없다는 사실은 매우 중요한 현상이다.

이는 마지막 현상과 밀접한 관련이 있다. 최근에 안보 행위 추구 과정에서 인권침해를 사전에 정당화하기 위한 선제적 조치들이 많이 취해지고 있다. 대표적인 것이 미국의 경우 관타나모 베이에서 고문을 정당하기 위해서 법무부에서 만든 고문 메모(Torture Memo)다. 이 메모에서 미국 정부는 관타나모 베이에 구금된 수용자들의 법적 지위와 이들에게 행해지는 행위에 대해서 매우 자세하고 방어적으로 법적인 책임에 문제가 없음을 입증하려고 시도한다. 해당 사실은 이 문서가 뉴욕타임스에 의해 공개됨으로서 알려지게 되었다. 일부 학자와 전문가들은 이것이 미국이 어떠한 국제법과 국제인권규범도 짓밟을 수 있는 준비가 되어 있는 근거라고 주장한다. 즉, 인권규범은 전혀 실효성이 없고 강대국인 미국이 필요하다면 쉽게 무시할 수 있다고 주장한다.

하지만 이러한 주장에 대하여 다른 학자들은 피상적인 평가라고 주장한다. 미국이 국제규범을 무시할 수 있었다면 300페이지가 넘는 문서를 애초에 작성하지 않았을 것이라는 주장이다. 즉, 강대국인 미국도 국제인권규범의 실효성을 인지하고 있으며 이것이 지닌 도덕적이고 규범적인 구속력에 대응하기 위해서 열심히 문건을 작성했다는 주장이다. 이러한 주장은 동일한 현상이 다른 국가에서도 나타나면서 지지를 얻었다. 최근 중앙아프리카공화국에 파견된 프랑스 평화유지군이 지역 아동을 상대로 성범죄를 저지른 경우가 그것이다. 프랑스는 신속하게 이들을 국내로 소환하고 이들의 범죄를 처리하였다. 이는 국제적으로 확산되고 있는 개인에 대한 형사책임 규범을 인지하고 그 실효성을 두려워하여 신속히 조치를 취한 것이라고 관련 학자들은 주장한다. 또한 최근 일어난 미국의 사설 보안 기관인 블랙워터(Blackwater)에 대한 빠른 수사와 미국의 아프가니스탄 쿤두즈(Kunduz)의 국경없는 의사회 병원 오폭 사건에서도 잘 드러난다.

V. 결론

이상에서 살펴볼 때 인권과 안보를 합쳐 생겨날 수 있는 인권안보란 무엇보다도 인권 친화적 안보 정책을 수립하고 이를 집행하는 것을 의미한다. 즉, 친인권적 안보 정책을 마련하고 친인권적 안보 비전을 수립하는 것을 의미한다. 물론, 이러한 행위의 실천에는 근본적인 어려움이 따른다. 이는 인권과 주권의 근본적인 차이에 기반한다. 즉, 인권은 개개인의 권리를 보장하는 것이고, 주권은 개개인의 권리를 희생하더라도 공동체의 생존을 추구하는 원리이기 때문이다. 이는 이미 많은 연구자들에 의해 인권–주권 충돌(human rights-security trade-off)이라는 개념으로 이해되었고, 또한 우리가 앞에서 살펴본 바와 같이 자유–안보 상충점(liberty-security trade-off)이란 개념으로 이해된다.

하지만, 최근 주권에 대한 인식의 변화, 안보에 대한 인식의 변화를 고려해볼 때 인권친화적인 안보의 개념이 전혀 불가능한 것은 아니다. 앞서 이야기했듯이, 인권과 안보 개념 역시 사회적으로 구성된 현실(socially constructed reality)이고 그렇기 때문에 항상 변화한다. 대표적인 예가 보호책임 개념이고 이것이 가져온 주권 및 안보 개념의 수정이다. 이는 인류의 진보로 인해 국가가 안보라는 이름으로 수행하는 행위에 대한 기준이 달라졌음을 의미하고, 변화된 인권보호의 기준에 대한 고려 없는 안보 행위는 향후 대가를 치를 수밖에 없는 현실이 만들어졌음을 의미한다.

물론 안보 행위에 있어 인권적인 고려를 하려면 비용 증가 등의 번거로운 점이 있다. 하지만 인권적 요인을 더욱 고려하고 반영했을 때 다양한 안보 행위의 정당성(legitimacy)이 증가할 수 있다는 장점도 있음을 고려할 수 있어야 한다. 또한 비용 면에서도 국가가 인권침해를 통해서 나중에 지불해야 하는 배상 및 보상 금액을 생각한다면, 예방적 차원에서 인권 친화적인 안보정책 수립이 여러 가지 면에서 유리하다고 볼 수 있다. 물론 이는 국가가 안보라는 이름으로 행한 인권침해가 배상과 보상이 가능할 경우이다.

이와 동시에 인권 문제 또한 안보 문제화될 가능성이 증가하고 있다. 앞서 언급한대로 한 국가의 인권 문제가 더 이상 해당 국가의 인권 문제로 생각되지 않는 경우가 늘고 있다. 이는 2014년 최초로 북한 인권 문제가 유엔 안전보장이사회의 의제로 올라간 사실을 보아도 알 수 있다. 흔히 안보리의 의제인 평화와 안보 문제에 인권 문제가 의제화된 것은 북한의 경우가 최초는 아니다. 이전에도 수단의 다르푸르 사건, 르완다의 집단살해사건, 구 유고슬라비아의 인종청소 사건 등이 의제화 되었다. 이러한 현상을 통해 알 수 있는 점은 더 이상 인권 문제는 인권 문제로만 남아 있지 않는다는 것이다.

냉전기를 돌이켜보면 많은 국제정치적 사안에서 한 국가의 인권

침해는 무시되었고 안보적 고려가 우선시되었다. 하지만 이러한 경향은 지난 20년간 급격한 변화를 맞이하고 있다. 소위 하위정치라고 불리는 인권 문제도 안보, 경제 등 상위정치가 될 수 있는 상황이 증가하고 있으며, 또한 연성권력(soft power)에서의 갈등과 알력이 경성권력(hard power)에서 분쟁화할 가능성도 증가하고 있다. 우리나라의 경우, 특수한 국제적, 국내적 상황으로 인해 이러한 상황이 더욱 큰 영향을 미칠 수 있다. 대내외적으로 탈북자 인권 문제의 특수성, 북한의 인권 문제, 그리고 국내의 높은 인터넷 사용으로 인권 관련 이슈의 높은 폭발성(volatility) 등이 그것이다.

참고문헌

경향신문. 2016. "'대테러센터' 조직도 운영도 '깜깜이'." 2016.4.17.

______. 2016. "20대 국회에서 테러방지법의 운명, 개정일까 폐기일까." 2016.5.14.

연합뉴스. 2016. "민변 · 참여연대 "테러방지법 시행령, 국정원 견제장치 없어"." 2016.4.21.

이금순. 1997. "국제기구 및 비정부기구의 인도적 지원 사례," 통일연구원 연구보고서, 97-13: 1-116.

최의철. 2004. "인도주의 개입에 대한 국제사회의 동향," 통일연구원 연구총서, 04-01: 1-122.

한겨레신문. 2015. "테러방지법, 이주노동자 인권침해 우려." 2015.12.17.

______. 2016. "국정원 15년 밀어붙인 테러방지법 끝내 통과." 2016.3.3.

한국일보. 2015. "19대 국회 첫 정보위 법안소위서 테러방지법 공방." 2015.11.27.

______. 2016. "테러대비 체계화… "무소불위 국정원" 권한 남용 가능성 여전." 2016.3.3.

Barnett, Michael. 2013. "Humanitarian Governance," *Annual Review of Political Science* 16(1), pp. 379-398.

Bellamy, Alex J. 2011. *Global Politics and the Responsibility to Protect: From Words to Deeds*. New York: Routledge.

Bigo, Didier and Elspeth Guild. 2007. "The Worst-case Scenario and the Man on the Clapham Omnibus."*Security and Human Rights*. Edited by Goold, Benjamin J., and Liora Lazarus. Oxford: Hart Publishing, pp.99-124.

Bull, Hedley. 1977. *Anarchical Society: A Study of Order in World Politics*. New York: Columbia University Press.

Donnelly, Jack. 2003. *Universal rights in theory and practice*. Ithaca: Cornell University Press.

Fassin, Didier. 2012. *Humanitarian Reason: A Moral History of the Present*. Berkeley: University of California Press.

Goold, Benjamin J. 2007. "Privacy, Identity and Security." *Security and Human Rights*. Edited by Goold, Benjamin J., and Liora Lazarus. Oxford: Hart Publishing, pp. 45-72.

Harcourt, Bernard E. 2007. "Muslim Profiles Post-9/11: Is Racial Profiling an Effective Counter-terrorist Measures and Does It Violate the Right to be Free from Discrimination?" *Security and Human Rights*. Edited by Goold, Benjamin J., and Liora Lazarus. Oxford: Hart Publishing, pp. 73-98.

Hoffman, Paul. 2004. "Human Rights and Terrorism." *Human Rights Quarterly* 26(4), pp. 932-955.

Horowitz, Michael C. 2015. "The Rise and Spread of Suicide Bombing." *Annual Review of Political Science* 18(1), pp. 69-84.

Ishay, Micheline R. 2008. *The History of Human Right: From Ancient Time to the Globalization Era*. Berkeley: University of California Press.

Keck, Margaret E. and Kathryn Sikkink. 1998. *Activists Beyond Borders: Advocacy Networks in International Politics*. Ithaca: Cornell University Press.

Krasner, Stephen. 1999. *Sovereignty: Organized Hypocrisy*. Princeton: Princeton University Press.

Lazarus, Liora. 2007. "Mapping the Right to Security." *Security and Human Rights*. Edited by Goold, Benjamin J., and Liora Lazarus. Oxford: Hart Publishing, pp. 325-346.

Loader, Ian. 2007. "The Cultural Lives of Security and Rights." *Security and Human Rights*. Edited by Goold, Benjamin J., and Liora Lazarus. Oxford: Hart Publishing, pp. 27-44.

Macfarlane, S Neil. 2007. "Human Security and the Law of States." *Security and Human Rights*. Edited by Goold, Benjamin J., and Liora Lazarus. Oxford: Hart Publishing, pp. 347-362.

Moyn, Samuel. 2010. *The Last Utopia: Human Right in History*. Cambridge: Harvard University Press.

Poe, Steven C., and C. N. Tate. 1994. "Repression of Human Rights to Personal Integrityin the 1980s: A Global Analysis." *American Political Science Review* 88(4), pp. 853-872.

Ramraj, Victor V. 2007. "Between Idealism and Pragmatism: Legal and Political Constraints on State Power in Times of Crisis."In Security and Human Rights. Edited by Goold, Benjamin J., and Liora Lazarus. Oxford: Hart Publishing, pp. 185-202.

Reus-Smit, Christian. 1999. *The Moral Purpose of the State: Culture, Social Identity, and Institutional Rationality in International Relations*. Princeton: Princeton University Press.

Roach, Kent. 2007. "Sources and Trends in Post-9/11 Anti-terrorism Laws." *Security and Human Rights*. Edited by Goold, Benjamin J., and Liora Lazarus. Oxford: Hart Publishing, pp. 227-256.

Sanchez-Cuenca, Ignacio, and Luis de la Calle. 2009. "Domestic Terrorism: The Hidden Side of Political Violence." *Annual Review of Political Science* 12, pp. 31-49.

UN Office for the Coordination of Humanitarian Affairs(OCHA). 2014. *World Humanitarian: Data and Trends 2014*.

Valentino, Benjamin A. 2014. "Why We Kill: The Political Science of Political Violenceagainst Civilians." *Annual Review of Political Science* 17, pp. 89-103.

Volpin, Gianni. 2014. "The ICRC at 150: Current Challenges to Humanitarian Action." 인도법논총 34, pp. 221-224.

Welsh, Jennifer M. 2007. "The Responsibility to Protect: Securing the Individual in International Society." In *Security and Human Rights*. Edited by Goold, Benjamin

J., and Liora Lazarus. Oxford: Hart Publishing, pp. 363-384.
Zedner, Lucia. 2007. "Seeking Security by Eroding Rights: The Side-stepping of Due Process." *Security and Human Rights*. Edited by Goold, Benjamin J., and Liora Lazarus. Oxford: Hart Publishing, pp. 257-276.

제3부

사회시스템과 신흥안보의 창발

제10장

경제적 불평등의 증대와 신흥안보

이승주

I. 서론

불평등은 21세기의 세계가 직면한 최대의 난제 가운데 하나다. 국내적 차원에서 볼 때, 불평등은 그 자체로도 문제가 될 뿐 아니라, 성, 민족, 연령 등 다른 차원의 불평등과 결합되어 더 큰 사회적 문제를 초래한다는 데 그 심각성이 있다. 불평등의 심화는 지속가능한 경제성장에 좋지 않은 영향을 미칠 뿐만 아니라, 정치적·사회적 문제로 비화될 가능성도 내포하고 있다. 예를 들어, 최근 세계 각국에서 노령화가 빠르게 진전되면서 대두되고 있는 세대 간 불평등의 문제는 경제성장의 지속가능성을 약화시킬 뿐만 아니라 사회적 연대의 기반도 훼손하고, 더 나아가 민주주의의 근간을 위협하는 결과를 초래하기도 한다. 그만큼 경제적 불평등은 국내적으로 정치적·사회적 불안정을 초래하는 요인으로 작용할 가능성이 높다. 세계 각국에서 이 문제에 대한 대중적 우려가 빠르게 증가하기 시작한 것도 이 때문이다.

국제적 차원에서도 불평등에 내포된 위험성 역시 결코 작지 않다. 불평등의 확산이 특정 국가에 그치지 않고, 대다수 국가들에서 나타난다는 점에서 21세기 세계질서의 근간을 위협하는 근본 원인이 될 가능성을 배제할 수 없다. 이 때문에 경제적 불평등의 확대가 국내적 차원뿐 아니라 지구적 차원에서도 지속되고 있다는 우려와 경고의 목소리가 커지고 있다. 이러한 점에서 경제적 불평등은 21세기의 새로운 안보 위협으로 대두될 가능성이 커지고 있다. 세계경제포럼(World Economic Forum)이 2015년 글로벌 어젠다 전망에서 경제적 불평등의 심화를 첫 번째 이슈로 선정한 것도 이러한 맥락이다(World Economic Forum 2015).

경제적 불평등은 이미 '21세기 최대 안보 위협'으로 등장하고 있다(이근 2015). 신흥안보로서 경제적 불평등, 다시 말해 경제적 불평등과 새로운 안보위협의 관계를 파악하기 위해서는 경제적 불평등이 확대되는 현황과 원인에 대한 검토가 선행되어야 한다. 이 글에서는 경제적 불평등이 확대되는 양상을 국내적 차원과 국제적 차원으로 나누어 검토하고, 불평등이 안보 문제로 연결되는 메커니즘을 다각적으로 검토하는 데 일차적 목적이 있다. 이를 바탕으로 경제적 불평등과 안보위협의 증대 사이의 연계를 완화할 수 있는 방안을 모색하고자 한다.

II. 불평등의 지구적 확산

경제적 불평등은 특정 국가만의 문제가 아니라 지구적 차원에서 지속적으로 확대되고 있다. OECD 회원국의 경우, 1988년에서 글로벌 금융위기가 발생한 2008년까지 20년 동안 OECD 회원국들의 가처분소득은 연평균 1.7% 증가한 것으로 나타났다. 문제는 장기 데이터의 활용이 가능한 OECD 22개국 가운데 17개국에서 경제적 불평등이 심화되었다는 데 있다. 예를 들어, 상위 10%의 소득이 하위 10%의 소득보다 빠르게 증가하여 격차가 9 대 1로 확대되었다. 이를 반영하듯 지니(Gini) 계수 역시 1980년대 중반 OECD 평균 0.29에서 2000년대 후반 0.316으로 증가하였다(OECD 2011). 개별 국가 수준에서도 이러한 변화가 잘 나타난다. 1980년과 2008-2012년을 비교할 때, OECD 모든 회원국에서 상위 1%의 소득 비중이 증가한 것으로 드러나고 있다.

〈그림 1〉에서 나타나듯이, 선진국 가운데 경제적 불평등이 지속적으로 확대된 대표적인 국가는 미국이다. 1980년대 이후 경제적 불평등이 지속적으로 심화되고 있는 것으로 나타난다. 소득 상위 1%의 점

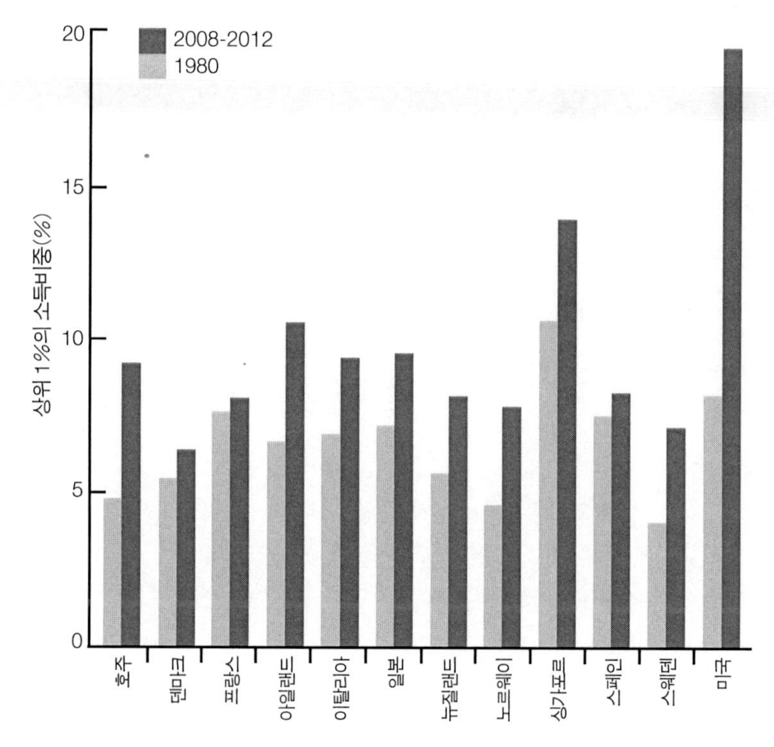

출처: WEF 2015에서 재인용.

그림 1. OECD 회원국 상위 1%의 소득 비중 변화

유율이 1970년대 10%에서 2010년대 20% 이상으로 약 2배 증가한 것이 이를 대변한다. 재산의 불평등은 더욱 심각하다. 상위 0.1%의 부의 비중이 지난 30년간 7%에서 22%로 무려 3배 이상 증가하였다(〈그림 2〉 참조). 그 변화 추이를 보면, 상위 0.1%의 재산 비중은 대공황 직전인 1928년 약 25%로 정점에 이른 후 지속적으로 감소하여 1978년 약 7%로 최하를 기록하였다. 그러나 이후 상위 0.1%의 비중은 다시 증가하기 시작하여 2013년 약 22%를 기록하게 되었다(Saez and Zuchman 2016).

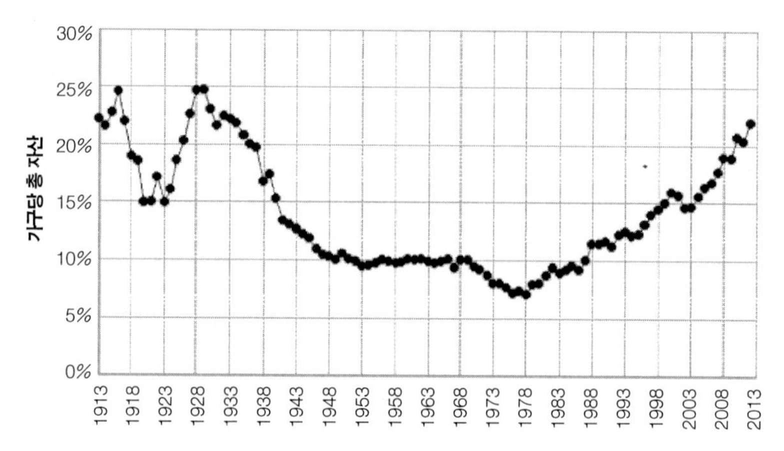

출처: Saez and Zuchman 2016.

그림 2. 미국 상위 0.1% 부의 비중 변화 추이(1913-2013)

한편, 강력한 복지시스템을 갖춘 북유럽 국가들마저도 소득불평등의 문제에서 자유롭지 않다. 스웨덴의 경우, 빈곤율이 1995년 4%에서 2010년 9%로 증가했고, 핀란드와 룩셈부르크 역시 빈곤율이 2% 증가했다(OECD 2011). 이러한 현상은 경제적 불평등이 특정 국가에 국한된 것이 아니라는 추론을 가능하게 한다.

아시아 국가들도 예외는 아니다. 1990년대 이전 동아시아 국가들은 고도 경제성장 기간 중 비교적 평등한 소득 배분을 성취하는 데 성공한 바 있다(Aoyagi and Ganelli 2015). 특히 고도성장기 한국, 대만, 싱가포르, 홍콩 등 아시아 신흥공업국들은 빈곤 감소를 통해 불평등을 완화하는 데 상당한 성공을 거두었다. 장기간의 고도 경제성장은 소득불평등의 감소를 수반함으로써 가능했다. 그러나 1990년대 초 이후 아시아 국가들에서 경제적 불평등이 빠르게 증가하고 있으며, 이러한 현상은 특히 신흥국에서 두드러진다. 예를 들어, 고도성장기 대다수

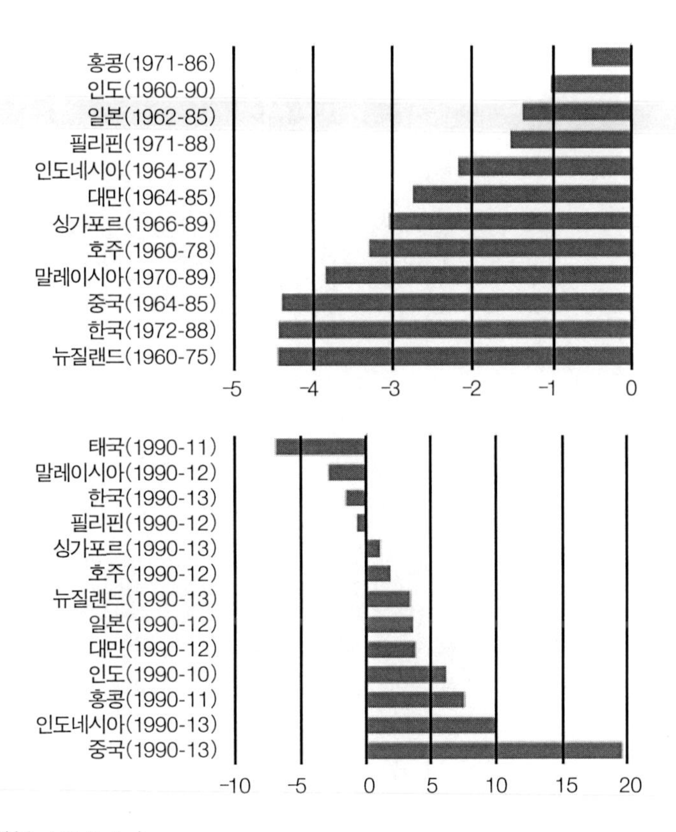

*단위: 순지니계수(net Gini index)
출처: Jain-Chandra et. al. 2016.

그림 3. 아시아국가들의 소득불평등 변화: 1990년대 이전과 이후 비교

아시아 국가들에서 순지니계수는 감소한 데 반해, 1990년대 이후 상당수 국가의 순지니계수는 빠르게 증가하고 있다(〈그림 3〉 참조).

〈그림 4〉에 나타나듯이 한국의 경제적 불평등도 1990년대 이후 증가하고 있다. 1990년에서 2013년 사이 한국의 소득 상위 10%의 소득 점유율은 16% 포인트 증가했다. 한국은 상위 10%가 전체 소득의 약 45%를 차지하고 있는데, 이는 아시아 국가 가운데 가장 높은 수준

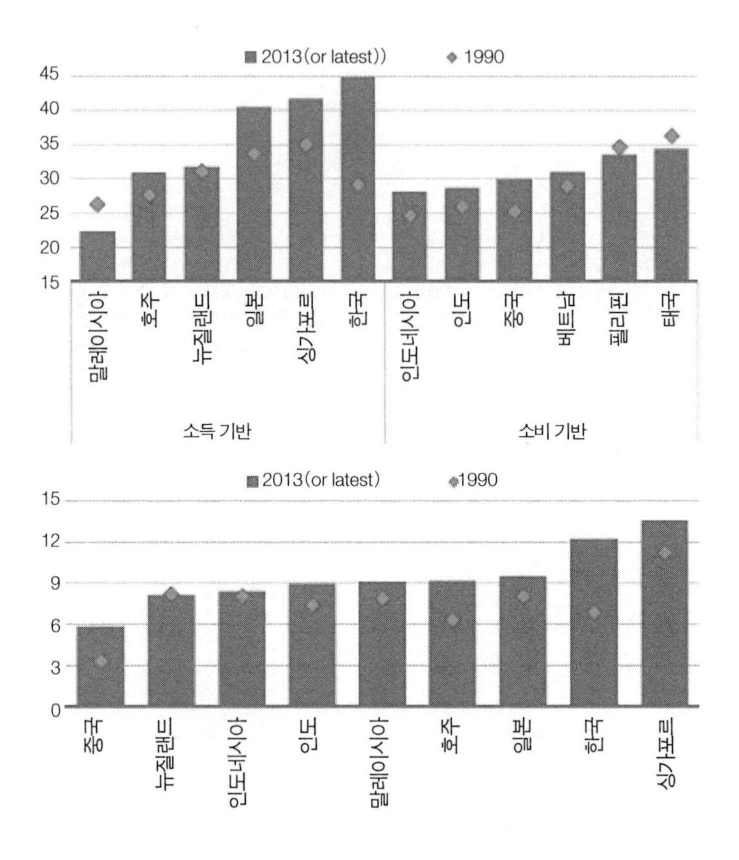

출처: IMF 2016: 12.

그림 4. 상위 10%의 소득/소비 비중

이다. 이를 상위 1%이 소득 비중으로 좁혀 보더라도 한국은 아시아 국가 가운데 싱가포르(15%)에 이어 2위를 기록하고 있다(IMF 2016: 12). 이처럼 한국의 소득불평등이 빠르게 증가한 것은 고령화, 정규직과 비정규직 사이의 임금 격차, 남성과 여성의 직업 불평등이 그 원인으로 분석된다(IMF 2016: 10).

한편, 피케티가 주장하듯이 한국 역시 부를 축적하는 데 있어서 상

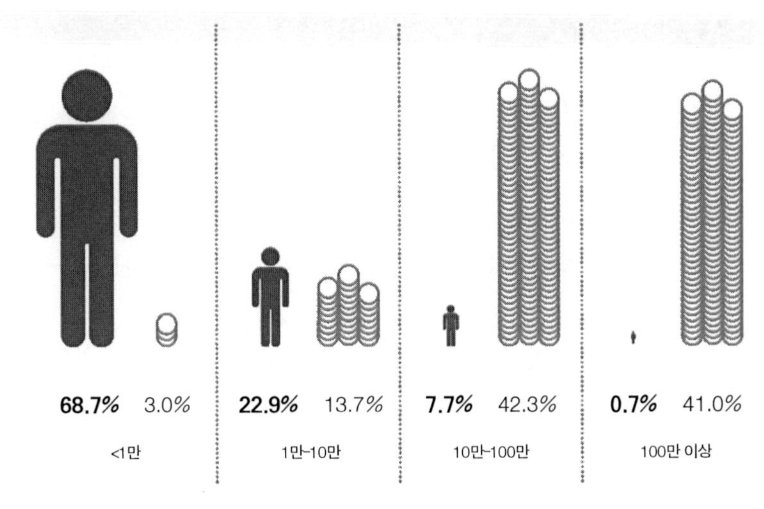

출처: WEF 2015.

그림 5. 세계 부의 분포

속의 비중이 점차 증가하면서 불평등이 구조화될 가능성이 높아지고 있다는 주장이 제기된 바 있다. 구체적으로 김낙년의 연구에 따르면, 한국인들이 부를 축적하는 데 상속이 차지하는 비중이 1970년대 37%에서 1980-1990년대 27-29%로 감소하였으나, 이후 빠르게 증가하여 2000년대 42%에 달하는 'U자형'을 취한다는 것이다(김낙년 2015). 문제는 이러한 추세가 향후 더욱 가속화될 가능성이 높다는 데 있다.

세계적 차원에서도 불평등의 문제가 지속되고 있다. 상위 0.7%가 세계 전체 부의 약 41%를 차지하고 있는 반면, 하위 68.7%가 차지하고 있는 부의 비중은 3%에 불과한 실정이다(〈그림 5〉 참조). 문제는 세계적 차원의 부의 집중이 국가 간 부의 불균형으로 나타나고 있다는 점이다.

그동안 저소득국 또는 중저소득국에서 경제 발전이 이루어짐에 따라 1975년에서 2002년 사이 세계 2/3의 지역에서 경제적 부가 증가한 것으로 나타났다. 지구적 차원의 절대 빈곤 인구가 감소한 것은 사실이나, 이러한 변화가 일부 국가들을 중심으로 발생하는 경향을 보이고 있다. 예를 들어, MDGs가 당초 목표로 제시했던 절대 빈곤 인구의 감소의 상당 부분은 중국이 경제 발전을 한 결과이며, 아프리카 등 대다수 지역 또는 국가의 절대 빈곤 문제는 여전히 해소되지 않은 채 남아 있다. 더욱이 소득 기준 세계 인구의 하위 50%가 세계 전체 소득의 10%를 차지하는 등 상대적 불평등은 심화되는 경향을 보인다.

III. 경제적 불평등과 신흥안보

1. 경제성장과 경제적 불평등에 대한 재조명

불평등이 발전, 특히 지속가능한 발전에 부정적 영향을 미칠 수 있다는 인식이 자리 잡기 시작한 것은 그리 오래되지 않았다. 오히려 경제성장과 불평등의 관계를 규명하고자 했던 경험적 연구들 가운데 상당수는 일정 수준의 불평등이 경제성장을 위해 불가피하다는 주장을 하기도 하였다. 불평등이 경제성장에 필요한 투자를 위한 자본 축적을 촉진하는 인센티브로 작용하기 때문에 불가피한 측면이 있다고 여겼기 때문이다. 자본의 축적을 위해 기업가 정신을 고양할 필요가 있는데, 그 결과 불평등이 초래될 수 있다는 것이다(Barro 2000).

그러나 최근 연구들은 불평등과 경제성장 사이의 부정적 관계를 규명하기 시작했다(Easterly 2007; Berg and Ostry 2011). 불평등의 감소가 경제성장 기간을 증가시키는 원인 가운데 하나라는 주장이 제기되면서 낮은 수준의 소득불평등이 장기간에 걸친 경제성장을 가능하게 하는 요인이라는 설명이 제공되기 시작하였다. 이러한 연구 성과들은 1960년대 이후 한국, 대만, 싱가포르 등 동아시아 신흥공업국이 장기간 경제성장을 지속하는 가운데 비교적 낮은 수준의 소득불평등을 유지하면서 경험적으로도 뒷받침되었다(World Bank 1993).

소득불평등의 악화는 보건과 교육 부문에 대한 투자 감소로 이어질 수 있고, 경제성장을 위해 필요한 개혁 조치들을 수행하기 위해 필요한 정치적 지지를 확보하는 데 어려움을 초래하며, 정치적 불안정을 증대시키는 원인이 될 수 있다. 이는 결국 포괄적 성장의 기반을 저해하고, 궁극적으로 기회의 불평등까지 초래할 가능성이 있다. 소득불평등의 확대가 성장 속도와 지속가능성에 부정적 영향을 미칠 뿐 아니라, 특히 보건과 교육에 대한 투자를 위축시킨다는 점에서 경제적 불평등이 사회적 불평등으로 연결될 가능성이 높아지고 있다. 문제는 보건과 교육에 대한 투자가 장기적 관점에서 볼 때, 성장 잠재력을 제고하는 주요 요인이라는 점에서 더욱 심각하다. 경제적 불평등이 기회의 불평등을 초래할 가능성이 높기 때문이다(Jain-Chandra *et al.* 2016).

그뿐만 아니라, 소득 격차의 확대는 경제성장을 향상시키는 데 필요한 개혁 조치를 위한 정치적 지지를 획득하는 데 어려움을 가중시킨다. 이로 인해 정부는 이른바 인기영합적 정책을 추구하게 되며, 그 결과 정치적 불안정은 가속화될 수 있다. 경제적 불평등의 증가는 성장을 통해 빈곤을 감축하려는 전략에 부정적 영향을 미치게 된다. 이는 고도성장기 아시아 국가들이 실현할 수 있었던 포괄적 성장을 실행하기 어렵게 하는 요인이 된다(Jain-Chandra *et al.* 2016).

2. 경제 통합과 신자유주의에 대한 저항 증가

토마 피케티(Thomas Piketti)는 산업화 초기에 증가하던 불평등이 경제가 발전함에 따라 감소한다는 기존 학설을 뒤집어 21세기 자본주의에서 불평등이 오히려 심화되고 있다고 주장하여 격렬한 논쟁을 초래한 바 있다(Piketti 2014). 자본에 대한 과세를 강화하는 것이 불평등을 해소하는 유일한 방법이라는 피케티의 정책 처방과 그 근본 원인에 대해서는 치열한 논쟁이 벌어지고 있으나, 적어도 불평등의 문제가 효과적으로 관리되지 않으면 21세기 자본주의의 장기적 미래의 위험이 증가할 것이라는 문제 제기 자체에 대해서는 상당한 시사점이 있다고 할 수 있다.

국내적 차원뿐 아니라 지구적 차원의 불평등의 지속 또는 심화는 1990년대 이후 빠르게 진행되어 왔던 세계화와 경제 통합에 대한 반발과 저항을 초래할 뿐 아니라, 더 나아가 지구적 차원의 경제 질서의 근간인 자본주의 자체를 위협하는 요인으로 대두될 가능성이 있다. 최근 논란의 중심으로 떠올랐던 브렉시트의 이면에도 불평등의 문제가 자리 잡고 있다. EU 잔류 진영은 불평등 문제가 지난 수십 년 동안 영국 정치의 저변에서 지속되었던 핵심 문제 가운데 하나였다는 점을 인식하지 못한 채 영국의 대 유럽 관계 변화에만 초점을 맞추었기 때문에 결과적으로 브렉시트를 저지하는 데 실패하였다.

선거 결과는 이러한 설명을 뒷받침하기에 충분하다. 브렉시트를 가장 열렬히 지지한 지역은 영국의 EU 탈퇴 찬성 비율이 76%를 기록한 보스톤(Boston)의 이스트미들랜드(East Midlands)이다. 중부 유럽과 동유럽에서 상당수의 이민자들이 유입된 이 지역은 뚜렷한 경제적 쇠퇴를 겪어왔다. 보스톤의 중위소득은 1만 7,000파운드 이하이며, 전체 인구 가운데 약 1/3은 아무런 자격증도 갖고 있지 않다. 이처럼 불리한 여건에 처한 노동자 계층은 유럽 통합, 이민, 세계화로 인한 어떤 혜택도 누리지 못하고 있다고 느낀다(Matthew 2016).

보스톤 지역의 생활상은 EU 잔류에 가장 강력한 지지를 보낸 지역은 런던의 램베스 자치구(London borough of Lambeth)와 현저한 차이를 보인다. 주민 가운데 79%가 EU 잔류에 투표한 램베스 자치구는 보스톤 지역에 비해 전문직 종사자가 2배 이상이고, 18세에서 30세 사이의 인구 역시 거의 2배에 달하며, 노동자, 연금 생활자, 자격증을 보유하지 못한 사람들의 수가 절반에 불과하다. 렘베스의 평균 소득은 보스톤에 비해 거의 1만 파운드 가량 많다.

비교의 범위를 좀 더 넓히더라도 이러한 차이는 변하지 않는다. EU 잔류를 지지한 20개 지역구는 평균적으로 투표자 가운데 대졸자 45%, 전문직 종사자 42%이며, 중위소득은 약 2만 7,000파운드이다. 한편, EU 탈퇴를 지지한 20개 선거구의 평균을 보면 대졸자와 전문직 종사자는 각각 16%와 23%에 불과하고 연금 생활자의 비율이 거의 20%에 이르며, 중위소득은 1만 8,000파운드에 불과한 실정이다(Matthew 2016).

경제적 불평등의 문제는 세계경제의 불확실성을 증대시킨다는 점에도 주목할 필요가 있다. 세계경제는 경제위기의 발생에 따른 불확실성이 증대하는 현상을 목격하고 있는데, 1997년 아시아 금융위기, 2008년 글로벌 금융위기, 2009년 이후 그리스 재정위기와 유로 위기가 그 대표적 사례이다. 위기의 반복적 발생은 세계화와 경제 통합에 대한 정치적 지지를 철회하게 만드는 주 요인이 되고 있다.

경제 발전이 전반적으로 진행됨에도 불구하고 상대적 불평등은 소외감을 증가시켜 세계화에 대한 정치적 저항(political backlash)이 커질 가능성이 있다(GBS 2012). 이런 점에서 불평등은 국내정치적 문제인 동시에 국제정치적 문제라고 할 수 있다. 피케티는 역시 소득불평등이 ISIS 발생의 원인일 수 있다고 주장한 바 있다. 인구가 적은 몇몇 국가에 부가 집중된 결과 중동 지역 국가들의 정치사회체제가 매우 취약해졌다는 것이다.

불평등이 외교안보적 차원에서도 불확실성을 증대시키는 새로운 안보 위협으로 대두될 가능성이 있다는 데 주목할 필요가 있다. 예를 들어, 국내적 차원의 불평등의 증가는 국제정치적 차원에서 합법, 불법 이민을 촉진하는 요인으로 작용하는데, 이는 지구적 차원의 불확실성을 급격하게 증대시키는 새로운 안보 위협으로 대두될 가능성이 있다. 일부 유럽 국가의 사례에서 발견되듯이 이민의 급격한 증가는 국내정치적 불안뿐 아니라, 국가 간 갈등까지 초래한다. 이러한 문제를 처리할 수 있는 국가적 또는 국제적 차원의 제도가 사실상 부재하다는 데 문제가 있다.

3. 불평등과 분쟁

빈곤, 환경 오염, 실업, 세대 갈등, 정치적 불안정, 분쟁 등은 불평등과 불가분의 관계에 있는 경우가 많다. 특히 냉전 이후 발생한 분쟁 가운데 민족 분쟁의 비중이 빠르게 증가하여 2005년 기준 약 60퍼센트를 차지하고 있다는 점에서 경제적 불평등은 신흥안보의 주요 쟁점으로 대두되고 있다(Stewart 2008: 6). 불평등이 분쟁과 연결될 수 있는 이유는 부자들이 재분배정책의 도입을 저지하기 위해 정치적 영향력을 행사하거나, 반대로 빈곤층이 경제성장의 잠재력을 훼손하는 정책의 도입을 요구하는 등 계층 간 갈등을 유발할 수 있기 때문이다. 이는 사회의 정치적 불안을 가중시켜, 투자와 생산 등 경제성장에 좋지 않은 영향을 미치게 된다(Rodrik 1999).

그렇다면 경제적 불평등이 분쟁에 영향을 미치는 메커니즘은 무엇인가? 이에 관한 고전적 설명은 테드 거(Ted Gurr)가 제공한 바 있다. 그의 상대적 박탈이론(relative deprivation theory)에 따르면, 집단의 경제 및 생활 조건에 대한 기대와 실제 상황 사이의 차이가 클수록 분쟁의 가능성이 높아진다. 그렇다면 불평등이 분쟁을 초래하는 메커니즘은 무엇인가? 이에 대한 전통적인 견해는 빈부의 격차가 클 경우, 경제적 하위층이 그들의 경제적 지위를 높이기 위해 집합행동에 나서게 되며, 이 과정에서 폭력이 수반되기도 한다는 것이다(Collier, Hoeffler, and Rohner 2009; Sambanis 2004).[1]

이 주장에 대한 경험적 증거는 확정적이지 않다. 이러한 논의는 세 가지 차원에서 이루어지고 있다. 첫째, 소득불평등이 분쟁의 발생 가능성에 영향을 미치지 않는다고 주장하는 연구들이 다수 있다. 좌절한 가난한 사람들이 부유한 사람들로부터 부를 이전받기를 원하기는 하지만 이들이 불평등에 대한 좌절만으로는 조직화된 내전을 일으키지는 않는다는 것이다(Collier, Hoeffler, and Rohner 2009).

따라서 경제적 불평등이 그 자체로 중요하기는 하지만 다른 요소들과 결합될 때, 분쟁을 초래하는 요인으로 작용한다고 보는 견해가 다수를 이루고 있다. 이와 관련한 연구들은 대체로 두 가지 방향에서 연구가 이루어져 왔다. 첫째, 정체성이 상이한 집단 간 불평등이 분쟁

1 테드 에나모라도 등(Ted Enamorado et. al.)의 연구도 이러한 주장을 뒷받침한다. 멕시코의 사례를 볼 때, 불평등의 증가는 국내적 차원의 갈등과 분쟁을 초래하는 주요 원인이 되고 있다는 것이다. 멕시코의 경우, 지니계수를 기준으로 한 소득불평등도가 1포인트 증가할 때, 인구 10만 명당 살인 사건이 6건 이상 증가하는 것으로 나타났다(Enamorado *et al.* 2016).

의 주요 동력이라고 보는 견해가 있다. 즉, 탐욕과 불만이 분쟁을 초래하는 일차적 주요 요인이라는 것이다. 다만, 탐욕과 불만이 광범위하게 존재하는 모든 국가에서 분쟁이 발생하는 것이 아니기 때문에, 다른 요인들과 결합될 때 분쟁이 발생한다. 분쟁이 실제로 발생하기 위해서는 그에 필요한 경제적 자원과 조직 동원 능력이 뒷받침되어야 한다는 것이다(Collier and Hoeffler 2008).[2]

둘째, 정체성이 다른 집단 사이에서도 평화가 유지되는 국가들이 다수 발견되는 점에 착안하여, 불평등이 다른 요인들과 결합될 때 분쟁이 발생한다고 보는 견해가 있다. '수평적 불평등'에 다양한 차원이 있는데, 경제적 불평등이 사회적 또는 정치적 불평등과 결합될 때 분쟁의 가능성이 높아진다는 것이다(Stewart 2001).

한편, 방법론 면에서 대다수 연구들은 일반적으로 한 국가 내의 부와 소득의 분포를 지니계수(Gini coefficient) 같은 지수로 측정한다. 그러나 이러한 지표들은 불평등의 의미를 정확하게 파악하는 데 한계가 있다. 불평등과 분쟁의 관계를 분석하는 대부분의 기존 연구들은 전체 국민 사이의 소득분포, 즉 수직적 불평등(vertical inequalities)에 주목하는 경향이 있다(Stewart 2001). 그러나 이러한 지표들은 불평등을 협소하게 측정하는 경향이 있기 때문에, 불평등이 분쟁으로 연결되는 메커니즘을 설명하는 데 다소 한계가 있는 것이 사실이다.

따라서 최근 연구들은 집단 간 불평등이 더 중요하다고 주장하고 있다. 예를 들어, 집단 간 문화적 불평등이 경제적·정치적 불평등과 결합될 경우, 폭력을 수반한 저항이나 투쟁이 초래될 가능성이 더욱 높아진다는 것이다. 내전을 위해 사람들을 동원하기 위해서는 상대

2 불평등과 분쟁의 관계에 대한 포괄적 검토에 대해서는 Collier, Hoeffler and Rohner 2009 참조.

적 빈곤을 겪는 사람들이 조직화될 수 있는 쟁점들이 필요하기 때문이다. 불평등이 상대적으로 빈곤한 집단에 대한 의식적이고 체계적인 차별의 결과로 해석될 수 있을 때 이를 시정하려는 집합행동의 가능성이 더욱 높아진다는 것이다. 집단 간 불평등이 대규모로 존재할 때 분쟁의 가능성이 크다는 점은 다수의 연구들에 의해 뒷받침되고 있다.[3]

이러한 연구 결과들은 교육과 보건의 제공이 불평등한 소득과 취업 기회를 제공하는 것보다 더 중요하다는 점을 시사한다. 교육에서 배제되는 것은 특정 집단에 대한 체계적 차별의 결과일 가능성이 높은 반면, 취업 기회의 차이는 단순히 특정 지역의 경제적 활력이 다른 지역에 비해 약한 데 따른 결과일 수 있기 때문이다. 이러한 설명이 일차적으로는 상당한 설득력을 갖고 있는 것은 사실이나, 그럼에도 불평등이 분쟁을 초래하는 메커니즘이 명확하게 규명된 것은 아니다. 불평등이 언제 분쟁으로 연결되는가와 같은 핵심적인 질문에 대한 설명이 여전히 취약하기 때문이다.

3 시더만에 따르면, 일인당 국민소득보다 소득이 더 많은 집단과 더 적은 집단은 내전에 돌입할 가능성이 훨씬 크다(Cederman). 또한 가계 자산과 사회적 불평등으로 측정된 불평등 수준이 높을 때 서로 다른 민족, 종교, 지역 집단 사이에 분쟁이 발생할 확률이 3배 크다고 주장한다(GudrunØst). 사회적 불평등이 분쟁을 초래할 가능성이 경제적 불평등이 분쟁을 초래할 가능성보다 8배 높다(Østby). 이러한 연구 결과들을 종합할 때, 경제적 불평등은 그 자체로도 문제이지만, 다른 불평등 요인과 결합할 때 사회 불안과 분쟁의 가능성을 크게 증가시키는 결과를 초래한다.

IV. 정책적 시사점

1. 국내적 차원: 신자유주의의 대안 마련

국제정치적 차원에서 볼 때, 불평등 문제는 국가 간 역학 관계의 변화를 초래하는 요인으로 작용할 가능성이 있다. 지구적 차원의 불평등이 심화될 경우, 그 원인 가운데 하나로 지목되는 세계화와 신자유주의에 대한 반발을 초래할 가능성이 있다. 신자유주의는 내부적으로도 시각이 매우 다양해서 하나로 통일해서 언급하기는 어렵지만, 대체로 두 가지 핵심 사항을 공유하고 있다. 탈규제와 시장 개방 등을 통한 경쟁 강화와 민영화 긴축 재정 등을 통한 정부 역할의 축소가 그것이다. 1980년대 이후 자발적 또는 외부의 압력에 의한 경쟁이 경제성장에 효과적이라는 가정에 따라 신자유의주의를 추진하는 국가들이 빠르게 증가했다(Ostry 2016).

오스트리 등이 수행한 IMF 보고서에 따르면, 세계 전체적으로 1980년대 중반 이후 신자유주의 정책의 채택이 빠르게 증가했다(〈그림 6〉 참조). 이는 주로 브라질과 인도 등 주요 개도국들이 신자유주의 정책을 추진한 결과이다(Ostry *et al.* 2016)

신자유주의 정책을 채택한 국가들은 높은 개방성을 유지하는 가운데 그로 인한 피해 집단에 대한 보상을 최소화하는 전략을 채택했다. 개방에 따른 성장의 과실이 적하효과(trickle down effect)를 통해 사회 전체로 확산될 것이라는 신념에 따른 것이다. 무역 자유화로 인한 개방성의 증가는 교역에 특화하는 산업을 중심으로 생산성의 향상을 초래하며, 그 결과 경제성장이 촉진된다(Hiscox 2001; Alt. *et al.* 1999). 그리고 성장의 과실은 사회 전반에 고루 확산될 것이라는 주장

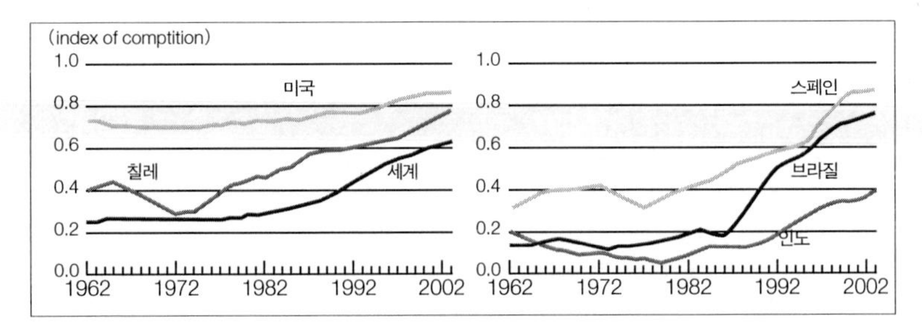

출처: Ostry *et al.* 2016.

그림 6. 주요국의 신자유주의정책 도입 추이

이다. 개방의 효과가 사회 저변에까지 순차적으로 확산될 것이기 때문에, 정부가 개방의 수위를 조절하거나 개방에 따른 피해 보상을 적극적으로 모색할 필요가 없다는 논리다. 심지어 개방의 피해집단에 대한 보상과 이를 위한 세율의 인상은 초국적 활동을 하는 다국적기업의 투자 및 사업 결정에 부정적 영향을 미치기 때문에 억제되어야 한다는 규범적 주장을 펴기도 한다.

정치적·제도적 측면에서 볼 때, 신자유주의 정책의 실행은 낮은 복지 수준과 소득불평등의 확대를 초래할 가능성이 높다. 이는 개방 또는 자유무역으로 인한 피해집단이 정책결정 과정에서 배제될 때 실현될 수 있는 선택이다. 신자유주의 개방의 논리가 전세계적으로 확산되고 있음에도 현실적으로 선진국 가운데 미국을 비롯한 소수의 국가에서만 이 유형이 발견되는 이유는 여기에 있다(Milner and Kubota 2005).

이러한 상황의 전개는 제2차 세계대전 이후 수립된 국제정치경제 질서의 새로운 재편을 의미하는 것으로 국제정치상의 중대한 변화 요인이라고 할 수 있다. 또한 이는 글로벌 거버넌스의 변화를 둘러싼 선진국 대 개도국 또는 미국 대 중국 등의 대립 구도와 연결될 가능성도 있다. 결론적으로 세계적 차원의 불평등 확대는 개개인의 삶에 미치는 영향이 지대할 뿐 아니라, 국가 간 격차와 갈등을 초래한다는 점에서 새로운 안보 위협 요인이 될 것이며, 이에 대한 정책적 대응의 기반을 갖추는 것이 매우 필요하다.

세계화와 신자유주의의 확산이 경제적 불평등의 원인이라고 인정하더라도 그 대안을 모색하는 작업은 결코 용이하지 않다. 세계화에 따른 개방이 경제적 불평등이라는 부작용을 초래하였다고 하더라도 그 대안이 보호무역이 될 수는 없기 때문이다. 경제 침체기에 세계 각국이 보호무역을 채택한 국제정치적 결과는 1930년대 대공황과 제2차 세계대전을 통해 이미 경험한 바 있다.

보호무역이 효과적인 대안이 아니라면, 다른 선택은 무엇인가? 우선, 보호무역까지는 아니지만, 피해집단의 이해관계를 정책결정의 사전적 단계부터 미리 반영하여 개방의 수준과 범위를 결정하는 유형이 있다. 이 유형에서는 무역 자유화의 범위가 상당히 제한적이기 때문에, 피해집단이 대규모로 발생하지 않으며, 피해집단의 정치적 저항이 최소화되는 경향이 있다. 정부는 피해집단에 대규모 보상을 제공할 필요가 없게 된다. 주요 선진국 가운데 일본이 이 유형에 해당한다.

다른 대안은 개방을 지속적으로 추진하되 사회적 안전망을 확대함으로써 간접 보상 체계를 확립하는 방법을 생각해 볼 수 있다. 무역 자유화로 인하여 집중적인 피해를 겪는 집단에 대한 보상을 사회 전체가 부담하는 방식이다. 개방으로 인해 이득을 보는 집단 또는 산업 부문이 피해집단 또는 산업 부문으로부터 협력을 확보하기 위해 사회적 안전망의 확충을 위한 정부 지출의 확대에 동의하는 것이다. 정부 지출의 증가는 무역 자유화를 위해 필요한 정치적 선결 조건이 된다(Adsera and Boix 2002; Swank and Steinmo 2002). 개방에 따른 불확실성의 증대를 완충하는 사회 안전망의 구축에 소요되는 비용을 정부가 지불하기 때문에 높은 재정 지출이 초래되는 것이다(Cameron 1978).

실제로 다수의 연구들이 개방의 수준과 정부 재정 지출의 규모 사이에 대단히 높은 상관 관계가 발견된다고 보고하고 있다(Rodrik 1998). 유럽의 소규모 개방경제가 이 유형을 채택하고 있다. 이 국가들은 20세기 초 이미 과감한 개방을 지향하되, 사양 산업을 지원하는 간접 보상의 방식을 채택하였다(Katzenstein 1985). 정부가 재정을 활용하여 기업에게는 퇴출과 신규 진입에 소요되는 비용을, 노동자에게는 실업 수당과 재교육을 위한 비용을 제공한다. 이 유형을 채택할 경우, 일단 사회적 안전망이 구축되면 개별적인 무역 자유화 조치에 따른 직접적 보상은 낮은 수준에 머물게 된다.

불평등을 해소하는 가장 효과적인 대응책은 사회적 이동성(social mobility)을 제고하는 것이라는 점을 감안하여, 이를 위한 정책적 또는 제도적 대응을 위한 지구적 차원의 노력을 전개하는 데 한국이 주도적 역할을 할 필요가 있다. 사회적 이동성의 증가와 불평등의 감소 사이에 상당히 강한 상관관계가 발견되므로, 이에 근거한 정책적 대응의 제도적 기반을 마련할 필요가 있다. 사회적 이동성을 제고하는 데 가장 효과적인 방법 가운데 하나가 교육과 고급 기술 훈련의 제공으로 알려져 있듯이, 이를 위한 세계적 차원의 공조 체제를 형성할 필요가 있다.

2. 국제적 차원

1) 글로벌 거버넌스의 변화

전후 세계경제질서는 이른바 '착근된 자유주의(embedded liberalism)'의 기조하에 수립되었다(Ruggie). 국제적 차원에서 고도의 자유주의를 추구하되, 국내적 차원의 정책적 자율성을 허용하는 타협이 이루어진 것이다. 이러한 선택은 자본이 이동성을 제약하는 결과를 필연적으로 수반할 수밖에 없었다. 브레튼우즈 체제가 붕괴될 때까지 세계경제가 안정적으로 유지될 수 있었던 것은 이러한 정책 조합들을 선택한 결과였다.

그러나 브레튼우즈 체제 붕괴 이후 세계 각국은 개방성을 증가시키는 반면, 개별 국가들의 정책적 자율성이 제약되는 새로운 정책 조합을 선택하게 되었다. 세계화의 제도적 기초는 이미 이때 수립된 것이다. 이러한 변화를 바탕으로 1990년대 이후 세계화는 진행되었다. 특히 2000년대 이후 세계화는 IT혁명이라는 기술 혁신과 신자유주의의 이념의 확산에 기반하여 급격하게 진행되었다.

세계화가 다수의 긍정적 효과를 초래하기도 하였지만, 세계경제의 불안정성을 급격하게 증대시키는 체제 차원의 결과를 불가피하게 수반하게 되었다. 1990년대 후반 이후 위기의 성격도 변화하게 되었다. 1990년대 초까지의 금융위기가 개별 국가 수준에서 주로 발생했다면, 1990년대 후반 이후 금융위기의 범위가 확대되었을 뿐 아니라, 그 전염 속도도 빠르게 증가하였다. 1997년 아시아 금융위기, 2008년 글로벌 금융위기, 2009년 그리스 재정위기로 시작된 유로존의 위기 등이 이를 대변한다.

또한 이 과정에서 경제적 불평등이 심화되기도 하였다. 초국적기

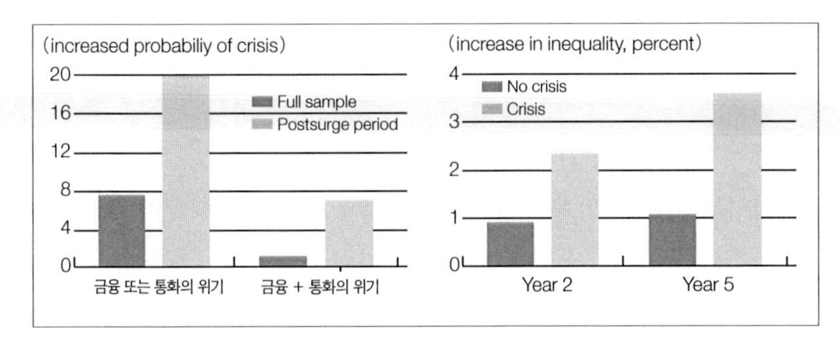

출처: Ostry *et al.* 2016.

그림 7. 개방·위기·불평등의 관계

업이 주도하는 자본 이동성의 증대로 인해 이른바 '밑바닥으로의 경주'(race to the bottom)가 진행된 까닭이다. 특히, 외국 자본을 유치해야 할 필요성을 상대적으로 더욱 크게 느꼈던 개도국 정부들은 외국인 투자 자유화 조치를 과감하게 추진하였고, 그로 인해 경제적 불평등이 확대되는 결과가 초래되었다.

개방, 위기, 불평등은 서로 일정한 상관관계를 갖고 있는 것으로 파악된다. 〈그림 7〉을 보면, 자본 개방 이후 위기가 발생할 확률이 2배 이상 높은 것으로 나타난다. 또한 위기를 겪은 국가의 불평등이 그렇지 않은 국가의 불평등보다 심각한 것으로 나타난다(Ostry *et al.* 2016).

위에서 언급한 변화의 근저에는 브레튼우즈 체제 붕괴라는 세계경제 거버넌스 차원의 변화와 관련이 있다. 그렇다면 경제적 불평등의 확대와 그 부정적 효과를 완화할 수 있는 국제적 차원의 대안은 무엇일까? 세계경제의 불안정성과 경제적 불평등이 증대되었다고 해서 제2차 세계대전 당시의 모델인 관리된 자유주의로 회귀하는 것은 이념적으로나 정치적으로 현실적인 대안이 되기 어렵다.

현실적인 대안은 기존의 글로벌 거버넌스를 점진적이되 창의적으로 변화시켜나가는 것이다. 21세기 국제정치경제의 특징 가운데 하나는 경제 위기의 반복적 발생, 경제 침체의 지속 등 불확실성은 빠르게 증가하는 반면, 이를 효과적으로 조정할 거버넌스가 약화되어 있다는 점이다. G20은 많은 한계를 내포하고 있기는 하지만, 세계경제질서를 관리할 주요 거버넌스의 역할을 담당할 잠재력을 여전히 가지고 있다.

국내적 차원뿐 아니라 세계적 차원의 경제적 불평등의 확대는 일면 세계경제를 관리하는 기존 체제가 효과적으로 문제를 관리하지 못한 데도 그 원인이 있다. 기존 국제기구들이 한계를 드러낼 수밖 없는 데는 세계정치와 경제의 변화를 따라잡기 어려운 구조를 갖고 있기 때문이다. 비국가 행위자들이 급속하게 대두되면서 그 영향력도 확대해나가는 질적인 변화가 발생한 반면, 기존 국제경제기구들은 새로운 거버넌스로서 과거와 달리 멤버십, 어젠다 설정, 운영 방식 면에서 네트워크적 특성을 보인다. 예를 들어, 어젠다 면에서 G20은 또한 주요국간 거시경제정책의 조정과 같은 협의의 경제적 쟁점뿐 아니라, 기후변화, 에너지, 지속가능한 발전 등 경제적 쟁점과 직간접적으로 연결된 이른바 횡단적(cross-cutting) 쟁점들을 관리하는 거버넌스로 발전해왔다. G20의 이러한 유연하고 가변적 특성은 21세기 세계경제를 관리하는 데 적합한 것이라고 할 수 있다. G20이 기존의 고도로 제도화되었지만, 다른 관료화된 국제기구와 차별화되는 지점이다.

2) 지속가능한 발전을 위한 국제 규범의 수립

불평등을 초래하는 원인으로는 세계화, 기술변동, 규제 개혁, 가구 및 인구 구조의 변화, 조세 제도의 변화 등이 지적되고 있는데, 이에 대한 보다 체계적인 검토를 위한 지구적 차원의 노력을 기울일 필요가 있다. 장기적으로는 이러한 연구 및 정책적 검토의 결과를 공유하는 '인지 공동체(epistemic community)'를 형성하는 노력을 주요 국가들과 공동으로 기울일 필요가 있다.

개발협력 분야의 경우 기존 'MDGs 시대'가 종료되고 '포스트-2015 시대'가 개막되었으므로, 절대 빈곤의 감소뿐 아니라 불평등의 해소를 위한 공동 대응을 새로운 어젠다로 부각할 필요가 있다. 최근 출범한 Post-2015 체제에서도 불평등의 심화가 지속가능한 발전을 위협하는 요인임을 인식하고 대응 방향에 대해서 활발한 논의가 이루어지고 있다.

한국은 고도성장기 '경제 성장과 소득 평등'의 선순환 구조를 구축한 경험이 있으므로, 이를 바탕으로 저소득국의 불평등 완화를 위한 정책적, 제도적 해법을 공유하는 데 선도적인 역할을 할 필요가 있다. 한국은 기존 선진국들과 달리 절대 빈곤에서 탈출하여 선진국 대열에 진입한 거의 유일한 국가로서 현재의 개도국들에게 적실성이 높은 정책과 제도적 틀을 수립하는 데 중요한 역할을 하는 잠재력을 보유하고 있다.

V. 결론

21세기 들어 급격하게 진행된 경제적 불평등의 심화와 확대는 새로운 안보위협으로 등장하기 시작했다. 국내적 차원에서 경제적 불평등은 특히 다른 사회적 또는 문화적 불평등과 결합될 때, 내전과 같은 분쟁을 초래할 가능성이 급격하게 높아진다. 반면, 국제적 차원에서 지난 20여 년간 빠르게 진행된 세계화와 경제 통합은 그 이념적 기초가 흔들리는 상황에 직면해 있다. 세계화와 경제 통합은 세계경제의 불안정성과 불확실성을 증대시키고 위기를 초래하는 경향이 있으며, 그 결과 경제적 불평등을 심화시키고 있기 때문이다. 이러한 현실에 대한 대안을 국내외적 차원에서 마련할 필요가 점증하고 있다.

우선, 국내적으로는 보호주의로의 회귀가 현실적 대안이 아닌 만큼, 세계화에 따른 경제적 불평등을 조정할 수 있는 제도적 대안을 마련할 필요가 있다. 세계적 차원에서도 세계경제의 변화를 반영하여 기존 국제기구의 틀 내에서 해결하기 어려운 문제들을 새로운 거버넌스를 활용하여 해결하는 노력을 전개할 필요가 있다.

불평등의 확대에 대한 대중의 우려를 파악한 정치 지도자들도 이 문제를 과거보다 더 심각하게 인식하기 시작함에 따라, 문제에 대한 정책적 교정이 이루어지기 시작하는 성과가 있었던 것도 사실이다. 이는 불평등이 경제적, 사회적, 정치적 차원에서 다양하게 결합되어 서로 상승작용을 하기 때문이다. 불평등은 경제적, 사회적, 정치적 문제를 동시에 관통하는 쟁점이다. 정책의 효과를 제고하기 위해서는 자원과 서비스에 대한 공평한 접근을 가능하게 하는 일련의 정책들이 필요하다. 일부분의 변화를 통해 문제 해결을 모색하기보다는 불평등을 초래하는 제반 요인들의 동시적이고 전면적인 변화를 추구하는 접근이 필요하다. 불평등을 완화시키기 위한 정책들이 보다 거시적 차원의 정치적, 사회적, 경제적 제도의 차원에서 추진되어야 하는 것은 이 때문이다.

지구적 차원의 불평등은 대체로 국가 간 불평등과 연계된다. 국가 간 불평등의 완화를 위해서는 개별 국가들이 생산성 향상, 자원의 재배치, 노동 환경의 개선, 사회적 안전망의 형성 등을 위해 노력하는 것이 일차적으로 필요하다. 한편, 개별 국가 수준의 노력이 효과를 나타낼 수 있는 국제적 환경을 조성하는 것 역시 필요하다(Aoyagi and

Ganelli 2016). 장기적으로는 불평등의 완화 또는 심화가 세계정치에 미치는 영향을 면밀하게 검토할 필요가 있다. 예를 들어, 중국의 부상으로 대표되는 '나머지의 부상(rise of the rest)'이 지구적 차원의 불평등뿐 아니라, 국제정치의 역학 관계에 어떤 영향을 미칠 것인지에 대해서도 면밀한 검토가 필요하다. 불평등의 심화 및 확대는 국내 및 세계적 차원의 지속가능한 발전을 저해할 뿐 아니라, 장기적으로 국제정치의 구조적 변화를 촉진하는 요인으로 대두될 가능성이 있는데, 이에 대한 체계적 검토가 필요하다.

참고문헌

김낙년. 2015. "한국에서의 부와 상속, 1970-2013." 낙성대경제연구소 워킹페이퍼 2015-07.
경향신문. 2015. "불평등이라는 21세기 최대 안보위협." 2015.6.4.

Alt, James E., Fredrik Carlsen, Per Heum, Kare Johansen. 1999. "Asset Specificity and the Political Behavior of Firms: Lobbying for Subsidies in Norway." *International Organization* 53(1), pp. 99-116.

Aoyagi, Chie and Giovanni Ganelli. 2015. "Asia's Quest for Inclusive Growth Revisited." IMF Working Paper. WP/15/42.

Collier, Paul, Anke Hoeffler, and Dominic Rohner. 2009. "Beyond Greed and Grievance: Feasibility and Civil War." *Oxford Economic Papers* 61(1), pp. 1-27.

Enamorado, Ted, Luis F. López-Calva, Carlos Rodríguez-Castelán, Hernán Winkler. 2016. "Income inequality and violent crime: Evidence from Mexico's drug war." *Journal of Development Economics*. 120, pp. 128-143.

Garrett, Geoffrey. 2001. "Globalization and Government Spending around the World." *Studies in Comparative International Development* 35(4), pp. 3-29.

Goodwin, Matthew. 2016. "Inequality not Personalities drove Britain to exit: Angst, alienation and resentment fueled the vote to leave the EU." *Politico*. June 28.

Hiscox, Michael J. 2001. "Class versus Industry Cleavages: Inter-Industry Factor Mobility and the Politics of Trade." *International Organization* 55(1): pp. 1-46.

Jain-Chandra, Sonali, Tidiane Kinda, Kalpana Kochhar, Shi Piao, and Johanna Schauer. 2016. "Sharing the Growth Dividend: Analysis of Inequality in Asia." IMF Working Paper WP/16/48.

Katzenstein, Peter J. 1985. *Small States in World Markets: Industrial Policy in Europe*. Ithaca: Cornell University Press.

Milner, Helen V. and Keiko Kubota. 2005. "Why the Move to Free Trade? Democracy and Trade Policy in the Developing Countries." *International Organization* 59: pp. 107-143.

Mulgan, Aurelia George. 2005. "Where Tradition Meets Change: Japan's Agricultural Politics in Transition." *The Journal of Japanese Studies* 31(2), pp. 261-298.

Nafziger, E. Wayne and Juha Auvinen. 2002. "Economic Development, Inequality, War, and State Violence." *World Development* 30(2): pp. 153-163.

Ostry, Jonathan D., Prakash Loungani, and Davide Furceri. 2016. "Neoliberalism Oversold?" *Finance & Development*. June, pp. 38-41.

Rodrik, Dani. 1998." Why Do More Open Economies Have Bigger Governments?" *Journal of Public Economy* 106(5).

Rugy, Veronique. 2015. "Don't Worry: Thomas Piketty Has the Answer to ISIS and the War on Terror." *National Review*. December 2.

Saez, Emmanuel and Gabriel Zuchman. 2016. "Wealth Inequality in the United States since 1913: Evidence from Capitalized Income Tax Data." *Quarterly Journal of Economics* 131(2), pp. 519–578.

Sambanis, Nicholas. 2004. "Poverty and the Organization of Political Violence." Susan M. Collins and Carol Graham, eds. *Brookings Trade Forum 2004: Globalization, Poverty, and Inequality*. Washington D.C.: Brookings Institution Press, pp. 165–211.

Stewart, Frances. 2001. "Horizontal Inequalities: A Neglected Dimension of Development." QEH Working Paper Series. Working Paper No. 1.

Swank, Duane and Sven Steinmo. 2002. "The New Political Economy of Taxation in Advanced Capitalist Democracies," *American Journal of Political Science* 46(3), pp. 642–655.

The Centennial Global Business Summit. 2008. The Future of Market Capitalism Introduction. Harvard Business School. October 14.

The Guardian. 2013. "Inequality is the biggest threat to the world and needs to be tackled now." 2013.2.20.

The World Bank. 1993. *The East Asia Miracle: Economic Growth and Public Policy*. World Bank Policy Research Report.

Willems, Rens. 2012. "When do inequalities cause conflict? Focus on citizenship and property rights." *The Broker*. December 18.

World Economic Forum. 2015. *Outlook on the Global Agenda*.

제11장

종교와 안보: 정체성의 정치

조홍식

I. 서론: 정체성의 정치

9·11은 21세기가 시작되면서 세계를 충격에 몰아넣은 가장 대표적인 국제정치 사건이다. 2001년 새로운 세기가 시작되자마자 터진 9·11 테러는 순식간에 5,000여 명에 달하는 민간인의 목숨을 앗아간 공격이었다. 게다가 공격의 표적은 세계 최강대국 미국의 심장에 해당하는 뉴욕과 워싱턴D.C.였다. 미국을 넘어 세계의 경제 수도라고 할 수 있는 뉴욕에서는 자본주의의 상징인 세계무역센터 쌍둥이 빌딩이 폭삭 주저앉았다. 또 냉전 이후 세계의 경찰 역할을 담당했던 군사대국 미국의 두뇌 국방성이 자리한 펜타곤도 공격을 받았다. 탈냉전시대 유일 초강대국으로 군림하는 미국의 심장을 때린 세력은 군대를 보유한 경쟁국이 아니라 음지에서 은밀하게 활동하는 테러 세력 알카에다였다. 이 조직은 사우디아라비아 출신 오사마 빈 라덴이 초국적으로 조직한 이슬람 극단주의 세력으로 죽음을 무릅쓰는 소수의 전사를 통해 세계 최강의 심장부를 공격하는 데 성공함으로써 안보의 새로운 시대를 열었다고 평가할 수 있다(Sloan 2005). 특히 더 이상 힘을 발휘하지 못할 것 같던 종교라는 요소가 안보 영역에서 전면에 재등장하였다.

9·11이 초래한 결과 역시 국제정치에 종교 및 문명적 요소가 확실하게 부상하는 계기가 되었다.[1] 자국 영토의 중심을 공격받은 미국은 알카에다가 베이스캠프로 활용하던 아프가니스탄에 반격을 가했고, 그로서 아프가니스탄의 극단주의 종교정권 탈레반 정부를 붕괴시

1 헌팅턴(Huntington 1998)의 문명충돌론은 9·11과 그 이후 사태의 전개과정에서 예언적 자격을 부여받았다. 이에 대해 사이드(Said 2007)는 헌팅턴의 문명충돌론과 같은 접근은 무지에서 비롯된 자살적 해석(suicidal ignorance)이라고 반박하였다. 그는 특히 헌팅턴이 문화 사이에 일어나는 교류와 융합의 현상을 전혀 이해하지 못하거나 거부하면서 본질주의(essentialist)의 오류에 빠진다고 지적한다.

켰다. 서방과 세속적 문명을 대표하는 미군의 아프가니스탄 침공, 그리고 그로 인한 이슬람 극단주의 정권의 붕괴는 종교 또는 문명적 대립의 양상으로 비춰지기에 충분했다. 미국은 아프가니스탄에 이어 이라크를 침공함으로써 중동에 적극적으로 개입하는 정책을 펼쳤다(Lansford 2012). 이라크 침공을 뒷받침하는 미국의 주장은 대량학살무기를 보유하는 국가에 대한 사전적 공격이 필요하다는 논리였다. 이라크는 아프가니스탄과 달리 이슬람 극단주의가 지배하는 국가가 아니라 아랍 민족주의에 기초한 독재정권의 성격이 강했다. 하지만 미국의 개입으로 기존의 정치 및 사회 균형이 무너지고 이슬람 내부의 종파 갈등이 격화되었다. 특히 새로운 권력에서 소외된 수니파는 반미, 반제국주의 극단으로 흐르게 되었다. 이는 이슬람국가(IS: Islamic State)라고 하는 또 다른 종교에 기초한 초국적 극단주의 세력의 부상을 가져왔다.

알카에다의 미국 공격인 9·11이 세계를 충격에 빠뜨렸듯이 IS는 2015년 두 차례에 걸친 프랑스 파리 공격으로 서방을 공포에 몰아넣었다. 1월에는 프랑스 풍자언론 샤를리 엡도(Charlie Hebdo) 편집회의에 테러리스트를 보내 언론인 학살을 자행했고, 11월에는 금요일 저녁 주말을 즐기는 파리 시민들을 무차별적으로 사살했다. 9·11과 같은 상징적 목표에만 집착한 것이 아니라 피해를 최대화하기 위해 수단과 방법을 가리지 않았다. 이슬람국가는 이라크와 시리아에서 수니파 극단주의 세력을 결합하여 양국에 걸쳐 상당한 영토를 지배하면서 내전을 벌이고 있는 준 국가적 성격의 집단이다(Cockburn 2015). 서방을 대상으로 성전(Jihad)을 벌이는 것은 물론 이슬람권을 하나로 묶겠다는 원대한 포부도 가지고 있다. 이라크와 시리아 내전의 장기적 결과로 수백만의 난민이 발생했고, 이들 중 상당수가 대거 유럽으로 피난길에 오름으로써 급기야 2015년에는 유럽통합의 근본부터 흔들리는 위기가 닥쳤다. 유럽연합 내부 시민들의 자유로운 이동을 보장하는 셴겐(Schengen) 제도가 난민의 대규모 난입으로 일시적으로 중단되었고 사라졌던 국경과 국경검색이 다시 등장하였다.

9·11이나 2015년 프랑스 테러 사건만을 놓고 보면 헌팅턴이 구상했던 문명의 충돌이 실질적으로 일어나는 상황이라는 해석도 가능할 것이다. 기독교의 배경에 세속주의 민주 문명을 가진 서구가 이슬람 문명권과 충돌한다는 시각 말이다. 하지만 종교를 매개로 하는 다양한 분쟁과 갈등을 실질적으로 살펴보면 문명 충돌이나 종교 갈등의 단순한 시각은 오히려 현실의 이해를 방해한다. 일례로 이슬람 극단주의의 가장 커다란 피해자는 기독교 문명의 서구가 아니라 바로 이슬람권 내부의 주민들이다(Maréchal and Zemni 2013). 중동과 북아프리카 지역을 보면 이스라엘이나 레바논 등에서는 유태교, 기독교, 이슬람 등이 서로 갈등을 일으키면 장기간 내전 상황을 만들어 왔지만 시리아, 예멘, 이집트, 튀니지, 알제리, 이라크, 아프가니스탄 등에서는 세속주의 성향의 세력과 극단주의 이슬람 세력의 갈등, 또는 수니/시아 등 종파 갈등이 내전이나 분쟁, 갈등의 원인으로 작용한다. 달리 말해서 이슬람/기독교의 국제적 갈등은 다만 여러 종교적 차원을 포함하는 갈등의 한 부류일 뿐이라는 것이다.

이슬람과 기독교가 한 국가나 사회 내부에서 폭발적으로 대립하는 지역은 사하라 주변 아프리카에서 쉽게 발견할 수 있다(Williams 2011: 128-146). 전통적으로 사하라 사막 주변에는 이슬람의 확산이 이뤄졌고 대서양 주변의 정글 지역에는 원주민의 토속 종교나 서구가 전파한 기독교 세력이 자리를 잡고 있다. 문제는 식민지 시대를 거치면서 인위적인 국경의 나라들이 만들어졌고, 그로인해 한 국가 내에 내륙에는 이슬람, 해안으로는 기독교/토속종교가 지배하는 대립 구도가 형성되었다. 테러와 납치 등으로 국제 뉴스를 심심치 않게 장식하는 나이지리아의 보코하람은 북부 내륙의 극단주의 이슬람 세력이며 해안의 기독교/토속종교 세력과 대립하는 모습이다. 코트디부아르 또한 북부 이슬람 세력과 남부 기독교 세력이 내전을 벌였다. 하지만 코트디부아르 사례는 종교와 국제정치의 복합적 상황을 반영한다. 유엔을 비롯한 서구 세력은 내전에서 남부의 기독교 세력보다 북부의 이슬람 세력을 지지했기 때문이다. 물론 그 이유는 남부 그바그보(Laurent Gbagbo) 대통령이 선거 결과를 조작하여 장기 독재의 길로 들어섰기 때문이다.

종교로 인한 안보의 위협은 반드시 서구 또는 기독교와의 대립을 떠나 보편적으로 존재한다. 예를 들어 인도와 파키스탄의 관계는 힌두교와 이슬람의 대립에서 비롯되며, 국제적 차원과 동시에 국내적 성격을 갖는다. 특히 인도 내부에는 힌두 다수와 이슬람 소수의 대립적 관계로 인한 사회 갈등과 분쟁이 빈번하다(Varshney 2002: 87-118). 다른 한편 중국에서는 공산당 정부와 소수민족의 종교적 차원을 동반한 정치세력의 분쟁이 안보에 커다란 위협이다. 신장의 위구르 집단은 종교적으로 이슬람이며 터키계의 종족적 특성을 갖고 그 정체성을 유지하려 노력한다(Gunaratna *et al.* 2010). 쿤밍의 칼부림 사건은 위구르 극단세력의 테러 행위로 충격을 안겼다.[2] 또한 티베트의 원주민은 종교적으로 불교이며 종족적으로 한족과 구분되는 티베트족이다. 이들은 철도와 도로 등으로 한족의 방문, 관광, 이주가 활발해지면서 위협받는 독특한 정체성을 유지하고 보호하려 노력한다. 그 과정에서 승려들의 분신이나 시위, 주민들의 폭동 등이 발생한 바 있다. 이상의 사례

2 중국 서남부 윈난성의 쿤밍에서 위구르 독립주의자들은 일반 시민을 테러하여 29명을 살해하고 100명 이상의 부상자를 초래한 사건이다(*The Economist* 2014.3.3).

는 종교와 종족이 정치적 운동과 결합하여 매우 폭발적으로 표출되는 경우다.

종교는 종족적 차원과 결합하지 않더라도 일반적 사회의 세속주의와 빈번한 충돌을 일으킨다. 가장 세속주의 가치관이 지배하는 서구 사회에서조차 종교의 극단적 세력은 안보에 위협을 가한다(New 2002). 예를 들어 미국의 근본주의 기독교 세력은 낙태를 살인으로 규정하면서 낙태를 시행하는 의사 또는 병원에 테러를 가하곤 했다. 프랑스의 기독교 극단주의 세력은 예수의 삶을 표현한 영화에 대해 불만을 품고 영화관을 방화하기도 했다. 기존 종교의 근본주의 또는 극단주의 형태가 아니더라도 신흥 종교 또는 사교(邪教)의 안보 위협도 가볍지 않다. 예를 들어 일본의 옴 진리교는 지하철 테러로 수많은 사상자를 냈다. 한국의 오대양 사건은 1987년 집단 자살로 32명이 죽음을 맞은 사례다. 이처럼 종교와 안보는 크게는 세계정치의 차원에서부터 작게는 일상의 안전문제까지 매우 다양한 차원에서 긴밀한 관계를 맺고 있다. 이 글의 목적은 종교와 안보의 상호 관계를 체계적으로 파악하려는 기초적인 시도로서 21세기의 새로운 안보를 고찰하는 데 종교적 차원을 어떻게 접근하고 분석해야 하는지 살펴본다.

종교와 안보의 상호관계를 분석하기 위해 여기서는 '정체성의 정치(politics of identity)'라는 접근법을 활용한다. 정체성의 정치란 말 그대로 정체성이 특정 집단이나 종교에 의해서 주어진 것이 아니라 정치라는 과정, 즉 권력과 긴밀하게 연결된 사회적 과정을 통해서 형성된다는 뜻이다. 정체성이라는 용어를 사용하는 담론이 빠지기 쉬운 함정이 바로 특정 종교는 특정 내용을 담고 있기 때문에 정해진 정체성을 신도에게 부과한다는 식의 논리다. '정체성의 환상(illusion identitaire)'이라고 부를 수 있는 오류다(Bayart 1996). 환상에서 벗어나 사회과학적으로 정체성의 문제를 파악하기 위해서는 정체성을 규정하고 만들어 가는 과정, 그리고 그 정체성을 통해 행위자를 동원하고 포장하고 하나로 통합하는 과정을 보아야 한다. 따라서 '이슬람의 정체성'은 환상의 영역에 속하는 신기루에 불과하며, 실제로는 누가 어떻게 특정한 이슬람의 정체성을 제안하여 어떤 행위자들을 동원하고 포괄하는가를 살펴보아야 한다는 의미이다.

다음은 정체성이 특정 집단이 공유하는 사고방식과 행동양식으로서 아비투스(habitus)일 뿐만이 아니라 이 집단이 사회의 다른 집단과 상호 관계 속에서 규정되는 사회공간의 결과라는 점이다. 단순하게 표현하자면 특정 집단이 스스로 규정하고 공유해서 가지는 정체성을 내부 정체성이라고 한다면, 다른 집단이 특정 집단에 대해 가지는 시각은 외부적으로 부과되는 외부 정체성이라고 할 수 있다(Amselle 2010). 결국 현실 속에서 이 집단의 정체성은 내부적 정의와 외부적 규정이 복합적으로 작용하여 결정되는 것이라고 볼 수 있다. 예를 들어 개신교의 정체성이라는 것이 존재한다면 그것이 영국이나 스칸디나비아처럼 개신교가 절대 다수인 국가의 정체성인지, 아니면 독일처럼 가톨릭과 공존하는 사회의 개신교인지, 또는 프랑스처럼 가톨릭이 절대 다수인 국가의 정체성인지에 따라 매우 다른 양상을 띨 수밖에 없다는 의미다. 실제로 미국에서 주류인 프로테스탄트의 정체성은 보수적이거나 심지어 반동적인 색채를 띄는 데 반해 프랑스에서 프로테스탄트는 상당히 진보적인 성향을 가진다.

마지막으로 정체성의 정치는 한 개인이 다수의 정체성을 가진다는 사실을 감안하여 이들 사이의 경쟁, 중복, 대립 등을 파악한다. 한 행위자는 성별, 연령, 직업, 교육수준, 계급, 지역, 종교, 국적, 종족, 정치성향 등 매우 다양한 정체성에 의해 규정될 수 있다. 어떤 정체성이 특정 행위자에 있어 우선하는가는 개인적 선택의 결과이기도 하지만 사회적 동원의 정치 속에서 규정되는 결과다. 종교의 정체성을 놓고 본다면 많은 국가에서 종교 정체성은 서로 다른 종교의 관계라기보다는 종교의 실천과 관련된 정도, 그리고 신앙의 형식에서 비롯되는 경우가 많다. 전형적으로 종교가 인간과 사회의 삶을 전체적으로 지배할수록 극단주의, 근본주의, 전체주의의 형식을 띄고, 그 반대에는 세속주의의 성향으로 종교를 공공의 영역에서 배제하려는 노력이 존재한다.

이상에서 간략하게 소개한 접근법을 통해 종교와 안보의 관계를 파악하면 너무나 단순한 오류의 함정에서 벗어나 보다 복합적인 현실을 발견할 수 있다. 이 글에서는 우선 종교와 전통적 의미의 안보를 살펴본다. 다음은 신흥안보 또는 포괄적 안보의 개념으로 틀을 넓혀 종교와의 관계를 파악한다. 마지막으로는 정책적으로 어떻게 종교와 안보의 문제를 다룰 수 있는지 검토한다.

II. 전통안보와 종교

종교를 정의내리기는 쉽지 않은 작업이다. 학문이나 학자에 따라 종교를 정의내리는 방식은 다르며 이는 종교와 관련된 현상의 이해에 커다란 영향을 미친다. 현대사회의 관점에서 종교를 고려한다면 종교는 개인이 선택하는 영적 영역의 패키지와 같은 성격을 가진다. 자본주의 소비사회에서 소비자가 여러 제품 사이에 선택을 하듯이 각 개인은 자신의 영혼의 평화를 위해 다양한 종교 가운데 선택을 할 수 있다는 근대적 시각을 반영한다. 하지만 전통사회에 대한 최소한의 이해를 통해 종교에 접근한다면 종교는 문화나 정치와 긴밀한 관계를 맺고 있는 기본적인 세계관이라고 할 수 있으며, 개인에게는 정체성의 근원을 제공하면서 삶과 죽음의 의미를 부여하는 제도이자 의례의 집합이라고 할 수 있다(Durkheim 2013). 여기서는 종교에 대한 전통적 이해를 포괄하는 넓은 의미의 정의를 채택한다.

인류의 발전 과정에서 오늘날까지 지속되는 보편성을 지닌 종교가 나타나는 시기와 국가가 등장하는 시기는 문명의 등장과 같은 시기다. 상대적으로 평등했던 수렵채집 단계에서 농업의 발전으로 인한 도시의 형성, 권력의 조직화, 문자의 등장과 사회의 구성 등 문명의 중대한 변화들은 세계에 대한 새로운 형식의 이해를 필요로 한 듯하다(Gellner 1990: 91-112). 달리 말해 종교는 선과 악을 구분하고 세계를 설명하는 체계였던 만큼 정통성에 기초한 정치권력과 긴밀한 관계를 맺고 있었고, 대부분 문명화 이후 전통사회란 종교와 정치의 기능이 구분하기 어려울 정도로 혼재한 상태로 이해할 수 있다. 인류 최초로 근대적 의미의 국가를 형성한 중국에서 천자는 하늘과 땅을 연결하는 제사장이자 매개자였다. 다양한 신이 존재하던 그리스 문명에서도 각각의 도시국가는 자신을 보호하는 신을 갖고 있었다. 이집트의 파라오 역시 최고의 권력자이자 신의 대리인 역할을 담당했다. 이런 관점에서 보자면 종교와 안보는 국가라는 정치권력의 기원에서부터 불가분의 관계로 출발한 셈이다. 내부적 치안과 외부적 안보를 담당하는 국가라는 형태의 정치권력이 부상하는 과정에서 종교는 권력의 정통성을 보장하는 철학이자 이유이며 설명이었다. 종교는 국가 정통성의 뿌리였고 그로써 안보의 출발점이었다.

하지만 이와 동시에 종교는 안보에 부정적인 영향력을 발휘하기도 했다. 가장 대표적인 역사적 사례가 종교 전쟁이라는 형식의 투쟁이다(Dunn 1979). 유럽 전역은 16-17세기 종교 개혁의 여파로 구교와 신교가 잔혹한 전쟁을 치르며 대립하였다. 그보다 훨씬 이전에 중세 유럽의 기독교 세력은 십자군이라는 원정군을 형성하여 근동의 성지를 지배하는 이슬람 세력과 장기적인 전쟁을 벌였다. 우리가 이 연구에서 선택한 정체성의 정치라는 접근을 감안한다면 종교가 안보에 미치는 긍정적인 기여와 부정적 역할은 특정 종교의 성격이나 특성에서 비롯되는 것이 아니다. 오히려 종교는 권력의 행위, 특히 전쟁의 경우 그 동원 작업에 개입하여 정통성과 힘을 부여한다. 유럽이 16-17세기 특별히 잔혹한 종교 전쟁을 치를 수밖에 없었던 이유는 당시 종교 개혁으로 주어진 하나의 종교 내부에서 정통성의 투쟁이 있었고, 그 과정에서 무엇이 정당한 권력인가에 대한 투쟁으로 연결되었기 때문이다. 종교 전쟁은 누가 왕위를 계승할 것인가와 같이 권력의 주인에 대한 투쟁이 아니라 어떤 권력이 정당한 권력인가에 대한 보다 근본적인 질문을 놓고 벌인 전쟁이었다는 의미다. 현대의 관점에서 근대가 출발하는 시점에 나타난 종교 전쟁은 여전히 중세적이고 구시대적인 암흑과 무지의 산물이라고 본다. 현대는 종교와 정치 기능의 구분이 너무나 당연하다고 생각하기 때문이다.

근대국가가 서구에서 발전하는 과정은 종교와 국가의 구분의 역사라고 말해도 과언이 아니다. 전통적으로 국가는 왕가와 일치되었고 왕의 종교는 국가의 종교가 되었다. 해당 국가의 영토에 거주하는 주민들은 왕의 종교를 믿었고, 그 종교를 통해 왕의 권위는 형성되었다. 비서구 문명에서 여전히 정치권력과 종교권력이 융합된 형태를 지속하는 데 반해 이미 중세부터 서구에서는 정치권력과 종교권력의 분화가 이뤄졌다고 많은 학자들이 지적했다(Badie 1987). 바티칸의 가톨릭 교회가 서유럽의 종교권력을 뜻했다면 각 지역에 위치한 왕국의 왕권은 정치권력을 대표하여 권력 분화가 이뤄졌다는 설명이다. 일부에서는 이런 구분이 이미 “신의 것은 신에게로, 시저의 것은 시저에게로”라는 신약 구절에 표현되었다고 말한다. 하지만 현실은 각 지역 왕국에서 국왕은 여전히 종교와 정치를 모두 지배하는 상징이었고 권력이었다. 경우에 따라 가톨릭교회와 대립적인 상황이 연출되기도 했지만 커다란 역사의 흐름은 정치권력의 지속적 성장이었다.

종교개혁은 기존 정통성의 질서에 의문을 제기하는 정치 혁명의 기반이 되었다. 가톨릭교회의 권위에 기대어 국가를 운영하고 사회를 지배하던 왕실은 가톨릭의 위기와 함께 정치적 정통성에 커다란 상처를 입을 수밖에 없었다. 종교개혁은 결국 종교만의 문제가 아니라 정치질서의 개혁을 동반하는 운동으로 발전했다. 종교개혁의 가장 장기적인 결과는 프로테스탄트의 등장이라기보다는 세속주의 발전이라는 새로운 경향으로 나아갔다는 점이다(Gellner 1990: 113-144). 사실 종교개혁과 전쟁 이후 유럽은 가톨릭과 프로테스탄트로 나뉘었지만 기본적으로 특정 국가에 특정 종교(가톨릭 또는 프로테스탄트 교파)와 그 교회가 지배하는 형식으로 정리되었다.

세속주의는 종교와 정치를 새롭게 규정하는 권력의 담론이라고 할 수 있는데 종교개혁 이후 발전한 개인주의와 밀접하게 연결되어 있다. 과거의 종교가 하나의 공동체를 집단으로 규정하는 성격을 가지고 있었다면 세속주의의 등장으로 종교는 개인의 영역으로 원자화되는 경향을 보인다. 국가와 권력의 영역은 공공의 영역으로 자율성을 갖게 되고 종교는 이제 집단의 정체성을 규정하기보다는 개인의 선택에 의해 결정되고 개인의 사적인 영역에서 행사하는 지극히 개인적인 실천으로 정의된다. 세속주의란 사실상 종교의 중요성이 줄어들었다는 보편적이고 일반적인 경향을 나타낸다기보다는 공공의 영역에서 종교가 사적인 영역으로 이동하는 현상을 가리키는 것이다.

물론 전통사회에서 정치권력의 기반이면서 동시에 사회 전체의 집단 정체성을 제공하던 종교가 아무런 저항 없이 공적 영역에서 물러난 것은 아니다. 국가마다 조금씩 차이는 존재하지만 종교를 공적 영역에서 축출하는 과정은 긴 역사적 갈등과 충돌을 불러일으키곤 했다. 특히 프랑스와 같은 국가에서 세속주의는 라이시테라고 하는 공화주의의 원칙으로 자리 잡았고, 종교의 모든 흔적을 공적 영역에서 축출하려는 시도는 가톨릭교회의 강한 반발을 초래했다(Baubérot 2007). 결국 과거 종교 간의 경쟁과 투쟁으로 인한 안보에 대한 위협은 시간이 흐르면서 점차 종교 세력과 세속주의 세력의 대립으로 대체되는 모습을 보인다.

서구를 중심으로 발전한 사회과학은 기본적으로 세속주의 전통 위에서 역사를 해석하고 바라보는 시각을 갖는다. 특히 근대화와 관련된 이론들은 사회의 발전을 종교지배에서 벗어나 세속주의로 오는 과정으로 파악한다. 역사주의의 영향에 따라 중세의 '무지몽매한' 종교지배사회에서 인간의 이성을 통해 사회를 이해하고 파악하고 구성하는 진보의 이념은 점차 종교가 사적 영역으로 이동하면서 공적인 영역은 이성과 합리성이 지배할 것으로 보았다. 예를 들어 종교의 시대에 야만적 종교전쟁이 종결된 이후 등장한 것은 민족주의다. 초기 민족의 개념과 민족주의는 종교적 신앙과는 달리 이성적으로 철학적으로 구성되고 구상되는 계몽주의적 성향을 가졌다. 민족의 생존 가능성을 감안하는 규모에 관한 논쟁은 이런 이성적 접근 방식을 잘 보여준다.[3]

3 19세기 민족의 규모에 관한 논쟁이란 어느 정도 크기의 민족이 서로 경쟁하고 투쟁하는 국제질서 속에서 자립하여 살아남을 수 있을 것인가에 대한 논쟁이다. 아무리 작은 민족도 독립에 대한 권리를 가지게 된 20세기와는 전혀 다른 차원의 논의라고 할 수 있다(Hobsbawm 1992).

그러나 과거의 비이성적인 종교와 근대의 이성적 민족의 대립은 오래 지속되지 않았다. 민족 간의 투쟁과 대결, 전쟁은 과거 종교 대립의 시대보다 결코 뒤처진다고 할 수 없을 정도로 치열했다. 신앙과 진리를 놓고 벌이던 종교 전쟁과 다를 바 없이 민족 간의 전쟁은 오히려 더욱 강한 총력전(total war)의 성격을 갖게 되었다.[4] 제1차, 제2차 세계대전은 그 규모와 참혹함에서 그 어떤 종교 전쟁도 추월했다. 계몽주의에서 태어난 근대적 민족국가 역시 결국은 안보의 영역에서 커다란 실패라고 하지 않을 수 없었다. 많은 학자들은 종교와 민족 역시 매우 긴밀한 관계를 형성하고 있음을 발견하기 시작했다(Smith 2010). 민족 역시 이성적으로 정당성을 설명할 수는 있지만 그와 동시에 매우 감정적이고 믿음에 기초한 정체성의 보루였기 때문이다. 홉스봄(Hobsbawm 1992: 192)과 같은 학자는 종교와 민족주의 영향이 안보에 부정적이었던 사실을 인정하면서 궁극적으로는 민족주의가 약화될 것이라고 예언했다. 하지만 민족주의는 1990년대 가장 진보적이라는 유럽에서 다시 기승을 부리기 시작했다. 소련과 유고의 붕괴와 내전, 체코슬로바키아의 해체 등은 민족과 종교의 상호 관계와 그것이 안보에 미치는 영향을 다시 돌이켜보는 기회가 되었다.

20세기는 민족의 시대가 가고 이념의 시대가 온 듯 보이기도 했다. 냉전시기 미국과 소련의 대립은 민족의 대립이라기보다는 자유주의와 공산주의의 이념적 대립이었다. 개인의 자유와 시장경제, 자본주의 등으로 대표되는 미국 모델과 평등과 공동체 정신, 공산주의 생산체계 등으로 상징되는 소련 모델은 인류의 미래 지표로 서로 경쟁했고

4 빌리그(Billig 1995)는 일상적 민족주의라는 개념을 통해 마치 종교가 신도의 삶을 일상적으로 지배하듯이 현대인의 일상을 지배하는 것은 민족주의의 신념과 제도와 장치라고 분석한 바 있다.

세계는 이에 따라 양분되었다. 그리고 이런 이념은 매우 철학적이고 계획적이며 인간의 이성에 의한 합리적 시도로 소개되었다. 그럼에도 불구하고 미국과 소련의 모델은 모두 무척이나 종교적 제도와 의례, 교육과 세뇌에 의존한다는 사실을 지적하지 않을 수 없다. 이처럼 민족이나 이념처럼 과거의 전통적 종교와 대립하는 것 같은 세력도 결국은 집단 정체성의 형성과 동원의 사회학에 있어 기존 종교와 매우 유사한 특징들을 나타냈다.

더욱 놀라운 사실은 근대주의자의 예상과는 달리 21세기가 되어도 종교가 전혀 약화되지 않았으며, 종교적 성향의 민족주의나 이념도 오히려 강화되는 모습을 보인다는 점이다(Kepel 1991). 민족주의나 이념은 물론 종교의 영향력이 약화되는 것이 아니라 어떤 측면에서는 강화되는 양상이 나타나기도 한다. 이에 대해 새롭게 등장한 설명은 근대화가 세속주의의 강화와 종교의 약화를 가져오는 것이 아니라 오히려 집단 정체성의 약화와 개인의 소외를 초래하여 더욱 간절하고 치열한 방식으로 종교 정체성의 확산이 이뤄진다는 것이다. 달리 말해서 근대가 초래하는 너무 빠른 변화에 대한 공포가 만연하고, 이런 변화에 적응하지 못하는 인간은 전통적 또는 신흥 종교의 부름과 흡수력에 노출된다는 점이다.

실제로 종교의 영역에서 사용하는 근본주의라는 용어가 등장한 것은 20세기 초 미국에서다. 그것도 이슬람과 같은 비서구 종교가 아니라 바로 근대의 대명사라고 불렸던 프로테스탄트에서 나타났다. 기독교에서 등장한 근본으로 돌아가자는 운동(Go to the fundamentals!)이 바로 근본주의라는 개념을 만들어 냈다. 이들은 변화하는 사회에 적응하고 맞추는 기존의 교회를 변절이라고 규정하면서 다시 초심으로 돌아가자는 주장을 펴는 것이다. 문제는 이들이 변화를 거부하면서 때로는 무척 폭력적인 행동이나 담론을 채택하고 안보를 위협하는 성격을 갖는다는 점이다. 다른 한편 이슬람에서는 종교율법 샤리아를 국가법의 근간으로 삼자는 등의 주장을 하는 집단에 대해 근본주의라는 표현을 적용해 사용할 수도 있지만 대부분 급진주의 또는 극단주의(radicalism)라는 용어가 더 적절해 보인다(Springer *et al.* 2009). 가톨릭에도 이러한 성향의 극단주의가 존재하는데 프랑스를 중심으로 발전한 이 집단에는 대개 전체주의(integrism)라는 개념을 적용한다(Goujart 2004).

이상에서 본 바와 같이 종교와 안보는 국가의 기원부터 불가분의 관계를 맺어왔다. 종교는 국가와 질서의 본질적 부분을 담당함으로써 안보의 기반이기도 했지만 전쟁과 같은 행위에서는 안보를 위협하거나 해치는 역할을 담당했다. 이런 종교의 양면적 성격은 종교가 처음부터 믿음과 판단의 잣대로서 집단 정체성 형성에 가장 기초적인 요소로 존재해왔다는 데서 비롯될 것이다. 한편에서는 사회가 근대화 과정을 거치면서 세속주의가 지배하고 종교의 역할이 축소될 것이라고 예상하였지만, 실제로 근대 사회의 종교적 차원은 민족이나 이념 속에서도 새로운 모습으로 발전하였고, 또 종교 자체가 근본주의/극단주의/전체주의 등의 형식으로 변화하거나 신흥 종교의 모습으로 전개되면서 오히려 강화되는 성향도 나타내 왔다.

III. 인간안보와 종교

종교는 인류사에서 문명의 기원과 함께 중요한 역할을 담당하게 되었고, 주요 종교들이 문명과 함께 등장했다는 사실을 위에서 지적했다.

과거의 사회를 살펴보면 종교가 문화 그 자체의 역할을 담당하기도 하며 다만 서구에서 매우 특수한 역사적 과정을 거쳐 정치권력과 종교권력이 분화하면서 각각 자율적으로 운영되는 영역으로 자리매김했음을 살펴보았다. 전통적인 안보, 즉 국내적으로 치안과 국제적으로 국방이라는 기능은 정당성을 보유한 폭력의 독점으로 정의되는 국가의 존재 이유와 밀접하게 연관되어 있다. 종교는 초기에 정통성과 정당성을 부여하는 세계관을 심어준다는 점에서 안보의 필수적이고 불가분의 요소라고 할 수 있었다. 다만 정치권력이 점차 자율성을 확보하면서 국가는 민족이라는 개념을 통해 새로운 정통성을 얻게 되었고 근대 국가는 종교에 굳이 의존하지 않고도 시민의 충성과 안보의 유지 기능을 수행하게 되었다.

1990년대부터는 전통적 안보 개념에 대한 반성을 통해 안보 개념의 확대가 이뤄졌다. 안보를 물리적 폭력으로부터 보호받는 상태라는 다소 수동적 정의에서 이제 인간의 안정적 삶이라는 보다 광범위한 의미의 안보 개념이 필요하다는 인식이 등장했기 때문이다(Wellman and Lombardi 2012). 새롭게 등장한 넓은 안보는 신흥안보 또는 인간안보라는 개념으로 불린다. 여기서는 신흥안보보다는 인간안보를 사용한다. 신흥안보는 시대가 바뀌면서 새로운 위협과 이에 따른 안보의 개념이 등장했다는 느낌을 주는데, 사실은 인간과 사회에 가해지는 위협이 새롭다기보다는 안보에 대한 인식이 더 넓어진 측면이 더 강하기 때문이다. 물론 이 책에서 다루는 원자력 안보나 사이버 안보는 분명 신흥안보의 개념이 더 적절할 수 있다. 하지만 인구나 종교 등과 관련된 안보는 새롭게 등장한 위협이라기보다는 이를 안보 영역으로 재인식하는 노력이 더 크게 작용했다.

인간안보는 세 가지 차원을 포함한다(Seiple *et al.* 2015). 첫째는 전통적 안보와 마찬가지로 물리적 차원에서 모든 위협으로부터 보호받는 상태를 뜻한다. 물론 물리적 차원이 물리적 폭력만을 의미하는 것은 아니다. 예를 들어 식량의 안보라면 물리적 폭력이 가해지지는 않지만 기아와 영양실조 등 물리적 차원의 고통과 불안의 문제를 다룬다. 물리적 차원은 인간이 생존하고 생리적으로 삶을 영유하는 데 필요한 기본적 인간 복지를 대부분 포괄한다고 할 수 있다. 둘째는 법적 차원의 인간안보로서 인권에 대한 유린으로부터 보호받을 수 있는 권리를 지칭한다. 법적 차원의 안보를 확보하기 위해서는 해당 국가의 정상적인 기능은 물론 정치체제의 성격도 매우 중요한 관건이라고 하겠다. 물리적 차원과 법적 차원에 이어 세 번째는 보다 광범위한 문화적 차원이라고 부를 수 있다. 이 차원은 주관적 감정을 통해 개인이 자율성과 자유를 느끼며 행복한 삶을 영유하는가의 문제이다. 물리적 차원과 법적 차원의 안보가 보장되고 지켜지더라도 사회의 구성원들이 강력한 불만과 소외를 느낀다면 세 번째 차원의 안보가 실현되었다고 보기는 어렵다. 극단적인 경우 부탄과 같이 물리적 또는 법적 차원에서 서구적이거나 선진국의 기준으로 높은 수준이 아니지만 주민들이 느끼는 주관적 감정과 행복감에서는 세계 최고의 수준을 자랑하는 경우도 생긴다.

인간안보라는 새로운 개념 속에서 종교의 중요성은 더욱 강조될 수밖에 없다. 각각의 차원을 살펴보면, 우선 물리적 차원에서 종교는 많은 경우 기본적 복지와 안보를 제공하는 역할을 한다. 중세 유럽에서 지역 공동체의 복지를 담당하는 역할은 교회가 맡았다. 또 자본주의의 발전과정에서 낙오된 자들을 추스르고 도와주는 역할 역시 교회의 영역이었다. 폴라니(Polanyi 2001)의 『거대한 전환』에 보면 기본적인 생존의 위협에 대해 교회가 담당하던 안보 제공의 기능이 어떻게 국가로 이전되는지를 상세히 읽을 수 있다. 자본주의 선진국에서 복지

국가의 등장과 부상은 과거 전통안보에서 종교와 국가가 구분되면서 민족주의 국가가 등장한 과정을 인간안보 분야에서 다시 보는 듯하다. 종교와 국가의 구분은 종교가 담당했던 기본 복지기능을 국가로 이전시켰다는 점에서 말이다.

산업혁명과 자본주의 시장경제를 통해 복지국가를 형성한 서구에서 종교의 역할은 축소되었다. 물론 미국과 같이 최소한의 복지국가 형성도 어려운 경우 교회는 여전히 집단 정체성과 함께 기본적 복지기능을 일부 유지하고 있다. 다른 한편 제3세계의 많은 지역에서는 일명 국가 실패의 현상을 발견할 수 있다. 국가가 전통적 의미의 안보도 새로운 의미의 인간안보도 제공하지 못하는 경우다. 이런 지역에서는 종교가 그나마 생존권을 보장하는 역할을 담당하곤 한다.

법적인 차원에서 인간안보는 개인의 인권과 권리를 보호한다는 의미인데 여기서 종교와의 관계는 매우 복합적이다. 일반적으로 서구 선진국은 자유민주주의 헌정체제를 보유하며 여기서 개인의 기본권 보장이 제일 잘 이뤄지고 있다. 하지만 프랑스의 사례에서 볼 수 있듯이 언론과 표현의 자유라는 세속주의 법체계가 종교와 마찰을 빚을 수 있다. 공적인 영역에서 종교를 축출하려는 프랑스의 라이시테는 종교를 개인의 영역으로 이전시킴으로써 종교 간 갈등을 완화시키는 기능이 있다. 하지만 집단 정체성을 표현하면서 공적 영역으로 종교를 확산시키려는 세력과 충돌하게 마련이다.

프랑스가 다원주의적 체제에서 세속주의와 종교의 갈등을 표명한다면 다른 많은 국가는 특정 종교가 여전히 법체계의 기반을 이루거나 사회 다수의 인식에 뿌리를 내리고 있다는 점에서 비슷한 문제를 거꾸로 앓고 있다. 종교 율법이 법적 차원에서 중대한 역할을 하는 사우디아라비아나 이란 등은 세속주의 소수나 소수 종교가 억압을 받고 법적 권리를 제대로 인정받지 못한다. 최근 파키스탄이나 방글라데시 등에서 일어난 일련의 사건들은 이런 위험이 단순히 법적인 것이 아니라 실제 물리적 폭력으로 표현될 수 있음을 보여준다.[5] 단순히 신성모독을 법에서 없애야 한다는 주장을 한 사람이 암살을 당함으로써 주류 종교의 폭력을 가시적으로 보여주었다.

문화적이고 주관적인 차원의 안보 개념은 사람들이 스스로, 그리고 가족 및 이웃과, 또 살고 있는 사회 및 세계와의 관계를 의미한다(Haines 2012). 종교는 이 차원에서도 결정적인 역할을 담당한다. 종교야말로 개인적인 차원에서 시작하여 가족이나 지역 등과 같은 가장 기초적인 사회적 삶, 그리고 포괄적인 사회 및 세계를 바라보는 시각을 제공하기 때문이다. 유교나 프로테스탄트와 같은 현세적 가치와 삶을 중시하는 태도도 있고, 또는 일부 도교나 불교처럼 현실 도피에 가까운 입장도 존재한다. 기독교나 이슬람 등을 바탕으로 성전과 투쟁을 주장하는 극단적 교리들은 최근 들어 전통안보에 대한 위협으로 주의를 끌고 있는데 사실 이들이 많은 사람들에게 어필하는 이유는 보다 포괄적인 인간안보의 차원에서 이해해야 할 것이다.

인간안보에 대한 관심이 커지면서 논의는 대략 세 가지로 집중되었다. 우선 특정 종교가 가지는 인간안보에 대한 특징을 논의하였다. 예를 들어 일부에서는 특정 종교가 신도들에게 대해 더욱 독점적인 태도를 가진다는 사실을 지적한다(Huntington 1998). 한국사회에서만 보더라도 개신교의 전도 행태는 매우 활발하게 이뤄지며, 일단 개종

5 일례로 파키스탄에서는 2011년 기독교 신자였던 소수담당 장관과 펀자브 주지사가 신성모독죄를 없애려 하거나 이에 반대한다는 이유로 살해당한 사건이 벌어졌다. 하지만 많은 국민은 살인자들을 범죄자가 아니라 영웅이자 순교자로 추모하는 상황이다(*The Economist* 2016.2.3).

하는 신도들의 삶과 활동을 적극적으로 통제하려는 독점적 입장을 발견할 수 있다. 반대로 가톨릭이나 불교는 개신교에 비해 훨씬 소극적인 포교의 형식을 띠운다. 인간안보의 관점에서 세계를 분석하며 유일신에 기초한 종교가 일반적으로 더 독점적이며, 그 이유 때문에 더 폭력적인 양상으로 나타날 가능성이 높다고 지적하기도 한다. 가장 쉽게 떠오르는 역사적 사례는 십자군 원정부터 나타나는 유럽의 기독교와 중동의 이슬람의 대립이다.

하지만 정체성의 정치라는 접근에서 살펴보면 이런 주장은 세밀한 분석의 관문을 통과하지 못한다. 일단 유일신이 아닌 불교나 힌두교 역시 매우 독점적이고 폭력적인 양상으로 자신을 표현하곤 한다. 예를 들어 불교가 다수인 미얀마의 국가와 시민이 소수 이슬람 로힝가에 대해 보여주는 폭력과 차별은 위의 틀로 설명하기 어렵다. 다른 한편 유일신의 기독교 내에서도 평화주의 교리를 발전시킨 다수의 교파가 존재하며 심지어 '여호와의 증인' 같이 많은 희생을 치르면서도 물리적 폭력과 군대를 거부하는 경우도 있다. 결국 특정 종교란 매우 다양한 요소로 구성되어 있기 때문에 어느 부분을 강조하여 특정 방향으로 해석하는가에 따라 상당히 상반된 모양으로 빚어질 수 있다.

두 번째 논의는 종교의 국제적 성격이 강화되면서 나타나는 인간안보의 측면이다. 종교는 그 기원부터 경계를 넘나들며 확산되는 성격을 가졌다. 하지만 인간의 교류가 확대되고 수월해지면서 종교가 인간안보에 미치는 영향은 국제관계의 중요한 요인으로 부상하였다(Seiple and Hoover 2004). 유럽의 제국주의가 세계를 지배하면서 나타난 현상은 기독교의 세계화라고 할 수 있다. 아메리카와 아프리카, 오세아니아 등은 모두 유럽 세력에 의해 기독교가 전파된 지역이라고 할 수 있으며 아시아에서는 필리핀과 한국 등이 강한 기독교 세력을 안고 있다. 중국이 내정간섭을 피하려고 바티칸에서 중국 가톨릭교회에 영향을 미치는 것을 거부하는 것은 대표적인 민족주의와 초국적 종교의 마찰 사례다. 이슬람 공동체 역시 국제적 연대와 갈등의 네트워크를 형성하고 있다. 시아 이슬람의 조국 역할을 담당하는 이란은 이라크, 레바논, 예멘 등의 내전이나 갈등에 적극 개입하면서 종교와 국가영향력 확대를 동시에 꾀하고 있다. 마찬가지로 사우디아라비아는 수니파 대표세력을 자임하며 시리아나 예멘의 내전에 개입해 왔다. 최근 가장 국제 뉴스의 초점을 받는 이슬람 국가야말로 유럽에서 전사를 선발하는 초국적 종교 네트워크의 대표 세력이다.

특히 인터넷 등을 통해 장거리에 있는 사람들 사이에 소통이 실시간으로 이뤄짐으로써 초국적 종교 네트워크의 운영이 수월해 졌다. 페이스북을 통해 이슬람 국가가 전사를 유혹하고 선발한다는 사실은 잘 알려졌다. 또 인터넷은 과거 서로 모르던 비난 내용을 노골적이고 즉흥적으로 전달하도록 함으로써 오히려 마찰과 분쟁을 강화하는 역할을 한다. 혐오 발언과 표현이 여과 없이 전달됨으로써 폭력을 초래하는 것은 물론 주관적 행복이라는 문화적 차원에도 그늘을 만들곤 한다.

세 번째 논의는 종교가 인간안보에 미치는 양면성의 영향력이다. 공격적 포교나 독점적 통제, 폭력의 사주 등에 있어 종교는 분명 인간안보에 부정적인 영향을 미친다. 하지만 그와 동시에 평화와 화해의 메시지를 전파하고 기본적 삶을 가능하게 하는 복지를 제공하며 행복과 평안을 가져준다는 점에서 분명 긍정적인 역할 또한 하고 있다. 결국 이 같은 양면성의 현실을 인정한 뒤에는 어떻게 그 긍정적인 부분을 살리고 부정적 역할을 축소시키는가에 정책적 관심을 집중해야 할 것이다.

IV. 종교, 안보, 그리고 정책

분석의 차원에서 종교와 안보의 상호 관계를 파악하는 것도 중요하지만 현실적으로 어떤 정책이 종교의 안보 기여도를 높일 수 있는가에 대한 고민은 21세기의 핵심적인 과제 가운데 하나라고 할 수 있다. 근대주의의 예상과는 달리 현대 세계는 여전히 종교적 세계관이 중요한 역할을 담당하고 있기 때문이다. 다양한 여론 조사는 세계 인구의 대다수에 있어 종교는 여전히 가치와 세계관에서 중요한 역할을 담당한다고 답한다. 달리 말해서 대다수의 사람들(일부 조사에서 80%라는 수치를 제시한다)에게 종교는 정체성의 핵심에 해당하는데 사회과학에서 종교는 매우 제한적 고려의 대상일 뿐이다. 종교의 역할을 과거 전통 사회에만 한정할 것이 아니라 현대 사회에서도 중요한 변수로 채택하고 분석에 활용해야 하는 이유다.

안보는 전통적으로 "군사력의 위협, 사용, 통제를 연구"하는 분야라고 월츠(Waltz 1979)가 정의내린 바 있다. 근대적이고 합리적인 국가를 중심으로 하는 국제관계에서 안보 문제에 종교가 개입할 여지는 적어 보였다. 하지만 종교를 달리하는 국가들 사이의 전쟁은 차치하고라도 물리적 폭력을 위협, 사용, 통제하는 분야로만 안보의 외연을 넓히면 종교의 중요성은 부정할 수 없다. 게다가 인간안보라는 개념을 통해 안보의 범위와 차원을 복지와 법, 문화적 행복 등으로 넓히면 종교의 역할은 다차원으로 작용하게 된다. 최근 연구에서는 안보를 담론 또는 연설행위(speech act)라고 규정하며 "보호해야 하는 대상이 있고, 특정 현상이 심각한 위협을 가한다고 볼 때 이 현상은 안보화된다"는 위협의 프레임으로 안보를 정의한다(Buzan *et al.* 1998). 이 같은 정의는 종교와 안보의 문제를 정책과 연결할 때 매우 요긴하다. 공공

기관의 정책이란 특정 사안에 대해 국가 또는 지방단체의 개입을 필요로 할 때 형성된다. 그리고 이런 개입의 필요성은 무엇보다 담론의 전개와 밀접하게 연결된다.

가장 최근 나타난 종교의 안보화는 9·11 테러 이후 서방에 대한 이슬람의 테러 현상에서 비롯되었다. 9·11은 미국에 대한 테러 공격이었고, 유럽에서도 마드리드 및 런던, 파리 등지에서 대규모의 이슬람 극단주의의 테러가 감행되었다. 서구 사회에 충격으로 다가온 것은 테러 분자의 상당수가 해외에서 파견된 요인이 아니라 유럽에서 태어나거나 자란, 그래서 유럽의 국적이나 영주권을 가진 사람들이었다는 점이다. 특히 영국이나 프랑스는 과거 식민제국을 보유했던 국가로서 많은 이슬람 인구를 갖고 있었다. 프랑스는 통계에 따라 다르긴 하지만 300만~600만 정도의 이슬람 인구를 보유한 것으로 추정된다. 영국도 프랑스보다는 적지만 수백만 규모의 이슬람 인구가 존재한다. 테러 이후 영국과 프랑스는 자국 내 일부 국민과 외국인의 종교 집단에 대한 관리에 나섰다.

이슬람이라는 종교 집단에 대한 안보화와 정책은 두 방향으로 동시에 전개되었다(Laurence and Vaisse 2006). 하나는 미시적인 차원에서 극단주의 성향을 가진 개인들을 정상적인 삶으로 인도하는 정책이다. 탈 극단화(deradicalisation)라는 정책은 우선 종교의 극단주의 성향의 지도자와 그 네트워크를 확인한 뒤 세뇌받은 개인들을 파악하여 탈 극단화 프로그램을 운영하는 방식이다. 반 서구적 담론을 전파하거나 기독교 세계에 대한 성전을 주장하는 종교 지도자는 감시의 대상이며, 이들을 추종하는 청년들, 그리고 중동이나 북아프리카 지역을 오가며 극단주의 세력의 훈련에 동원되었던 전사들이 탈 극단화 정책의 대상이다. 이런 정책은 테러의 위협으로부터 사회를 보호하기 위한 정책이지만 항상 인간안보적 측면, 즉 소외된 청년들의 사회 통합이라는 측면을 동반한다.

탈 극단화 정책이 개인을 대상으로 한다면 이슬람에 대한 사회 통합 정책은 보다 거시적이다. 테러와 극단화의 문제에 봉착한 유럽 사회에서 정책적인 과제 가운데 하나는 극단적 성향을 가진 이슬람과 온건한 이슬람을 구분하여 차별적으로 취급하는 일이다. 테러나 극단적 성향의 이슬람이 해외로부터의 영향에 노출되어 있다는 현실을 감안하여 역으로 유럽 현지의 온건한 이슬람을 장려하고 제도적으로 지원하려는 노력이 정책으로 나타났다. 프랑스에서는 2002년 사르코지 당시 내무장관이 이슬람 종교를 대표하는 기구를 공식적으로 출범시켰다. 이슬람은 가톨릭이나 그리스정교와 달리 조직화되고 중앙화되어 있는 교회가 존재하지 않는다. 각각의 이슬람 지도자가 해당 공동체를 지도하는 매우 분권화되어 있는 종교라고 할 수 있다. 이런 점에서 이슬람은 한 종교 지도자가 자신의 교회를 운영하는 미국이나 한국의 프로테스탄트와 유사하다. 프랑스 내무성이 출범시킨 기구는 전국 이슬람 사원에서 투표를 진행하여 대표를 선출한 뒤 구성한 기구다. 대표성과 제도화를 통해 프랑스 정책이 노리는 결과는 다양하다. 우선 외국에서 파견한 종교 지도자가 대부분인 상황에서 국내에서 프랑스적 성향이 강한 미래의 지도자를 양성하는 일이고, 그럼으로써 프랑스 공화주의 전통과 공존 가능한 이슬람을 장려하는 것이다. 또 인간안보의 차원에서 정부가 진행하는 다양한 정책에 이슬람의 대표를 통해 목소리를 내도록 하고 이를 통해 국가의 삶에 새로운 종교 공동체를 동참시키는 일이다.

문제는 거시 정책에 있어 이처럼 이슬람 공동체를 사회 통합에 포함시킴으로써 종교의 긍정적 측면을 끌어내려는 노력이 있지만 반대로 소수 종교 집단을 희생양으로 지목함으로써 정치적 이익을 보려는 세력이 존재한다는 점이다. 유럽 사회에 부는 극우 정치세력의 부흥에는 이런 요소가 강력하게 개입되어 있다(Kallis 2014). 프랑스의 민족전선이나 네덜란드의 자유당, 오스트리아의 자유당, 독일의 '독일을 위한 대안' 등은 모두 반 이슬람의 성향을 노골적으로 드러내며 이들과 테러의 연관성을 강조함으로써 악순환의 고리를 만들어낸다. 왜냐하면 주류 사회에서 이슬람 집단에 대해 차별적이고 배타적인 담론이 유행하고 이들을 공격할수록 극단주의 이슬람의 영향력은 증폭될 수밖에 없다. 프랑스의 사르코지는 내무장관으로 이슬람의 프랑스화 및 사회통합에 기여하는 개혁을 주도했지만 곧바로 대통령 후보가 된 뒤에는 이슬람 집단을 이민자, 통합을 거부하는 집단 등으로 규정하여 정치적 이익을 노렸다. 그는 정체성이라는 개념을 포함한 정부 부처를 수립함으로써 이슬람에 대한 제노포비아(Xenophobia)를 제도화시킨 것으로 비판받았다.

극단주의 종교 세력에 대한 또 다른 정책은 외교를 통해 이뤄진다. 영국과 프랑스 등 유럽국가가 국내 사회통합을 주로 노렸다면 미국은 대외정책을 통해 극단주의를 통제하려 하였다. 위에서 검토한 아프가니스탄과 이라크 침공은 이슬람 세력에 대한 전쟁이라고 할 수 있다. 미국은 덧붙여 인도네시아, 필리핀 등 동맹국을 대상으로 이슬람 세력의 극단주의를 완화시킬 수 있는 외교적 노력을 기울였다.

대외정책에서 매우 부정적인 방향으로 논의가 전개된 사례는 최근 미국과 유럽에서 동시에 발견할 수 있다. 미국의 공화당 트럼프 후보는 다수의 실언으로 국제적 뉴스의 대상이 되었는데 이슬람 신도의 미국 이민을 막겠다는 발언도 포함되었다.[6] 실제 미국 공화당 일부 세력은 이슬람을 난민 및 테러와 동일시하면서 시리아 난민을 거부하는 정책을 공표하였다. 이런 행동은 국내 정치적으로 이득을 가져다줄지는 모르지만 국제적으로 이슬람 세계에서 반미, 반서구의 감정을 자극하는 일이다. 유럽에서도 난민과 테러를 동일시하는 담론이 극우세력에 의해 자주 등장하며, 일부 동유럽 국가에서는 정부가 나서 이런 과도한 발언과 정책을 일삼기도 하였다. 예를 들어 헝가리의 오르반 총리는 시리아 난민의 유입이 헝가리의 정체성을 위협할 것이라고 말했고, 폴란드는 유럽차원에서 결정된 난민의 분배를 거부하면서 기독교 난민만 받겠다고 선언했다.

이상에서 분석한 정책들은 가장 최근에 뜨거운 쟁점이 되었던 테러와 난민의 문제에 관한 서방의 정책이다. 하지만 인간안보의 부분에서 살펴보았듯이 종교와 안보가 정책에 반영되는 것은 거의 모든 국가, 모든 정책 영역에 해당하는 부분이다. 인도와 같이 종교 집단 간에 반목이 심한 국가에서 종교 정책은 당장 치안과 안보에 결정적 영향을 미친다. 예를 들어 아요다(Ayodha)는 이슬람과 힌두교 양자에 있어 모두 중요한 종교적 의미를 가지는 성지인데 1992년 이를 둘러싸고 벌어진 폭동으로 적어도 2,000여 명이 학살당하는 사건이 있었다. 공공정책의 역할은 한 종교의 입장에 서지 않고 중립적 위치에서 타협과 화해를 도출하는 것이어야 한다. 하지만 선진국 정치에서 보았던 아쉬운 현상은 제3세계에서도 어김없이 나타난다. 예를 들어 인도의 BJP(Bharatiya Janata Party) 정당은 힌두교에 편파적인 정책으로 집단

6 이민자에 대한 반감을 자극하여 정치적 이익을 얻으려는 미국의 도널드 트럼프 공화당 대선 후보는 테러 방지를 위해 미국에 무슬림이 입국할 수 없도록 조치를 취하겠다는 황당한 제안을 하였다(*The Economist* 2015.12.12).

적 대립을 초래하였으며 나렌드라 모디 인도 총리는 지방 주지사로 재임하던 시절 공동체 간 충돌에 대해 편파적인 태도로 상황을 악화시켰다는 비판을 받고 있다.

매우 특수한 성향을 가진 사교 집단이 사회의 안전에 위협을 가하는 것도 현대사회에서 빈번하게 나타나는 현상이다. 소외된 다수의 개인들에게 집단 정체성을 제공함으로써 공동체 의식과 안정감을 제공하는 종교 집단은 강한 조직력을 자랑하며 깊은 충성심의 대상이다. 옴 진리교 사건처럼 타인을 무차별적으로 해치거나 해당 종교 집단의 자살로 귀결되는 일은 드물지만 종교 집단 내에서 다양한 인권 유린이 나타날 수 있다. 종교는 특히 지도자에 대한 복종과 충성을 요구하는 경우가 많기 때문에 인권 유린의 가능성이 높아지는 영역이다. 심지어 가톨릭과 같이 오랜 전통의 조직적 집단에서 최근 일어난 아동 성추행의 스캔들은 세계를 충격에 빠뜨렸다. 결국 대부분의 국가에 요구되는 정책적 과제는 위협적일 수 있는 소수 종교 집단에 대한 감시와 관찰이라고 할 수 있으며, 기존의 전통적 종교에 대해서도 지속적으로 상황을 파악하는 일이 필수적이다.

인간안보의 차원에서 종교는 결정적인 기여를 할 수 있다. 종교가 가지고 있는 동기부여의 능력과 조직화의 가능성은 정책의 효율적인 파트너가 되기에 충분하다. 유럽의 변방이었던 덴마크가 매우 이른 시기에 문맹률을 낮추고 선진국으로 부상할 수 있었던 데는 성경을 읽어야 하는 종교적 필요가 절대적으로 작용했다(Fukuyama 2014). 덴마크는 이런 종교적 힘을 딛고 세계 최고의 선진국으로 올라선 셈이다. 마찬가지로 유태인은 장기간 국토도 없이 디아스포라를 형성하고 생활했지만 종교가 주는 선민의식을 바탕으로 기회가 열리는 자유 사회가 등장하자 성공적인 집단으로 성장하였다.

게다가 많은 경우 종교 집단은 식량, 복지, 주택 등의 분배에서 결정적인 역할을 수행한다. 해당 정책에서 종교를 활용한다면 정책 효율성과 효과를 높일 수 있는 지름길이다. 제3세계에 대한 개발원조 정책은 오랜 기간 종교적 기반을 가진 서구 NGO들이 적극적인 역할을 담당했다. 최근 들어서는 외국의 NGO와 현지의 시민단체가 결합하여 개발원조정책의 효율성을 높이려는 시도가 늘어나고 있다. 물론 종교 집단이 국가를 대체할 수는 없다. 종교 집단의 역할을 보더라도 국가가 강한 곳에서 더 효율적이고 국가가 실패한 지역에서는 큰 힘을 발휘하지 못한다. 결국 강한 국가와 강한 시민사회의 조합을 형성해야 한다는 뜻이다.

이상에서 살펴본 종교와 안보가 정책으로 어떻게 연결될 수 있는가의 논의는 매우 제한적일 수밖에 없다. 최근 가장 관심을 끌었던 테러 문제에 대한 서방의 정책을 논의했고, 다음은 제3세계에서 종교 또는 종교 집단에 대한 정책을 통해 안보(전통 또는 인간)를 강화하는 몇 가지 가능성을 탐색해보았다. 안보에 대한 긍정/부정의 영향은 물론 종교와 안보를 보편적으로 논의하기는 불가능하다. 다만 정체성의 정치라는 틀 속에서 특정 사회의 배경을 감안하여 세밀하게 분석한다면 종교와 안보의 밀접한 관계를 정책적으로 활용하는 노력은 상당한 결실을 볼 수 있을 것이다.

V. 결론: 한국에 시사점

이 글에서는 종교의 문제를 본질적 정체성보다는 사회 구성적 정체성의 정치라는 차원에서 접근해야 하는 필요성을 강조한다. 특히 종교 집단 내부적으로 구성되는 정체성과 외부와의 관계에서 규정되는 정체성의 상호관계를 분석해야 함을 설명한다. 이런 방법론을 바탕으로 종교와 안보의 관계를 세 가지 차원에서 고려해 보았다. 첫째는 전통안보와 종교의 관계이다. 종교는 인류의 발전 과정에서 국가의 탄생과 비슷한 시기에 형성되어 정치권력에 정통성을 부여하는 중요한 역할을 담당했다. 이후 국가의 정치 기능과 긴밀하게 융합하여 모든 안보 문제와 떼어 놓을 수 없는 중요한 핵심을 형성하게 되었다. 종교와 정치, 그리고 결국 안보와의 구분이 확실해지고 거리가 멀어진 것은 세속주의의 발전과 함께라고 말할 수 있으나 이것도 일부 서구에 한정된 현상이다.

둘째, 최근 학계에서 새롭게 등장한 관심은 인간안보라는 개념에 비추어 종교의 역할을 고려하는 것이다. 인간안보란 단순히 전쟁과 평화, 안보와 치안이라는 물리적 차원을 벗어나 더 넓게 인간의 삶을 지배하는 다양한 요소를 감안하여 안정과 복지를 사고하는 접근법이다. 새로운 안보의 개념과 종교를 연결하는 과정에서 몇 가지 중요한 쟁점이 부상하였다. 우선 종교의 특성과 인간안보의 상호 관계에 대한 고찰이 중요한 부분을 차지하였다. 다음은 종교의 국제적 성격이 갖는 인간안보적 결과에 대한 연구들도 부상하였다. 끝으로 인간안보의 측면에서 종교가 가지는 긍정적, 그리고 부정적인 양면적 결과에 대한 고찰이 필요하다는 부분이다.

셋째, 전통과 인간안보를 포괄하는 안정적 삶의 조건이라는 차원에서 종교에 대한 어떤 정책이 필요한지 파악하는 것이 중요한 학술적이고 정책적인 과제다. 이는 테러나 극단주의를 막기 위한 정책에서부터 "복지정책에 어떻게 종교적 집단과 네트워크를 활용하는가"까지 무척 다양한 안건을 포함한다. 그리고 이 부분에서 한국은 어떤 태도와 정책으로 종교 문제를 접근해야 하는지에 대한 의문도 제기된다. 여기 결론에서는 몇 가지 방향을 제시하는 것으로 논의를 마무리할 것이다.

우선 한국은 종교적 차원에서 직접적 극단주의 위협의 대상은 아니었다. 서구처럼 종교전쟁의 경험을 가졌던 것도 아니고 그렇다고 종교 극단주의의 테러나 행동의 대상이 되었던 것도 아니다. 한국은 어떤 면에서 종교적 자유와 다원주의가 그 어느 문화권에서보다 활발하게 실현되고 작동하는 사회라고 할 수 있다. 한국에서 발생했던 사건들은 인간안보의 차원에서 사교의 집단 자살이나 일부 종교 집단에서 나타난 인권 유린 현상들이 고작이다. 무엇보다 한국에서 종교는 매우 개인적이고 사적인 영역에 한정된 현상이었다.

하지만 사회의 민주화와 함께 종교 문제와 국가 정책이 부딪치는 사건과 영역들이 점차 늘어나는 추세다. 예를 들어 한국 중등교육에서 개인의 권리와 종교 교육은 때로 마찰을 일으키기 시작했다. 이는 인간안보의 차원에서 다뤄져야 하는 대표적인 문제 가운데 하나다. 시민으로서 종교의 자유와 종교에서 운영하는 교육 기관에서 교육의 내용이 서로 충돌하는 문제이기 때문이다.

더 나아가 전통안보의 측면에서도 한국은 이제 더 이상 종교적 위협의 안전지대가 아니다. 그것은 한국의 국력이 신장되어 대외적 관계가 과거보다 훨씬 복잡해 졌기 때문이다. 한국은 미국의 군사동맹국이고 자유민주주의를 실천하는 커다란 의미의 '서방' 또는 '북부 선진국'에 속하는 국가가 되었다. 따라서 평화유지활동이나 해외파병 등을 하게 되고 이는 다른 종교 극단주의와 직접적 대면을 초래한다. 한국 시민사회의 해외 활동도 경제활동, 선교 등 다양한 양식으로 진행되어 이런 가능성은 드높인다.

덧붙여 한국으로 외국인구의 유입은 다문화사회로의 진화를 불가피하게 만들고 있다. 결국 한국도 다양한 국가와 사회의 영역에서 안보와 종교의 상호관계를 진지하게 생각하고 대처해야 하는 시대가 왔다고 할 수 있다. 종교의 정치사회학이 그 어느 때보다 필요한 이유다.

참고문헌

Amselle, Jean-Loup, 2010. *Logiques métisses*, Paris: Payot.

Badie, Bertrand. 1987. *Les deux Etats: Pouvoir et société en Occident et en terre d'Islam*, Paris: Fayard.

Baubérot, Jean. 2007. *L'histoire de la laïcité en France*, Paris: PUF.

Bayart, Jean-François, 1996. *L'illusion identitaire*, Paris: Fayard.

Billig, Michael. 1995. *Banal Nationalism*. London: Sage.

Buzan, Barry, Ole Waever, and Jaap de Wilde. 1998. *Security: A New Framework for Analysis*, Boulder: Lynne Rienner.

Cockburn, Patrick. 2015. *The rise of Islamic State: ISIS and the new Sunni revolution*, London: Verso.

Dunn, Richard S. 1979. *The Age of Religious Wars, 1559-1715*, New York: Norton.

Durkheim, Emile. 2013. *Les formes élémentaires de la vie religieuse*. Paris: PUF.

Fox, Jonathan and Shmuel Sandler. 2004. *Bringing Religion into International Relations*. London: Palgrave Macmillan.

Fukuyama, Francis. 2014. *Political Order and Political Decay: From the Industrial Revolution to the Globalization of Democracy*, New York: Farrar, Straus and Giroux.

Gellner, Ernest. 1990. *Plough, Sword, and Book: The Structure of Human History*, Chicago: University of Chicago Press.

Goujart, Philippe. 2004. *L'Europe catholique au XVIIIe siècle: Entre intégrisme et laïcisation*, Rennes: PUR.

Gunaratna, Rohan, Arabinda Acharya, and Pengxin Wang. 2010. *Ethnic Identity and National Conflict in China*, New York: Palgrave Macmillan.

Haines, Jeffrey. 2012. *Religious Transnational Actors and Softpower*, London: Ashgate.

Hobsbawm, Eric J. 1992. *Nations and Nationalism since 1780: Programme, Myth, Reality*, Cambridge: Cambridge University Press.

Huntington, Samuel P. 1998. *The Clash of Civilizations and the Remaking of World Order*, New York: Simon&Schuster.

Kallis, Aristotle. 2014. *The Radical Right in Contemporary Europe*, Ankara: SETA.

Kepel, Gilles. 1991. *La revanche de Dieu*, Paris: Seuil.

Lansford, Tom. 2012. *9/11 and the Wars in Afghanistan and Iraq: A Chronology and Reference Guide*, Santa Barbara: ABC-Clio.

Laurence, Jonathan and Justin Vaisse, 2006. *Integrating Islam: Political and Religious Challenges in Contemporary France*, Washington D.C.: Brookings Institution.

Maréchal, Brigitte and Sami Zemni. 2013. *The Dynamics of Sunni-Shia Relationships:*

Doctrine, Transnationalism, Intellectuals, and the Media, London: Hurst&Company.

New, David S. 2002. *Holy War: The Rise of Militant Christian, Jewish, and Islamic Fundamentalism*, Jefferson: McFarland&Company.

Polanyi, Karl. 2001. *The Great Transformation: The Political and Economic Origins of Our Time*, Boston: Beacon Press.

Said, Edward W. 2007. *From Oslo to Iraq and the Road Map: Essays*, New York: Vintage.

Seiple, Robert A. and Dennis Hoover, eds. 2004. *Religion & Security: The New Nexus in International Relations*, Rowman & Littlefield.

Seiple, Robert A., Dennis Hoover, and Pauletta Otis, eds. 2012. *The Routledge Handbook of Security and Religion*, London: Routledge.

Sloan, Elinor C., 2005. *Security and Defence in the Terrorist Era: Canada and North America*, Montreal: McGill-Queen's University Press.

Smith, Anthony D. 2010. *Nationalism. Theory, Ideology, History.* 2nd ed. Wiley.

Springer, Devin R., James L. Regens, and David N. Edger. Islamic Radicalism and Global Jihad, Washington D.C.: Georgetown University Press.

The Economist. 2014."Deadly Knife Attack: Terror in Kunming." 03/03/2014.

______. 2015. "The Politics of Panic." 12/12/2015.

______. 2016. "Pakistan and blasphemy: Worryingly a liberal's killer is honored in Pakistan." 02/03/2016.

Varshney, Ashtosh. 2002. *Ethnic Conflict and Civic Life: Hindus and Muslims in India*, New Haven: Yale University Press.

Waltz, Kenneth. 1979. *Theory of International Politics*, Reading: Wavelad Press.

Wellman Jr., James K. and Clark B. Lombardi, eds. 2012. *Religion and Human Security. A Global Perspective*, Oxford: Oxford University Press.

Williams, Paul D. 2011. *War and Conflict in Africa*, London: Polity.

제12장

사회통합과 신흥안보

황지환

I. 머리말

한국 내에서 그동안 안보 논의는 주로 북핵문제, 한반도 주변 강대국 관계, 통일 환경 등 외교, 군사 이슈를 중심으로 이루어져 왔다. 하지만, 다양한 사회적 문제들이 야기하는 사회안보(societal security) 문제들을 다루는 데는 그동안 소홀했던 것이 사실이다(박명규 2011; 김병조 2011). 만약 남북한이 그토록 열망했던 통일을 달성하더라도 남남갈등, 남북갈등으로 인해 통일한국 사회가 불안정해진다면 커다란 안보위협이 아닐 수 없다. 더욱이 통일이후 사회통합의 실패로 인해 한반도의 일부 지역이 독립을 시도하거나 남북한이 또 다시 분단된다면 엄청난 민족적, 역사적 비극이 될 것이다. 사회통합 과정에서 발생할 수 있는 다양한 문제들을 해결하기 위한 노력과 제도적 정비가 부족한 현실에서 사회안보 개념은 우리에게 매우 중요한 학문적, 실천적 이슈를 제시해 준다.

이러한 관점에서 이 글은 신흥안보의 한 요소로서 사회안보 개념에 주목한다. 한반도의 현재와 미래 안보에 사회통합과 사회안보가 매우 중요한 변수가 될 것이라 예상한다. 사회안보 개념은 탈냉전이후 전통적인 외교안보와 국방안보의 개념을 넘어서서 유럽의 학계에서 발전해 왔다(배리 부잔·레네 한센 2010: 325-333). 사회안보는 변화하는 환경 속에서 사회의 본질적인 속성을 유지하는 능력을 의미한다. 국가와 더불어 시민사회가 안보주체로 중요하다는 점이나 주로 경제적, 사회환경 영역에 초점을 둔다는 점에서 기존의 안보 개념과 차별화된다. 국내의 소수자들이 국가나 기타 다수계층에 의해 위협받는 경우나, 국가나 다른 정치적 행위자들이 대내외적 위협에 대항하기 위해 사회를 동원하는 경우가 발생할 수 있다. 이러한 사회안보 문제는 사회통합을 위협할 수 있는데, 이에 대응하기 위해 사회의 새로운 집단 정체성을 형성하고 사회의 응집력을 강화하는 것이 필요하다.

그 과정에서 이 글은 사회안보 증진을 위해 정당의 사회통합과 갈등조정 역할에 주목한다. "정당을 빼놓은 현대 민주주의는 생각할 수 없다"는 지적은 사회통합의 과정에서 민주주의적 가치를 기초로 하고자 하는 한반도의 안보 개념에서도 매우 중요한 의미를 가진다. 정당이야말로 현대 대의제 민주주의의 핵심적인 제도이며, 한 사회의 정치적·경제적·사회적 갈등 구조와 균열을 대표하고 이를 정치적으로 통합하기 위해 필수불가결한 역할을 수행하고 있기 때문이다. 독일통일의 과정에서도 서독의 정당들이 동독의 1990년 선거 및 그 이후의 통일과정에서 다양한 역할을 수행해왔다. 통일 한국의 사회통합과 갈등조정을 위해서도 한국의 정당이 중요한 역할을 수행하는 것이 필요할 것이다. 하지만, 그동안 한국의 정당들은 한국사회의 갈등조정과 사회통합을 위해 큰 기여를 하지 못했다는 비판이 강하다. 이로 인해 한국의 사회안보를 위해 정당이 현재와 미래에 어떠한 역할을 담당해야 할 것인지에 대해서도 커다란 관심을 가지지 못했다. 더구나 더 이상 막연하게 통일을 그리는 것이 아니라 정당들이 통일 이후의 한국 정치 및 사회의 안정과 조화를 위한 구체적인 상을 가지고 사회통합을 지향해 나가야 하는 상황에서 사회안보 역할에 대한 이론적, 실천적 분석은 필수적이다. 한반도 통일과 통합의 과정에서도 정당이 사회통합과 갈등조정에 실패하게 되면 북한 지역을 기반으로 하는 독립된 정당이 출현하거나, 통일 과정에서 불만을 품은 북한 주민들을 동원하는 공산주의 계승 정당이 등장할 수 있기 때문에 통일한국의 사회통합과 갈등조정을 위해서도 사회안보 개념은 매우 중요하다. 이를 위해 이 글은 신흥안보로서의 사회안보의 개념을 살펴보고, 사회통합의 과정에서 성공과 실패의 많은 경험을 가졌던 다른 국가들의 사례를 통해 한반도에서도 사회안보의 중요성을 강조한다.

II. 사회통합과 사회안보 개념의 등장

사회안보 개념은 탈냉전이후 유럽의 학계에서 안보개념의 확대를 연구하던 코펜하겐 학파(Copenhagen School)를 중심으로 발전해 왔다(Wæver *et al.* 1993). 국가행위자와 국방/외교 측면에만 초점을 두던 기존의 안보 개념을 벗어나서 코펜하겐 학파는 탈냉전이후 보다 포괄적인 안보 개념을 구축하기 위해 노력했다(민병원 2006: 18-27). 이러한 안보 개념의 확대는 안보대상의 다양화와 안보영역의 확대로 나타났는데, 안보대상으로서 국내 사회의 행위자를 도입하고 안보영역으로서 사회적 측면을 강조하는 사회안보 개념이 발전되었다. 서유럽에서는 당시 냉전체제가 해체되는 과정에서 한편으로는 지역적인 차원에서 유럽통합이 진전되면서 서유럽의 공동 정체성이 발전되었다. 하지만 다른 한편으로는 국내 사회적으로 정치적 주권과 문화적 자율성 문제를 염려하게 되면서 국가 내의 사회통합과 국가정체성에 커다란 위협을 느끼게 되었다(배리 부잔·레네 한센 2010: 326).

이러한 관점에서 사회안보 개념은 공동의 정체성 및 사회통합과 연결되어 있다(Roe 2007). 사회 내에서 안보 문제가 형성되는 과정에 구성원 상호간의 공감대 형성이 중요한데, 이는 코펜하겐 학파가 안보의 대상으로 강조하는 집단 정체성으로 이해된다. 따라서 사회안보를 '정체성 안보(identity security)'라고 부르기도 한다(Buzan *et al.* 1998: 120). 이러한 사회안보는 "변화하는 환경이나 실재하는 위협하에서 본질적인 속성을 유지하는 사회의 능력"으로 정의된다(Wæver 1993: 23). 사회안보 개념을 처음으로 제시한 배리 부잔(Barry Buzan)은 사회안보를 "특정 집단의 정체성을 위협하는 조건 속에서 언어, 문화, 종교, 민족정체성, 그리고 국가의 관습 면에서 전통적인 유형을 지속적으로 발전시키는 능력"이라고 정의하기도 한다(Buzan 1991). 어떻게 정의하든 사회안보는 기존의 전통적인 안보 개념과는 달리 집단정체성의 위협 속에 사회가 분열되고 갈등이 발생하는 상황에서 사회 통합과 갈등조정의 중요성을 강조한다(Wæver 1993).

코펜하겐 학파의 사회안보 개념은 담론적인 성격을 강하게 지니고 있지만, 현실정책적인 차원에서 사회안보는 집단 정체성을 강조함으로써 사회통합 문제와 연결된다. 사회통합은 정치, 경제, 법적인 차원에서 진행되는 제도 통합과는 구분된다. 사회통합은 제도 통합에 대해 사회 구성원들이 어떻게 대응하느냐의 문제로 이해될 수 있다(전성우 1997). 국가와 사회가 조화되지 않는 상황이나, 국내사회의 소수 그룹이 다수 그룹에 의해 위협받는 경우는 집단 정체성이 위협받고 사회적 갈등이 증폭되는 사회통합의 위기 상황이다. 국가가 대내외적 위협에 대항하기 위해 국내사회를 동원하는 경우도 사회안보를 해치는 사례로 지적될 수 있다(배리 부잔·레네 한센 2010: 326). 사회안보는 갈등조정과 사회통합을 위해 주로 경제적, 사회환경 영역에 초점을 두게 되며, 부와 소득 분배와 관련된 국내사회의 문제들이 핵심적인 이슈가 될 수 있다. 따라서 사회경제적인 차원에서 소수계층 및 차별계층에 대한 문제로 인한 국내적 분쟁과 연관된다. 과거 1960년대 미국의 니그로 운동(Negro movement)과 빈민가 폭동(ghetto riots) 등은 국내사회 문제가 국가안보에 얼마나 커다란 위협이 될 수 있는지를 이미 냉전시대에 확인시켜 주었다(배리 부잔·레네 한센 2010: 202). 1990년대에 발생한 구 유고내전은 민족분쟁이 사회안보를 위협할 수 있음을 보여주기도 했다. 사회안보의 위기 상황에서는 사회의 새로운 집단 정체성 형성을 통해 사회의 응집력을 강화하여 사회통합을 위해 노력하는 것이 필요하다.

이러한 사회안보의 논리에 기초해 보면 국가안보를 고려하는 과정에서 국가행위자나 군사/외교 이슈뿐만 아니라, 비국가행위자와 사회경제적 이슈가 얼마나 중요한지 잘 인식할 수 있다. 따라서 신흥안보로서의 사회안보는 안보개념을 시민사회의 영역으로 확대시킨 것이며, 결국 공동의 정체성 형성을 통한 사회통합이 국가안보의 핵심적인 요소가 됨을 잘 보여준다.

III. 신흥안보 요소로서 사회통합 사례

국가의 통일이나 민족의 통합과정에서 사회통합 문제가 발생하는 경향이 많은데, 그러한 통합의 위기는 새로운 안보 위협을 가져다 준다. 통일이나 통합과정 및 그 이후 시기에 내부적으로 소외된 계층과 집단이 생기기 마련인데, 이는 통일과 통합이후 사회통합을 어렵게 하기 때문이다. 아래에서는 독일 통일 이후 동서독의 사회통합 과정에서 발생하는 문제들과 사회통합 문제로 인한 국가의 분리독립 사례에 대해 살펴본다.

1. 독일 통일과 동서독 통합

동독 출신 독일인 '오씨(Ossi)'와 서독 출신 독일인 '베씨(Wessi)'라는 용어는 독일 통일 이후 동서독 사회 통합이 얼마나 어려운지 잘 표현해 주는 말이다. '오씨'와 '베씨'는 서로를 폄하하는 용어로 동서독 사회간 갈등의 상징이 되어 왔다. '오씨'는 게으르고 돈을 축내는 무능력한 동독 출신이라는 이미지를, '베씨'는 돈만 알고 거만한 서독 출신이라는 이미지를 서로에게 투영하기 때문이다.

통일 독일의 사회통합 어려움은 사회경제적 격차를 보면 쉽게 이해될 수 있다. 독일연방 정부가 펴낸 "2015 독일통일 현황 연례보고서"을 보면 동독지역과 서독지역의 평균 경제 능력 차이를 숨길 수는 없다(독일 연방정부 2015: 27). 지역별 주민의 국내총생산(GDP)을 비교하면 동독지역은 베를린을 포함하더라도 서독지역의 71%에 불과하며, 동독의 노동생산성은 서독의 74% 정도이다. 동독 경제는 규모 면에서도 서독에 비교가 되지 않는데, 이는 독일 증권시장의 대형주 지수인 DAX-30 지수에 동독 기업은 전무하다는 점에서 잘 드러난다. 2013년 독일의 연구개발비 지출은 총 797억 유로인데, 이중 105억 유로 만이 동독지역에서 이루어졌다고 한다(독일 연방정부 2015: 33). 동독의 실질 임금 역시 현저한 차이가 나는데, 2014년 6월 현재 동독 기업의 평균임금은 2,480유로로 3,180유로인 서독의 78%에 머물로 있는데, 이는 1990년대 중반이후 비슷한 수준을 유지하고 있는 것이라고 한다(독일 연방정부 2015: 58). 독일 기업의 최고경영자 중 동독출신은 5%에 불과하고, 동독출신과 서독출신 배우자가 만나 결혼하는 사례는 4%에 불과하다고 알려져 있다. 이러한 이유로 서독인의 4분의 3이 연방국을 정치적 고향으로 느끼는 데 반해, 동독인은 절반 정도만이 연방국을 정치적 고향으로 느끼고 있다고 한다(독일 연방정부 2015: 23). 통일 이후 사회경제적 격차로 인해 서독인들에 비해 동독인들의 시각이 상대적으로 더 비판적이고 회의적인 측면을 가졌다는 점은 사회통합의 어려움을 잘 보여준다.

하지만, 통일 이후 독일의 사회통합은 상대적으로 성공적인 사례로 평가되기도 한다(윤철기: 2014). 독일 국민들 스스로 동서독 통일을 긍정적으로 평가하고 있기 때문이다. 2014년에 실시된 조사에 따르면, 통일 과정에서의 실수에도 불구하고 동서독 주민의 90% 이상이 독일의 통일이 유익하다고 평가했다고 한다. 대다수의 사람들이 1990년 이후 경제적 상황이 긍정적이라고 결론을 내렸는데, 77%의 동독 주민들과 62%의 서독주민들이 동서독 통일로 인해 개인적으로도 긍정적 효과가 있었다고 응답했다. 통일 이후 일반적인 생활의 만족도도 서독의 경우 83% 동독의 경우 76%로 상당히 높게 나타났다(독일 연방정부 2015: 22-23). 경제적인 차원에서도 동독지역은 통일 이후 2배 이상 경제성장을 이룩함으로써 커다란 성과를 거두었다. 통일 이후 구 동독 시절에는 기대할 수 없었던 많은 기업과 일자리가 창출되었고, 교통인프라, 주거시설 등 사회 기간시설이 대폭 증가하였다(독일 연방정부 2015: 24). 이로 인해 동독의 실업률도 크게 낮아졌는데, 1994년의 14.8%에서 2014년에는 9.8%로 하락했다고 한다. 물론 동독의 실업률은 서독지역보다는 높지만, 그 격차는 분명히 줄어들었으며, 2014년에는 그 차이가 4% 정도까지 줄어들었다고 한다(독일 연방정부 2015: 42-43).

독일의 사회통합이 비교적 성공적이라고 볼 수 있는 이유는 무엇보다 통일이후 25년 이상 지난 현재까지 동독지역에서 구시대로 돌아가려는 움직임이나 분리독립의 경향을 보이지 않기 때문이다. 물론 지난 2014년의 선거에서 구 동독의 공산정권을 이끈 사회주의 통일당(SED)의 후신인 좌파당이 옛 동독 지역인 튀링겐주에서 주 연립정부의 다수당이 되기도 했지만, 이는 사회민주당과 녹색당과의 연정의 결과이지, 구 동독 시절로의 회귀를 의미하는 것은 아니었다(연합뉴스 2014.11.20). 다른 한편, 통일 이후 독일 사회통합의 상징적인 인물은 앙겔라 메르켈(Angela Dorothea Merkel)이라 할 수 있다. 동독출신 여성이 통일 15년만에 총리직에 올라 10여 년 이상을 집권하고 있다는 사실은 동서독 통합의 현황을 상징적으로 보여주고 있는 사례라고 평가된다.

2. 사회통합의 실패와 국가 분리 독립의 세계적 경향

국가가 통일된 이후에도 사회통합에 실패하면 언제든지 분리 독립의 욕구가 분출될 수 있다. 스코틀랜드, 스페인, 캐나다, 중국 등에서 분리 독립 움직임이 강하게 대두되어 왔으며, 최근에는 영국이 유럽연합에서 탈퇴를 결정하는 역사적 사건이 발생하기도 했다.

1) 스코틀랜드의 분리 독립 시도

스코틀랜드는 2014년 9월 18일 영국으로부터 독립할 것인지에 대한 국민투표를 실시하였다. 투표 결과 전체 362만 3,344명의 투표자 중 55.3%가 독립에 반대하고 44%가 찬성하여 스코틀랜드의 독립은 무산되었다. 독립투표 부결이후에도, 스코틀랜드 문제는 여전히 영국에서 중요한 정치적 이슈로 남아 있는데, 특히 관심의 초점은 스코틀랜드 자치권한 이양 문제로 옮겨지게 되었다. 하지만, 2016년 6월 영국이 국민투표에서 유럽연합 탈퇴를 결정한 이후 스코틀랜드 문제는 새로운 국면을 맞이하게 되었다. 스코틀랜드 주민들은 유럽연합 탈퇴 국민투표에서 잔류 62%로 탈퇴 32%를 압도하며 유럽연합 잔류를 선호하였기 때문에 향후 스코틀랜드는 영국으로부터의 독립을 재추진할 가능성이 있다(연합뉴스 2016.6.30). 스코틀랜드의 분리 독립 요구는 크게 민족주의적 이유와 경제적 불만에서 비롯된 것으로 이해될 수 있다(한국정당학회 2015). 영국 전체 면적의 3분의 1을 차지하는 스코틀랜드 지역은 국내총생산의 10% 정도만을 차지함으로써 경제적으로도 소외되었다는 인식을 가지게 되면서 불만이 누적되었다.

스코틀랜드는 1707년 연합법(Acts of Union)을 통해 잉글랜드와 통합한 이후 300년 이상 통합국가를 이루고 있었지만, 역사적, 민족적, 경제적 이유로 독립 욕구가 강했다. 우선 스코틀랜드와 잉글랜드는 민족과 언어가 다르다. 잉글랜드인들은 앵글로색슨(Anglo-Saxons)족인 반면 스코틀랜드인은 켈트(Kelt)족이다. 원래 스코틀랜드의 켈트족이 먼저 그레이트 브리튼(Great Britain)섬에 정착하였으나, 앵글로 색슨족이 진출하여 켈트족을 내쫓은 역사를 가지고 있다. 이후 잉글랜드는 비옥한 토지를 바탕으로 부를 축적한 반면 스코틀랜드는 국력이 약화되어 잉글랜드와 갈등을 지속하게 되었다. 서로 다른 민족이 통합국가를 이루고 살았지만, 실질적인 통합의 실패로 인해 분리 독립의 소지는 잠재되어 있었다. 이러한 민족적 갈등은 잉글랜드가 13세기 전쟁의 전리품으로 빼앗아 웨스트민스턴 사원에 보관 중이던 스코틀랜드 왕권의 상징인 '운명의 돌(the Stone of Destiny)'을 1950년에 스코틀랜드 청년들이 훔친 사건에서 잘 나타났다. 또한, 잉글랜드의 모든 지폐에는 영국 여왕인 엘리자베스 2세의 얼굴이 그려져 있는 반면, 스코틀랜드 지폐에는 13세기 잉글랜드에 맞서 싸웠던 스코틀랜드의 독립투쟁 영웅인 로버트 브루스(Robert Bruce)와 스코틀랜드 민족시인 로버트 번스(Robert Burns)의 얼굴이 새겨져 있다. 언어적으로도 스코틀랜드는 영연방의 일원으로 영어를 쓰기는 하지만, 스코트어와 스코틀랜드 게일어를 공용어로 함께 사용하고 있기도 하다.

다른 한편, 경제적 요인은 스코틀랜드를 잉글랜드와 통합하게 한 요인이기도 했지만, 또한 분리운동을 촉진시킨 핵심적인 요인이기도 했다. 스코틀랜드가 1707년 영국과의 연합법에 찬성한 이유는 경제적 이유였던 것으로 알려져 있다(Scottish Referendums, BBC). 당시 스코틀랜드는 부유한 잉글랜드에 기대어 경제문제를 해결하고 해외진출을 모색하고자 했다고 한다. 실제로 잉글랜드와 연합 이후 스코틀랜드는 경제적으로 많은 이득을 거두게 되었는데, 특히 잉글랜드 식민지와의 무역거래와 군사적 보호 속에서 글라스고, 에든버러 등 스코틀랜드의 주요 도시의 경제가 활성화 되어 18세기 스코틀랜드 발전을 이끌게 되었다.

아일랜드가 1922년 독립을 달성한 것과 달리 스코틀랜드가 1920년대와 1930년대 독립 혹은 자치를 적극적으로 영국 정부에게 요구하지 않았던 것도 바로 경제적인 이유였다. 하지만, 제2차 세계대전 이후 스코틀랜드 지역의 경제적 불황과 잉글랜드와의 경제적 불평등이 확대되면서 스코틀랜드 자치 및 독립 요구는 활성화되기 시작했다. 19세기 이후 스코틀랜드는 주로 조선, 철강 등 중공업 지역으로 발전하였는데, 이들 기반시설들이 제2차 세계대전 중에 군함 등의 군수 장비를 생산하게 되어 독일의 주요 공격목표가 되었다. 그 결과 스코틀랜드의 산업기반이 붕괴되었으며 스코틀랜드의 경제는 큰 어려움을 겪게 되어 잉글랜드에 비해 크게 뒤처지게 되었다. 이러한 상황에서 1970년대 북해유전 발견은 스코틀랜드 국민들에게 경제적 자립에 대한 기대감을 높여주면서 민족주의를 더욱 증폭시켰고, 이는 스코틀랜드 독립을 기치로 내건 스코틀랜드 국민당(SNP: Scottish National Party)에 대한 정치적 지지로 이어졌다.

결국 잉글랜드는 스코틀랜드의 민족주의 성장과 경제적 불만에 대해 효과적으로 대처하지 못해 사회통합에 실패했다. 보수당과 노동당 등 영국의 주요 정당들은 오히려 스코틀랜드 지역에서 이러한 요인들을 더욱 악화시키는 정책적 실패를 반복하였다. 이들 중앙정당들은 스코틀랜드의 자치와 민족주의적 성향을 자신들의 정치적 목적을 위해 활용하였으며, 결과적으로 스코틀랜드 지역의 민족주의적 자치운동을 자극하는 역효과를 만들어 내게 되었다. 보수당과 노동당은 20세기 후반부터 스코틀랜드의 자치 문제를 본격적으로 논의하기 시작하였으나 이는 영국의 통합을 달성하기 위한 장기적인 계획에 바탕을 둔 것이라기보다는 스코틀랜드 지역에서 힘을 얻어가는 민족주의 세력에 대한 수동적인 대응이었다고 평가된다. 특히 스코틀랜드의 자치 문제를 자신들의 집권과 정치적 승리를 위해다고 이용함으로써 스코틀랜드 민족주의를 더욱 촉발시켰으며, 스코틀랜드 지역정당인 SNP의 성장을 촉진시켜 사회통합에 실패하였다(한국정당학회 2015). 영국의 브렉시트(Brexit) 결정 이후 유럽연합 잔류를 선호한 스코틀랜드 주민들의 반발이 더욱 거세질 것으로 예상되면서 영국의 사회통합 문제는 새로운 긴장과 갈등을 이어갈 것으로 예상된다(한겨레신문 2016.6.27).

2) 스페인 카탈루냐 주의 분리 독립 운동

스페인은 다민족 국가이며, 카탈루냐 지역은 스페인의 자치주 하나로서 존재해 왔다. 하지만, 카탈루냐 지역에서는 최근 바스크 지역과 함께 분리독립 움직임이 강해지고 있는데, 이는 스페인의 사회통합 정책이 성공적이지 못함을 의미한다. 스페인의 카탈루냐 주는 2015년 9월 시행된 주의회 선거에서 스페인으로부터 분리 독립해야 한다고 주장하는 정당들이 47.7% 가량을 득표하여 과반의석을 확보하였다. 이 선거는 비록 카탈루냐 주의회 의원을 선출하는 지방선거였으나 카탈루냐 주민들은 이를 분리독립을 묻는 국민투표 성격의 선거로 규정했다(연합뉴스 2015.9.28). 이들은 스페인 중앙정부가 스코틀랜드와 같은 분리 독립 여부를 묻는 국민투표를 허용하지 않기 때문에 이번 선거가 국민투표 성격을 가진 것이라며, 2017년까지 18개월 내에 분리독립 절차를 이행하자고 제안했다. 스페인 중앙정부는 카탈루냐의 분리독립이 위헌이라며 이 제안을 거부했으나, 카탈루냐 지방의 분리독립 운동은 새로운 동력을 얻게 되었다. 카탈루냐 주는 또한 2014년 11월에도 중앙정부의 반대에도 불구하고 비공식적인 분리독립 주민투표를 실시하여 총 180만 명이 분리 독립에 찬성하였으나, 스페인 헌법재판소는 만장일치로 투표의 위헌을 선언하기도 했다.

카탈루냐 지역은 1714년 스페인 왕위 계승전쟁의 과정에 스페인에 병합되어 자치권을 박탈당하고 단순한 하나의 주로 존재해 왔다. 하지만, 그동안 스페인과는 역사, 문화, 언어가 다르다는 인식이 강해 독립을 요구하는 목소리가 지속되어 왔다. 이들은 카탈루냐가 프랑크 왕국에 기원하여 카탈루냐 군주국과 아라곤 왕국에서 유래하면서 중세시대부터 부와 명성을 쌓아온 뿌리 깊은 유럽의 번영 지역이라며 커다란 민족적 자부심을 가지고 있다. 카탈루냐 지역의 분리 독립 지지자들은 카탈루냐가 스페인에 병합된 9월 11일을 국경일로 지정해 독립운동을 펼쳐오고 있기도 하다. 언어적으로도 카탈루냐어는 포르투갈어와 비슷한 카스티야어인 스페인어보다는 프랑스어에 더 유사한 모습을 가지고 있기도 하다.

경제적인 차원에서도 4,700만 스페인 인구의 16% 정도인 750만의 카탈루냐 주는 면적이 스페인 전체의 10%에 불과하지만, 스페인 국내총생산(GDP)의 20%를 차지할 정도로 부유하고 첨단산업과 농업이 발전해왔다. 카탈루냐 지역의 분리독립 열망은 2008년 글로벌 경제 위기를 계기로 확산되어 갔다. 이들은 부유한 카탈루냐 지방에서 걷은 세금이 카탈루냐 지역 발전에 쓰이지 않는다는 데에 불만을 가져왔는데, 2014년에 스코틀랜드가 영국으로부터 분리독립 찬반 여부를 묻는 주민투표를 실시하는 것을 보고 큰 자극을 받았다(한국일보 2015년 9월 30일). 특히 경제정책의 불평등은 카탈루냐 주가 독립을 원하는 가장 큰 이유로 알려져 있다. 민족적, 역사적 차이에 더해 스페인 중앙정부가 카탈루냐에서 걷은 세금을 중앙정권 지역인 카스티야 지방과 남부 안달루시아 지역에 집중 투자하는 정책을 취해왔기 때문에 카탈루냐 지역 주민들의 불만이 크다. 반면 카탈루냐의 자치권은 감소되어 왔는데, 이전과는 달리 마리아노 라호이(Mariano Rajoy) 총리가 집권한 2011년 이후 지방 주들의 자치권을 약화시켜 카탈루냐 지역의 반발을 사고 분리 독립 열망에 불을 붙였다. 특히 2005년 카탈루냐 의회가 기존의 자치권을 보다 강화한 새로운 자치법을 통과시켜 스페인 의회로 보냈는데, 이 법이 헌법재판소에 의해 위헌판결이 나면서 카탈루냐 주민들의 반발이 더욱 심해지게 되었다(김병곤·우윤민 2014).

물론 카탈루냐 지역의 분리독립은 현실적으로 쉽지 않다. 스페인 헌법상 주정부가 분리독립 투표를 시행하는 것이 불법이며, 카탈루냐 지역 주민들의 절대 다수가 독립을 지지하는 것도 아니기 때문이다. 또한, 실제 분리 독립이 될 경우 스페인 뿐만 아니라 카탈루냐 주가 부담해야 할 경제적 비용이 적지 않을 뿐만 아니라 유럽연합이나 국제사회도 독립에 호의적이지 않아 유럽연합 자격과 유로화 사용 등 더 많은 희생을 부담해야 하기 때문이기도 하다. 하지만 카탈루냐 주민들의 분리 독립 민심은 점점 더 강해지고 있는데, 이는 스페인의 사회통합 정책이 그만큼 실패하고 있다는 것을 잘 보여주는 것이다. 따라서 향후 카탈루냐 지역에 대한 세금 정책과 지방 주의 자치권 확대 문제가 스페인의 사회통합에 커다란 영향을 미칠 것으로 예상된다.

3) 캐나다 퀘벡 주의 분리 독립 욕구

캐나다의 퀘벡 주는 과거 1980년과 1995년에 분리독립 투표를 실시하여 근소한 차이로 부결된 역사를 가지고 있다. 1980년의 투표에서는 반대 59.56%로 찬성 40.44%을 압도하여 분리 독립이 이루어지지 않았다. 하지만 1995년의 투표에서는 반대 50.58%, 찬성 49.42%로 근소한 차이로 독립이 무산되었다. 1995년의 선거에서 분리 독립에 대한 찬성이 더 많이 나온 것은 퀘벡인들의 불만이 더 커졌기 때문인 것으로 이해된다. 특히 1982년 캐나다의 새로운 헌법을 제정할 당시 퀘벡인들의 목소리가 전혀 반영되지 않아 이들의 불만이 누적되고 있었다. 이로 인해 1993년 선거에서 분리 독립을 주장하는 퀘벡주 정당인 퀘벡당이 캐나다 연방의 전체의 야당으로 진출하였고, 이후 1995년의 두 번째 분리 독립 투표가 시행된 것이었다(박재정 2006).

퀘벡 주는 주민의 80%가 프랑스어를 사용하는데다 캐나다 주로는 유일하게 프랑스어를 공용어로 사용하기도 한다. 또한 과거부터 문화적 차이를 강조하며 분리 독립 욕구가 강해서 캐나다로부터 독립을 주장하는 지역 정당인 퀘벡당이 주정부를 집권하며 연방의회에서 득세하기도 했다. 지금도 많은 퀘벡인들에게 캐나다인의 정체성은 약해 다른 캐나다인들과는 구별된다고 생각하며, 단지 정치적, 경제적 이유로 인해 캐나다의 다른 영어권 주와 연방을 구성한다는 인식을 가지고 있기도 하다(주문형 1996).

21세기 들어 캐나다에서는 퀘벡주에 대한 불평등 감소와 민족주의의 약화, 민주주의의 진전으로 분리독립 움직임이 약화되었다. 캐나다 정부는 퀘벡의 분리 독립을 막기 위해 다양한 정치적 혜택을 제공했는데, 특히 퀘백의 인구수에 비해 많은 국회 의석을 배분해 주었고, 퀘백의 문화와 프랑스어를 인정해 주고 가톨릭 학교를 제공해 주기도 했다. 이러한 노력으로 인해 지난 2014년 4월 실시된 퀘벡주 주의회 선거에서도 분리 독립에 반대하는 야당인 자유당이 41.5%를 득표하여 분리독립을 지지하는 집권 퀘백당에 크게 승리하여 퀘벡주 내에서의 분리 독립 움직임은 약화되었다고 평가된다(연합뉴스 2014.4.8). 퀘벡당의 패배로 인해 향후 단기간 내 퀘백의 분리독립 여부를 묻는 세 번째 투표가 시행될 가능성은 낮아졌지만, 퀘벡주에서 실시된 두 번의 분리 독립 투표는 캐나다 사회통합의 어려움을 잘 보여준다.

IV. 사회통합과 사회안보의 과정: 정당의 사회통합 역할

그동안 한국 내에서 사회통합을 논의하는 과정에서 정당의 갈등조정 역할은 소홀하게 다루어져 왔다. 그동안 정당의 역할에 대한 논의가 부족했던 이유는 한국의 정치 지형상 국내 정당들의 사회통합 역할이 부족했기 때문인 측면이 있다. 사회안보의 관점에서 볼 때, 그동안 논의된 국가안보적 접근은 안전보장의 과정에서 국가중심성을 강조하고 국가이익을 단일하게(unitary) 보는 경향이 강했기 때문이다. 하지만 민주주의의 특성상 국가이익을 다양하게 보는 다원주의적 관점이 중요하기 때문에, 사회안보의 관점에서도 국가 내 시민사회의 사회통합 과정은 매우 중요한 모습이라 하지 않을 수 없다. 신흥안보의 관점에서 사회통합을 새로운 안보요소로 강조할 경우 정당의 국내적인 갈등 조정 역할을 무시할 수 없다. 유럽통합의 과정에도 찾아볼 수 있듯이,

국가안보와 국가이익은 정부, 시민사회, 이익단체, 개인, 초국가기구 등 다양한 관점에서 재해석되며, 이러한 다양한 행위자들의 행동에 의해 복잡한 양상을 띠게 된다(이근욱 2012). 이 과정에서 비국가 행위자가 지향하는 이익이 반드시 정부의 이익과 일치한다는 보장이 없기 때문에 정부의 의도와는 다른 결과가 나타나는 측면이 있었고, 그 효과가 크게 확산되는 통합의 경향과 과정이 존재할 수 있었다.

하지만, 한국의 국내정치 환경이 성숙되지 못한 상황에서 다원주의적 관점에서 접근하기가 어려운 측면이 있었으며, 따라서 다양한 이익의 충돌을 조정하고 갈등을 해소하는 정당의 사회통합 역할이 강조되기 어려웠다. 하지만, 현대 대의제 민주주의에서 정당은 가장 핵심적인 제도 중의 하나이기 때문에, 사회안보의 관점에서 정당은 정치적, 경제적, 사회적 갈등구조를 조정하고 사회를 통합하기 위한 과정에서 중요한 역할을 담당할 수밖에 없다. 현대 대의민주주의에서 정당은 시민사회와 정부를 연결하는 핵심적인 매개구조이기 때문이다(박명호 2009: 228).

통합에 관한 핵심적인 이론인 기능주의적 접근법에 따르면 경제 등 한 부분에서의 통합이 다른 부분으로 전이된다는 확산 효과를 강조하는데(Haas 1964), 국내의 사회통합 과정에서 이러한 역할을 하는 것이 정당이다. 국제정치의 관점에서 통합에 관한 기능주의는 국가정부 이외의 전문화된 국제기구와 전문가들, 노동조합, 정당, 비정부기구 등 다양한 행위자들을 분석단위에 포함시키고 있다. 사회안보의 관점에서 볼 때, 국내적인 사회통합의 과정에서는 정당이 이러한 역할을 담당해야 한다. 특히 이 글이 사회안보의 관점에서 관심을 가지는 것은 사회통합의 과정에서 정당이 수행하는 조정과 갈등해소라는 역할이다. 정당은 공공이익의 실현을 목표로 권력 획득을 추구하는 사람들이 모인 집단이므로, 사회통합이라는 공공이익의 실현은 정당에게 매우 중요한 목표가 아닐 수 없다. 정당의 역할 중 하나는 사회 내의 이해관계와 의견을 최대한 정치에 반영하고 조정하는 것이기 때문이다(이정복 2002: 272-273).

사회통합은 현실을 다원주의적 관점에서 파악할 수밖에 없는데, 다원주의는 산업화의 진전에 따른 다양화된 사회적 이익이 집단 구성을 통해 세력화된 것이며, 이러한 집단화된 사회세력 간의 상호작용이 곧 사회통합에 영향을 미치게 된다. 이 과정에서 정당은 자기이익을 추구하는 집단들이 통합의 진전을 이익실현의 효과적인 방안으로 파악할 때 조정하는 역할을 하게 되며, 이를 통해 사회통합에 대한 요구가 생성되어 심화시키는 압력으로 작용할 수 있다. 정당은 시민사회의 요구와 이해를 수용하여 정치 과정에 반영하고 사회를 활성화하는 역할을 하기 때문이다(박명호 2009: 229). 이러한 모습은 현대 사회에서 정부가 혼자서는 다양한 문제들과 요구들을 해결할 수 없기 때문인데, 사회통합의 관점에서도 정부의 역할과 함께 비정치적이고 기술적인 영역에서 기능적인 업무를 수행하기 위한 정당의 역할이 중요하다. 따라서, 이러한 과정에서 정당은 갈등을 조정하고 사회통합을 위한 기능적인 요구를 충족시켜 조정하는 매개체 역할을 하는 중요한 행위자가 된다. 특히 유럽 통합의 과정에서도 나타났듯, 통합의 중요한 행위자는 개별 정부 당사자가 아니라, 통합을 통해 이익을 보게 되는 국내 이익집단들이나 비정부 기구들이다. 사회통합의 경우 이러한 역할을 정당이 수행해야 하는 이유이다. 이들은 통합을 통해서 이익을 보기 때문에 더욱 높은 수준의 사회통합을 요구하게 되는데, 특히 정당은 이러한 국내 시민사회의 이익을 조정하여 더 많은 이익을 추구하게 함으로써 정부가 추구하는 것과는 다른 형태의 더 높은 수준의 사회통합을 추진할 수 있을 것이다.

하지만, 정당이 사회통합에 실패하면 사회전체보다는 특정 지역이나 특정 계층 혹은 집단 수준에서 이익을 추구하는 정당 및 이익집단이 출현하게 되며, 이는 사회통합에 커다란 걸림돌이 될 수 있다. 정당들은 사회통합이 난관에 봉착한 경우에 이에 개입하기 어려운 정부를 대신하여 통합을 추진하기 위한 노력을 할 수 있다. 이 과정에서 정당들은 효과적인 이익추구 활동 및 조정활동을 통하여 사회통합에 유리한 형태로 사회조직 및 전략을 수정하게 되기도 할 것이다.

이는 정치과정론의 관점에서 보면, 새로운 거버넌스의 등장을 의미하는 것으로, 새로운 거버넌스는 통합과정에서의 거래비용과 정보비용을 감소시켜주고 규범과 규칙을 제공함으로써 협력을 용이하게 해 주는 제도의 역할을 하게 되는데, 그 중심에 정당이 자리매김해야 한다.

V. 맺음말

사회통합 문제는 한국사회에서도 커다란 이슈로 존재하며, 이는 한국의 사회안보를 위협하는 중요한 요소이다. 한국 내의 지역 간, 계층 간, 세대 간 갈등은 한국사회에서도 사회통합 문제가 중요한 안보요소임을 잘 말해준다. 다른 한편 사회통합 문제는 한반도 통일과정에서도 중요한 의미를 가진다. 한반도 통일과 남북관계에 대한 기존의 남남갈등에 더해서, 남북한이 통일한 이후에도 남북갈등으로 인해 통일사회가 불안정해질 가능성이 존재하기 때문이다. 이 경우 전통적인 군사/외교적 차원의 안보 위협은 아니더라도 사회통합의 실패라는 커다란 안보위협에 직면하게 되는 것이다. 통일 이후 사회통합의 실패로 인해 북한 지역이 분리독립을 시도하여 한반도가 또 다시 분단되거나, 남북한 지역간 갈등이 발생한다면 국가적으로도 엄청난 안보위기가 아닐 수 없다. 독일의 통일이 비교적 사회통합에 성공한 사례로 여겨지지만, 여전히 동독지역과 서독지역의 긴장감이 존재한다는 것은 부정할 수 없다. 그렇다면, 아직 통일도 되지 않은 남북한의 경우에는 사회통합 문제가 더욱 어려운 과제일 수밖에 없다. 이러한 관점에서 신흥안보 요소로서의 사회통합 문제는 한국의 현재와 미래 안보 문제에 커다란 변수로 작용할 가능성이 높다.

이러한 관점에서 한반도 통일과정과 통일 이후 사회통합의 과정에서도 정당은 남북한 지역의 사회통합을 유도하고 갈등조정을 하는 기능을 수행해야 하며, 만약 시민사회 내에서 정당의 역할이 실패한다면 한반도 통일 이후에도 남북한 통합에 커다란 어려움을 겪게 될 것으로 예상된다.

참고문헌

김병곤·우윤민. 2014. "내셔널 아이덴티티와 분리독립: 스페인-카탈루냐를 중심으로." 『유럽연구』 제32권 4호.

김병조. 2011. "사회안보 이론의 한국적 적용: 도입, 채택, 발전." 『국방연구』 제 54권 1호.

독일 연방정부 신연방주 특임관. 2015. "2015 독일통일 현황 연례보고서" 2015년 9월.

민병원. 2006. "탈냉전시대의 안보개념 확대: 코펜하겐 학파, 안보 문제화, 그리고 국제정치이론." 서울대학교 국제문제연구소 엮음, 『세계정치 5: 세계정치와 동아시아의 안보구상』. 인간사랑.

박명규. 2011. "비대칭 남북관계, 통일의식, 그리고 복합적 사회안보," 『한국사회과학』 제33권.

박명호. 2009. "선거와 정당체계." 이정희·전용주 편, 『현대비교정치이론과 한국적 수용』. 법문사.

박재정. 2006. "퀘벡정당(Bloc Quebecois)의 등장과 캐나다 정당체계의 변화." 『정치정보연구』 제9권 1호.

배리 부잔·레네 한센 저, 신욱희·최동주·이왕휘·황지환 역. 2010. 『국제안보론: 국제안보연구의 형성과 발전』. 을유문화사.

연합뉴스. 2014. "캐나다 퀘벡주 선거서 분리독립 반대 정당 승리." 2014.4.8.

______. 2014. "독일 통일 후 동독 공산당 후신정당 지방연정 첫 집권." 2014.11.20.

______. 2015. "스페인 카탈루냐주 분리독립 탄력…중앙정부와 갈등 예상." 2015.9.28.

______. 2016. "EU잔류 추진 스코틀랜드 수반 '빈손'…스페인·佛 협상반대." 2016.6.30.

윤철기. 2014. "독일 '내적 통합'이 남북한 '마음의 통합'에 주는 교훈." 『현대북한연구』 제17권 2호.

이근욱. 2012. "세계냉전질서의 세계정치이론과 한국." 하영선·남궁곤 편, 『변환의 세계정치』. 을유문화사

이정복 2002. "정치과정론." 서울대학교 정치학과 저, 『정치학의 이해』, 박영사.

전성우. 1997. "통일독일의 사회통합." 『통일연구원 학술회의 총서』(1997년 12월).

주문형. 1996. "캐나다에 있어서 퀘벡민족주의의 역할과 정치적 의미." 『캐나다연구』 제7권.

한겨레신문. 2016. "스코틀랜드, '브렉시트 거부권' 행사하나." 2016.6.27.

한국정당학회. 2015. "통일한국의 사회통합과 갈등조정을 위한 정당의 역할." 2015년도 통일부 연구용역 과제 최종보고서, 2015년 12월.

한국일보. 2015.9.30. "300년 된 카탈루냐 독립의 꿈 실현될까: 지방선거에서 분리 지지 정당 과반 승리 기세 올려."2015.9.30.

Buzan, Barry. 1991. *People, States, and Fear: The National Security Problem in International Relations*. Boulder: Lynne Rienner.

______. 1998. Ole Wæver and Jaap de Wilde, *Security: A New Framework for Analysis.*

Boulder: Lynne Rienner Publishers.

Haas, Ernst B. 1964. *Beyond the Nation-State: Functionalism and International Organization*. Stanford: Stanford University Press.

Roe, Paul. 2007. "Societal Security," in Alan Collins ed. Contemporary Security Studies. New York : Oxford University Press.

Wæver, Ole, Barry Buzan, Morten Kelstrup and Pierre Lemaitre. 1993. Identity, Migration and the New Security Agenda in Europe. London: Pinter

Wæver, Ole. 1993. "Societal Security: The Concept," in Ole Wæver, Barry Buzan, Morten Kelstrup and Pierre Lamaitre. Identity, Migration and the New Security Agenda in Europe. New York: St. Martin's Press.

"Scottish Referendums: Early Scottish History and the Union," BBC, http://www.bbc.co.uk/news/special/politics97/devolution/scotland/briefing/history.shtml

제13장

해양 분야의 신흥안보 이슈와 미래전략*

구민교

* 이 글은 2016년 『국제지역연구』 제25권 3호, pp. 37-65의 "미중 간의 신 해양패권 경쟁: 해상교통로를 둘러싼 '점-선-면' 경쟁을 중심으로"를 신흥안보의 관점에서 일부 수정·보완한 것임.

1. 서론

바다는 해양방어 및 통제, 해군력 투사를 둘러싼 전통적인 의미에서의 안보와 인적 및 물적 자원의 운송과 관련된 해상교통로의 안전, 해적, 자원개발 등과 같은 비전통적 안보가 만나는 복합적 안보 공간이다. 선박 건조기술 및 항해기술의 발전에 따라 연안국의 연해방어(coastal defense), 근해방어(near sea defense), 그리고 원해방어(far sea defense)의 개념적 및 실질적 구분 또한 모호해지고 있다.

21세기 동아시아 지역에서는 해양공간(maritime space 또는 maritime domain)을 둘러싼 역내 국가들 간의 경쟁과 갈등이 기존 안보영역과 신흥 안보영역에서 동시다발적으로 나타나고 있다. 동아시아 해양공간은 해상교통의 요충지로서, 자원의 보고로서, 그리고 주요국들의 전략적 교두보로서 중요한 의미를 갖는다. 동아시아 국가들은 생존에 직결되는 에너지 및 수산 자원 확보는 물론 전체 무역의 대부분을 바다에 의존하고 있다. 인도양과 태평양을 잇는 동아시아의 바닷길은 이제 국가의 생존과 직결되는 지정학적 이슈로 떠오르고 있다. 남중국해 상에서 중국이 건설 중인 여러 인공섬을 둘러싼 논란이나 동중국해 상공의 방공식별구역을 둘러싼 갈등은 영유권이나 관할권을 둘러싼 전통적인 이해관계뿐만 아니라 해상교통로의 전략적 중요성도 잘 보여준다(구민교 2016).

지난 냉전기와 탈냉전기에 걸쳐 동아시아의 해양질서는 미국의 패권에 의해 유지되어왔다. 그러나 그간 유지되었던 이 균형은 지금 크게 흔들리고 있다. 중국의 공격적인 해양정책과 해군력 증강 때문이다. 중국은 16세기 이후 유지해왔던 대륙국가로서의 정체성에서 벗어나 해양국가 또는 대륙-해양복합국가로서의 정체성 확립을 위해 애

쓰고 있다. 이는 역내 군비경쟁을 야기시킨다. 스톡홀름국제평화문제연구소(SIPRI)에 따르면 지난 5년간 10대 무기 수입국 중에서 4개국이 중국 및 중국과 육상 또는 해상 경계를 접한 아시아 국가들이었다.[1]

신흥안보 관점에서 본 동아시아의 해양안보 이슈는 과거 냉전시기 태평양과 인도양의 제해권을 두고 미소 양 진영이 치렀던 전통적 해양 군비경쟁과는 다른 양상으로 전개되고 있다. 과거 미소 간의 경쟁이 '선(line)－면(plane)' 대 '점(point)'의 대결이었다면 미중 간의 해양패권 경쟁은 해상교통로를 중심으로 한 미중 양국의 '점'－'선'－'면' 전략의 동시다발적 경합과 충돌이다. 중국의 해양전략은 동중국해와 남중국해 상의 유·무인도서에 대한 영유권 강화라는 '점' 전략에서 출발하여 남해구단선, 제1도련, 제2도련으로 대표되는 '선' 전략으로 진화해 왔다. 미국의 해양패권에 대한 방어적 성격인 중국의 '반접근 지역거부(A2/AD: Anti-Access Area Denial)' 전략은 앞으로 공격적인 '면' 전략으로 전개될 것으로 예상된다. 중국이 구상하는 유라시아의 대륙과 해양을 잇는 '일대일로(One Belt, One Road)' 또는 '21세기 해상 실크로드(21st-century Maritime Silk Road)' 전략도 그 연장선에 있다.

중국의 해양력 확대에 대한 미국의 대응도 점－선－면 전략 차원에서 이해할 수 있다. 중국의 부상에 따른 제7함대 해양 투사력의 상대적 약화를 보완하기 위해 미국은 '아시아 회귀' 또는 '아시아 재균형' 전략을 추진하고 있다. 역내 주요 동맹국 및 우방국들과의 연합훈련 강화, 호주 다윈에 미 해병대 주둔 결정(2011년), 오키나와 미군기지 재편, 괌 주둔 병력 증강, 그리고 필리핀 내 폐쇄된 미군기지 재사

1 인도가 1위, 중국이 3위, 파키스탄과 베트남이 각각 7위와 8위, 한국이 10위 순이다(http://www.wsj.com/articles/chinese-military-spending-ambitions-fuel-asian-arms-race-studies-say-1456095661).

용 공식화(2016년)에 이르기까지 미국의 아시아 재균형 전략의 제1단계 노력은 새로운 거점 확보 및 기존 거점의 강화 노력으로 나타나고 있다. 아울러 미국은 미군의 접근이 어려운 아시아의 작전환경을 이용한 중국의 A2/AD 전략에 맞서 '공해전투(Air Sea Battle)' 개념을 발전시켰다.[2] 이는 2015년부터 육군 전력을 포함하는 합동성 개념인 '공역 접근 및 기동을 위한 합동 개념(JAM-GC: Joint Concept for Access and Maneuver in the Global Commons)'으로 발전되었다. 이는 냉전 이후 약화된 미국 해양패권의 선 전략을 복구함과 동시에 면 전략으로 확대하겠다는 의지로 해석된다.

해상교통로를 둘러싼 미중 간의 긴장과 대결은 과거의 단속적 상태에서 벗어나 상시적이고 거시적인 안보 문제로 창발하고 있다. 이는 최근 들어 미중 양측이 군사적 충돌 가능성까지 불사하며 무력시위를 계속하는 데에서 잘 드러난다. 남중국해 이슈가 최대의 쟁점이 되었던 2016년 6월 미중 전략경제대화(베이징)나 그 직전에 개최되었던 제15차 샹그릴라 대화(싱가포르)와 같은 양자 또는 다자외교 무대에서 미중 양국이 날선 신경전을 벌이는 것도 더 이상 낯선 모습이 아니다. 신흥 해양안보는 그 위험의 대상과 성격 및 해결 주체, 그리고 여기서 파생되는 안보 세계정치의 양상이라는 점에서 국민국가 단위에서 군사안보를 강조했던 기존의 전통안보와는 크게 다르다.

동아시아의 해상교통로 이슈는 역내 국가들뿐만 아니라 역외국가들에게도 중요하다. 특히 서유럽 국가들은 남중국해 이슈에 대해 직접

2 공해전투는 장거리 작전이 가능한 해군과 공군 위주의 전력으로 적국의 위협을 무력화시킨다는 개념이다. 해군은 적의 공중 방어망과 위협을 공격－제압하여 공군의 항공강습과 전방 전개기지 방어에 기여하고 공군은 적 이동 미사일 발사대 강습으로 해군의 기동의 자유를 보장하고 장거리 고성능 폭탄을 이용하여 해군의 강습－봉쇄작전을 지원한다는 것이다.

적인 분쟁 당사자가 아니기 때문에 대외적으로는 국제법에 따른 분쟁의 평화적 해결이라는 원론적인 입장을 견지하고 있다. 그러나 서유럽 국가들도 지정학 및 지경학적 관점에서 엄연한 이해당사자(stake holder)이다. 유사시에는 이 지역 해상교통로에 전적으로 의존하고 있는 동아시아 국가들과의 교역이 큰 타격을 입을 수 있기 때문이다. 뿐만 아니라 남중국해에서의 수세적인 상황을 타개하기 위해 중국이 러시아와의 관계를 계속 개선시켜나갈 경우 결국 서유럽의 안보에도 영향을 미칠 수 있다. 앞서 언급한 제15차 샹그릴라 대화에서 프랑스 장이브 르 드리앙(Jean-Yves Le Drian) 국방장관이 기조연설을 통해 남중국해의 군사 기지화를 진행하는 중국에 대항해 유럽연합(EU) 회원국들에게 군함을 파견하여 정찰활동을 강화하라고 주문한 것도 이러한 맥락에서이다.

본 장의 목적은 신흥안보의 관점에서 해상교통로를 중심으로 동아시아 해양안보 이슈, 특히 미중 간의 신 해양패권 경쟁의 전개과정을 분석하고 정책적 시사점을 도출하는 것이다. 이를 위해 본 장은 다음과 같이 구성된다.

II절은 해상교통로 이슈의 역사적 기원을 살펴보고 그 규범적 함의를 도출한다. 신흥안보 이슈로서의 동아시아 해양 이슈는 국제해양법 레짐의 의의는 물론 그 한계와 불가분의 관계를 맺고 있다. 공해(high sea) 및 타국 관할권 수역 내에서의 항행의 자유를 둘러싼 미중 간의 경쟁은 단순한 군비경쟁 이상의 규범적 함의를 갖는다. 현행 「유엔해양법협약」의 규범체계는 미중 간 해양패권 경쟁의 규범적 외연을 형성함과 동시에 그 경쟁을 내재화시켜야 하는 이중의 도전에 직면하고 있다.

III절은 동아시아 해양안보 이슈의 창발(emergence) 과정을 신흥안보의 관점에서 체계적으로 조명하고 분석한다. 그 중심에는 중국의 해양굴기 정책이 있다. 과거에 중국이 대륙국가의 정체성을 유지할 때는 해양안보 이슈는 단속적인 영유권 분쟁이나 자원개발 경쟁에 국한되었다. 그러나 중국 스스로의 해양에 대한 의존도와 취약성이 증가함에 따라 중국은 해양국가로서의 정체성 회복에 박차를 가하게 되었다. 중국의 해양대국화는 미국의 아시아로의 회귀를 자극하였다. 동아시아 해양안보 이슈의 임계점은 2015년 여름부터 붉어진 중국의 남중국해 도서의 인공섬 및 군사기지화 정책이다. 이제 동아시아 해양안보 이슈는 역내국가들 간의 영유권 분쟁이나 경계획정을 둘러싼 갈등을 넘어 미중 간 패권경쟁이라는 글로벌 이슈로 진화하고 있다.

IV절은 해상교통로를 둘러싼 미중 간의 해양패권 경쟁을 점－선－면 전략의 차원에서 재구성하여 분석한다. 20세기 들어 막강한 해양투사력을 바탕으로 지정학적 해양전략을 가장 효과적으로 구사한 국가는 미국이었다. 냉전 당시 미국의 해양패권이 소련에 의해 잠시 도전을 받은 적이 있었지만 결국 미국의 해양전략의 우월성이 입증되었다. 중국은 이를 학습하였다. 중국의 해양전략이 과거 소련의 해양전략과 근본적으로 다른 이유이다. 중국이 추진하고 있는 점－선－면 전략이 지금 당장 미국의 점－선－면 전략을 압도하지는 못 하겠지만 미국 입장에서도 중국의 팽창을 견제하고 봉쇄하기 위해서는 지금보다 훨씬 더 많은 자원과 노력이 필요할 것이다.

V절은 결론 및 정책적 시사점을 도출한다. 동아시아 해양에서의 불확실성이 그 어느 때보다 커지고 있는 이 때, 한국은 유사시 상황에 대응할 수 있는 외교적 및 군사적 역량을 강화해야 한다. 특히 아라비아해－인도양－말라카해협－남중국해－동중국해로 이어지는 해상교통로는 한국 경제의 생명선이므로 이들 해역에서의 분쟁 당사자가 아니라는 소극적 인식에서 탈피하여, 책임 있는 이해관계자로서 좀 더

적극적으로 신흥 해양안보 이슈를 관리하고 해결하기 위한 국제적 노력에 동참해야 한다.

II. 해상교통로 이슈의 역사적 기원과 규범적 함의

해상교통로의 안전문제는 동서고금을 막론하고 인류가 바다로 나가면서부터 직면한 문제였다. 특히 15세기부터 서양에서는 포르투갈과 스페인, 동양에서는 중국을 필두로 하여 '지리상의 발견'과 '신항로 개척'으로 시작된 범지구적 대항해시대의 도래에 따라 해상교통로는 단순한 선박의 안전 문제일 뿐만 아니라 국가의 존망을 결정짓는 중대한 이슈로 부각되었다. 동양과 서양의 명운을 가른 것도 해양정책이었다. 15세기 중반 이후 해금(海禁) 정책을 통해 바닷길을 막은 중국이 세계사의 중심에서 점차 멀어지는 동안 16세기의 포르투갈과 스페인, 17세기의 네덜란드, 18세기의 영국은 제해권을 장악함으로써 그 주역이 될 수 있었다.

해상교통로에 관한 국제규범도 그 역사적 맥락에서 발전해 왔다. 17세기 이후 네덜란드 법학자 휴고 그로티우스(Hugo Grotius)의 자유해양론(*mare liberum*)과 영국의 법학자 존 셀덴(John Selden)의 폐쇄해양론(*mare clausum*) 간의 논쟁이 대표적이다. 1609년 *Mare Liberum*이란 저서를 출판한 그로티우스에게 있어서 바다는 너무 넓기 때문에 특정 국가나 특정 민족에 의해서만 이용될 수 없으며, 따라서 '인류 공동의 자산(*res communis* or common property of all)'으로서의 바다는 누구에게나 열려 있어야 하는 것이었다. 그로티우스의 자유해양론은 아프리카 남단의 희망봉과 동인도를 잇는 항로와 무역을 독점하던 포르투갈에 대한 도전이자 북해에서의 어로행위의 자유를 확보하려는 신흥 해상강국 네덜란드의 국가이익과 직결되는 것이었다. 그러나 그로티우스의 논리는 네덜란드의 또 다른 경쟁국이자 인접국인 영국의 견제를 받았다. 1636년 셀덴은 *Mare Clausum*이란 논문을 통해 영국의 근해에서 외국 선박의 어로행위를 금지하는 논리를 집대성하였다. 그럼에도 불구하고 18세기까지는 자유해양론이 보다 우세하였다는 것이 일반적인 평가이다(구민교 2011).

'자유해양(free sea)' 혹은 '해양의 자유(freedom of the sea)'는 곧 '무해통항(innocent passage)'과 '항행의 자유(freedom of navigation)'를 의미한다. 유럽에서 항행의 자유에 관한 규범적 논의가 발전한 이유는 해상교역의 발전과 이를 둘러싼 주요 해양강국들 간의 패권 다툼과 밀접한 관련이 있다. 고대 그리스와 로마가 해상 교역로를 확보함으로써 패권국의 지위에 올라 수세기 동안 번영을 누렸던 것은 잘 알려진 사실이다. 우월한 해상 수송능력과 해양투사전력을 보유한 그리스 도시국가와 로마제국은 해양이 어느 특정 정치권력의 관할 대상이 아니기 때문에 해양에서 통행이 자유로워야 한다는 관습국제법 원칙을 확립하였다. 이 관행은 중세 이탈리아 도시 국가와 한자동맹(Hanseatic League)의 도시국가로 이어졌고, 절대 왕정기의 해양세력이 유럽에서 패권을 차지하면서 더욱 공고해졌다. 이 관행은 17세기에 이르러 그로티우스에 의해 체계화되었다(조동준 2010: 129-130; 구민교 2011).

1982년 타결되고 1994년부터 발효된 「유엔해양법협약」은 연안국들이 해저지형이 해상대지의 연장이라는 논리로 해양과 해저에 대한 관할권을 확대하려고 하자 영해, 접속수역, 그리고 배타적 경제수역, 대륙붕의 경계를 성문화함으로써 해양을 연안국의 관할구역으로 인정하였다. 동시에 공해 및 배타적 경제수역에서의 항행의 자유와 영해에서의 무해통항권을 명문화함으로써 자유해양론과 폐쇄해양론 간의 균형을 유지하기 위해 애썼다(신창현 1997; 김선표 외 2000; Park 1983).

우선 모든 국가의 선박은 타국 영해에서 연안국의 평화와 안전을 해치지 아니 하는 범위 내에서 계속적이고 신속한(continuous and expeditious) 통항을 의미하는 무해통항권을 갖는다(「유엔해양법협약」 제17조). 따라서 외국 선박은 통상적인 항해에 부수되는 경우, 조난으로 인해 필요한 경우, 구난작업에 필요한 경우를 제외하고 타국 영해를 무해통항하는 중에 정박을 하거나 닻을 내릴 수 없다(「유엔해양법협약」 제18조 2항).[3]

동아시아 신흥안보의 관점에서 볼 때 군함 역시 타국 영해에서 무해통항권을 갖느냐의 여부가 중요한 쟁점이다. 군함의 무해통항권 인정 여부는 1930년 헤이그 법전화 회의나 1958년 제네바 해양법 회의 시에도 논란이 되었으나, 해양 강국과 개도국의 대립으로 인해 이를 명문으로 해결하지 못하였다. 현행 「유엔해양법협약」 역시 군함이 연안국 법령을 준수하지 않는 경우 즉시 퇴거를 요구할 수 있다는 조항(제30조)만을 두었을 뿐, 군함의 무해통항권 인정 여부에 대해 특별한 규정을 두지 못하였다(정인섭 2016: 604).

미국은 제2차 세계대전 이전과는 달리 현재 군함의 무해통항권을 강력히 주장하고 있다. 그러나 중국은 1992년에 발효된 자국의 「영해 및 접속수역법」에 따라 무해통항 시 사전허가를 요구하고 있다(정인섭 2016: 605). 물론 중국이 무해통항 자체를 부인하는 것은 아니다. 지난 2015년 9월 중국 해군 소속 함정들이 알래스카 인근 미국 영해에 무해통항을 한 바 있다. 미국 정부는 국제법에 따라 이를 묵인하였다. 미국

3 한편, 타국 영공에서의 항공기의 비행은 무해통항에 포함되지 않는다. 잠수함은 무해통항을 위해 수면으로 부상하여 국기를 게양하고 항해해야 한다(「유엔해양법협약」 제20조).

도 동년 10월 26일에 해군 구축함을 남중국해상 중국이 영유권을 주장하는 수비환초의 12해리 이내를 통항시켰다. 이에 중국은 미 해군이 사전허가 없이 불법적으로 자국영해를 통항하였다고 반발하였으나 추가적인 조치는 취하지 않았다.

12해리 영해 외측의 수괴(water column)에 대한 주권적 권리와 대륙붕에 대한 주권적 권리를 결합한 200해리 배타적 경제수역의 명문화는 「유엔해양법협약」의 가장 중요한 혁신 중 하나였다. 이는 연안에 대한 통제 강화를 원하는 국가들과 최대한 넓은 공해를 확보하려는 국가들 사이의 정치적 타협의 결과였다. 「유엔해양법협약」 제57조에 의하면, 연안국들은 기선으로부터 200해리까지 배타적 경제수역을 주장할 수 있다. 이 구역 안에서 연안국은 수괴, 해저(sea floor), 해저면(seabed)에 있는 생물이나 무생물 등 천연 자원의 탐사(explore), 개발(exploit), 보존(conserve), 관리(manage)를 위해 주권과 구분되는 '주권적 권리(sovereign right)'를 갖는다. 연안국은 또한 배타적 경제수역 내에서 인공섬의 설치 및 관리, 해양 과학조사 및 환경보호 등에 관한 '관할권(jurisdiction)'을 갖는다(제56조 1항). 그러나 배타적 경제수역 내에서의 항행의 자유와 상공의 비행, 해저 관선이나 전선부설 등을 제한할 수 없다(제58조 1항).

폐쇄해 또는 반폐쇄해로 구성된 동아시아 대부분의 해역이 연안국의 배타적 경제수역으로 편입됨에 따라 이 수역에서 타국의 군사적 활동 가능성 역시 논란의 대상이 되고 있다. 현행 「유엔해양법협약」은 배타적 경제수역 내에서 외국 선박이나 항공기의 항행의 자유나 상공비행의 자유 등을 보장하고 있으나, 군사적 목적의 활동이 보장되는지에 대하여는 구체적인 언급을 피하고 있다(정인섭 2016).

앞서 언급한 무해통항권과 마찬가지로 미국은 타국의 배타적 경제수역 내에서의 미 해군의 군사활동도 관습국제법 및 「유엔해양법협약」에 따라 보호되어야 할 '핵심이익'으로 규정하고 있다. 이에 맞서 중국은 자국의 배타적 경제수역 내에서 사전허가 없이 외국 군함이 군사훈련이나 작전을 수행하지 말 것과 군사시설을 배치하지 말도록 요구하고 있다. 바야흐로 미중 양국은 상대국 영해 내에서의 무해통항권, 배타적 경제수역 내에서의 항행의 자유권의 범위와 조건을 놓고 '법률전쟁(legal warfare 또는 lawfare)'을 벌이고 있다.[4]

배타적 경제수역은 본질적으로 경제적 목적을 위하여 도입된 제도이지만 '주권적 권리'와 '관할권'의 개념적 모호성으로 인해 동 수역에 관한 연안국의 권한이 강화되는 추세, 즉 '영해화(territorialization)' 경향은 쉽게 수그러들지 않을 것으로 보인다. 따라서 향후에도 연안국의 경제수역 내에서 이루어지는 타국의 활동에 더 많은 실효적 제약이 가해질 것으로 보인다. 특히 민감한 문제인 군사적 이용 범위에 대하여는 연안국과 타국이 쉽게 합의를 보기 어려울 전망이다(정인섭 2016: 626).

요약하면, 해상교통로의 이용과 관련된 규범은 오랜 시간을 거쳐 관습국제법으로 확립되어 왔으며 「유엔해양법협약」을 통해 명문화 되었다. 그러나 특히 타국 군함의 연안국 영해 내에서의 무해통항권과

4 2001년 4월 미 해군의 EP-3 정찰기가 중국 하이난 섬 인근의 배타적 경제수역 상공에서 중국의 F-8 전투기와 충돌하는 사고와 2009년 3월 미군 해상수송사령부 소속 해양관측선 임페커블(Impeccable)호가 하이난 섬 인근의 배타적 경제수역 내에서 해양관측 임무를 수행하던 중 중국의 정보함 1척을 포함한 선박 5척에 의해 위협을 당한 사고가 발생했을 때 미국은 타국의 경제수역과 그 상공에서 자국의 정당한 권리를 행사하던 중이었다고 주장하였다. 반면, 중국은 배타적 경제수역에서 연안국의 안보를 해치는 행위는 금지되며 과학적 조사나 관측도 연안국의 허가를 받아야 한다고 주장하였다. 이를 둘러싼 미중 간의 법적인 공방은 최근 들어 미국이 남중국해상에서 정찰활동을 강화함에 따라 더욱 첨예해지고 있다.

배타적 경제수역에서의 항행의 자유권의 범위와 기준과 관련된 규범적 모호성은 다음 절에서 구체적으로 분석하는 바와 같이 해상교통로 이슈를 신흥안보 이슈로 창발시키는 기폭제 역할을 했다.

III. 동아시아 해역에서 해상교통로 이슈의 창발과정

신흥안보 이슈로서 동아시아 해상교통로 문제는 지난 20년간 일련의 창발 과정을 거쳐왔다. 1994년 「유엔해양법협약」이 발효됨에 따라 새로운 해양질서가 도래할 것이라는 기대와는 달리 개별국가 단위의 미시적인 이해관계들이 복잡한 상호작용을 통해 거시적 단계에 이르러 그 규범적 모호성이 두드러지게 나타나고 있는 것이다. 특히 미국과 중국이 해양에서의 자국의 핵심이익을 놓고 벌이는 힘의 대결의 결과에 따라 동아시아의 해양질서는 새로운 '자기조직화'의 과정을 통해서 재편될 것으로 전망된다.

전통적인 해상교통로 이슈의 중심에는 해적행위가 있다. 전 세계 해역에 걸쳐 해적으로 인한 피해현황은 지속적으로 증가하고 있다. 동남아시아 지역에서는 특히 인도네시아, 말레이시아, 싱가포르 해협에서 많이 나타난다. 국제해사국-해적보고센터(IMB-PRC)의 자료에 따르면 동남아시아에서의 해적활동은 2000년대 이후 꾸준히 감소하고 있지만, 이 수치들은 대부분 피해선박의 자발적 보고에 의존하고 있기 때문에 현실을 그대로 반영한다고 보기는 어렵다. 또한 동남아의 일부 지역에서는 오히려 해적 사고 비율이 같거나 증가하였다. 풍선효과처럼 해적과의 전쟁이 효과를 발휘한 지역에서 해적 발생의 비율이 감소한 반면, 해적에 대한 관심이 낮은 해양과 해로에서는 첨단화된 해적들의 활동이 더 빈번해진 것이다(김석수 2009: 79-82; 송봉규·임유석 2012: 16-18).

여기서 눈에 띄는 점은 중국의 행보이다. 1978년 개혁개방 정책 실시 이후 해상교통로에 대한 의존도가 높아진 중국도 특히 남중국해에서의 해상교통로 안전 문제에 관심을 기울이지 않을 수 없게 되었다. 한 걸음 더 나아가 인류 공동의 적으로 인식되고 있는 해적행위의 증가는 주변국들의 우려에도 불구하고 중국 해군이 동중국해와 남중국해를 넘어 인도양과 아라비아해까지 자국 해군력의 범위를 넓힐 수 있는 기회와 구실을 제공하였다. 중국은 국제사회의 노력과는 독립적으로 대해적 작전병력을 운용 중이다. 현재 호위함 3척과 보급함 1척이 소말리아 해역과 인도양에 걸쳐 활동 중인 것으로 알려져 있다.[5]

중국의 적극적인 해양정책에 대해 미국은 2000년대에 들어설 때까지만 해도 이렇다 할 대책을 내놓지 못했다. 미국의 동맹국들과 중국과의 도서 영유권 분쟁에 대해서도 미국은 당사자 해결원칙이라는 원론적 입장만 되풀이 했을 뿐 그 이상의 개입은 자제해왔다. 해양 이슈를 놓고 미중 간의 긴장관계가 형성되기 시작한 계기는 미국이 주도

5 초기에 중국은 국제사회의 해적 퇴치활동에 참여하는 문제에 관해서 신중한 태도를 견지했다. 2008년 6월2일 유엔 안전보장이사회 회의에서 통과된 1816호 결의문에 의거하여 북대서양조약기구(NATO), 러시아, 인도, 그리고 일본 등이 소말리아 근해에 군사력을 투입하기로 결정했지만 중국 정부는 소말리아 해적퇴치 작전에 개입하자는 국내 여론에도 불구하고 한동안 침묵했던 것이다. 그러나 중국은 곧 중국 해군 내부 신문인 인민해군보를 통해 "해상통로의 안전은 중국에게 있어 중대한 전략적 의의를 지니고 있으며, 책임 있는 강대국으로 국제법에 근거하여 정당한 군사행동을 수행하는 것은 국제사회의 공동의 인식이다"라는 선언과 함께 중국 해군 함정의 파견에 대한 정당성을 주장하기 시작했다(박동형 외 2012). 중국은 2008년 12월26일 미사일 호위함 2척과 보급함 1척, 헬기 2대, 800명의 병력을 아덴만에 파견하는 것을 시작으로 해적퇴치에 적극적인 역할을 하고 있다. 중국은 이를 통해 국제적 이미지의 개선, 해양안보와 자원안보 이익 보호, 해군력 양성, 해외 작전 거점을 확보함으로써 아프리카 지역에 영향력 증진, 미국의 아프리카 접근에 대한 균형 확보 등의 전략적 목표를 달성하고 있는 것으로 평가된다.

한 '대량살상무기 확산방지구상(PSI: Proliferation Security Initiative)'에 중국이 공개적으로 반대를 하면서부터이다. PSI는 「유엔해양법협약」이 보장하는 공해상에서의 항행의 자유 및 타국 영해 상에서의 무해통항권과 테러 및 대량살상무기의 역내 확산 방지를 위한 양자·다자간 노력의 접점에 있다.[6] 2003년 미 부시 행정부의 주도로 시작되어 영해 및 공해상에서 대량살상무기를 운반하는 것으로 의심되는 선박을 정선, 검색, 압류할 수 있는 근거가 되는 PSI는 「유엔해양법협약」과 잠재적으로 갈등관계에 놓여 있다.[7]

중국은 PSI를 미국을 중심으로 한 해적행위(act of piracy)로 규정하고 크게 반발해 왔다(장은석 2010). 다만, 지난 10여 년간 PSI는 기존의 국제 및 국내규범들과의 조화를 추구해왔다. 이론적으로는 공해상에서의 '차단'을 선언하고 있지만 대부분의 PSI 차단은 연안국 항만에서 이루어져왔으며, 따라서 참여국들의 국내법과 세관이 대량살상무기 확산 방지와 관련된 규범을 내재화한 정도에 따라 그 효과성이 다르게 나타나고 있다. 현실적으로 PSI에 따라 공해 상에서 대량살상무기를 운반하는 것으로 의심되는 선박을 정선, 검색, 압류할 가능성

6 2003년 11개이던 PSI 참여국은 2016년 현재 104개로 확대되었다. 이들 중에서 미국을 중심으로 한 21개 국가들이 작전전문그룹(Operational Experts Group)을 만들어 조정과 의사결정체 역할을 하고 있다. PSI의 핵심 개념은 차단(interdiction)이다. PSI의 '차단 원칙에 관한 선언(Statement of Interdiction Principles, SIP)은 대량살상무기 관련 장비를 선적한 것으로 의심되는 선박을 효과적으로 차단·수색하고 확산을 야기할 가능성이 있는 대상의 확산 행위를 막기 위한 구체적인 절차를 담고 있다.

7 동 협약에 따르면 "핵추진 선박과 핵물질 또는 본질적으로 위험하거나 해로운 물질을 실은 선박들도(foreign nuclear-powered ships and ships carrying nuclear or other inherently dangerous or noxious substances) 영해에서의 무해통항권을 갖는다"고 규정(제23조)되어 있을 뿐만 아니라 공해 상에서의 항행의 자유도 규정되어 있다. 다만 국제법상 공해상에서 승선검색이 가능한 예외는 무국적선박, 해적행위, 노예매매, 국기를 허위로 게양한 경우, 불법 라디오 방송을 하는 선박 등임을 감안할 때 포괄적인 해석의 여지는 존재한다.

은 점차 낮아지는 것으로 평가된다.[8]

김상배(2016: 82)에 따르면, "평소에는 개별 단위 차원의 안전이 문제시될 정도의 미미한 사건들이었지만, 그 발생 숫자가 늘어나서 갑작스럽게 양질전화의 임계점을 넘게 되면 국가와 사회의 안보를 위협하는 심각한 문제가 된다." 동아시아 해양안보 이슈의 임계점은 2015년 여름부터 붉어진 중국의 남중국해 도서의 인공섬 및 군사기지화 정책으로 볼 수 있다. "신흥안보의 위험이 일종의 '지정학적 임계점'을 넘어서 국가 간 분쟁의 대상이 되면 이는 명백한 안보 문제가 된다. 이 지경에 이르면 국가 행위자가 개입할 근거가 발생하게 되고 문제의 해결을 위한 국제협력의 메커니즘이 가동된다. 이러한 관점에서 보면 신흥안보는 비전통 안보의 개념과는 달리 전통안보 문제도 포함하는 개념으로 이해할 수 있다"(김상배 2016: 89).

중국은 2013년 말부터 2016년 현재까지 남중국해 내 실효지배 중인 8개 암초에 매립·간척 및 인공섬을 건설 중이다. 이 중에서 수비환초(Subi Reef)와 미스치프 환초(Mischief Reef) 등은 자연 상태에서 만조시 수면 아래로 내려가는 산호초이기 때문에 국제법상 영해나 대륙붕 및 배타적 경제수역을 가질 수 없으나 중국은 매립과 간척을 통해 인공섬을 건설하고 있는 것이다. 모래장성(the Great Wall of Sand)으로 불리는 남중국해 상 일련의 인공섬 조성 및 군사화가 계속 진행될 경우 중국이 이 지역을 전략적으로 통제 가능할 것으로 보인다. 이

8 PSI 참여 확대 및 공조기반 확대 노력에도 불구하고 PSI는 여전히 국제사회의 보편적 지지를 확보하지 못하고 있다. PSI는 '차단'에 관한 새로운 국제규범을 형성하고 확산시키기보다는 참여국들의 국내법에 의존하는 경향이 강화되고 있다. 이러한 경향은 본질적으로 PSI 차단규범의 갈등적 속성 때문이기도 하지만 실질적으로 공해상에서 '차단' 작전을 실시할 수 있는 해군력을 가진 국가들이 얼마 안 된다는 이유 때문이다(Dunne 2013).

는 곧 남중국해에 대한 중국의 A2/AD 능력 증대, 더 나아가 중국의 군사력 투사 능력 증대를 의미한다. 특히 전략적 해상로인 남중국해에 대한 중국의 통제력이 강화될 경우 유사시 중국의 외교·군사적 강압 능력이 비약적으로 확대될 것으로 전망된다.

군사안보적 고려뿐만 아니라 경제적 고려도 인공섬을 둘러싼 중국의 마찰적 해양정책에 영향을 미친 것으로 평가된다. 에너지와 원자재를 수송하는 해상교통로를 확보하는 것이 정책의 우선순위가 되었기 때문이다. 특히 1993년 중국이 원유 순수입국이 되면서 에너지 문제는 남중국해와 동중국해 분쟁의 주요 원인이 되었다(Calder 1996). 소요 원유를 확보하기 위한 중국의 전략은 세계 원유시장의 구조에 큰 변화를 가져왔다. 또한 중국의 원유확보전략은 동아시아 국가들의 에너지 안보는 물론 경제적, 국가적 안보 문제와도 밀접하게 연계되어 있다(이은명 2004). 중국은 2012년과 2013년 일일평균 540만 배럴과 560만 배럴의 원유를 각각 수입했는데, 이는 대략 국내 소비의 절반에 해당되는 양이다. 미국 연방정부 산하의 에너지정보부(EIA)에 따르면 중국은 2020년과 2040년까지 자국 내 총소비의 66%와 72%에 달하는 원유를 지속적으로 수입에 의존할 것으로 예상된다. 원유수입이 급증함에 따라 중국은 원유수입선을 다변화시키기 위해 노력하고 있으나, 여전히 대부분의 원유를 중동(2013년 현재 52%)과 아프리카 국가(2013년 현재 23%)들로부터 수입하고 있다(구민교 2016).

이와 더불어 2000년부터 2008년까지 중국의 대유럽 수출은 중국 전체 수출액의 16.1%에서 20.1%까지 증가하였다. 반면 대미수출은 20.4%에서 17.3%로, 대일수출은 16.3%에서 8%로 감소하였다. 2015년 현재 중국은 유럽의 제2의 무역 상대국으로 연간 교역규모는 5,800억 달러에 달한다. 중국은 유럽뿐만 아니라 이미 많은 아프리카 국가들의 최대 교역 상대국이기도 하다. 2015년 현재 중국의 전체 무역규모는 4조 3,000억 달러로 전 세계에서 가장 크다. 대한민국 전체 무역규모의 네 배에 달하는 규모이다. 중국의 해외직접투자도 2015년 기준으로 1,200억 달러에 달한다. 이중에서 많은 규모의 투자가 중동과 남아시아 국가들에 집중되고 있다. 이는 곧 원유 수송과 수출입 물동량 수송을 위한 동중국해 – 남중국해 – 인도양 – 아라비아해를 잇는 해상교통로가 중국에게는 사활적인 이해관계가 걸린 문제가 되고 있음을 시사한다.[9]

1433년 정허(鄭和)의 제7차 대원정이 끝난 이후 자국민의 외국인과의 접촉을 엄하게 금지하고 외국 선박들의 중국 항구 접근을 금지하는 해금정책을 펴왔던 중국은 이제 대륙-해양복합국가를 지향하기 시작했다. 시진핑(習近平) 정부가 출범한 2012년 18차 당 대회 보고에서는 처음으로 해양강국 건설을 국가발전 전략 목표로 제시했다. 해양자원 개발능력을 제고하고, 해양경제를 발전시키고, 해양 생태환경을 보호하고, 국가 해양권익을 확고히 수호하고, 해양강국을 건설하자고 역설한 것이다.[10]

9 http://www.mcatoolkit.org/Country_Analyses/Region_WIO.html. 이러한 사정은 다른 동아시아 국가들의 경우도 다르지 않다. 2013년 현재 세계 10대 원유 순수입국 중 4개국(중국, 일본, 한국, 대만)이 동아시아 국가들이다. 이는 에너지원뿐만 아니라 해로를 둘러싼 동아시아 국가들 간의 잠재적, 실재적 경쟁과 갈등 가능성이 커지고 있다는 것을 시사한다.

10 중국의 이러한 변화를 해양대국으로의 전이과정으로 봐야 할 것인지 아니면 대륙국가에서 대륙 해양 복합형 국가로의 정상화 과정으로 봐야 할 것인지에 대한 논란이 있다. 전자는 역사적 경험으로 인해 중국 해양 대국의 지향은 해·공군 중심의 군사대국화를 자극하고, 제해권의 확보를 통한 패권국으로의 등장을 상정케 한다. 특히 전통적인 해양패권세력인 미국과 국익의 중첩현상이 발생하면서 미중 간 해양 세력 경쟁과 충돌 가능성을 높게 할 수 있다. 반면에 대륙 해양복합형 국가로의 정상화 과정이라고 한다면 중국의 해양에 대한 진출과 관심 증대는 국력 확대에 따른 최소한의 현상으로 제한적으로 전개될 가능성도 있다. 요컨대 중국의 가파른 부상과 병행하여 나타나고 있는 해양으로

중국은 자국의 해상교통로 보호 및 확보를 위해 동남아와 인도양의 주요 항구를 하나씩 꿰어 연결하는 차항출해(借港出海; 타국 항구를 빌려 해양 진출) 전략을 펼치고 있다. 시진핑 주석은 인도양 요충지인 몰디브와 스리랑카의 항구에 중국 자본과 기술을 투입하기 위해서 2014년 9월 15일 중국 최고지도자로는 42년 만에 처음으로 인도양의 섬나라 몰디브를 방문한 데 이어, 16일에는 28년 만에 스리랑카를 찾았다. 시 주석은 2013년 10월 인도네시아에서 '21세기 새로운 해상 실크로드 건설'을 제안하였다. 중국이 구상하는 대로 1조3천억 달러가 모두 투자되어 육로와 해로를 연결하는 기반시설이 완성된다면 일대일로 프로젝트는 유라시아 대륙과 중동, 그리고 아프리카 대륙의 60개 이상의 국가들과 44억 명의 인구를 연결하는 거대한 네트워크가 될 것이다.[11]

해상교통로 확보를 위한 중국의 적극적인 해양정책이 방어적인 것인지 공격적인 것인지에 대해서는 논란의 여지가 있다. 그럼에도 불구하고 중국이 일대일로 또는 실크로드 구상은 중국이 지금 누리는 경제적 번영을 지속하기 위한 필연적인 수단임을 의미한다. 군사적 측면에서 중국의 추진 중인 A2/AD 전략도 그 속성상 방어적인 것이다. 그러나 대양해군을 지향하는 중국의 구상이 실현될 경우 해양을 장악한 중국이 여전히 선량한(benign) 패권국으로 남을지에 대해서는 의문이 커지고 있다. 해양강국으로서 중국의 부상은 동아시아 해역에서의 세력균형은 물론 전 지구적인 힘의 균형에 막대한 영향을 끼칠 것이다.

의 진출 의지는 본격적인 해양대국으로의 전환의 의지를 표출한 것인지 의문이 제기되고 있다(이동률 2014).

11 http://thediplomat.com/2016/07/why-china-wont-stop-island-building-in-the-south-china-sea/

물론 중국의 구상이 지정학적 진공상태에서 쉽게 실현되지는 않을 것이다. 특히 미국은 중국의 인공섬 매립을 포함한 배타적 해상교통로 확보전략에 반대하면서 전술적인 차원은 물론 국제법적 차원에서도 무력화를 시도하고 있다. 미국은 주변국과의 국방/군사 협력 강화, 남중국해 인근 미국의 군사력 배치, 남중국해 상 중국의 A2/AD 전략 극복을 위한 새로운 군사전략 및 군사력 운용 개념 확립 등 국방태세를 재검토하기 시작했다.

미국은 단계별로 공중·해상 정찰을 강화해 왔다. 미 해군은 중국의 반대를 무릅쓰고 2015년 5월 20일 P-8A 포세이돈 해상초계기에 CNN 기자를 탑승시키고 분쟁 해역 상공을 비행한 바 있다. 미 국방부는 인공섬 12해리 안으로 정찰기와 함정을 보내는 방안을 수개월 동안 신중하게 검토한 끝에 2015년 10월 26일 미 해군 구축함 라센호(USS Lassen)를 파견하여 수비 환초의 12해리 이내를 통과한 바 있다. 이는 미 해군이 남중국해 상에서 2012년에 마지막으로 '항행의 자유작전(Freedom of Navigation Operation)'을 펼친 이후 처음으로 동 지역에서 행한 작전으로서의 의의를 가진다.[12] 2015년 11월 17일에는 괌에

12 한편 미국의 국제법 및 안보 전문가 집단 내에서는 라센호의 파견 목적과 성격을 두고 많은 논란이 있었다. 라센호 파견 직후 미 국방부는 동 작전의 목표는 중국의 과도한 주장, 즉 수비 환초의 경우와 같이 애초에 수중암초였지만 인공섬으로 재탄생한 경우 일정한 안전구역(safety zone)외에는 영해나 배타적 경제수역과 같이 「유엔해양법협약」이 규정한 해양공간을 가질 수 없음에도 불구하고 중국이 영해를 주장하는 것을 견제하기 위한 것이었다고 설명했다. 그러나 곧 라센호의 항로는 수비 환초의 12해리 이내뿐만 아니라 주변의 다른 합법적인 무인암초(unoccupied legal rock)의 12해리 내에 포함되었기 때문에 결국 타국 도서 영해 내에서의 무해통항(innocent passage)의 문제로 귀결되었다. 전술적인 측면에서는 물론이고 국제법적인 측면에서도 많은 혼란과 비판을 야기한 라센호 작전을 교훈 삼아 미 국방부는 2016년 1월 30일에 미 해군 구축함 커티스 윌버(Curtis Wilbur)호를 파라셀 제도 내의 중국령 트리톤 섬(Triton Island) 12해리 내에서 제2차 항행의 자유작전을 펼쳤다. 이번에는 그 법적 성격을 중국의 사전허가 없이 그 영해 내에서의 무해통항을 목적으로 하였음으로 명확히 하였다. 앞서 언급한 바와 같이 중국

전개된 B-52를 투입하여 '비행의 자유작전(Free Flight Operation)'도 시행하였다.

2016년 들어서도 미국의 항행의 자유작전의 강도와 빈도는 더욱 증가하고 있다. 미국은 지난 6월 하순부터 7월 초순에 걸쳐 항공모함 전단을 동원해 필리핀 동쪽 해역과 남중국해 상에서 공중방어 및 해상정찰 작전을 펼쳤다. 중국이 자국이 실효적으로 지배하는 남중국해 도서의 12해리 이내에서 항해하는 미국의 함정에 대해 영해 침입으로 간주할 것이라고 경고한 가운데 미국은 이들 작전을 '정기적 순찰활동(routine operations)'으로 주장하고 있다.[13] 이에 맞서 중국은 독자적으로 개발한 전략 수송기를 실전배치하여 남중국해의 '불침항모(不沈航母, 즉 인공섬)'의 방어 능력을 한층 강화하고 7월 5일부터 11일까지 파라셀 군도 주변 해역에서 대규모 군사훈련을 실시한 바 있다.

한편, 미국과 그 동맹국들은 중국의 영유권 주장에 대해 법적인 압박을 가하고 있다. 가장 대표적인 것이 필리핀-중국 중재재판 케이스이다. 2013년 1월 필리핀은 중국 주장의 부당성을 지적하며 국제해양법재판소(ITLOS)에 중국을 제소하였다. 이에 대해 2015년 10월 29일 네덜란드 헤이그 소재 상설중재재판소(PCA)는 필리핀이 제기한 여러 문제들이 중재재판소(Arbitral Tribunal)의 관할권(jurisdiction) 하에 있다고 판단하였다. 동 중재재판의 가장 핵심적인 쟁점은 중국이 지정한 '남해 9단선'이 「유엔해양법협약」에 저촉되는지의 여부와 인공섬의 법적 성격 문제였다. 2016년 7월 12일 중재재판소는 중국이 주장하는 남중국해 9단선 내에서의 역사적 권리가 법적인 근거가 없을 뿐만 아니라 필리핀의 배타적 경제수역 내에서 이루어진 중국의 행위

은 타국 군함이 자국의 영해 내에 진입할 경우 사전허가를 얻어야 한다고 주장해 왔다.

13 http://www.cpf.navy.mil/news.aspx/110071

는 필리핀의 법적 이익을 침해하였고, 인공섬 건설은 해양환경 보호를 위한 국제법적 의무를 위반한 것이라고 판결하였다.[14]

필리핀의 제소에 대한 중재재판소의 관할권 인정 결정에 이은 중재판정은 미국 국무부와 국방부 등이 필리핀 정부에게 법률적, 외교적인 자문을 아끼지 않은 결과라는 것이 중론이다. 「유엔해양법협약」의 비준을 미루고 있는 미국 정부가 남중국해 이슈를 두고 국제 사법기구에 중국 정부를 직접 제소하기는 어렵다. 때문에 필리핀 정부의 제소를 물밑에서 지원한 것으로 보인다. 미국의 지원을 등에 업은 필리핀 정부는 중국의 회유전략에도 불구하고 동 중재 사안을 끝까지 밀고 나가 국제중재재판소 관할권 인정과 자국 주장에 대한 규범적 지지라는 성과를 거두었다. 미국은 향후에도 동남아시아 국가들의 국제법적 역량강화를 지속적으로 지원할 것으로 예상된다.

한편 중국 정부는 중재재판 개시 때부터 지속적으로 중재재판소는 이 분쟁에 대하여 관할권이 없다는 주장을 고수하고 있으며, 중재재판 불참을 선언하였다. 관할권 판정은 물론 본안 판정 직후에도 중국 정부는 판정이 "무효(null and void)이며 중국에 대하여 구속력이 없다"는 입장을 반복하였다. 중국은 남중국해 분쟁은 일대일 협상을 통해 해결해야 한다는 입장을 견지하고 있지만 국제법상 중국의 반대의사와 상

14 중재재판소는 필리핀이 제기한 이슈는 중국의 남중국해에 대한 영유권 주장 자체를 다투는 것이 아니라 중국이 남해 9단선을 근거로 영유권을 주장하는 것이 「유엔해양법협약」에 합치되는 것인지를 판단하는 문제, 즉 법의 해석(interpretation)의 문제를 다루는 것이므로 중재재판소가 관할권을 가진다고 보았다. 아울러 중재재판소는 중국이 인공섬화하고 있는 일부 산호초와 모래톱은 간조노출지에 해당하기 때문에 12해리 영해를 가질 수 없다고 보았다. 아울러 중국이 실효적으로 지배하고 있는 다른 암초들도 모두 해양법협약 121조상 사람이 살 수 있거나 그 자체로서의 경제활동을 영위할 수 있는 '도서'가 아니기 때문에 배타적 경제수역이나 대륙붕과 같은 해양영역을 가질 수 없다고 판정하였다.

관없이 중재판정은 재판의 양 당사국 모두에 대하여 법적 구속력을 갖는다. 또한 중재판정을 전면적으로 무시하는 행위는 중국이 국제사회에서 구축하고자 하는 '화평굴기' 이미지에 손상을 줄 수 있기 때문에 중국에게 득이 되지 않을 것이다. 이러한 점에서 중국은 중재재판 판정에 전면적으로 배치되는 행위를 선불리 하지는 않을 것이다(김현정 2016). 하지만 당분간 최종 중재판결의 내용과 이행 여부를 놓고 치열한 법적, 외교적 공방이 전개될 것으로 보인다. 일부 중국 학자들이 주장하는 것과 같이 자국에게 불리한 판정이 내려진 것에 대한 불만을 품고 중국 정부가 '탈퇴'를 포함한 압박을 가할 경우 경제대국으로서의 중국의 위상과 유엔 안전보장이사회 상임이사국으로서의 중국의 영향력을 고려할 때 국제해양법 레짐에도 어느 정도의 타격이 예상된다. 자칫 규범의 공백상태가 초래될 것이라는 우려의 목소리도 나오고 있다.

IV. 미중 간 신 해양전략의 경합

동아시아 해상교통로 이슈는 국제규범적인 차원에서 신흥안보 이슈로 창발하고 있을 뿐만 아니라 지정학적인 차원에서도 매우 중요한 함의를 갖는다. 남중국해 상에서의 항행의 자유를 두고 벌이는 미중 간의 경쟁과 갈등은 양국의 경합적 해양전략의 충돌로 이해할 수 있다.

미 해군 제독 알프레드 세이어 머핸(Alfred Thayer Mahan)은 대영제국의 번영이 제해권에 기인한 것임을 밝힌 1890년 저서(*The Influence of Sea upon History, 1660-1783*)를 통해 '바다를 지배하는 자가 세계를 지배한다'는 격언을 상기시켰다. 그의 해양력 사상은 미국뿐만 아니라 20세기 들어 독일, 일본, 프랑스 등 주요국들의 해군력 강화 경쟁에 불을 지폈다. 머핸 이후 공간(space), 위치(location), 세력권(sphere of influence) 등의 지정학적 개념이 가미되고 핵심해양공간(sphere of core maritime interests)에 대한 인식이 높아지면서 '지정학적 해양전략'의 시대가 도래하였다(박영준 2015; 정광호 2015)

미국 해군전략의 바탕이 된 머핸 해군전략은 함대 결전에 의한 제해권 장악을 중시하는 전략이었다. 이는 냉전 당시 소련과의 해양패권 경쟁에서 그 우월함을 증명하였다. 냉전 당시 소련 극동함대는 미국 7함대의 봉쇄를 뚫고 태평양의 제해권을 확보하기 위해 고르시코프 전략으로 맞섰다. 이는 필요한 시간에 필요한 해역만을 확보한다는 소련 해군의 기본 전략으로 머핸의 해군전략에 대응하는 전략이었다. 현대의 해전에 있어서는 전함과 항공모함과 같은 대형함선을 중심으로 한 함대결전에서 승리하여도 원자력 잠수함의 등장으로 완전한 제해권 장악이 어렵게 되었다. 또 미사일의 발달에 따라 대형함선들은 항상 적의 기습 위험에 노출될 수밖에 없다. 이와 같은 이유에서 1966년 세르게이 고르시코프(Sergey Gorshkov) 제독은 "반드시 해역의 모든 공간을 장기적으로 지배해야 할 필요가 없어졌으며 군사목표 달성을 위한 필요한 시간에 필요한 해역만을 제압하고 있으면 된다"고 주장하였다.[15] 그럼에도 불구하고 자국과 동맹국 연안 부근의 한정된 해역에서만 영향력을 행사하는 데 그친 소련 해군의 사례는 "전략적으로 중요한 거점과 해협에 대한 지배는 그 국가의 해양력을 결정한다"는 머핸의 전략이 더 우월하였음을 증명한다.

현대 중국의 해군전략 역시 이러한 인식을 반영한다. 냉전체제의 완화 징후가 나타나기 시작한 1980년대 중반 중국 해군은 중요한 전

15 http://terms.naver.com/entry.nhn?docId=1061590&cid=40942&categoryId=31738

략적 변화를 꾀하기 시작한다. 해군의 전략적 목표가 소련의 극동함대나 미국의 7함대에 의한 공격을 방어하는 소극적 의미에서의 '연해방어'에서 탈피하여 좀 더 적극적인 '근해방어' 전략으로 옮겨가기 시작한 것이다. 중국 해군이 현대적 해양전략 개념을 수용하여 대양해군으로 발전할 수 있는 기틀을 마련한 인물은 류화칭(劉華清) 제독이었다. 덩샤오핑(鄧小平)의 전폭적인 지지와 신임을 받았던 그는 중국의 고르시코프로 불리며 현대 중국 해군의 아버지로 추앙받았다. 그는 제1도련과 제2도련 개념을 바탕으로 단계별 해양전략 발전과 해군력 증강 계획을 수립했다. 이는 지금까지도 중국 해군 전략의 근간이 되고 있다(박남태 외 2015: 262).

중국은 소위 제1도련선 이내 행동의 자유 확보에 있어 가장 중요한 지역인 남중국해에 대한 통제력을 확보하고 이후 제2도련선까지 군사력 투사 능력 증진을 시도하고 있다. 남중국해 군사화는 중국의 제1도련선 확보 의지를 가장 극명하게 보여주는 중요한 사건이다. 미국이 우방국인 말레이시아, 인도네시아 등과의 협력 하에 전략적 요충지인 말라카 해협을 실질적으로 통제하고 있는 상황에서 중국은 남중국해에 대한 통제력 확보를 통해 이에 대응하고 있는 것이다. 더 나아가 중국은 인도양에 잠수함을 배치하고 정보수집능력을 강화함과 동시에 미래 함대 운영의 중추가 될 전력 확보에 매진하고 있다.[16] 중국은 유사시 인도양과 남중국해를 경유하는 해상교통로에 의존하고 있는 일본, 대만, 한국 등에도 영향력을 행사할 것이다. 이 과정에서 중

16 미국의 군사안보 전문매체인 더 내셔널 인터레스트(TNI)에 따르면 중국 해군은 오는 2020년까지 추가 항모 4척을 포함하여 루야 III급 이지스 구축함, 055형 순양함, 유자오급 대형 상륙함(LPD), 핵 탄도미사일 발사 전략 잠수함(SSBN) 등 351척을 보유할 전망이다(http://mbn.mk.co.kr/pages/news/newsView.php?category=mbn00008&news_seq_no=2882940).

국은 미국의 반응을 끊임없이 시험하고 있다(구민교 2016).[17]

2016년 현재 중국 해군의 전략목표는 제1단계인 연해방어와 제2단계인 근해방어를 넘어 제3단계인 '원해방어'로 확장되고 있다.[18] 이들 도련선은 중국 해군의 전략목표이자 미 해군의 방어선이기도 하다. 미국은 이러한 중국 해군의 전략을 A2/AD 전략으로 평가한다. A2/AD 전략은 오늘날 중국이 역내 해양패권을 확장하고 유지하는 데 필수적인 미국 해군력의 접근을 거부하는 핵심전략으로 진화하고 있다. 동 전략은 선-면 전략을 연계함으로써 과거 소련의 고르시코프 전략보다 더 큰 확장성을 갖는다.

아울러 중국은 중재재판소가 필리핀이 제소한 남중국해 케이스에 관해 자신에게 불리한 판정을 내린 현 시점에서 남중국해 상공에 '방공식별구역'(ADIZ)을 선포할 가능성도 있다. 향후 중국은 남중국해에 대한 방공식별구역 설정을 통해 취약한 입지를 극복하고 남중국해에 대한 역사적 권리를 두고 법적으로 타협하고 협상하기보다는 공세적 전략과 군사적 압박을 통한 해결을 선호할 것으로 보인다(안재모·홍

17 영국 국제전략문제연구소(IISS)는 2014년 세계 1, 2위인 미국과 중국의 국방예산 지출 규모를 각각 5,810억 달러와 1,294억 달러로 집계했다. 미국의 국방비 규모 감축 추세 속에 중국이 앞으로도 연간 10% 이상 국방예산을 늘린다면 그 격차는 줄어들 수밖에 없다. 이런 중국의 행보에는 세계를 상대로 펼치는 시 주석의 적극적이고 '강한 중국노선'이 자리 잡고 있다는 평가가 나오고 있다.

18 2015년 5월에 발간된 국방백서에서 중국은 최근 중국과 주변국 간 해양 영유권 분쟁과 일부 역외 국가들의 남중국해 개입 및 군사적 조치들을 적시하면서, 이에 대응하기 위한 해상 군사역량 체계를 구축하고, 국가주권 및 해양권익 수호, 전략적 통로 및 해외이익의 안전 수호를 강조하였다. 이와 동시에 권익 수호와 안정 유지 간 균형, 국제 해상안보 대화 및 협력, 미국과의 해상·공중에서 조우 시 안전행위 준칙 등도 언급되어 있다. 해군에 대한 전략적 요구도 2013년 백서에서는 근해방어만 명시하고 있으나, 동 백서는 근해방어형에서 근해방어 및 원해호위의 결합형으로의 변화를 요구하고 있는 것이 특징이다. 또한 전력 건설 우선순위를 해양, 우주, 사이버 및 핵 전력에 둠으로써 해양강국을 향한 대양해군 건설을 공식적으로 선언하였다(구민교 2016).

성훈 2016).[19]

미국은 중국의 전략목표를 간파하고 있다. 21세기에 접어들면서 미 해군은 중국 해양력의 부상에 따라 군사전략을 수정해왔다. 미국의 새로운 해양전략의 핵심은 2012년부터 본격적으로 시작된 유럽으로부터 아시아로의 해양력 재배치 노력이다(박남태 외 2015: 255). 이는 2014년 11월 척 헤이글 미 국방장관이 발표한 제3차 상쇄전략(offset strategy)이라고 불리는 국방혁신구상에서도 잘 나타난다. 그 핵심은 아시아 지역에서 미국의 재래식 전력 투사능력을 회복하는 것이다. 미국은 이를 위해 혁신적 작전 개념과 과학기술의 결합을 추구하고자 노력하고 있다. 2015년 1월 미 국방부와 각 군은 2009년 이후 현재까지의 공해전투 개념 발전 및 새로운 작전 요구사항을 반영하여 공해전투 개념을 JAM-GC로 대체키로 합의하였다. 이는 해군과 공군 전력뿐만 아니라 지상군, 해병대 전력을 활용하고 상호운용성을 제고시키기 위함이다. 기존 공해전투는 '접근(access)'에 치중한 반면 JAM-GC는 '기동(maneuver)' 개념이 추가된 것이 특징이다.

여기에서 주목할 점은 점-선-면 전략의 궁극적인 지향점으로서의 '공역' 개념이 포함되었다는 점이다. 공역이란 우주공간이나 사이버 공간, 공해, 심해저와 같이 특정국가에 귀속되지 않고 세계 어느 국가든지 다른 국가의 방해를 받지 않고 사용-활용이 가능한 국제적,

19 이와 관련하여 2016년 7월 1일 중국 공산당 창립 95주년 기념식에서 행한 연설에서 시진핑 주석은 "그 어떤 외국도 우리가 핵심이익으로 거래할 것으로 기대하지 말라"고 경고했다. 특히 필리핀이 제기한 남중국해 분쟁에 관한 중재재판소의 판결이 어떻게 나오든 강공을 펴겠다는 의도로 풀이된다. 특히 "중국 인민은(먼저) 사단을 일으키지 않겠지만, 사단이 일어나는 것을 두려워하지 않는다"고 말해 영토주권 문제가 발생한다면 무력충돌도 피하지 않겠다는 강경한 의지를 드러냈다(http://www.yonhapnews.co.kr/bulletin/2016/07/01/0200000000AKR20160701096400083.HTML?input=1195m).

초국가적, 범국가적 영역으로 이미 해양법협약을 포함한 유엔 차원에서 널리 활용되어 온 개념이다.

2015년 8월 미 국방부가 발표한 '아시아-태평양 해양안보전략'도 미국의 새로운 전략목표를 확인하고 있다.[20] 그 목표는 인도양-남중국해-동중국해-태평양으로 연결되는 해양공간에서의 항행의 자유 보호, 강압과 갈등의 저지, 국제법 및 국제기준 준수 주창으로 요약된다. 동 보고서에 따르면 미국은 새로운 전투 함정(USS Ronald Reagan, USS America, DDG-1000 stealth destroyer 등)에 투자하고 있으며 F-22, B-2, 그리고 B-52 항공기 배치로 전투 함정들을 보완하고 있다. 또한 더 많은 F-35C기들이 아시아 지역에 배치되고 있다. 미 국방부는 괌 기지에 전개된 잠수함을 3척에서 4척으로 증강할 계획이며 좀 더 넓은 스탠드오프 거리를 허용하기 위해 해양 영역과 관련한 미사일 전력에 투자하고 있다.

미 해군은 동맹 및 우방국들과의 합동 및 연합적인 전력운용을 강조하는 전 지구적 관여(engaging partners across the globe)도 강조하고 있다. 미국 상원은 존 매케인 상원의원이 발의한 '남중국해 이니셔티브(South China Sea Initiative)'를 2016년 국방수권법 개정안에 포함키로 결정한 바 있고, 카터 미 국방장관은 2015 샹그릴라 대화에서의 기조연설을 통해 '남중국해 이니셔티브'의 추진을 공식적으로 확인하였다. 이는 인도네시아, 말레이시아, 필리핀, 태국, 베트남 등 동남아 국가에 '군사장비와 보급, 훈련, 소규모 군시설 건설' 명목으로 향후 5년간 4억 2,500만 달러를 제공하는 것을 골자로 한다. 한편, 2015년 4월에는 중국의 인공섬 건설을 견제할 목적으로 필리핀과 역대 최대 규

20 http://www.defense.gov/Portals/1/Documents/pubs/NDAA%20A-P_Maritime_SecuritY_Strategy-08142015-1300-FINALFORMAT.PDF.

모(11,500명)로 '발리카탄' 훈련을 실시하였고, 동년 7월에는 호주와 함께 하는 정기 연합훈련(Talisman Saber)에 일본을 참가시키기도 하였다(구민교 2016). 2016년 들어서도 미국은 필리핀과 군사기지 사용협정을 체결하였고 베트남에 대한 무기 금수조치를 해제하는 등 중국에 대한 전방위적 압박을 가하고 있다.[21]

V. 결론 및 정책적 시사점

국제 해양 문제는 세계화의 확산, 정보통신기술의 혁명 등에 따라 순수한 양자 간 문제가 아닌 다자 간 문제로 진화하고 있다. 특히 동아시아 해역의 경우 해상교통로를 둘러싼 갈등과 긴장은 대개의 경우 양자 간 이슈에 국한된 기존의 해양갈등, 즉 영유권 분쟁, 경계획정 문제 등과는 다른 양상으로 전개되고 있다. 연안국의 관할권과 제3국의 이용권 간의 규범적 모호성이 존재하기 때문이다.

해상교통로 이슈를 중심으로 한 동아시아의 신흥 해양안보 이슈는 다양한 국가 및 비국가 행위자들까지도 관여하기 때문에 그 확산경로 및 파급효과를 예측하는 것이 쉽지 않다. 일부 전문가들 사이에서는 남중국해 상에서의 미중 간 우발적 무력충돌은 제3차 세계대전의 전주곡이 될 수 있다는 우려의 목소리도 나오고 있다. 이처럼 비관적인 시나리오까지는 아니더라도 동아시아 신흥 해양안보 이슈는 그 공

21 아울러 미 국방부는 아세안확대국방장관회의(ADMM-Plus), 아세안지역안보포럼(ARF), 아세안확대해양포럼(Expanded ASEAN Maritime Forum)을 포함한 역내 다자간 채널들과의 관계를 중시하고 있다. 서태평양군심포지움(WPNS)과 인도양군심포지움(IONS)과의 관계가 깊어지는 것도 같은 맥락이다. 이를 통해 역내 관련국들과의 군사협력·지원 및 연합훈련을 강화하고 있다(구민교 2016).

간적 특성으로 인해 극단적 사건의 형태로 발생할 가능성이 높다. 아울러 해양분야에서의 갈등이 전통안보 이슈들과 연계되면서 국가 간 갈등으로 비화될 가능성이 크게 높아지고 있다.

과거에도 그렇고 현재에도 동아시아 해역에서 해상교통로를 둘러싼 문제는 항상 존재해왔다. 인류 공동의 적으로 인식되는 해적행위가 그것이다. 그러나 해상교통로를 둘러싼 경쟁과 갈등이 지금과 같이 강대국 간의 패권경쟁으로 비화될 가능성이 높은 경우는 없었다. 동아시아 해역에서 '점', '선', '면'을 놓고 벌어지는 미국과 중국의 경쟁은 과거 냉전시대 미소 경쟁과는 양적으로나 질적으로 다르다. 어느 누구도 파국을 원치는 않기 때문에 힘의 균형이 유지되는 한 미중 양국 모두 갈등을 적정수준에서 관리하기 위해 노력할 것이다. 그러나 중국 해양력의 급속한 팽창을 고려할 때 과연 미중 양국 간의 힘의 균형이 언제까지 지속될지 의문이다.

더 나아가 중국이 역내 해양패권을 차지할 경우 중국이 국제적으로 확립된 규범의 틀 내에서 '선량한' 패권국으로 남을지도 확실치 않다. 물론 중국이 제해권을 장악하고 남중국해와 동중국해를 봉쇄하는 시나리오의 실현가능성은 매우 낮다. 시간과 비용은 더 들겠지만 여러 우회로가 존재하고 해상을 통한 대외 의존도가 높아지고 있는 중국 경제의 속성 때문이다. 그럼에도 불구하고 중국은 역내 해역에서의 제해권을 단기적으로라도 역내국가들을 회유하고 압박하는 데 사용할 유혹을 느낄 것이다. 해상교통로의 봉쇄가 다만 수일에서 수주에 그친다 하더라도 역내국가들이 치러야 할 경제적 비용은 막대할 것이다.

이러한 신흥 해양안보 이슈의 더 큰 부정적 파급효과를 억제하고 관리하기 위해 '거버넌스의 거버넌스(the governance of governance)'로서 메타 거버넌스의 필요성이 제기된다. 위험 유형에 적합한 거버넌스의 형태에 관한 김상배의 논의에 따르면 신흥 해양안보 이슈는 "시스템의 결합도가 높아 위험이 돌발적으로 발생할 가능성이 높고, 복잡도도 높아서 위험의 파급범위가 무한하여 위험을 조기에 인지가 어렵고 그 결과를 예측하여 통제하는 것도 쉽지 않은 유형"에 속한다(김상배 2015: 96). 이러한 '돌발적 무한형 위험'에는 '정부간 협력 모델'이 적합하다.

영해의 확대, 대륙붕과 배타적 경제수역에 대한 배타적인 관할권의 강화 등으로 인하여 주권국가의 주권적 권리가 미치지 않는 지역은 공해와 남극, 그리고 심해저밖에 남지 않게 되었다. 그럼에도 불구하고 21세기의 국제 해양질서는 여전히 자유해양론과 폐쇄해양론 간의 합리적인 균형과 타협을 모색하는 과정에 있다. 영유권 문제와 배타적 경제수역 및 대륙붕 경계 획정문제는 물론, 그에 따른 주권적 관할권과 항행의 자유 및 무해통항권과의 조화는 보다 안정적이고 생산적인 21세기 국제해양질서를 모색함에 있어 필요불가결한 요소이다.

끝으로 아라비아해 – 인도양 – 말라카해협 – 남중국해 – 동중국해로 이어지는 해상교통로는 한국 경제의 생명선과도 같다. 한국도 이들 해상교통로에서의 유사시의 상황을 염두에 두고 사전대비를 해야 할 것이다. 신흥 해양안보 이슈가 한국에게 주는 정책적 시사점을 살펴보면 다음과 같다.

첫째, 한국 해군은 주변 강대국인 중국과 일본과 비교할 때 물량면에서 절대 열세이다. 한반도 인근 해역에서 분쟁 시 주변국에서 해양 전력의 30%를 출동시킨다고 가정했을 때 이에 대응하기 위해선 3-4개의 기동전단이 필요할 것으로 전망된다. 1개 기동전단은 이지스 구축함 2척과 한국형 구축함(4,500t급) 2척, 작전 헬기 16대, 수송함 1척, 차기잠수함(3,000t급) 2척, 해상초계기(P-3C) 3대, 군수지원함 1

척 등으로 구성된다. 현재 한국은 1개 기동전단만 보유한 상태다. 이런 전력을 확보한다고 해도 주변국 위협을 낮은 수준에서만 억제할 수 있을 것으로 평가된다. 한국의 경제규모로 볼 때 당장에 전력의 비대칭성 문제를 해소하기는 어렵겠지만 중·장기 계획을 세워 꾸준히 대양해군 전력을 육성할 필요가 있다.

둘째, 중국과 러시아는 2005년, 2012년, 2013년, 2014년에 이어 2015년에도 대규모 합동 해상훈련을 서해 및 제주도(이어도) 근해와 동해 상에서 번갈아 실시하였다. 이를 통해 양국은 앞으로 평시부터 한반도 주변해역을 통제하고 유사시 한반도 상황에 연합으로 개입하겠다는 의도로 평가된다. 만약 한국이 제대로 준비하지 못할 경우 중국과 러시아 해군력에 의해 해상이 봉쇄당하게 된다. 러시아는 중국의 전략에 편승하여 한반도를 포위하고자 노력하고 있다. 따라서 한국 정부는 기존의 한미일 수색 및 구조훈련(SAREX)을 확대하여 연합 해상훈련으로 실시할 필요가 있다. 미국-인도-일본 등이 남중국해 및 인도양에서 실시하는 Malabar 해상훈련에 참가하는 방안도 검토해야 할 것이다.

셋째, 지금까지 한국 정부는 동중국해와 남중국해 문제에 대해 대단히 조심스러운 태도를 보여왔다. 불가피한 상황이 아니면 입장 표명을 자제했고, 입장을 밝히더라도 중립적 태도를 유지했다. 안보는 미국, 경제는 중국에 절대적으로 영향을 받는 상황에서 어느 한 쪽 편을 들기가 외교적으로 부담스러운 게 사실이었기 때문이다. 그러나 갈수록 동아시아의 해양분쟁이 복잡다기화 되어가는 상황에서 원론적이고 수동적 수준의 대응만으로는 주변국들의 지지를 얻거나 이들을 설득할 수 없다. 미국과 중국도 한국의 '전략적 모호성'을 인정하지 않고 선택을 강요할 수 있다. 무엇보다도 앞서 언급한 이유로 한국도 동중국해와 남중국해 해상교통로 안전의 이해당사자이다. 한국이 신흥 해양안보 이슈에 대응하기 위해서는 양자적 사고의 틀에서 벗어나 향후 전개될 다자적 노력에 좀 더 적극적으로 참여해야 할 것이다.

참고문헌

구민교. 2011. "국제 해양질서 체제의 진화." 한국해로연구회 편. 『해양의 국제법과 정치』. 오름.

______. 2016. "해양분쟁/해적/해군력." 한국해양전략연구소 편. 『동아시아 해양안보 정세와 전망 2015-16』. 한국해양전략연구소.

김상배. 2016. "신흥안보와 메타 거버넌스: 새로운 안보 패러다임의 이론적 이해." 『한국정치학회보』 50집 1호, pp. 75-104.

김석수. 2009. "동남아 해적이 해양안보에 미치는 영향." 『동서연구』 21권 1호, pp. 77-106.

김선표·홍성걸·신영태·이형기. 2000. 『유엔해양법협약 이후 새로운 공해 어업질서의 법적 성격 연구』. 한국해양수산개발원.

김현정. 2016. "필리핀-중국 남중국해 중재재판의 전망과 함의." KIMS Periscope 44호(6월 11일). http://file.kims.or.kr/peri44.pdf

박남태·정재호·오순근·임경한. 2015. "21세기 동북아 해양전략: 미·중·일·러를 중심으로." 『STRATEGY 21』 38호, pp. 250-286.

박영준. 2015. "미·중 해군력 경쟁의 전망과 한국의 해양전략." 전재성 편. 『미중 경쟁 속의 동아시아와 한반도』. 늘품 플러스.

송봉규·임유석. 2012. "해적행위의 실태 및 초국가적 공조방안." 『한국테러학회보』 5권 1호, pp. 5-30.

신창현. 1997. 『한·중·일의 해양경계획정 문제: UN해양법협약과 신해양질서의 관점에서』. 국제문제조사연구소.

안재모·홍성훈. 2016. "중국의 남중국해 방공식별구역 선포 가능성은?" KIMS Periscope 47호(7월 1일). http://file.kims.or.kr/peri47.pdf

이동률. 2014. "중국의 새로운 동아시아 해양 인식과 전략." 한국해로연구회·동아시아연구원 공동주최 워크샵 『동아시아 해양분쟁과 해법: 국제법학과 국제정치학의 공동모색』 발표문(5월 2일), 국도호텔.

이은명. 2004. 『중국의 원유 확보전략이 원유시장에 미치는 영향과 시사점』. 기본연구보고서 04-14. 에너지경제연구원.

장은석. 2010. "한국의 확산방지구상(PSI) 정식참여의 의미와 협력방향." 『국제정치논총』 50권 1호, pp. 191-215.

정광호. 2015. "미국의 태평양 해양전략 전개에 관한 연구: 도전국가의 핵심해양공간 진출에 대한 대응을 중심으로." 국방대학교 안전보장대학원 박사학위논문.

정인섭. 2016. 『신 국제법 강의: 이론과 사례』. 6판. 박영사.

조동준. 2010. "'인류공동의 유산'의 국제제도화 과정: 심해저 관리를 중심으로." 『국제정치논총』 50권 4호, pp. 127-158.

Calder, Kent E. 1996. *Pacific Defense: Arms, Energy, and America's Future in Asia.*

New Haven: Yale University Press.
Dunne, Aaron. 2013. "The Proliferation Security Initiative: Legal Considerations and Operational Realities." SIPRI Policy Paper.
Kim, Sun Pyo. 2004. *Maritime Delimitation and Interim Arrangements in Northeast Asia*. The Hague/London/New York: Martinus Nijhoff Publishers.
Park, Choon-ho. 1983. *East Asia and the Law of the Sea*. Seoul: Seoul National University Press.

찾아보기

지은이

김상배 서울대학교 정치외교학부 교수
서울대학교 외교학과 학사 및 석사, 미국 인디애나대학교 정치학 박사
『아라크네의 국제정치학』. 2014.
『정보혁명과 권력변환』. 2010.

이태동 연세대학교 정치외교학과 교수
연세대학교 정치외교학과 학사, 서울대학교 환경대학원 환경계획학과 석사, 미국 워싱턴대학교 정치학 박사
Global Cities and Climate Change: The Translocal Relations of Environmental Governance. 2015.

신범식 서울대학교 정치외교학부 교수
서울대학교 외교학과 정치학 학사 및 석사, 러시아 국립모스크바국제관계대학 정치학 박사
『21세기 유라시아 도전과 국제관계』. 2006.
"Russia's Perspectives on International Politics, A Comparison of Liberalist, Realist and Geopolitical Paradigms." *Acta Slavica Iaponica* Tomus 26. 2008.
『중국의 부상과 중앙아시아』. 2015.

배영자 건국대학교 정치외교학과 교수
서울대학교 외교학과 학사 및 석사, 미국 노스캐롤라이나대학교 정치학 박사
『중견국의 공공외교』. 2013.
"기술표준의 정치: 행위자-네트워크이론과 중국 AVS 사례." 『대한정치학회보』 19(2): 281-305. 2011.

조화순 연세대학교 정치외교학과 교수
연세대학교 정치학 학사 및 석사, 미국 노스웨스턴대학교 정치학 박사
『빅데이터로 보는 한국정치 트렌드』. 2016.
『사이버 공간의 문화코드』. 2015.

김민제 연세대학교 정치외교학과 석사과정

신성호 서울대학교 국제대학원 교수

서울대학교 외교학과 졸업(정치학 학사), 미국 터프츠대학 플레처스쿨 정치학 석사 및 박사

『북핵문제와 한반도 평화정착』. 2008.

"19세기 유럽협조체제에 나타난 강대국 정치를 통해 본 21세기 중국의 신형대국관계." 『국제정치논총』 9월. 2014.

이신화 고려대학교 정치외교학과 교수

이화여자대학교 영어영문학과 학사(정치외교학 부전공), 미국 메릴랜드대학교 정치학 박사

"The Pursuit of Multilateral Security Cooperation Amidst Growing Political and Economic Divides in Northeast Asia." *Korean Journal of International Studies* Vol.13 No.2, 2015.

"시리아 난민사태: 인도적 위기의 안보적 접근과 분열된 정치적 대응." 『한국과 국제정치』. vol.32, no.1, 통권 92호, pp. 75-103. 2016.

정혜주 고려대학교 보건정책관리학부 교수

서울대학교 약학 학사 및 석사, 존스홉킨스대학교 보건대학원 보건정책관리학 박사

"Welfare States, Labor Markets, Political Dynamics, and Population Health: A Time-Series Cross-Sectional Analysis Among East and Southeast Asian Nations." *Asia Pacific Journal of Public Health* 28(3):219-231. 2016.

"Complementarities or contradictions? Scoping the health dimensions of flexicurity labor market policies." *International Journal of Health Services* 43(3):473-482. 2013.

김헌준 고려대학교 정치외교학과 교수

서울대학교 외교학 학사, 미국 미네소타대학교 정치학 박사

The Massacres at Mt. Halla: Sixty Years of Truth-Seeking in South Korea. 2014.

Transitional Justice in the Asia Pacific. 2014.

이승주 중앙대학교 정치국제학과 교수

연세대학교 정치외교학과 학사 및 석사, 미국 캘리포니아 버클리대학교 정치학 박사

"아시아 패러독스를 넘어서: 경제적 상호의존과 제도화의 관계에 대한 비판적 검토." 『한국정치외교사논총』 36(2): 167-197. 2015.

"Multilayered World Order and South Korea's Middle Power Diplomacy: The Case of

Development Cooperation Policy." *Korean Political Science Review* 48(4): 77-101. 2014.

조홍식 숭실대학교 정치외교학과 교수
프랑스 파리정치대학 정치경제학 전공, 정치학 박사
『미래사회의 리더십과 선진국가의 엘리트 생성 메커니즘』. 2015.
『유럽통합과 '민족'의 미래』. 2006.

황지환 서울시립대학교 국제관계학과 교수
서울대학교 외교학과 학사 및 석사, 미국 콜로라도대학교 정치학 박사
"Revisiting the Functionalist Approach to Korean Unification: The Role of International Organizations and NGOs." *Journal of International and Area Studies* Vol. 22, No. 1, pp. 41-55. 2015.
"The Paradox of South Korea's Unification Diplomacy: Moving beyond a State-Centric Approach." *International Journal of Korean Unification Studies* Vol. 23, No. 1: 49-72. 2014.

구민교 서울대학교 행정대학원 교수
서울대학교 외교학과 정치학 학사, 서울대학교 행정대학원 정책학 석사,
미국 존스홉킨스대학교 국제관계대학원 국제관계학 석사, 미국 UC 버클리 정치학과 정치학 박사
"국제 해양투기 금지레짐의 국내수용과 내재화에 관한 연구: 정책목표의 모호성과 갈등을 중심으로." 『한국정책학회보』23(2): 145-171. 2014.
Island Disputes and Maritime Regime Building in East Asia: Between a Rock and a Hard Place. 2009.